走进充满**想象力**的世界
——儿童创意学习的实践样态

李志清 著

苏州大学出版社
Soochow University Press

图书在版编目（CIP）数据

走进充满想象力的世界：儿童创意学习的实践样态／李志清著. —苏州：苏州大学出版社，2020.8
ISBN 978-7-5672-3270-9

Ⅰ.①走… Ⅱ.①李… Ⅲ.①小学-教学研究 Ⅳ.①G622.0

中国版本图书馆CIP数据核字（2020）第135880号

ZOUJIN CHONGMAN XIANGXIANGLI DE SHIJIE
——ERTONG CHUANGYI XUEXI DE SHIJIAN YANGTAI

书　　名：	走进充满想象力的世界
	——儿童创意学习的实践样态
著　　者：	李志清
责任编辑：	杨　柳
装帧设计：	吴　钰
出版发行：	苏州大学出版社（Soochow University Press）
社　　址：	苏州市十梓街1号　邮编：215006
印　　刷：	苏州市越洋印刷有限公司
网　　址：	www.sudapress.com
邮购热线：	0512-67480030
销售热线：	0512-67481020
开　　本：	700 mm×1 000 mm　1/16
印　　张：	21.5
字　　数：	375千
版　　次：	2020年8月第1版
印　　次：	2020年8月第1次印刷
书　　号：	ISBN 978-7-5672-3270-9
定　　价：	75.00元

图书若有印装错误，本社负责调换
苏州大学出版社营销部　电话：0512-67481020
苏州大学出版社网址　http://www.sudapress.com
苏州大学出版社邮箱　sdcbs@suda.edu.cn

序

激发想象力：为人才培养提供一个根本假设

教育中的想象力命题，久违了。

"走进充满想象力的世界"，好亲切。

想象力，既熟悉又陌生，我们和想象力总是处在若明若暗、若即若离的状态。这种状态让我们止于理念甚至口号层面，心中有她，但手中无法，似乎是神秘感让她虚空起来。在实践中，儿童想象力的培养，常常是被遮蔽的，甚至是被边缘化的。正是在这种情势下，苏州高新区实验小学校教育集团发出了一种声音：儿童的想象力去哪儿了？提问的背后不仅仅有担忧，还有紧迫感、责任感、使命感，因而更加可贵。

提出问题是为了解决问题。这一提问的另一种诠释与表达是：让儿童想象力回来，回到儿童本身，回到学校，回到课程、教学、活动中。"回来"之路是改革之旅。"回来"的路上一定会充满想象力，会有新的发现、新的创造。"提升小学生想象力的创意学习"正是"回来"后发现、创造的成果，是对想象力培养的应答。这一应答的内涵颇为丰富：理论认知的明晰与深化；实践路径的探索与创新；学校文化的重塑与境界提升。我们完全可以这么认为：苏州高新区实验小学校教育集团的"走进充满想象力的世界"是一份儿童想象力培养、开发的宣言书，是让儿童世界、教育世界充满想象力的行动计划，是校园里一朵含苞待放的花儿，必将让学校拥有春色满园的现实风景与未来的美好图景。这些话基于现实，又有点富有想象。从某个角度看，想象会让每一个人回到儿童状态，让每个人都诗意地栖居在大地上。

首先，在理论认知上，苏州高新区实验小学校教育集团对想象力，尤其是对儿童想象力的价值意义有新的提升，概括起来：想象是创造的先导。想象带来创造，想象带来创新，想象本身就意味着创造。这是其一。培养具有创新精神和能力的儿童，首先要发展儿童的想象力。"钱学森之问"的深处是，中国儿童缺乏想象力，缺失充满想象力的个性。这是其二。想象力的培养是教育内涵的应有之义、应有之深义。教育抛开想象力及其培养，就会苍白、扭曲、异化，教育就不是原来意义上的、完整意义上的教育。若如此，这便意味着教育的悲哀和失败。这是其三。想象是儿童的天性，儿童对环境充满想象，从他来到世界、睁开眼睛的那一刹那，他就开始了想象。蒙台梭利说环境有吸引力；杜威说有准备的环境有利于激发儿童的想象，儿童的想象反过来让环境更有吸引力、吸收力。从这个角度看，儿童是可以创造环境、创造世界的。这是其四。其五，想象就是深度，这是雨果的观点，他还有个精彩的比喻：想象是伟大的潜水者。这些认知都在《走进充满想象力的世界》里闪耀。

　　其次，在实践路径上，想象力的培养并不虚无缥缈。虽然看起来想象是任意飞翔、自由自在的，但总有落脚的地方，当她落在某一处的时候，就成为一种"力"——想象力。如果因为想象自由自在飘荡，教育就无所作为，那么想象力就会虚空，无法捉摸。事实正相反，苏州高新区实验小学校教育集团用他们的创造性实践，探索了培养儿童想象力的路径、策略与方法。探索聚焦于两个要点：一是在理念和要求上，从学习力到想象力，严格地说，想象力应是学习力的重要内涵，现在单列，无非是凸显想象力；二是在实践探索上，重点进行"提升想象力的创意学习"，以此为突破口，逐步推动想象力的培养。从这两个要点出发，他们探索了以下路径与方式：打开"学科之眼"，探索学科世界，发现学科奥秘，让想象唱出"花之歌"，在故事、游戏、活动中把控"金钥匙"；拓展儿童成长空间，在"绿野寻踪"中认识自然，在"问题袋袋裤"中生发创想；"让全世界成为孩子的实验室"，打开世界之门，乘着想象的翅膀飞向未来……这一切，都是因为有心中想着儿童的教师。苏州高新区实验小学校教育集团的教师富有想象，勇于创造。也许，这些路径与方法还要进一步优化，但想象力的培养之路已经铺展，沿着这条路走下去，前方一片绚丽灿烂。

　　至于想象力培养带来的学校文化的重塑，用苏州高新区实验小学校教育集团老师们的话来说，学校就是创意的殿堂、想象的世界、儿童的天地，一切的一切焕发着蓬勃的生机。美国哈佛大学托德·罗斯说得好，重新审视"标准化"教育是否让"平均终结"？苏州高新区实验小学校教育集团在总校长、特级教师李志清的领导下，是否正在激发儿童想象力，努力为关于人才培养提供了一个根本假设，提供了一张蓝图？我想是的吧，其更深刻的意义就在于此。

（国家督学，江苏省教科所原所长）

目　录
Contents

- 序

- 第一章　中国儿童的想象力去哪儿了？　/ 1
  - 第一节　儿童想象力的现状　/ 1
  - 第二节　想象力教育再认识　/ 4

- 第二章　寻找儿童想象力提升之路　/ 8
  - 第一节　走向课程生态，提升学生学习力　/ 8
  - 第二节　从学习力到想象力　/ 12

- 第三章　提升想象力的创意学习寻绎　/ 17
  - 第一节　第一重境界——认识"想象力赤字"　/ 17
  - 第二节　第二重境界——基于负面清单的创意学习（初级篇）　/ 20
  - 第三节　第三重境界——基于认知工具理论的创意学习（高级篇）　/ 24

- 第四章　提升想象力的学科创意学习　/ 31
  - 第一节　我们这样学语文　/ 32
  - 第二节　我们这样学英语　/ 60
  - 第三节　我们这样学美术　/ 95
  - 第四节　我们这样学音乐　/ 124

第五节　我们这样学数学　/ 146
第六节　我们这样学科学　/ 174
第七节　我们这样做综合实践　/ 191
第八节　我们这样做劳动与技术　/ 198

◆ **第五章　想象力拓展儿童的成长空间**　/ 216

第一节　问题袋袋裤　/ 217
第二节　生活小主人　/ 228
第三节　角色体验　/ 239
第四节　绿野寻踪　/ 248
第五节　我们的节日　/ 257

◆ **第六章　让全世界成为孩子的实验室**　/ 266

第一节　想象创意，信手拈来时　/ 266
第二节　大型场馆，别有洞天处　/ 268
第三节　跨出校门，遨游天地间　/ 280

◆ **第七章　记录孩子们的奇思妙想**　/ 284

第一节　驰骋文学天地，意在笔端　/ 284
第二节　探索科学世界，其乐无穷　/ 293
第三节　无限创意编程，对话未来　/ 302
第四节　描绘七彩画卷，天马行空　/ 306
第五节　挑战月球营地，任我翱翔　/ 310

◆ **第八章　每个教师心中都住着一个儿童**　/ 314

第一节　教师充满想象力地舞动文学之笔　/ 314
第二节　教师的想象力照亮了课堂　/ 320
第三节　看见想象力的生长，让孩子遇见最美未来　/ 326

◆ **后记**　/ 334

第一章
中国儿童的想象力去哪儿了？

随着第三次工业革命的不断演进，"信息化时代"逐渐被"想象力时代"所代替，一个真正的"创意为王"的时代、真正的"想象力"时代已经到来。只有依靠丰富的想象力才能够从有限的已知走向无限的未知，才能够获得别人得不到的东西，进入别人难以进入的领域。

2016年，教育部发布的《中国学生发展核心素养》把"实践创新"列为六大素养之一。如何培养学生的创新能力，是当下教育的一个重要命题。

想象力是创新性思维的核心和基础，忽略想象力的创新能力和创新精神的培养，注定是一种舍本求末、急功近利的行为。小学阶段是学生求知欲比较旺盛、好奇心比较强的阶段，是想象力发展的重要时期。

教育改革应该步入想象力的广阔天地，把想象力变成推动学生发展的核心动力。[1]

第一节 儿童想象力的现状

时代呼唤想象力，而中国儿童想象力的发展情况不容乐观早已是不争的事实。

据教育进展国际评估组织2009年对21个国家的调查，中国孩子的创造力在所有参加调查的国家中排名倒数第五。中国的中小学生中，认为自己有好奇心和想象力的只占4.7%，而希望培养想象力和创造力的只有14.9%。中国学子每年在美国获得博士学位的有2 000人之多，数量为非

---

[1] 潘庆玉. 富有想象力的教学设计：基兰·伊根认知工具理论课堂应用研究[M]. 广州：广东教育出版社，2014：1.

美裔学生之冠，比排名第二的印度多出一倍，但美国专家评论说，虽然中国学子成绩了得，却大大缺乏想象力。[1]

早在2000年，中国青少年研究中心与北京师范大学发展心理研究所合作进行了一项名为"我国城市儿童想象与幻想"的调查研究，对创造倾向测验所包括的四个维度的平均分进行比较，结果发现，我国儿童的冒险性和想象力得分大大低于国际平均值。这一结果表明，中小学生的好奇心强，但冒险性和想象力弱。[2]

在2010年上海世博会举行期间，同样是参展的儿童画，俄罗斯的儿童对未来城市的规划思维开阔，想法很有意思，而中国儿童的画作普遍手法老到，却没有一幅是"超出想象的"。

中国儿童的想象力去哪儿了？

请看一组来自中国学生的生活故事。

故事一：小励的故事

小励在双休日报了5个辅导班，分别是奥数、儿童画、古筝、游泳和书法。小励就读于一所中等城市实验小学的五年级，她不算是班上辅导班报得多的孩子，用她的话说，是"中等水平"。报了5个辅导班的小励，双休日几乎不待在家里。爸爸是她的专职司机，趁她上课的间隙，爸爸回家拿好妈妈做的饭，她在去往下一个辅导班的路上用餐，或者在肯德基的店里边写学校老师布置的作业边用餐。学奥数是因为很多名校（初中）都会考奥数，有些虽说是面试，但就是会让你答几道奥数题。奥数真的很难，小励基本靠爸爸回家再讲、再刷题才能学会。学儿童画和古筝也不是小励的爱好，但是人家孩子都多才多艺，妈妈也要她多学几样。很多好的初中，就是看谁的"三好生"证书多、才艺获奖或者考级证书多，没有这些证书或许连报名资格都没有。小励的儿童画马上要考9级了，考试内容是规定命题的原创稿。辅导老师早就给她辅导了几个主题，要她一遍遍默画出来，老师很有本事，以不变应万变，那几幅画稿足以组合出各种命题的画作。

---

[1] 孙云晓. 仰望星空才会充满希望 [J]. 少年儿童研究, 2008 (10)：26-28.
[2] 赵永新, 王昊魁. 中国儿童想象力太差 [N]. 人民日报, 2009-8-17 (11).

故事二： 小凡的故事

小凡是较发达地区的一所乡镇小学三年级的学生。小凡班里有50多人，他成绩中等，个子中等，在班里是很平凡的一员。小凡对学校的各门功课都是差不多喜欢——没什么特别喜欢的，老师让听讲就听讲，让做作业就做作业。班里有四五个孩子做作业一直拖拉，上课还捣乱。小凡呢，有时候也开小差，但不会捣乱。数学课常常给他这样的感觉：老师先复习1~2道题，然后用光盘放书上的问题，然后就有些同学回答问题，小凡基本听得懂，但不大发言。例题学完后，老师会强调好几次，比如"数位要对齐""满十要进一"，然后就是做题。做题时老师还会强调那几句话，慢慢地小凡就学会了。有时候小凡会做错，反正有课内作业、家庭作业，家庭作业在晚托班老师那里做，晚托班老师还会跟数学老师那样再教一教。考试嘛，80分应该没问题。小凡晚上做完作业后看一会儿电视就睡觉。要问起学校社团，有好多呢。小凡参加了作文社团，妈妈想让他成绩好点。他很羡慕小星参加了足球社团，可以一直踢球多好啊！

看了上面两个小故事，现在我们能回答中国儿童想象力去哪儿了吗？

小励与小凡是中国亿万小学生的缩影：学习负担重、学习没有乐趣、以成绩为学习目标……

同样来自教育进展国际评估组织2009年对21个国家的调查，中国孩子的计算能力是世界上最强的，但是孩子们为此付出的代价是沉重的。调查显示，中国的中学生在学校用来做数学题的时间是每周307分钟，而其他国家的孩子学数学的时间仅为217分钟。中国学生回家后还要花4个多小时对付数学题，而其他国家的孩子在家里学数学的时间不超过1小时。令人痛心的是，中国学生为这个"计算能力世界第一"付出的不仅仅是时间，强大的计算能力是以牺牲孩子们的创造力为代价换取的。[1]

以上种种现象指向的根源是同一个：应试。应试是中国学生想象力、创新能力被扼杀的主要原因。

想象力与知识原本应该像一对翅膀的两翼。知识代表以往人们通过想象力及在想象力指导下的实践而获得的经验，而想象力通向未来知识的无限可能。

学习知识的过程应该是以想象力为翅膀，遨游于知识的苍穹；知识的

---

[1] 赵永新，王昊魁. 中国儿童想象力太差[N]. 人民日报，2009-8-17 (11).

学习过程也应该是想象力发展的过程。可为什么我们的儿童随着年级的升高越来越没有想象力了呢？

是以应试为目标的学习使学习变了味！唯知识观下的教育追求分数和效率，把原本活生生的带着人类惊讶、激情、期盼的知识发现过程变成了了无生机的"压缩饼干"。人们对"完整知识"的渴求越来越没有兴趣，这些代表着人类最具才情的"活知识"变成了"死知识"。想象力也在这样的学习过程中被折断了翅膀。

在应试这个阴影下，课堂教学、学校生活即使有新课程、新理念也改观不大，教师虽懂得自主探索、自主建构的重要，但也还是常常让它们让位于完成教学内容、每个学生会做题这些"终极目标"。

于是，死记硬背、记住结论、套用题型等教学方法还是大量存在，甚至背几篇作文、组合成不同的考场作文等竟成为显神通的秘籍。如此种种，小励、小凡们成了学习机器，背负沉重的包袱，再也没有想象的翅膀带他们翱翔。

甚至在应试这样的终极目标下，父母过分看重分数，导致很多家庭的气氛在很大程度上取决于孩子的学习。孩子的学习成绩好，家庭气氛就比较活跃，否则，气氛也会马上紧张起来。而对于想象力的发展来说，自由、轻松的气氛是多么重要啊！

第二节　想象力教育再认识

在追寻儿童失落的想象力之前，我们有必要解决几个问题：怎样理解我们熟知的想象力？想象力能通过教育得到提升吗？想象力的发展与学业成就矛盾吗？

一、想象力的内涵再认识

心理学上认为：想象力是人在已有形象的基础上，在头脑中创造出新形象的能力。但是，想象只是用已有形象创造新形象吗？试想以下两种情况。

学生在学习了"商不变的规律"后，学习分数的基本性质、比的基本性质时可以通过类比、联想建立两者间的关系，从而掌握知识。这里难道没有想象（类比、联想）在发挥作用？这里的想象怎么能说是"用已有形象创造新形象"呢？

再如学生创造性地解决问题（可以是实际问题，也可以是学科问题），思考的主要路径就是在各种可能性的假设与合理性的验证之间不断往返，直至解决问题。这个过程不一定通过表象来思考，也不一定产生新形象，但假设的过程不是想象在参与吗？

上述两例说明，我们需要超越狭隘的心理学定义，走进更广阔的思考空间。想象力不仅涉及表象能力，还涉及意向综合、概念创生与逻辑推理能力。想象的对象可以是表象，还可以是抽象的概念——没有脱离表象的抽象概念，概念与表象之间本来就没有什么鸿沟。

那么我们应该怎么定义想象力？"想象力从来都是哲学思考所面对的最困难的问题之一，哲学思维所孜孜以求的清晰性和严密性，在阐述想象问题的时候大都谦逊地收起了思维的锋芒。"[1]

要寻找一种准确的对想象力的定义，我们不如用形象化的描述使其更容易为人接受——"想象力就是指一种思维和情感的灵活性"，"它正处在由感觉、知觉、记忆、隐喻、概念、情感，毫无疑问，还包括其他显明的生命特征所交汇而成的十字路口上"。"想象力处在所有心理过程相交叉汇通的十字路口，成为各种心理过程的交通枢纽。"[2]

二、想象力能通过教育得到提升吗？

儿童的想象力亟须拯救。早在 2010 年，《人民日报》（2010 年 10 月 19 日，第 7 版）、《光明日报》（2010 年 11 月 18 日，第 7 版）都进行了专题发文：讨论"想象力比知识更重要"。《光明日报》的刊文中提出，在传授知识的前提下，充分培养学生的想象力理应成为中国教育体制改革的拐点。

现在，这个命题随着"想象力时代"的到来变得更加迫在眉睫。如何拯救儿童的想象力呢？想象力可以被教授吗？

很多人认为，想象力是不需要教授的，儿童生来就有丰富的想象力，只要不去限制其发展就是对想象力的培养。这种观点认为任其自由发展就是最好的，任何人为的干预都是多余的。而另一种观点认为，诚如"人之初，性本善"，想象力也是人的潜能之一，它有不同的发展阶段，是不断

---

[1] 潘庆玉. 富有想象力的教学设计：基兰·伊根认知工具理论课堂应用研究 [M]. 广州：广东教育出版社，2014：8.

[2] 潘庆玉. 富有想象力的教学设计：基兰·伊根认知工具理论课堂应用研究 [M]. 广州：广东教育出版社，2014：13-14.

地从低级阶段向高级阶段发展的过程,需要后天环境和正确的教育方式给予不断的挖掘和深化。持上述第一种观点的人受"不当的教育方式对想象力造成摧毁"这一观点的影响太深,并且对教育的印象停留在"效仿"的传统认识上,而不认为是现代的"引导"之意。随着儿童阅历、知识、能力的不断发展和心理机制的不断健全,自由发展是否就是想象力最好的生长方式呢?

事实上,有学者用实验证明:想象力是可以被教授的。这个实验持续了14个月,在美国布法罗大学对经过选择的330名学生进行了观察和科学研究,试图检验一个学期的创造性课程是否使中等水平学生的创造力得以充分发挥。结果证实,在发挥丰富的"想象能力"方面,实验对象相比于没有接受过类似课程的学生而言,具有更明显的优势。实验所用课程就是通用电气公司一直开设的"创造工程"。在获得专利的方法和发明创造的速度上,相比于未经过"创造工程"课程训练的人,那些学习过"创造工程"课程的学生的平均速度几乎会高出三倍之多。[1]

因此,想象力的问题不是需不需要教授的问题,而是怎样教授的问题。后面我们将进一步阐述。

三、想象力的发展与学业成就矛盾吗?

跟一些同人聊起培养学生的想象力话题时,很多人的看法都是:"这个想法好啊。可我是语文老师,语文学科的任务那么多,都来不及完成,你还要我去发展学生的想象力啊?"很多教师都把想象力的培养当成是一个额外负担,担心把有限的时间匀给想象力的培养会导致学生的"学业水平"下降。

这一定是广大教师同人所担心的问题,不解决这个问题,想象力教育在中国课堂里就难以实现。

首先,想象力可以通过"创造工程"这样的课程得到专门训练,但不排除想象力可以与普通学科的教学相伴相生。不要忘记一个事实:人类现有的知识都是先前人们想象力的成果。知识与想象力是相互促进的,想象力应该伴随着知识发现、获取的过程,并促进知识的学习;想象力应该在学习过程中不断发展。只是,这里学习的不是压缩饼干式的"死知识",学习的过程也不是模仿、记忆的"授受式"。

---

[1] 奥斯本. 创造性想象[M]. 王明利, 盖莲香, 汪亚秋, 译. 广州: 广东人民出版社, 1987: 4-5.

接着，让我们来看一位想象力教育的伟大践行者的一段访谈（以下是当代著名教育家，国际富有想象力的教育学会会长，加拿大的基兰·伊根教授关于想象力教育下"学业成就"的回答）：

我们也关注学生学习的结果。富有想象力的教育并不追求华而不实、虚张声势的教学方式。我们认为想象力是学习的重要推动力之一。以富有想象力的教育理论为指导的学校的学生考试成绩表现十分出众。比如，在美国俄勒冈州波特兰地区一所 IE 实验学校，虽然是一所远离富裕地区的社区学校，却在去年（2013 年）《华盛顿邮报》举办的"教育挑战赛"中获得了全国第二名的好成绩！因此，富有想象力的教育是十分注重教学成效的。我们认为，只要能够激发学生曾经被忽略的想象力，就能够提高他们的学习成绩，无论采取何种测量、考试或者评估技术来检测。富有想象力的教育不仅仅是一个自身拥有价值的过程，而且还是一个能够产生有价值的成果的过程。[1]

因为坚信想象力教育的价值和意义，我们才会去寻找儿童想象力培养之路！

---

[1] 潘庆玉. 富有想象力的教学设计：基兰·伊根认知工具理论课堂应用研究［M］. 广州：广东教育出版社，2014：3-4.

第二章
寻找儿童想象力提升之路

沿着来时的路追溯,两个时间节点是两扇依次打开的门:2016年秋天,我带领我校的教师们反复论证了学校"十三五"课题的研究方向,最终以"想象力"这一当下亟须解决的问题为研究主题,从而确定研究课题为"提升小学生想象力的创意学习研究"。而在这之前,2011年8月我们也打开过一扇门,即着眼于学生的可持续发展,以"学习力"为主题,提出了"提升儿童学习力的学校课程生态研究"。从学习力到想象力,我们一脉相承地致力于学生的全面发展。

学校建设生态课程,有效提升了学生的"学习力"。我们看到的是生机勃勃的课堂,是乐学、好学、会学的孩子。我们也惊喜地发现学生的学习力得到提升的同时,被压制的想象力也得到了很好的发展。沿着"学习力"的路径,继续探寻,我们自然而然地想进一步提升学生的想象力。于是,我们在打开一扇叫"学习力"的门之后,又拾级而上,打开了另一扇叫"想象力"的门。

先把时间轴推移到2016年以前,看看我们提升儿童学习力的学校生态课程。

第一节 走向课程生态,提升学生学习力

卢梭说过,教育必须顺着自然——也就是顺其天性而为,否则必然产生本性断伤的结果。中国著名数学家杨乐也曾说,国内的教育,学校、家庭、社会对学生的期望太高、太急、太迫切,成才是一个很长的过程,是一个比较自然的过程。基于"教育必须顺着自然"这一要求,我们提出了"提升儿童学习力的学校课程生态研究"。

一、什么是课程生态观

课程生态观是人们审视与反思课程发展的一种具有革新意义的观念,

它充分考虑了人与课程的关系，并以促进学生的健康成长为宗旨。它要求课程应当关注生命、回归生活、注重学生的持续发展。

（一）关注生命

关注生命即不仅要关注学生的身体健康，而且要培养学生健全的心智与人格，让学生学会与自然共处，充分领悟和体验生活的价值和生命的意义。关注生命以养成学生完美和谐的个性为核心，以促进学生充分自由的发展为宗旨。

（二）回归生活

学校课程重返生活世界，找回失落的主体意识，确立一种新的课程生态观，是当代课程发展的一个重要理念，它关系到21世纪教育的成败与人类自身的命运。课程内容应呈现人类群体的生活经验，提供给学生一种问题情境，并与学生的实际生活相联系，使学生能更准确和细密地对实际生活加以把握、理解和感知。学生的发展应与生活紧密相连，因为生活就是其成长的基地和源泉。

（三）注重学生的持续发展

课程的开放性系统中每一个因素的变化都可能影响到整个系统的发展，其根本着眼点是使学生获得一种持续发展的能力。

二、实践中形成的三个方面的观点

（一）提升儿童学习力，是儿童发展的根本

把学习力理论应用到教育领域来强调发展儿童的学习力，是适应新世纪人的发展与和谐发展的需要。在教育领域，终身发展思想一直是前沿理念，儿童只有在早期教育阶段具备良好的学习力才能适应将来的社会发展。就小学阶段的教育而言，教育的本质目标就是实现儿童的发展，而儿童的发展重点体现在学习力的发展上，学习力决定今后的发展力和竞争力。

（二）构建生态化课程，为儿童提供最好的发展

生态化课程注重教学双方在平等基础上的对话与沟通，使学生在体验性、探索性的框架下进行自主性、创新性学习，建立起民主、平等、对话的新型师生关系。在这种关系中，双方皆获得成长，教师不再是中心，也不是"辅助者"，而是与学生共同发展的参与者。教师是"平等的首席"，是自我反思型的教师，能够持开放的态度，不断寻求新的途径，将学生带入对真理日益深入的理解中。

（三）关注儿童学习力，促成两者的和谐匹配

生态化课程正视个体差异性，尊重个体差异性，引导学生发现自我，开发自己的潜能，培养与他人合作、共事的态度与技巧，实现身心的和谐发展。同时，儿童的发展要讲究和谐发展，具体体现在注重儿童的全面发展、实际发展、创新发展以及合理的差异发展。生态化课程的构建，必将促成儿童学习力的提高；儿童学习力的提高，也必将不断地完善生态化课程，两者和谐发展。

三、我们构建的生态课堂

占据学生的学校生活大部分时间的是课堂，课堂是学生学习的最主要阵地。实现课程生态，必然要实现生态课堂。

我校把提升儿童学习力作为生态课堂的重要要求，让课堂真正促进儿童的发展。就什么样的课堂才算是生态课堂，我校提出了五个方面的参照标准：第一，生态课堂是学生自然、和谐发展的"生本"的课堂；第二，生态课堂是学生感受自然、和谐的"情境"的课堂；第三，生态课堂是注重学生"体验"的课堂；第四，生态课堂是学生进行"合作、探究"的课堂；第五，生态课堂是"愉悦"的课堂。这些参照标准强调了基于儿童个性发展的需要，体现了"为了每一个儿童"的理念。

我校还开展了多轮次的课堂研讨活动，多次由骨干教师上示范课，引领全体教师践行"生态课堂"。如王建峰老师执教的示范课"牛津小学英语6B Unit 5"，话题是"季节与天气"，全课教学严谨，主要体现在以下几个方面：第一，体现了"分层教育"的方法。由于高年级学生在英语学习上两极分化比较明显，因此王老师在课堂上注重分层教育。这特别体现在作业的设计上，学生可以根据自己的水平选择题目，给出答案。分层教育的实施，增强了学生学习的积极性和自信心。第二，注重英美文化的介绍。根据英语课标要求，王老师在课堂教学中巧妙设计，向学生介绍澳大利亚和英国的天气以及英国人喜欢谈论天气的习惯。第三，注重生态环境教育。文中讲到了现在天气的不正常，以及人们对环境的破坏与污染导致天气出现反常，引导学生注重环保。

开展示范课、研讨课、"推门"课，在研讨学习、不断实践的过程中，我校课堂面貌焕然一新。

经过几年的实践，我们形成的《生态课堂给教师的建议》一文主要创新之处体现在——"教学内容精当"提出了三个具体要求：① 根据教材重难点来确定训练点，落实"重点精讲、精练、难点突破"的方法，进行

教学内容的安排。② 删繁就简，取舍恰当，实现学科知识的有机整合。③ 能沟通课内外学习，充分体现学科与生活的有机整合。"教学方法灵活"提出了三个具体要求：① 关注每一个学生，提高全体学生的参与度，激发学生的学习热情。② 体现学习过程，引导学生进行自主合作探究学习。③ 注重学习方法的指导，使学生学会学习。

《生态课堂给学生的建议》也对学生提出了五点要求：① 全员参与学习，对教学内容和形式感兴趣。② 在教师的组织引导下，课堂气氛和谐。③ 积极发表见解，能用自己的语言有条理地表述，与老师交流时语言得体。④ 善于多角度思考问题，能主动提出有价值的问题。⑤ 同学间能开展友好的合作。

这样的课堂教学，能引领我们教师践行"轻负高质"的生态课堂理念，关注对学生的学习兴趣、学习习惯和学习方法等方面的教育和培养，把提升儿童学习力真正落到实处。

四、生态课程提升学生学习力

（一）激发了学生的学习兴趣，增强了他们的学习动力、学习毅力

交往互动、平等对话、全员参与的课堂极大地激发了学生的主体意识和学习动力；重视情境、经历过程、回归生活的学习方式调动了学生的学习积极性。学生的学习兴趣得到了极大的提高，大部分同学能认真对课堂内容进行思考，并积极将自己的思考结果和大家交流。尤其是很多平时没有机会表达自己的比较内向的学生，在这一平台上找到了属于自己的舞台，尽情展示他们智慧的结晶。因此，每一个学生的主体地位得到了尊重，每一个学生体会到了学习的乐趣、收获了学习的成果，他们对学习价值产生了认同，学习不再是"要我学"，而是"我要学"。

（二）提高了学生的学习能力

创设情境，提出问题，解决问题；重视自主探究、合作学习……在这样的学习过程中，我们有意识地指导学生的学习方法，注重反思、习惯的养成和元认知能力的培养。这样的学习方法的指导，让学生主动学习、学会学习。学习过程不仅仅是知识积累的过程，更是学习技能提高的过程，也必然是积累终身发展的能力的过程。

（三）提升了学生的创造力

学生的学习由封闭的课堂走向广阔的生活世界，把学习还原成鲜活的有生命力的活动。学生的学习富有挑战性，学习的过程也是创造性地解决问题的过程。比如学生走进社区调查河水治理，以儿童剧《河长治水》反

映这个故事；学生调查身边商业综合体的发展情况，向政府部门了解近期区域内商业综合体的布局规划，提出合理化建议……课堂内外发挥学生潜能，把实践创新的培养落到实处，切实提升了学生的创造力。我校学生在"创意编程""金钥匙科技竞赛"等赛事中一直成绩显著，甚至有几位同学的作品获国家专利，在小学生中实属不易。

第二节　从学习力到想象力

一、从学习力到想象力

2016年，我校申报的省"十二五"规划课题"提升儿童学习力的学校课程生态研究"顺利结题，并被评为省精品课题。我们收获了课题研究的成果，切实感受到课题研究带来的学校面貌的变化、学生素养的提升。我们还惊喜地发现，随着学习力的提升，学生创造力也得到了发展。

生态课程改变了学生的学习方式，摒弃了压制学生想象力的"应试式"的学习。生态课程唤醒了学生的生命力。

如前文所述，应试带来的急功近利、以会做题为目标的教学使学习变味甚至异化。教师只追求讲清楚、听明白的上课模式，很多课堂还是专注于精讲多练，甚至不断重复练习，一切与考分看起来没关系的因素被摒弃。来源于真实世界的知识也被风干装罐授予学生……在生态课程观的影响下，这些导致想象力丧失的教学方式被请出我校。而评价方式的变革更为生态课程保驾护航。我校的"七彩少年"评价方式注重过程，注重全面发展，早已与"唯分数论"分道扬镳。

这也就不难说明为什么生态课程实施之后学生的想象力、创造力得到了明显提升，学生在绘画、诗歌创作、科技制作等方面都表现出让人欣喜的想象力。

"十二五"课题结题后，在讨论"十三五"选题之时，课题组老师们一致认为，既能承接"学习力"成果，又能解决现行教育的普遍难题，"想象力"是非常有价值和有意义的。

经过反复研讨，最终我们确定的"十三五"课题为"提升小学生想象力的创意学习研究"。在2017年1月被江苏省教育科学研究院规划办（以下简称"省教科院规划办"）立项为规划课题（编号：D/2016/02/

153），该课题在 2017 年 10 月被省教科院规划办批准为省精品课题培育对象。

借助"十二五""十三五"课题的一些研究成果以及对教育实践的新思考，我校于 2018 年 6 月启动了"聚焦小学生想象力的创意学习实践研究"实验项目，并成功申报为"苏州市前瞻性教学改革实验项目"。2019 年 5 月，该项目被确定为"江苏省前瞻性教学改革实验项目"。

打开一扇"学习力"的门之后，徐徐而行、拾级而上，我们又打开了另一扇"想象力"的大门。

二、勾画提升小学生想象力的蓝图

曾经与同行们交流过我们所研究的课题，听到我们研究的是"想象力"，他们大多表示惊讶。这惊讶也有不同的含义，他们有的认为：想象力怎么研究啊？能研究出成果吗？还有的认为：你们真的敢为人先，这是多有前瞻性的课题啊！

21 世纪初，素质教育在教育界风行一时。素质教育的要义之一就是创新能力的培养。国人所缺失的素养——"实践创新"早已是教育人的必然追求。在这样的背景下，很多学校以"创新能力"为研究主题，探索创新人才的培养路径。

我们在研讨想象力培养的路径时也多方参考相近主题的课题或课程项目的研究与实践。我们发现，研究"创新能力"的课题和项目较多，并且大多是通过校本课程的实施来培养。如，开展丰富多彩的活动，提供给学生大胆创造的舞台；也有自主开发的创意课程，以创新能力的培养为目标，有很多值得学习的成功案例。

然而，在各学科教学中落实创新能力培养的课题和项目少之又少，涉及学习方法变革的也少。简单来说，同行们践行了"实践创新"的教育理想，却基本没有提出学习方式的有效范式，也没有直接在学生学习生活的主阵地——各学科学习的课堂上做探索和尝试。

我校"十三五"课题组的老师们在研讨时也聚焦到这个问题：想象力的培养应落实在学校课程的哪些领域？在各学科的课堂上我们能探索想象力的培养吗？答案是肯定的。如果丢了这个主阵地，想象力培养还有多大空间？在有效的空间内还能做出多大成效？想象力就不能与每一门学科学习联系起来，不能相得益彰吗？

在思辨中，我们的思路越来越清晰：让想象力发生在课堂，让想象力发生在学校教育的每一个层面！国家课程的学科教学及校本课程中各种形式的学习、活动都是想象力教育的组成部分。

但,问题又来了——想象力提升通过怎样的不同的学习方式实现呢?是我们已经形成的生态课堂吗?我们的生态课程虽提升了学生的想象力,但它是更具针对性地提升学生想象力的学习方式吗?我们觉得这样的学习方式应该富有创意,我们暂且称其为"创意学习"(后面会逐步阐述)。就是说,我们的想象力教育是遍布在学校教育教学的每一个时空中的;我们通过创意学习,变革学习方式,提升学生的想象力。

有了初步的共识后,我们共同绘制出实施想象力教育的蓝图。

(一)学校课程设置需要调整吗?

各学校课程的差异主要体现在校本课程中。在我国,两种不同的课程形式都被视为校本课程:一种是为满足具体学校的发展需求和学习者的学习需求,充分利用当地和学校的课程资源而开发的多样的、可供学生选择的课程,是在国家课程之外的、由学校自主研制和实施的课程;另一种是国家课程的校本化实施,即学校和教师通过选择、整合、改编、补充、拓展等方式,对国家课程和地方课程进行再加工,使之更符合本校和学习者的需要。

富有想象力的教育发生在课堂,发生在学生学习活动的每一个时空。学校原本的课程设置是多年办学智慧的结晶,想象力教育可以与学习生活相伴相生,进行想象力教育并不需要对原来的学校课程做太大改变,只需做适切的补充。不能否认,有些学习内容更有利于想象力的培养。所以,我们首先思考国家课程的校本化实施。

语文作文课上多了"玄幻作文""飞花令",语文老师还把玄幻作文发布到微信公众号上,奇思妙想的作文令大家捧腹大笑,也收获了很多"赞"。语文的阅读推荐书目里多了《鼹鼠的月亮河》等书,老师还在课外阅读课上带领大家交流、分享。

我校语文老师们还编写了校本教材《玄幻作文》《儿童诗》,数学老师们拿出了《巧手折纸》《玩转九连环》等,对国家课程进行想象力方面的拓展。我校8个学科的老师都编写了相应的校本教材,这些内容的补充在让学生的想象力驰骋的同时也促进了他们对本学科知识的学习。

除了国家课程的拓展、延伸,我校教师还创编了系列跨学科的、与想象力培养有关的校本教材。如解决真实生活问题的项目学习教材《生活小主人》,体现戏剧创编、表演的《角色体验》,直接指向创意的《创新思维》《玩转机器人》……这些教材供学生在社团、综合实践等课程中选择学习。

特色文化活动也是我校课程的一部分，很多活动都是想象力绽放的园地。我校有意识地设计一学年的展现想象力的主题活动，如元宵节做花灯、风筝节做风筝、校园艺术节展演、科普运动会、创意手工竞赛等。再比如，围绕"世界节水日"，学生们绘制宣传画；结合学校特色教育开展的变废为宝作品展等都成为学生创意生长的沃土。

(二) 怎样的学习方式是富有想象力的？

关于这个问题，我校课题组的老师们讨论得尤其激烈。

我们首先确认：学校先前形成的生态课堂标准仍然是想象力教育应当遵从和珍视的教与学的标准；任何科学的学习方式都蕴含想象力教育。但除了生态课堂的标准，我们还能想到什么有针对性地培养学生想象力的学习方法呢？难道只是一味地让学生多想象？

我们从经验出发形成几点共识：想象有较强的情感因素，与人的情感状态紧密相连，所以学生的学习环境一定是民主、宽松、和谐、开放的；想象在不同年龄阶段或哪怕认知水平一样的情况下也有很大的不同，想象力的培养应该有差异性；知识学习的过程是探索发现的过程，只有伴随着好奇、惊惧、激情等，想象力才会伴随学习而生。

我们讨论了很多，也翻阅了大量资料，期望能找到一种学习方法，或者说是学习模式，能够有针对性地实施想象力教育。我们找到的似乎都对，但又都是不做想象力教育也能想到的、做到的。一番寻找之后，我们仿佛回到了原点。

在寻找的过程中，我们发现针对想象力培养的学校层面的实践研究真的很少，很难找到有价值的可资参考的素材。不拿出行之有效的做法，怎么能让人信服，做真正的富有想象力的教育呢？

迷茫了一段时间后，我们偶然读到了潘庆玉教授的几本书，从他的书中知道了基兰·伊根教授的"认知工具理论"是培养想象力的有效工具。真是柳暗花明又一村！也正是基兰·伊根教授的"认知工具理论"让我们确信想象力是能够通过教育得到提升的！认知工具使学习更引人入胜、更有成效，让学生的想象力发展的同时实现教学品质的提升。

针对"认知工具理论"，结合我国国情及我校的实践经验，我们提出了自己的关于学习方法的创生性概念：创意学习。

(三) 什么样的环境建设能支持想象力教育？

我曾见过这样的六年级教室：60个孩子拥挤地坐在教室里，老师站在讲台上没有特别的感觉，只觉得太挤，往下面一走，从后往前看，让人大吃一惊——几乎每个孩子的书包都是放在地上的，因为书包太大，桌肚放不下，孩子的腿只能弯着。再联想到一些高中的孩子，桌面上都是高高垒起的书，孩子们的头就在书堆中时隐时现。这样的教室环境有些压抑。我们还看到很多教室，除了桌椅、教学用品、公告栏和板报，或许还会有图书角，抑或有一些绿植，大体如此。

什么样的教室能舒展学生的身心，成为他们的学习乐园呢？我校的教室不以整齐有序为第一追求，教室里绿植很多，甚至还有游动的小鱼。教室有足够多展示学生作品的地方：宽大的软布黑板报、很多的粘板、边柜、外墙壁上的透明展袋等。教室的某个角落有数学老师供学生下课拼搭、研究的小棒和小正方体等。教室应该是一个让孩子心情舒展的地方，是能够让所有孩子展示成就的地方，是可以支援他们学习、研究的地方。

我们确定"十三五"课题为"提升小学生想象力的创意学习研究"后，主动从学校层面创建支持想象力发展需要的活动性、实践性的物化环境。学校建成的功能性场馆有太湖文化研究院、天文馆、农耕园、少年科学研究院等，为学生提供了良好的室场环境，形成了开放的学习时空。

学校大厅里散落着一些科技模型、现代化视听设备；美术教室的里面和外面都有涂鸦墙，通道的屏风上有学生的诗作，不经意的拐角处有学生的书画作品、科技作品和手工作品。

学校建设网络专题平台，提供创意学习教程，展示学生创意作品：机器人设计、戏剧新编、艺术创作、变废为宝作品秀……线上线下互动，为学生提供学习、展示的平台。

环境是一种语言，环境是一种资源，环境是一本书……我们从想象力和创意出发，为孩子们建造和谐的、生动的、以及能够生发、展示想象和创意的物化环境。

第三章
提升想象力的创意学习寻绎

这一章我们要解决的问题是：什么样的学习方法是富有想象力的？

提升学生的想象力，我们的着力点在学习方法的变革上，而学习方法变革的主要阵地在课堂。课堂上学生的学习应该遵循哪些原则？具有哪些特征？教师应该采取哪些策略？我们以先进的理论为指导，在学习与实践之间不断往返，创造性地提出了"创意学习"这一概念。

怎样用简短的语言来描述"创意学习"呢？正如前文中所提及的，学习方法的寻找、论证是一个过程，首先要诊断、去除症结；其次，要将引起病症的行为代之以健康方式教学；最后，要寻找有针对性的提升学生想象力的教学方法。

我们一路行走，依次到达三重境地，逐步实现富有想象力的"创意学习"。

第一节 第一重境界——认识"想象力赤字"

"赤字"本来多用于财政层面，意为"财政支出大于收入"。后来"赤字"被隐喻性地迁移运用于多个领域，比如"信任赤字""民主赤字"等，意指评价对象在某些方面存在明显缺陷或不足。"想象力赤字"在这个意义上是指想象力潜能未得到很好的开发与发展。课堂层面的"想象力赤字"，就是指课堂教学环境中缺乏一些让学生发展自己的创造力与想象力的刺激性因素（或机会）。

美国学前教育专家提出过一套"课堂想象力赤字"的评估问卷，列出了如"孩子们更多的是拥有被动而不是主动学习的机会"等10条"想象力赤字"评价内容，试图找到学前教育中损伤孩子想象力的错误做法。我们既参照了此评估问卷，又参考了英国学校创新学习评估策略，结合小学生的课堂教学特点，对我国应试式传统课堂教学进行了深入剖析，制作出了一套小学课堂"想象力赤字"评价指标（见表3-1），旨在给出课堂教学一个"负面清单式"的诊断性报告，以加强认识，改变教学行为。

表3-1 小学课堂"想象力赤字"评价指标

一级指标	二级指标
1. 学习自主性	（1）学生是否具有强烈的自主学习动机？
	（2）学生是否具有多样的自主学习策略？
	（3）学生的自主学习是否有充足的教育支持？
2. 教学方法的灵活性	（4）教师是否具备多种教学方法？
	（5）教学方法的使用是否考虑到了学生的学习规律？
3. 学生的协作度	（6）课堂上是否有多种促进学生合作学习的策略？
	（7）学生的合作学习是否频繁？
4. 课程安排的灵活性	（8）课程进度安排是否给学生预留自主探索的时间与空间？
	（9）学生能否在一定程度上参与课程的设置？
	（10）学生课堂经历中的大部分活动以及相关材料所提供的"可能性"空间是否很小？
5. 课堂氛围	（11）学生对课堂教学的情绪反应是否积极？
	（12）学生是否愿意经常在课堂上分享各自的观点？
	（13）学生之间及师生之间在课堂中的互动频率如何？
	（14）学生之间的情感支持是否普遍？
6. 师生关系	（15）教师与学生在课堂中的教学关系，如教学互动、情感关系如何？
	（16）教师更关注的是学习的"最终结果"，还是学习过程中每个学生所付出的努力？
7. 学生的参与度	（17）学生在多大程度上参与了课堂管理事务？
	（18）学生在多大程度上参与了课堂教学的互动？
8. 学生的批判性思维	（19）学生是否都害怕犯错，并集中精力以所谓"正确的"的方式来做事情？
	（20）学生是否能产生更多的新想法以及进行批判性思考？

表 3-1 是我们针对传统应试式课堂列出的"想象力"负面清单。有了负面清单，我们对造成学生想象力困乏的原因的认识就不仅仅停留在笼统的"应试式教学"上，认识逐步走向清晰，这也使课堂教学的改进更有针对性。

对照当下的课堂，小学课堂"想象力赤字"评价指标（以下简称"评价指标"）中的负面现象常常成为教师的惯性行为，在课堂教学中大量存在。

有些行为是无意识型无知。比如，很多教师关注一节课的完整性，认为完成《教师用书》上建议的一课时内容是理所当然的事。就连公开课也是把在规定的时间（40 分钟）完成规定的学习内容作为评价好课的标准。对于这样的教学行为，很多教师觉得大家都这样做，也就被裹挟其中，久而久之养成习惯，不再思考其合理性。

还有一些教学行为对教师们来说往往是知易行难。比如，师生的教学互动、情感关系维系。很多教师也向往灵动的、开放的课堂，希望实现多向互动，可是，要么调动不出学生的互动，要么调动了以后场面无法控制，于是又回到了我讲你听的形式，又在"重点处"多多强调、反复训练……

从"想象力"角度看，传统课堂需要改进的"病症"首先是：学生学习的自主性差。这体现在学生被动学习，教师没有有效组织学生的自主学习，没有给予学生足够的自主学习的支持；学生没有作为学习主体的意识，也没有形成有效的自主学习策略。

在评价指标中的 8 项一级指标的"症结"中，有 7 项都与学生学习的自主性有关系。学生在课堂中没有处于真正的主体地位，没有形成民主、平等、对话的师生关系，学生学习没有自主性，课堂参与度和互动频次必然是低的。主体地位的丧失导致学生难以成为课程进度的决定者。没有自主性，学生参与课堂活动的"可能性"空间就很小，批判性思维也难以形成。

针对 20 项二级指标，我们接下来做的事情是：参照各学科国家课程标准，结合我校已有经验，梳理逻辑关系、分清主次，形成正面清单，使正面行为易知、易行。

第二节 第二重境界——基于负面清单的创意学习（初级篇）

分析清楚了"症结"背后的具体原因，我们需要积极重构正面的、健康的教学方法。

一、与各学科课程标准相比对

创意学习——富有想象力的学习方法，必然应该与各学科课程标准中提倡的学习方法相一致。

《义务教育数学课程标准》中倡导的数学学习的方法："教学活动是师生积极参与、交往互动、共同发展的过程……学生是学习的主体，教师是学习的组织者、引导者与合作者……学生学习应当是一个生动活泼、主动和富有个性的过程……处理好讲授与学生自主学习的关系，引导学生独立思考、主动探究、合作交流……"

《义务教育语文课程标准》中倡导的语文学习的方法："学生是学习和发展的主体……爱护学生的好奇心、求知欲，充分激发学生的主动意识和进取精神，倡导自主、合作、探究的学习方式。"

各学科课程标准中的学习方法都有同样的指导性建议：倡导自主、合作、探究的学习方式；学习过程应生动活泼，要学生有好奇心、求知欲等。

观照小学课堂"想象力赤字"评价指标中的20项二级指标，与各学科课程标准倡导的学习方法高度一致，都特别重视学生的主体地位的落实、学生学习的主动性。

二、从生态课程中吸取养分

我校提升学生学习力的生态课程已经有了成熟的经验，实践证明，生态课程能够全面提升学生学习力，包括创造力与想象力。

生态课程观的核心理念是"生本"理念，即重视学习源于自然这个源头活水，强调在知识的获取中学生具有主动性。

生态课程观再次对负面清单做出回应，生态课程的教学方法正是消除负面清单的积极做法。

三、基于负面清单的创意学习样态的初级建设

有课程标准的正面指导，有生态课程观的实践检验，负面清单的正面作用逐步浮出水面。我们希望抓住主导思想，纲举目张，形成具体可操作的教学法。对于提升学生想象力的创意学习样态，作为基础篇，我们提出以下几点建设性意见。

（一）坚持学生立场，建设新型师生关系

教育教学中的学生立场是我们教育工作者的基本立场和思维原点。只有坚持学生立场才能解放学生、发展学生。教师坚持学生立场就意味着凸显学生的主体性，一切为了学生，为了每一个学生。

教师坚持学生立场，才会建立新型的师生关系。专制的教师怎么能教得出思想自由的学生呢？小学生的想象力、创新思维的培养与发展，需要自由、民主、宽松的氛围做前提条件。创意学习中的师生关系是伙伴式关系。只有建立互助、互动、互学的伙伴式师生关系，师生才能在人性化、和谐的学习团队中获得归属感，想象力与创意才能在这样的氛围中生发。

教师坚持学生立场，承认学生的主体地位，学生的主体意识才会复苏，学生才会有自主的学习动机，自主学习也才会成为可能。

教师坚持学生立场，教学时眼中不仅有教材，更应该有学生。教师兼顾学习内容与学生学习规律，寻找合适的教学方法。坚持学生立场决定了教师会研究学生、研究学生的学，决定了教师教的理念与方法。

教师坚持学生立场，就会包容学生的"慢"。教师会让学生决定学习的进程，不以课时内容为决定课程进度的因素，而是以学生的学习进展决定课的缓急快慢，决定一节课内容的多少。

教师坚持学生立场，学生才会不再害怕犯错，集中精力猜测老师想要的答案；学生会真实思考、真实交流；学生的错误和古怪想法都能得到老师的包容。不以成败论英雄，凡是认真思考都值得肯定。只有坚持这样的立场，学生才会打开思维的枷锁，才会放飞想象。新想法和批判性思维才会产生。

教师坚持学生立场，才会营造民主和谐的师生关系。学生才可能学会互相尊重，实现互相的情感支持，师生互动、生生互动才会积极展开。

教师坚持学生立场，才会使为了知识与分数的教育变成为了学生人生的教育；才会使受污染的教育的天空散尽阴霾，换来蓝天；才会使许多美好的愿景成为可能。

（二）形成以自主探索、实践参与为主导的学习方式

承认学生的主体地位，必然倡导以学生自主性学习为主导的学习方式。生态课程与新课程都倡导学习内容与生活的连接，强调知识对情境的依赖。高质量的自主学习应该是自主探索、参与实践的主动学习，我们认为其特征有情境性、自主性、过程性、合作性、开放性。这样的学习有利于学生主动获取知识，并应用知识进行创新、创造。

1. 情境对学习的重要性

生态课程强调：课程内容应呈现人类群体的生活经验，提供给学生一种问题情境，并与学生的实际生活相联系，使其能更准确和更细密地加以把握、理解和感知。学生的发展应与生活紧密相连，因为生活就是其成长的基地和源泉。

与生活连接的知识才是活知识，才不是压缩饼干式的"死知识"；才有可能让学生体验人类探索发现知识过程中的好奇、惊惧、激动；才有益于知识的自主建构、灵活运用。

实现知识学习回归生活，教师需要创设与学习内容相适宜的学习情境，为学生提供实践探索的素材，让学生在情境中学，让学习有场景、有事件、有角色、有情节。情境产生问题，生发学生的好奇心与求知欲，是学习产生的背景，能推动学生探索未知。情境推动着情感，学生内心的愉悦和热情使思维进入最佳状态，学习效率明显提高。

对于具体操作，我们可借鉴李吉林老师的情境教学法：境中学，将知识嵌入情境之中，自然而然地将学生的认知与经验连接起来；境中行，做中学，让学生亲历学习过程，建构知识，在真实的情境中运用知识；境中思，让学生在"学"和"行"的过程中体验感悟、质疑问难，形成高阶思维；境中怡，营造美学境界，引导学生感受美、理解美、创造美。心、身、境互动，激荡，交融。

2. 学习的自主性

学习过程是学习主体主动探究学习客体，不断更新知识结构的过程。自主探究式教学不是授受式学习，它能体现学生的独立自主性、主动性，学生能做的事教师绝不代替。教师给学生环境（创设情境）、学习材料上的支持，对学生进行引导和组织，让学生自主完成学习活动的选择、设置、落实与评价；把探索的空间给学生，把思考的时间给学生，把表达与反思的机会给学生。在自主探索、参与实践的学习中，自主性是最重要的特点，教师需要激励和帮助学生发挥其学习的主动性和创造性。

3. 学习的过程性

探究学习有以下几个基本步骤：提出或生成问题；提出假设；收集证据，形成解释；交流和评价。学生的学习过程需要经过一系列的质疑、判断、比较、选择，以及相应的分析、综合、概括等认识活动；需要经历多样化的思维过程和认知方式，经过多种观点的碰撞、论争和比较。不经历这样的过程，学生就难以获得结论，也难以真正理解、建构知识。更重要的是，没有以多样性、丰富性为前提的学习过程，学生的创新精神和创新思维就不可能被培养起来。所以，我们不仅要重结论，更要重过程。

我们要做细、做实探究学习的每一步，不走过场，不直接引向学习结果。探究学习要模拟科学探究之"形"，更要渗透科学探究之"神"，引发好奇心，有真思考、做真探究、培养批判性和求证性等科学精神。

4. 学习的合作性

合作学习是自主探索的适切补充。没有独立学习的基础，合作学习就是空中楼阁、无源之水。但自主探索后的合作学习往往又是很有必要的，可以到达个人学习达不到的高度，可以互相启发、碰撞思维、共享智慧，可以修正、充实自我观点，使认识走向全面和深入。合作也是一种态度和技能，在合作学习中，学生学会与人交往、学会合作。

教师要承担好学习促进者这一角色，明确合作学习的任务、要求；要对合作学习进行必要的组织和引导，注重教给学生合作学习的技巧、组织讨论的要领；要努力使每个学生参与到合作学习中去，鼓励每个学生发表独立见解；肯定合作学习的共同成果，并把小组学习的独特成果转化为全班同学的集体智慧。

5. 学习的开放性

开放的课堂内涵十分丰富，至少包含以下几层含义：（1）教师观念的开放。相信学生的自我发展能力，尊重学生，建立民主和谐的师生关系。（2）组织形式的开放。采取丰富的教学方式，比如，小组合作教学、学生和教师角色互换及全班整体交流等，由单向信息传递转变为多向信息互动，这种交流活动更有利于学生独立思考，能激发他们的创造潜能。（3）学习内容的开放。学生在学好教材的基础上，还应该把学习的触角伸向更为广阔的空间，把学习之根扎在广袤的土地上。数学教学可以引入数学故事，语文教学可以进行拓展阅读。各门学科都不是孤立的、自成一体的，它们与其他学科有着密不可分的联系。学习的内容可延展到别的学科，可以延展到校外，可以深入到广阔的生活中去等。（4）时间、空间上的开放。学习的空间不仅是教室,科学课、数学课可以走向实验室,可以走向室外,菜地可能就是科学课堂;在学习的时间上,以学生的学习进程为决定因素,一节课可多学一点或少学一点,只要一阶段的总和达标即可;鼓励学生深入探究,尊重学生的差异,允许学生"发挥"。

自主的、探究的、合作的课堂是生成的课堂,是开放的课堂,需要教师拥有开阔的胸襟和更高的教学技能与修为。

我们形成的创意学习样态初级建设,抓住两个要点(学生立场、自主探索)统摄一系列教学方法。你或许要问,难道这就是提升小学生想象力的教学方法吗?这不就是广为人知的新课程理念吗?是的,这些教学方法不是新创,都是与新课程相一致的"旧方法"。但试想,如果我们提出的新方法违背大家公认的教学理论,这样的新方法还能成立吗?这些"旧方法"是大家认可的教学理念的一部分,它们被认可,可是不一定被落实。我国小学生想象力的缺失也正是因为这些"旧方法"没有得到真正实施。我们梳理小学课堂"想象力赤字"评价指标,联系实践,总结出创意学习样态的初级篇,重申这些熟知但被忽略的教学方法。初级篇的教学方法可以挽救被压制、被摧毁的想象力,使其接受正常的阳光雨露的滋养,自由生长。下面,我们还将走向创意学习样态的高级篇——应用认知工具的创意学习。

第三节 第三重境界——基于认知工具理论的创意学习(高级篇)

你或许充满好奇:什么样的教学这么有魔力,能够有效提升无可名状、难以捉摸的想象力呢?"认知工具"是怎么回事?它对课堂教学到底有怎样的意义呢?

一、以案例说明认知工具

让我们先从几个生动的案例[1]入手,对认知工具有一个感性认识吧!

☞**案例一**:梁思成在清华讲古建筑维修工程,他走上讲台的第一句话

---

[1] 以下文字多引用自潘庆玉. 富有想象力的课堂教学 [M]. 广州:广东教育出版社,2009.

是:"我是无'齿'之徒。"顿时满场震惊,为之愕然。老师怎么会说自己是"无耻之徒"呢?只听梁思成慢慢地接上说:"我的牙齿掉光了,后来在美国装了这副假牙。因为四十来岁,所以装的不是纯白色的,而是略略带点黄,因此看不出来是假牙,这就叫作'整旧如旧'。我们修理古建筑也要这样,不能'整旧如新'。"这席话把维修与保护古建筑的关系讲得十分透彻而又非常形象,赢得满堂喝彩。

相信你会为梁思成的智慧与幽默拍案称奇,因为你读懂了他用的打比方的方法。那么从认知工具理论来看,这里使用了幽默、隐喻两种认知工具。

☞**案例二**:上化学课教学"萃取"这个概念时,先暂时绕开"萃取""萃取剂""溶解度差别"等术语,而是引导学生观察一瓶美丽的橙色溴水溶液,想象其中溴分子自由自在地徜徉在水的世界里:

它们像一个个小人儿均匀地分散着,自由地活动着,多么安静的一幅生活图景。大事不好,突然晴空霹雳,随着一声巨响,世界整个剧烈晃动起来,在无法控制的摇晃中有一种莫名的力量牢牢地抓住了这些溴分子,带着它们开始下沉,下沉。世界渐渐恢复平静,你也是其中一个溴分子,看看周围,原来分散好远的小伙伴现在都靠得很近。原来周围水的世界呢?咦,奇怪,我们眨眼之间怎么都挤进了四氯化碳的怀抱了呢?

这个案例轻松愉快地揭示"萃取"的相关概念,学习变得意趣盎然。这里用到的认知工具是心理成像。

☞**案例三**:鼓励学生在研究的事物中寻找一些超越的品质,通过这些特征展开积极的浪漫联想。比如一个被随手扔掉的塑料杯,生成它只需要几分钟,可是大自然要完全降解它可能需要2000年左右的时间。我们习惯称它为"白色污染",但是,我们也许应从中看到人造的"坚贞不屈"。而这个世界性难题,将通过利用一种神奇的假单胞菌降解的办法得到最终解决,这个方法把降解时间从2000年缩短到3个月或者更短的时间。这里的塑料布和小小的微不足道的细菌难道不是令人佩服的伟大英雄吗?

这里,凭借"超越限制的英雄主义"这个认知工具,学生能从枯燥乏味的教材知识中发现越来越多震撼人心、令人神往的"英雄史诗"。

阅读以上三例,不知你是否有这样的感觉:这些教学片段引人入胜,令学生轻松愉悦的同时深刻地理解知识,教学效果非常好。不过你或许会说,这些是教师上课时灵感降临的一种即兴发挥,往往是可遇不可求的;

或者你认为有些教师具有这样的天赋：幽默、擅长讲故事……他们更容易吸引学生，这属于个人风格，难以学习，也难以形成教学方法。你甚至会怀疑，这样一些教学的灵感只有部分学习内容的部分环节适用，没有普遍意义。

如何激发学生的情感与心智潜力，让日常的课堂教学变得像磁铁一样吸引学生？这几乎是教学研究的永恒主题。众所周知，当学习者的想象力被教学内容所激发的时候，学习活动就会变得既轻松又有效。我们希望上述案例中的灵感能够频频光顾我们的课堂，能够成为我们普遍使用、随时想用就用的认知工具。

研制这些认知工具的是加拿大皇家学会院士、首席教育学家基兰·伊根教授，他首创出"富有想象力"的认知工具。

二、认识两位教授和认知工具

这里有必要介绍一下基兰·伊根教授和把他的认知工具理论介绍到中国，并积极进行本土化实践的潘庆玉教授。

基兰·伊根是加拿大西门菲莎大学教育学院的教授，被《乌托内阅读杂志》评为"正在改变你的世界的25位哲人"之一，是世界当代著名教育专家、国际富有想象力的教育学会会长。他所主持的项目叫作"富有想象力的教育"，这是一个具有广泛国际性影响力的教育研究项目。

伊根教授立足于维果茨基的理论，沿着维果茨基所指示的方向，把认知工具的研究引向了教育实践领域，并把它逐步发展成为一个有机的认知工具系统。

什么是认知工具？伊根教授认为："认知工具是使我们的大脑能够做文化工作的事物。"大脑积攒了大量的构成我们文化的符号材料。当我们学习人类特有的文化遗产的时候，我们为大脑准备好的这些认知工具能使它意识到自己所拥有的丰富潜能。简单通俗地理解，认知工具就是认知方法，就是人理解文化所能用到的方法，是新颖别致、充满想象力的理解世界的方法。

伊根教授所关注的是由这些认知工具的相互配合与协作而产生的各种各样的意识与理解形式，借助这些新颖别致的"富有想象力"的理解世界的方式，教师可以最大限度地激发学生学习的兴趣和潜能，实现学生心智的充分发展。如果我们把认知工具的这种复合性质运用于教学实践，不仅会促进学生的逻辑运算能力的发展，而且还会鼓励他们的想象力、反思能力、情感能力与元认知能力的发展。伊根教授所提出的这些认知工具初看起来可能让人觉得很怪异：隐喻、幽默、心理成像、超越限制的英雄主义……这些就是所谓的"富有想象力"的教育方法吗？但确实，这些概念是从大家所熟知的维果茨基的理论中发展出来的新范畴。

伊根教授的"富有想象力"的认知工具理论由我国学者潘庆玉教授介绍过来。

山东师范大学文学院的潘庆玉教授在加拿大西门菲莎大学当高级访问学者期间，师从伊根教授，系统学习并参与研究了"富有想象力的教育"理论。他力图把认知工具理论与我国的课堂教学研究紧密结合起来，致力于教学模式的自主设计和教学设计工具的自主研发，从而突出理论研究的应用价值。他的系列专著《富有想象力的课堂教学》《富有想象力的教学设计》在国内首次系统阐述了"富有想象力的教育"理论，填补了国内研究的理论空白。

跟着潘庆玉教授学习伊根教授的"富有想象力"的认知工具理论，我们很难用简短的篇幅介绍这样一个庞大的认知工具系统，包括其子系统和系统内的各种工具；难以讲清系统内各部分的关系。不只这些，有了对认知工具的系统性认识后，怎样用成了一个大问题，包括教学模式的研制、教学设计的策略……一定不是简短篇幅能够解决的。我们要做的是用我们的学习心得激起同行们学习、实践认知工具理论的热情。

下面先用表 3-2 呈现"富有想象力"的认知工具的全貌。

表 3-2　认知工具的五个亚系统

五个亚系统	认知工具
身体的认知	1. 身体感知　2. 情感反应和联系　3. 韵律和乐感　4. 姿势和交流　5. 参照　6. 意向
神话的认知	1. 故事　2. 比喻（暗喻）　3. 二元对立的抽象范畴　4. 押韵、估算和建模　5. 笑话和幽默　6. 成像　7. 神秘感　8. 游戏、戏剧和玩耍活动
浪漫的认知	1. 现实感　2. 现实的极限　3. 英雄主义　4. 好奇心　5. 意义的人化　6. 收集和爱好　7. 反叛和理想主义　8. 情境变化和角色扮演
哲学的认知	1. 寻求普遍性　2. 过程与步骤　3. 追求确定性　4. 基本概念和异常现象　5. 理论的灵活性　6. 对权威和真理的追求
批判的认知	1. 理论的局限性　2. 自反性和个性　3. 联合聚结和特殊性　4. 基本知识的怀疑

三、有关认知工具的五问

以下用问答的形式呈现我们在学习、实践认知工具理论中的一些心得。

（一）认知工具的五个亚系统是怎样产生的？相互关系如何？

答：这些认知系统的划分，与语言符号的表现形式和功能具有对应性：身体的前语言阶段—神话的口语阶段—浪漫的书面语阶段—哲学的科学语言阶段—讽喻的反思性语言阶段。五个语言发展阶段对应着认知工具发展的五个亚系统：身体的认知（0—3岁）—神话的认知（4—7岁）—浪漫的认知（8—15岁）—哲学的认知（16—18岁）—批判的认知（18岁以后）。人的认知工具的系统发展正符合人的语言发展的五个阶段，符合人的认知发展规律。

如果把人脑比作计算机，认知工具亚系统和各种认知工具正如计算机的操作系统和应用程序。认知工具不是零散的、随机的、个别的认知手段，而是一系列的、有内在联系的、相互作用的工具系统，每个系统都包含着各种特定的认知工具。人的认知系统如同计算机的操作系统会不断升级，新的操作系统（认知系统）可以运行新的应用程序（认知工具），也可以兼容以前的应用程序（认知工具），但少数旧程序不能在新的操作系统中运行。认知工具也如操作系统与应用程序一般不断升级。

（二）是否应该根据学生不同的年龄阶段选择不同的认知工具？

答：儿童不同的年龄阶段对应不同的认知亚系统，所以教学中，我们应该根据学生的年龄阶段选择相应的认知工具。小学生处在"神话的认知"和"浪漫的认知"阶段，所以我们选择认知工具时应该符合他们的年龄特征。我们使用认知工具时应注意：使用现阶段的认知工具时，不要忘记前面阶段的认知工具依然可以使用；要积极引导学生学习更高级的认知工具。认知工具的年龄划分不是绝对的，存在个体差异。认知工具的掌握过程也是不断学习的过程。

（三）面对如此众多的认知工具怎样选择？

答：建议老师们先少量使用认知工具，一次选用一种认知工具，对课堂教学的某一个方面进行调整。有些认知工具可以对课堂局部进行改进，有些认知工具可以对一整节课进行结构上的设计。如用"故事"这种认知工具，设计"故事讲述式教学模式"，可以将其实施在一节课甚至一个单元的教学中。当我们熟悉每一种认知工具后，可以根据需要组合使用这些认知工具。

（四）基于认知工具的课堂教学有好用的模型、成熟的实践形式吗？

答：已经有一些成熟的实践形式，如伊根教授设计的"故事讲述式教学"，潘庆玉教授设计的"游戏沉浸式教学"。这里简单介绍一下伊根教授的"故事讲述式教学"设计模式。这种新模式关注的并不是如何讲述一个动人的故事，而是如何利用故事中的二元对立范畴来组织特定主题的教学内容，围绕概念的冲突及解决来讲述一系列"真实"的知识性故事。这一模式极大地提升了故事的效力，把零散的真实故事整合成一系列具有内在逻辑联系的教学内容。在这个模式中，寻找关键的对立范畴是教学的关键因素；围绕对立范畴的冲突、发展及解决的过程选择素材就是教师主要的设计任务。这些教学设计模式、教学程序是老师们很好的帮手，可以使他们按图索骥，设计自己的教学；也给教师很多的创造空间，教师可以用其他引人入胜的活动形式来设计新的教学模式。

另外，潘庆玉教授的《富有想象力的教学设计》一书给出了"基于神话认知的教学模式"等不同认知阶段的教学设计模式。各种教学模式，从整体上系统地规划了各种认知工具在教学设计中的应用流程，使教师易学、易操作。

（五）怎样在课堂教学中应用认知工具？成效如何？

答：我们阅读了潘庆玉教授的《富有想象力的课堂教学》和《富有想象力的教学设计》两本书后，对认知工具理论有了系统的理解。这两本书是理论的，也是实践的，细致地阐明了如何把认知工具应用到日常课堂教学中。我们应主动在课堂上使用这些认知工具。认知工具大大开阔了教师的设计视野，丰富了教师的设计手段。我们把自己的做法与心得写成教学后记，与同教研组老师分享；还常常用书中的教学设计模式设计一节课的教学。我们在公开研讨的教学中看到很多这样的课例，越来越多的教师把认知工具应用到自己的课堂教学中，课堂更引人入胜、意义充沛、意趣盎然。学习过程中，学生的想象力与情感参与其中，学习变得轻松又高效。

这些理论和工具对学生的学习兴趣、想象力发展、学习成绩的变化都产生了显著的影响。这样令人吃惊的成效使我们获得成功的体验，认知工具的使用成了我们的自觉行为。在各科教学中，针对学科特点，我们创造性地应用认知工具理论和实践模型，不断总结实践经验，形成各科教学要点、教学案例。

现在我们能说明我校的创意学习是怎样的学习方式了！创意学习着眼

于学生素养全面发展的同时,关注学生的想象力、创造力的培养。通过学生主体地位的落实,我们引导学生自主学习、合作探究。教师在教学中积极运用认知工具,新颖别致、充满想象力地设计教学,最大限度地激发学生的兴趣和潜能。这样的学习方式能实现高品质学习,能提升学生的想象力。

或许我们还有必要讲讲创意学习的两个关键要素——自主性和认知工具之间的关系。其实这两者是有机融合的,前者更体现原则,后者更体现方法;前者在所有教学活动中都应该被遵循,后者应该被有选择性、有针对性地使用。两者是彼此相融的,比如,应用认知工具"故事讲述式教学"时可能会创设情境,但学生学习还是自主的、探究的、合作的、开放的……说到底,认知工具就是充满想象力地理解世界的方式,它能帮助学生更好地学。

第四章
提升想象力的学科创意学习

　　知识本是贯通一体的，但为了教学方便，也因为术业有专攻，于是被划分为各类学科，如语文、数学、英语、科学、品德、音乐、美术、体育、劳动技术和综合实践等。我们的学生也是一个整体，并不会因为分科教学就被"分割"和"肢解"。

　　我认为身处教学第一线的广大教师，心中要有"全人"的概念。或许你只是某一学科的专任教师，但你要时刻记住，你面对的学生是一个完整的人，而不仅仅是你所教学科的学习者。

　　不同人的智力发展水平会有差异，同一个人在不同学业方向也会有发展的不平衡。某某语言能力稍强，但数学抽象思维偏弱；某某智力水平不高，但在艺术上却很有天赋，或者是身体素质很好，跑、跳、掷都令班级考试第一的同学望尘莫及。真正的教育，不应只盯着考试分数，而应把人的全面发展放到至高无上的地位。

　　现今教育要发展学生的想象力，必须透过创意学习的手段提升想象力。这是一条艰难的路，却是非常有意义的路。艰难是因为想象力和创意学习本身就很缥缈，有关人类认知科学的未知领域很多。有意义是因为它更加贴近学习的本质，更富有人情味。更加有意义的是，在人工智能大踏步走进我们生活的今天，唯有在创意学习支撑下的想象力，才能够让我们在与机器智力的竞争中立于不败之地。这样的研究具备了时代意义。

　　基础教育最重要的使命就是打基础，但对于人的全面发展来说，打基础也是一个很宽泛的概念，必须从具体的学科入手才能找到进入的路径。在这本书里，学科本体论是最紧要的部分。如何透过具体的学科教学让看似缥缈的创意学习和想象力有一个坚实的实现样态，需要扎实的思考和实践。

　　不同学科有不同的特点，但对于创意学习和想象力来说，扎实的基础知识让它不再空洞，和谐的师生关系解放学生的精神，民主平等的教学氛围让想象力有飞翔的可能，宽裕的闲暇时光让学生有发展个性的广阔空间。

创意学习和想象力是教育学中美好的词汇，唯有通过不懈努力，我们才能够让它们成为学生内在的美好品性，树立起教育的美好形象。

第一节　我们这样学语文

一、教学要点参考

语文学科具有很强的文学性，而文学与想象力有天然的"血缘"关系。学好语文必须关注学生想象力的培养，想象力的培养也可以促进学生的语文学习。它们之间是相辅相成、相得益彰的。

有老师认为，想象力是学生最宝贵的原生能力，教育没有保护好这种能力，反而破坏、削弱了它。这样的看法貌似有理，实际是混淆了教育学中关于想象力的定义。教育学中的想象力必须是有理性成分的，这样的想象力跟学生原生状态下的想象力的根本不同在于原生的想象力是没有根据、没有理性的遐想，或者就是瞎想。当然遐想或者瞎想也很可贵，我们所谓的有理性加入的想象力，必须要有原生想象力作为底色，必须要有原生想象力中非理性的成分，尤其是在写作表达和艺术类学科上。《三字经》中说，"玉不琢，不成器"。学生原生状态下的想象力需要经过教育的合理雕琢，才能够成为更高层次的合乎人类认知规范的想象力。

概言之，语文学习中的想象力培养需要有创意地开展课堂教学变革，从建立科学的学生观到形成和谐的师生关系；从关注语言学习到关注语言背后的思维能力培养，尤其是形象思维水平的提升；从改变教学到改变学法，进一步凸显学生学习的主体地位；从单纯的知识传授到关注学生学习过程中的情感注入，学生自主建构知识体系。

（一）语文课堂中的友好型师生关系，有助于激发学生的想象力

教师幽默的课堂语言，不仅可以活跃课堂气氛，也可以最大限度降低学生学习时的脑力负担，提高学习效率。学生受到教师语言的感染，就会进入形象思维的活跃期，彼此之间相互碰撞、相互启发，不断获得更高层次的想象力品质。

友好型师生关系本质上体现了教学双边互为主体的哲学思想。教师要精心研读文本，透彻理解学情，确定适切的教学方案，准备必需的教学材料。在教师的精心组织下，学生的学才能够有序、高效地进行。我们始终

认为，着眼于想象力培育的语文课堂，必然是才情激荡、妙语连珠的，但这样的激情澎湃，一定要建立在谋定后动的精心准备下。尤其是很多蕴含丰富人文情怀的文本的有效学习，不仅依赖于教师个人的人文素养，也依赖于教师的"有备无患"，譬如《秦兵马俑》，又譬如《安塞腰鼓》。

（二）形象思维是想象力培养绕不开的重要话题，是语文教学的必当之任

潘庆玉教授在谈到想象力在教育中的形象时指出，"想象力在教育中最广为人知的一个形象是形象思维"[1]。形象思维指向思维的结果，目的是透过这样的思维方式实现思维的目的。但在这个过程中，显而易见的是，想象力培养被落到了实处。可见，想象力的培养是要透过形象思维来实现的，至少说明，形象思维的大力发展有益于想象力的培养。

语文学习中的形象思维有天然的教学本体优势。语言是现实世界的抽象表达，学习语言则是把抽象的语言还原成丰富的形象。这样的过程，有的是显而易见的，比如古诗词教学中，文本本身就极具画面感；也有的虽然非常理性，比如科普小品文《神奇的克隆》《恐龙》等，但也要借助形象思维把专业的问题通俗易懂地传达给学生。

最重要的是，必须把形象思维体现在学生的写作过程中。小学生写作文写不好的原因很多，但最为关键的就是他们在形象积累方面遭遇了越来越大的困境。也许有人会说，现在的学生生活丰富，怎么可能会遭遇形象积累的问题。持有这种观点的人不在少数。但他们都忽视了重要的一点，那就是这些形象是如何进入到学生心灵的。旅游、各类活动、琳琅满目的美食、目不暇接的玩具，形象当然很丰富，但这些形象都有一个最大的缺陷：学生跟它们缺少紧密的联系。它们根本上是外在于学生的生活经验的。所以你就能发现，学生写来写去，总是写捉迷藏，总是写学骑自行车，甚至是发烧了，妈妈送他去医院。没有别的，就这几样，因为他深度参与了！就这几样，他们积累的形象最丰富、最有效。形象积累也有不同吗？当然有不同，而且是大有不同！观看影视剧，虽然形象很丰富，但这些更加外在于学生的心灵。只有学生亲身经历过，摸过，闻过，做过，高兴过，难过过，疼过……这样获得的形象才能算是积极有效的。写到笔下，才最自然，最真切。只可惜，大家基本都这样，千篇一律，反而不好

---

[1] 潘庆玉. 富有想象力的教学设计：基兰·伊根认知工具理论课堂应用研究[M]. 广州：广东教育出版社，2014：5.

了。所以，潘庆玉教授说："情感活动是我们获得知识的重要来源，也是维持和推动知识学习过程的重要力量。"[1] 充分经历过而获得的形象积累拥有最深刻、最丰富的细节，这样的细节具有永久的生命力量，是我们语文教学必须关注的重要对象。

（三）学生是学习的主体，语文学习中教师提供的全部教学情景都必须为学生的学服务

学生学习语文的时候，需要教师的哪些帮助呢？

首先，教师要给出一个具体的自学指导。依照叶圣陶先生"教是为了达到不需要教"的思想，学生的自学能力要及早培养。准确地说，一二年级是"只说不要做"，学生知道有这么回事就行，一般从三年级开始才有明确要求。

自学指导要具体，所谓具体就是明白、有可操作性。读书，读几遍；写生字词，写几遍；标小节号；自己提出问题；等等。我们教师不要笼统说一句回家预习。这样的要求跟没有提要求差不多。因为我们教的是小学生，他需要有具体的行动标准。

其次，教师要努力把学生往台前推。让学生读书，让学生思考、讨论，教师只负责掌握课堂节奏，在必要时出面点拨，甚至课堂板书也可以让学生来做。学生来做当然有很多不完美，但不完美才是正常的，不完美是走向完美的必经过程。

有的时候教师为了追求所谓的课堂效率，就越俎代庖，学生被动地处于学习的客体位置，这样的课堂不能被称为课堂，因为学习没有发生，学生没有得到进步。

最后，教师要培养学生自主评价的能力。这样的自主评价可以是针对学习伙伴的，不能简单说好和不好，要有理有据，最好能言之有序。还可以是针对自己的学习评价，这也可以叫作反思，是非常宝贵的元认知能力。

以上三点，最核心的就是学生的主体地位得到落实。在诸多科目的学习中，语文学习中学生的主体性最为紧要。因为语言能力的形成关键是语言实践，只有有了丰富的、扎实的语言实践，学生才能收获鲜活的语言经验，积累语言形象，形成语言能力。

---

[1] 潘庆玉. 富有想象力的教学设计：基兰·伊根认知工具理论课堂应用研究［M］. 广州：广东教育出版社，2014：23.

在这一个要点中，基础知识、基本能力被放到了非常重要的位置。老师们必须清醒认识到，"行远自迩，登高自卑"，只有这样，语文学习的大厦才能拥有坚实的知识和能力基础，语文想象力的培养才能够拥有诗和远方。

（四）语文学习是一个运用语言的复杂的思维和情感心理过程，教师要自觉掌握和熟练使用认知工具，提升学生的想象力

老师指导学生在朗读时标记停顿和节奏符号；将关键词语用彩笔圈画出来；学习"五岭逶迤腾细浪，乌蒙磅礴走泥丸"时，用大尺度的曲线表示"五岭逶迤"，用小尺度的曲线表示"细浪"，在画出的高山旁画一个小圆圈，分别表示"乌蒙磅礴"和"泥丸"；学习《恐龙》时，列表格一一表明不同恐龙的特点等，都属于认知工具在语文学习中的运用。

可见，认知工具并不是多么神秘的概念，它一直存在于我们的教学过程中。当我们凝视这个概念并深入思考时，就能更深一步，更加自觉地去考察、去运用，增强想象力学习在语文学科中的作用。

语文学习中认知工具的运用，有鲜明的年段特点。低年级学习时，画一画，演一演；中年级学习时，说一说，写一写；高年级学习时，做批注，辩论。采用对的工具才会有好的效率。运用之妙，需要大家通过生动的教学实践来演绎。

综上，语文学习是一个高度整合的心理过程，分出要点加以阐述，是为了能够进行深入探讨。上述四点彼此融合、相互映照，共同成为语文学科培养学生想象力的有力抓手。

二、想象力为核心的语文课堂教学评价表

表4-1 想象力为核心的语文课堂教学评价表

评价项目	比例	评价要素	点评与分析
教学理念	15%	1. 以发展学生运用语言文字能力为核心，学习过程渗透"以学生为本"，透过想象力培养，提升语文素养。 2. 激发想象，加强课堂训练，促进学生对语言文字的理解和运用能力的提升。 3. 有机整合学科知识，恰当运用现代教育技术。	

续表

评价项目		比例	评价要素	点评与分析
教学过程	教学行为 — 教学目标明确	10%	1. 符合课标和教材要求，合理制定"三维目标"，突出想象力培养。 2. 课时目标明确具体，重难点突出。 3. 年段特点突出，能根据班级、学生特点制定目标。	
	教学行为 — 教学内容精当	10%	1. 根据教材重难点来确定训练点，能落实使用"重点精讲、精练，难点突破"的方法进行教学内容的安排。 2. 删繁就简，取舍恰当，实现学科知识的有机整合。 3. 能沟通课内外学习，充分体现学科与生活的有机整合。	
	教学行为 — 教学环节简约	20%	1. 环节清晰紧凑，简约适用，有创意。 2. 问题设计、整合有价值，有层次，有质量。 3. 要体现"精讲"与"训练"的有效结合，训练要有一定的时间保证。	
	教学行为 — 教学方法灵活	20%	1. 根据文本特点采用恰当的教学方法和教学模式，注重透过语言培养思维能力。 2. 关注学习过程，引导学生在自主合作探究中，培养想象力。 3. 恰当有效地运用多媒体。	
	学生行为	15%	1. 全员参与学习，对教学内容和形式感兴趣。 2. 积极发表见解，能用自己的语言有条理地进行表述，与人交流时语言得体。 3. 善于多角度思考问题，能主动提出有价值的问题，乐于分享。 4. 通过对心理工具的掌握和熟练使用，提升想象力。	
教师素质		10%	1. 教态自然亲切，尊重和关注每一个学生。 2. 教学设计有创意、富于想象力。 3. 无拖堂现象。 4. 注重课堂教学的语言，有激情；具备恰当使用多媒体的能力，规范地书写板书。	

想象力为核心的语文课堂教学评价表（表4-1）的使用说明：

教学是一个在教师主导下、以学生为认知主体的有目的的学习过程。教学目标的设置，教学环节的呈现，课堂的生成，知识的获得，能力的提升，等等，都应当成为评价的内容。一般来说，课堂教学评价是事后完成的，是对已经完成的教学行为的回溯，意在做出评估，总结过去，启迪未来。因此，好的教学评价不仅要关照学生的学，更要考察我们教师在这个过程中的劳动价值和价值取向。

首先，想象力为核心的课堂教学评价要符合语文的学科特点，突出对于文本语言的有效积累和积极运用，并在这个过程中，培养思维能力。

所谓有效积累，一是指学生对于重点词句篇章投入了丰富的情感，整个积累的过程伴随着分析和综合，有理性认识，也有感性相伴。文本语言、文本形象与他们自己发生了自主建构和深度共鸣。二是指积累过程是运用了多种手段完成的。多种手段包括讨论式、自主阅读式、批注式、圈画式、表演式（比如分角色朗读、课本剧），这样的积累是立体的，调动了很多感官参与，所以必然是有效的。有效积累是有效运用、高效运用的前提。

积极运用依赖于学习者运用所学语言文字的主动性和创造性。主动性是一种学习态度，包括参与课堂、引领课堂、创生课堂三个维度。创造性是语言文字积累得到充分内化后有个性的表达，是知识建构、能力形成的高级阶段。

其次，想象力为核心的课堂教学评价还要十分关注想象力的培养达成度。一是课堂环节的设计要留有充分的生成空间，突出柔性设计，主要有讨论、辩论、表演和其他艺术形式的渗透，如音乐、美术。二是教学手段的运用要丰富，教学资源的链接要自然。三是课堂氛围要和谐，这方面最主要的是师生关系的融洽。教师富有激情，语言形象，情感丰富，学生如沐春风。

语文学科的特点和想象力元素并非截然分开，而是你中有我、我中有你地自然呈现，这是语文学科本身的特点使然，也是我们想象力课堂应当追求的理想境界。老师们要潜心研读文本，发掘文本中蕴含的语文元素、想象力元素，通过教学设计和课堂实践使之完美呈现。老师们还要注重不断提升个人的审美能力和人文素养。优秀的课堂是优秀教师展现个人人文素养的结果。

想象力为核心的语文课堂教学评价的目标指向是教师的教。透过评价，教师不断改进自己的文本解读能力和课堂实践水准。对学生课堂表现的考察，也服务于这个评价。

三、想象力培养中的学生语文学业评价

评价,在认知领域具有十分重要的质量评判和价值引领意义。小学语文学业评价既要符合学科特点,又要符合小学生语言发展规律。

(一) 语文学业评价要坚持与课程标准一致

学业评价要评价什么?如何评价?如何运用评价结果?这是我们进行学业评价必须面对的问题。而统摄全部问题的就是评价理念。评价理念中"为什么评价"是核心。语文学业评价的目标无疑是促进学生的语文学业发展。

为了达成这个评价目标,我们还要明确评价标准,回答如何评价的问题。从日常的语文教学实践看,围绕国家课程标准开展学业评价应成为我们教师的自觉选择。

一方面,国家课程标准体现国家意志,是课程实施的依据,也应当是学业评价的依据,但这样的教学常识却常常面临失信的危机。最典型的就是,语文考试中教的都没考,考的都没教过,这日益成为较为普遍的现象,以至老师们陷于茫然无措之地,发出"语文教学向何处去"的疑问。另一方面是受应试思想的影响,本应丰富多元的语文学业评价日益窄化,学习习惯、学习态度、学习过程、情感、价值观等难以被有效测量的语文元素日渐被忽视。

"小学语文学业评价,是对所有学生的课业进行评价。从字面解释来看,围绕哪些内容进行评价,似乎很简单。但事实上,目前的小学语文学业评价相当片面、单一——只有分数,虽早被换成等级,但本质未变;虽有几句文字上的评述,却不痛不痒,没有效力。但想改,又非常困难。"[1]

读了高子阳老师的《语文学业评价还有哪些难题》这篇文章,让我对语文教学深感忧虑,又有深深的无力感和无助感。学习是学生的主要事务,认真学习、有效学习是对学习过程和学习结果的定性评价。怎样才是认真?如何才是有效?这需要我们进行理性判断。

高子阳老师提醒我们要思考这样几个问题:汉字到底有没有教活?阅读有障碍的学生有没有改变?习作究竟该怎么评?他呼吁,识字与写字方面的评价,要重视学生是否正确理解汉字;阅读方面的评价,要立足于让阅读有障碍的学生真正有所改变;习作方面的评价,要充分发挥记录袋的

---

[1] 高子阳. 语文学业评价还有哪些难题[J]. 教育研究与评论(小学教育教学),2016(5):16.

作用。

这几个问题贴近小学生语文学习的实际情形，揭示当前小学语文学业评价空心化、随意化的混乱现象，启示教师要充分尊重课程标准权威的理论和实践意义。

（二）在内容和认知（核心素养）两个维度上开展语文学业评价

《义务教育语文课程标准》（2011年版）明确把语文学科内容分为识字与写字、阅读、写作、口语交际、综合性学习五个方面，同时分年段提出具体达成要求。

语文学科内容做这样的分割，本质上是为了更好地教学，实际上它们彼此关联、相辅相成，共同构成一个人的语文素养。比如，识字与写字是阅读和写作的基础，阅读和写作反过来又能巩固识字与写字的成果；阅读是吸收，表达是输出，透过阅读能学到如何表达，透过表达能增强阅读的目的性和自觉性。

从课程标准的相关表述中，我们可以把学生语文学业状况在认知维度上区分为记忆、理解、运用、评价、创造。记忆即要求能准确回忆内容；理解是指能用自己的语言表达文本的意思；运用是说能够使用从文本中获取的知识解决阅读时所遇到的问题；评价其实就是依据所学对新的文本做出基本正确的评判；创造是最高维度的学业表现，是对所学语文知识和所有语文能力综合运用以后形成一个新的文本（或相当于文本的语言对象），最常见的就是学生的优秀作文，由文本改编而来的课本剧之类也在创造之列。

基于内容和认知两个维度开展语文学业评价，既有国家课程标准的支持，又有源自 SEC 模式的科学依据。有了这两方面的坚实基础，我们开展的语文学业评价研究才有可能行走在正确的道路上，取得成果那就只是早晚的事情了。

但问题的关键在于，认知水平的划分对于语文学科来说，并没有非常清晰的界线，往往在较大尺度上才能看出分水岭，而更为常见的是同一项学业要求也是各维度糅杂在一起。比如对于识字与写字，《义务教育语文课程标准》（2011年版）明确指出，第一学段第 1 条是"喜欢学习汉字，有主动识字、写字的愿望"；第二学段第 1 条是"对学习汉字有浓厚的兴趣，养成主动识字的习惯"；第三学段第 1 条是"有较强的独立识字能力。累计认识常用汉字 3 000 个左右，其中 2 500 个左右会写"。

可见语文学业评价具体操作的时候采取综合性表述较为恰当，"语文核心素养"就此进入我们的评价视域。

（三）想象力培养中的小学生语文学业评价表

语文核心素养本身就包含了想象力元素。语文核心素养的四大构成要素具体指语言建构与运用、思维发展与品质、文化传承与理解、审美鉴赏与创造。无论哪一个要素，都或多或少包含想象力，但也没有哪一个要素明确指出了想象力。这样一来，将想象力元素明确在语文核心素养中就显得特别具有开创意义。小学各学段语文学业评价表细则详见表4-2、表4-3、表4-4。

表4-2　小学生语文学业评价表　第一学段（1—2年级）

内容	学业要求
识字与写字	1. 喜欢学习汉字，有主动识字、写字的愿望。认识常用汉字1 600个，会写其中的800个。 2. 掌握汉字的基本笔画和常用的偏旁部首，能按笔顺规则用硬笔写字，注意间架结构。在想象中学习汉字，初步感受汉字的形体美。努力养成良好的写字习惯，写字姿势正确，书写规范、端正、整洁。 3. 学会汉语拼音。能读准声母、韵母、声调和整体认读音节。能准确地拼读音节，正确书写声母、韵母和音节。认识大写字母，熟记《汉语拼音字母表》。 4. 学习独立识字。能借助汉语拼音认读汉字，学会用音序检字法和部首检字法查字典。
阅读	1. 喜欢阅读，感受阅读的乐趣。养成爱护图书的习惯。阅读浅易的童话、寓言、故事，向往美好的情境，关心自然和生命，对感兴趣的人物和事件有自己的感受和想法，并乐于与人交流。诵读儿歌、儿童诗和浅易的古诗，展开想象，获得初步的情感体验，感受语言的优美。积累自己喜欢的成语和格言警句。背诵优秀诗文50篇（段）。课外阅读总量不少于5万字。 2. 学习用普通话正确、流利、有感情地朗读课文。学习默读。结合上下文和生活实际，了解课文中词句的意思，在阅读中积累词语。借助读物中的图画阅读。 3. 认识课文中出现的常用标点符号。在阅读中，体会句号、问号、感叹号所表达的不同语气。
写话	1. 对写话有兴趣，留心周围事物，写自己想说的话，写想象中的事物。 2. 在写话中乐于运用阅读和生活中学到的词语，学习清楚连贯地表达自己的意思。根据表达的需要，学习使用逗号、句号、问号、感叹号。

内容	学业要求
口语交际	1. 学讲普通话，逐步养成讲普通话的习惯。能认真听别人讲话，努力了解讲话的主要内容。听故事、看音像作品，能复述大意和自己感兴趣的情节。 2. 能较完整地讲述小故事，能简要讲述自己感兴趣的见闻。与别人交谈时，态度自然大方，有礼貌。有表达的自信心。积极参加讨论，敢于发表自己的意见。
综合性学习	1. 对周围事物有好奇心，能就感兴趣的内容提出问题，结合课内外阅读，共同讨论。 2. 结合语文学习，观察大自然，用口头或图文等方式表达自己的观察所得。热心参加校园、社区活动。结合活动，用口头或图文等方式表达自己的见闻和想法。

表 4-3 小学生语文学业评价表 第二学段（3—4 年级）

内容	学业要求
识字与写字	1. 对学习汉字有浓厚兴趣，养成主动识字的习惯。累计认识常用汉字 2 500 个，其中 1 600 个左右会写。有初步独立识字的能力。会运用音序检字法和部首检字法查字典、词典。 2. 能使用硬笔熟练地书写正楷字，做到规范、端正、整洁。用毛笔临摹正楷字帖。写字姿势正确，有良好的书写习惯。
阅读	1. 用普通话正确、流利、有感情地朗读课文。初步学会默读，做到不出声、不指读。学习略读，粗知文章大意。 2. 能联系上下文，理解词句的意思，体会课文中关键词句表达情意的作用。能借助字典、词典和生活积累，理解生词的意义。能初步把握文章的主要内容，体会文章表达的思想感情。能对课文中不理解的地方提出疑问。 3. 能复述叙事性作品的大意，初步感受作品中生动的形象和优美的语言，关心作品中人物的命运和喜怒哀乐，与他人交流自己的阅读感受。诵读优秀诗文，注意在诵读过程中体验情感、展开想象、领悟诗文大意。在理解语句的过程中，体会句号与逗号的不同用法，了解冒号、引号的一般用法。 4. 积累课文中的优美词语、精彩句段，以及在课外阅读和生活中获得的语言材料。背诵优秀诗文 50 篇（段）。养成读书看报的习惯，收藏图书资料，乐于与同学交流。课外阅读总量不少于 40 万字。

续表

内容	学业要求
习作	1. 乐于书面表达，增强习作的自信心。愿意与他人分享习作的快乐。观察周围世界，能不拘形式地写下自己的见闻、感受和想象，注意把自己觉得新奇有趣或印象最深、最受感动的内容写清楚。能用简短的书信、便条进行交流。 2. 尝试在习作中运用自己平时积累的语言材料，特别是有新鲜感的词句。学习修改习作中有明显错误的词句。根据表达的需要，正确使用冒号、引号等标点符号。课内习作每学年16次左右。
口语交际	1. 能用普通话交谈。学会认真倾听，能就不理解的地方向人请教，就不同的意见与人商讨。 2. 听人说话能把握主要内容，并能简要转述。能清楚地讲述见闻，说出自己的感受和想法。富有想象力，讲述故事力求具体生动。
综合性学习	1. 能提出学习和生活中的问题，有目的地搜集资料，共同讨论。结合语文学习，观察大自然，观察社会，用书面或口头方式表达自己的观察所得。 2. 能在老师的指导下组织有趣味的语文活动，在活动中学习语文，学会合作。在家庭生活、学校生活中，尝试运用语文知识和能力解决简单问题。

表4-4　小学生语文学业评价表　第三学段（5—6年级）

内容	学业要求
识字与写字	1. 有较强的独立识字能力。累计认识常用汉字3 000个，其中2 500个左右会写。能用硬笔书写楷书，行款整齐，力求美观，有一定的速度。 2. 能用毛笔书写楷书，在书写中体会汉字的优美。写字姿势正确，有良好的书写习惯。
阅读	1. 能用普通话正确、流利、有感情地朗读课文。默读有一定的速度，默读一般读物每分钟不少于300字。学习浏览，扩大知识面，根据需要搜集信息。能联系上下文和自己的积累，推想课文中有关词句的意思，辨别词语的感情色彩，体会其表达效果。 2. 在阅读中了解文章的表达顺序，体会作者的思想感情，初步领悟文章的基本表达方法。在交流和讨论中，敢于提出看法，做出自己的判断。阅读叙事性作品，了解事件梗概，能简单描述自己印象最深的场景、人物、细节，说出自己的喜欢、憎恶、崇敬、向往、同情等感受。阅读诗歌，大体把握诗意，想象诗歌描述的情境，体会作品的情感。受到优秀作品的感染和激励，向往和追求美好的理想。阅读说明性文章，能抓住要点，了解课文的基本说明方法。 3. 在理解课文的过程中，体会顿号与逗号、分号与句号的不同用法。诵读优秀诗文，注意通过诗文的语调、韵律、节奏等体味作品的内容和情感。背诵优秀诗文60篇（段）。扩展阅读面。课外阅读总量不少于100万字。

续表

内容	学业要求
习作	1. 懂得写作是为了自我表达和与人交流。养成留心观察周围事物的习惯，有意识地丰富自己的见闻，珍视个人的独特感受，积累习作素材。 2. 能写简单的记实作文和想象作文，内容具体，感情真实。能根据内容表达的需要，分段表述。学写常见应用文。 3. 修改自己的习作，主动与他人交换修改，做到语句通顺、行款正确，以及书写规范、整洁。根据表达需要，正确使用常用标点符号。习作要有一定速度。课内习作每学年16次左右。
口语交际	1. 与人交流能尊重理解对方。乐于参与讨论，敢于发表自己的意见。 2. 听人说话认真耐心，能抓住要点，并能简要转述。表达有条理，语气、语调适当。 3. 能根据对象和场合，做简单的发言。注意语言美，抵制不文明语言。
综合性学习	1. 为解决与学习和生活相关的问题，利用图书馆、网络等信息渠道获取资料，尝试写简单的研究报告。 2. 策划简单的校园活动和社会活动，对所策划的主题进行讨论和分析，学写活动计划和活动总结。 3. 针对自己身边的、大家共同关注的问题，或电视、电影中的故事和形象，组织讨论、专题演讲，学习辨别是非、善恶、美丑。初步了解查找资料、运用资料的基本方法。

四、想象力培养语文教学案例

☞案例一：花之歌（统编教材六上第4课）

1. 教材再现

（1）阅读提示

朗读课文，想想从哪些地方可以看出"我"是花，再找出课文和阅读链接中想象奇特的地方，和同学交流。

（2）课文

花 之 歌

我是大自然的话语，大自然说出来，又收回去，藏在心间，然后又说一遍……

我是星星，从苍穹坠落在绿茵中。

我是诸元素之女：冬将我孕育，春使我开放，夏让我成长，秋令我昏昏睡去。

我是亲友之间交往的礼品，我是婚礼的冠冕，我是生者赠予死者最后的祭献。

清早，我同晨风一道将光明欢迎；傍晚，我又与群鸟一起为它送行。

我在原野上摇曳，使原野风光更加旖旎；我在清风中呼吸，使清风芬芳馥郁。我微睡时，黑夜星空的千万颗亮晶晶的眼睛对我察看；我醒来时，白昼的那只硕大无朋的独眼向我凝视。

我饮着朝露酿成的琼浆，听着小鸟的鸣啭、歌唱；我婆娑起舞，芳草为我鼓掌。我总是仰望高空，对光明心驰神往；我从不顾影自怜，也不孤芳自赏。而这些哲理，人类尚未完全领悟。

——（黎巴嫩）纪伯伦 著　仲跻昆 译

(3) 阅读链接

啊！风

你时而歌唱，欢笑；时而又悲叹，哭号。我们能听见你的声音，却见不着你的面貌；对于你，我们能觉察出，但却看不到。你仿佛是爱情的海洋，淹没了我们的灵魂，抚慰着我们宁静的心。

你逢山而升，遇谷而降，在原野上则伸展开去，浩浩荡荡。升时，可看出你的刚毅、坚忍；降时，可看出你的谦恭、礼让；伸展时，则显示出你的轻盈、灵敏。你犹如一位尊贵而仁义的国王，对下层弱者显得和蔼可亲，对倨傲的强者则威风凛凛。

——（黎巴嫩）纪伯伦 著　冰心 译

2. 文本蕴含的想象力元素

《花之歌》出自《纪伯伦诗选》。诗人用花的语言叙述大自然的话语，文字风格轻柔、凝练、娟秀、清新。

诗人通过花语的清新流露，构建了一幅活生生的大自然图画。图画中有诗意的浪漫，也有现实的真实，如"我是诸元素之女：冬将我孕育，春使我开放，夏让我成长，秋令我昏昏睡去"写出了花的成长与芬芳；而"我是亲友之间交往的礼品，我是婚礼的冠冕，我是生者赠予死者最后的祭献"表现出了花的凋谢命运。

纪伯伦的诗蕴含哲理，寓意深邃，从这可以看出，诗人是用诗意的叙述和敏锐的思考来书写人生。人生像花，有开花就有结果，诗人看到这两点的同时，特别欣赏前者。末尾两节写出了花的乐观态度。用辩证的眼光看待生命，这就是诗人的真实意图。

3. 基于想象力培养的教学策略

(1) 正确朗读课文，掌握"苍穹、坠落、绿茵、祭献、心驰神往、顾影自怜、孤芳自赏"等词语，正确读，知意思。

（2）理解文章写法：第一人称，丰富想象，人生思考。
（3）角色代入，体会文中花儿积极乐观的态度。
（4）结合阅读链接，体会纪伯伦诗文的特点。
4. 关键环节及操作要求

表 4-5　关键环节及操作要求

设计环节	设计原则	操作要求
目标设定	1. 我们为什么要学习这篇文章？ 2. 借助文本，我们如何认识作者？ 3. 理解《花之歌》的人生赞歌。	1. 在自主阅读的基础上，结合阅读提示，找到思考的切入口；结合阅读链接，拓展思维的广度和深度，透过隐喻等认知工具，深入理解文本内涵。
内容组织	1. 文本一到四节采用谜语一样的语言叙述，展示花的特点。 2. 五到七节描写花儿点缀下的自然生机盎然，美妙无比。 3. 除开题目，全文没有一处提到花，但却处处是花。 4. 阅读链接写法上跟文本近似，进行对比阅读，可以进一步走近作者。	1. 课文导入可以故意淡化题目，直接揭示一到四节，想想看：这里的"我"是谁？ 2. 四个小节都提到"我是"，实际是从不同侧面写出花儿的特点。 3. 花是美的，诗意朗读是重要方法。 4. 阅读课文，放手让学生自主感受是必然选择。
活动创设	1. 采用猜谜的方式进入课文，可以有一个很好的开始。 2. 纪伯伦的文字诗意和情趣结合得自然贴切，要指导学生优美地读。 3. 背一背也是值得尝试的。虽然教材没有这方面的要求。积累经典素材应成为我们的自觉选择。	1. 不要满足于一两个优等生的正确表达，稍微等一等，也可以让学生反思下自己为何如此思考。 2. 纪伯伦的文字要读得稍微轻快一些，但意思之间的停顿要稍长。这样的技巧要通过自我琢磨、潜心领会才能掌握。
方法应用	1. 小学生有很强的表现欲，对有挑战性的学习内容充满兴趣。 2. 语言文字是现实的抽象表达，透过朗读在学生脑海中还原情景，才能有效体悟诗歌的意象，感受意境之美。 3. 让学生主动背诵，是好的学习办法。可以反复练习，在朗读中自然积累，也可以在彼此赏读中积累。	1. 用多媒体技术演示花儿的美丽，特别是一大片花儿都盛开带来的震撼。 2. 优秀的示范，特别是同伴的优秀表现有助于激发学生的学习热情。朗读或者背诵，要有好的指导，技术的或理解的都很必要。

续表

设计环节	设计原则	操作要求
教学评价	1. 教师评价要有内容，最好是将即时性评价和总结式评价结合起来。 2. 同伴之间的评价可能是最接近学生心灵需要的，要充分用好。	1. 即时性评价便于学生及时巩固（强化或者改正），总结式评价有利于在整体上激励学生。 2. 鼓励正面的语言表达。即使是批评也要注意委婉，保护学生学习的积极性。

☞案例二：变形记（统编教材六上习作1）

1. 教材再现

（1）课文

如果你有这样一个机会，把自己变成另一种东西，会发生什么呢？

你可以变得很小，如一只蚂蚁，一棵草，一粒石子；也可以变得很大，如一头大象，一辆汽车，甚至是一个星球。

变形后，你生活的世界将随之发生改变。

如果你变成一只蚂蚁，可以在笔杆上散步，可以在书桌上探险；可能会结交几位蚂蚁朋友，可能会跟着哪只小昆虫去探索一个全新的世界……

如果你变成一盏路灯（图4-1），你将无法移动，每天都有形形色色的人从你面前走过，你会看到很多发生在路上的故事……

图4-1

（2）习作提示

选择下面的题目来写你的故事，也可以自拟一个有趣的题目。

- 地球自述
- 我是一条幸福的蚯蚓
- 飘在天上的日子
- 夜晚，一棵大树下的故事

（3）习作要求

发挥想象，把你变形后的经历写下来吧。写完后，和同学交换习作，看看他们对你的"世界"是不是感兴趣，再根据他们的意见修改自己的习作。

2. 文本蕴含的想象力元素

毫无疑问，本次习作就是瞄准了想象力。

变形记，首先是要真的变形，也就是要从生命体存在形式上进行彻底变化。小孩变成了老人，男生变成了女生，大变小了……都只是外在的一种变化，不符合本次习作的变形要求。

其次，变形的范围是很宽泛的，可以是有生命的，也可以是无生命的（但仍可以像生命体一样去感知）。

再次，"记"是一个关键词，"记"是记叙之意，可见文章是要写事情的。写事情那就要有一个完整的过程：如何开始，过程如何，怎样结束。这是想象基础上的理性思考。

3. 基于想象力培养的教学策略

（1）分析题目"变形记"的意思，明白这是一篇发挥想象力的作文，要根据题目的要求来想象。

（2）发挥想象力，把重点部分写详细。

（3）在想象中表明自己的观点，流露真情实感。

（4）学会鉴赏同学的习作，提出合理建议，并加以表扬。

4. 关键环节及操作要求

表 4-6　关键环节及操作要求

设计环节	设计原则	操作要求
目标设定	1. "变形记"所包含的想象力价值。 2. 不同角度观察世界，突出有新鲜感的表达。 3. 同伴学习，相互促进。	1. 营造好的课堂氛围，指导想象和推理等认知工具的运用。 2. 任何想象都具备同等价值。 3. 要注意从作文的角度鉴赏同伴的作品，提出自己的意见，做到有理、有据、有内容。
内容组织	1. 复述《草虫的村落》，板书"我愿意牵着你的手，一起到草虫的村落里去散散步"，进入今天的任务。 2. 用好教科书上的两个提示：变成蚂蚁，或者变成一盏路灯。 3. 在集中思考的基础上（蚂蚁和路灯），放手让学生自主想象。 4. 交流评价，相互启发，这里还处于口头阶段，思维也不够缜密。 5. 动笔的时候，一要注意分小节，二要建议使用插图辅助表达。结尾评价也是要点。	1. 从学生熟悉的内容入手，可以在心理上降低畏难情绪，导入本课。 2. 书上有两个例子：一个是有生命的蚂蚁，很小；另一个是无生命但仍有感知的路灯，很大。这呼应了下面的作文选材要求。集中指导，避免了无序。 3. 可能会有很搞笑的想象物，教师要注意用善意的心态看待和引领。 4. 习作最核心的价值追求要定位于习作水平的提高。

续表

设计环节	设计原则	操作要求
活动创设	1. 从诗歌《我想……》入手，带着学生一起诵读。 2. 材料具备新奇特质，要让学生充分表达他们的心中所想。一组一个机会，这同时也是施加的压力。 3. 课堂交流要注意时间分配，但也不必机械。教师掌控进度。	1. 想象本是激情投入的学习状态，教师要充分预设，从各个方面调动学生学习的热情。 2. 提前说好课堂运行机制，让大家都明白课堂交流时集体的要求。 3. 赞赏的心理价值值得大家尊重和追求。不仅是在本节课上，其他时候也是。
方法应用	1. 非常开放的习作内容是本次习作的最大特色，教师要充分用好。 2. 把课堂开头的诗歌制作成精美的PPT（配音乐），充分激活大家的形象储存和表达意愿。 3. 同伴交流，主要看好的一面，对照自己的习作，做到所谓的"以文为镜"。 4. 插图的使用，作为习作的有趣组成部分，不强调一致。评价的时候，要注意。	1. 多媒体技术的运用，在语文学科尤应慎重。 2. 教师要关注特殊同伴的交流，如优生和差生的合作，性格迥异的同伴的合作。同伴有问题，合作效果变可疑。 3. 交流要切合主题。教师要把课堂主题板书于黑板醒目之处。 4. 教师不做看客，有选择地参与到课堂当中。看好节奏，把好风向。
教学评价	1. 拟定题目，选择内容，分节表述。 2. 评价真挚，内容具体，有操作性。 3. 培养习作成就感。	1. 可以用从文中选取的短语作题目，这要作为方法强调。 2. 鼓励正面的语言表达，即使是批评也要注意委婉，保护学生学习的积极性。 3. 选取教师认为最佳的作品，现场展示。运用插图，突出想象力。

五、赏析想象力生长的语文课堂：以《少年中国说》教学为例

美国著名学者本尼迪克特·安德森在《想象的共同体——民族主义的起源与散布》一书中提出了一个重要观点：一个新的民族国家在兴起之前有一个想象的过程，有了这个想象的过程，才有民族国家的基础。"潜龙腾渊，鳞爪飞扬。乳虎啸谷，百兽震惶。鹰隼试翼，风尘翕张。奇花初

胎，矞矞皇皇。"这是《少年中国说》中的一段话，描述的是梁启超想象中的"少年中国"。1900年，这篇文章一经《清议报》刊登，"少年中国"的现代国家观念便深入人心。可见，想象力对于民族的进步、国家的发展多么重要。

《义务教育语文课程标准》（2017年版）明确提出，在发展语言能力的同时，发展思维能力，激发想象力和创造潜能。逐步养成实事求是、崇尚真知的科学态度，初步掌握科学的思想方法。不言而喻，要发展学生的思维能力、激发学生的创造潜能，必须以激发和培养学生的想象力为前提。小学生正值语文学习的起步阶段，我们必须从小培养他们的想象力，这对他们以后的学习和发展都具有极其深远的影响。在今天的小学语文课堂，教师只有不断创新教学手段，打破传统教学观念的束缚，才能激发学生的想象力和创造力。

（一）语文课堂培养学生想象力的重要意义

从教育领域的视角看，想象力不仅涉及表象的能力，而且还涉及意象综合、概念创生与逻辑推理的能力。简单理解，想象力体现的是思维和情感的灵活性，在语文学习中主要是指学生由此及彼地发散思维的能力，这需要建立在相应的知识基础之上，必须通过行之有效的训练方法加以培养。小学生思维能力正处于发展阶段，需要我们耐心地加以引导，既不能扼杀他们的天性，又要注重培养他们良好的学习习惯。

在语文教学实践中，老师和学生在"教"与"学"的互动中生成智慧。教师的任务一方面是要教会学生听、说、读、写，另一方面是要挖掘学生的潜力、发展学生的智力，而培养想象力是实现这一任务的重要途径之一。学生有了丰富的想象力，就能使思维纵横驰骋。正是有了想象力，人类才能够超越常规思维的约束，冲破现有知识经验的局限，以大胆、奇特的方式对所要解决的问题进行创造性的探索，找出解决问题的途径。所以说，想象力构成了创新的基础，是一种极其可贵的思维品质。在我们的语文教学实践中，如何设计富有想象力的教学方法，让想象力充盈在语文的生态课堂？如何在"基于想象力的创意学习研究"的教学实践中提升孩子们的想象力？我们以部编版五年级上册的《少年中国说》教学设计为例做如下探讨。

（二）语文课堂培养学生想象力的实践探索

下面是我校刘贤闻老师设计的部编版小学语文五年级上册《少年中国说》的教学设计。本课时的教学设计以丰富而客观的材料作为想象力的基石，依托确定的补充材料，引导学生在想象中思考、在想象中表达。本设计旨在努力使每个学生都参与到合作学习中来，鼓励每个学生发表自己的见解，让学生通过文字桥梁去想象梁启超的内心世界，从而更为深刻地了解近代中国的屈辱历史，激发出热爱祖国的情怀。

1. 情境渲染，"年少"开篇

刘老师先情感导入，请同学们欣赏青年歌手张杰唱的《少年中国说》。接着刘老师出示一句歌词："天高海阔万里长，华夏少年意气扬，发愤图强做栋梁，不负年少。"然后指定一名学生朗读歌词，理解歌词中"年少"的意思，让学生明白"不负年少"就是"不辜负年轻的时光"，并引导学生想象，说说大家在年轻的时光里该做些什么。

加拿大教育家基兰·伊根教授认为，在认知系统发展的第三阶段——浪漫认知阶段，儿童不想去寻求知识之间的逻辑关系，而喜欢感知和体验人类生活的不同形式，尤其关注那些与众不同的奇异事物。就像课堂伊始播放的张杰演唱的《少年中国说》，一篇文言文竟然能被唱出来，这样新颖的形式足以吸引学生的学习兴趣。教学时，刘老师有意识地挖掘和激发学生这种有待生成的课程资源，努力构建生动而具体的教学情境，使学生内心的热情被激发出来，使他们的思维进入最佳状态，使他们对新课产生一份关注，从而营造出一种"课伊始，情渐生"的境界，课堂效果明显提高。

2. 赞颂英雄，吟诵经典

一百多年过去了，每次我们回望梁启超，诵读他的《少年中国说》，心中总能强烈地感受到一种磅礴的力量。在这个环节中，刘老师引出："道路上努力很重要，但是努力的方向更重要。"胡适说，年轻时候读梁启超的《少年中国说》就像受到电击一样。在那个时代，梁启超就是他们的方向。师生一起学习梁启超的《少年中国说》节选，一起读课文。文字是作者和读者之间的一座桥梁，通过桥梁读者就能和作者见面。刘老师采用"画、思、议"的研读方法，引导学生"触摸"语言，充分地与文本对话，让学生在不同形式的诵读中感受经典的力量。

英雄主义联想是指联想到那些具有英雄主义品质的人或事物，设想自己也具有这些品质，从而获得一种自信以应对眼前的世界。教师凭借"超越限制的英雄主义"这个浪漫理解的认知工具，帮助学生发现震撼人心、令人神往的英雄，因为英雄人物最能唤起人自身的精神力量。在这里，孩子们不仅想象到梁启超这个人，还联想到他的作品和他身上折射出的高尚品质。

3. 合作学习，体悟"悲痛"

刘老师顺势引导，文章里的"少年中国"和中国少年有什么样的联系？并请学生读课文第一节。"少年智则国智，少年富则国富，……少年雄于地球，则国雄于地球。"像这种字数相当、意思相近、句式相同的句子叫排比句。排比句具有表达意思递进的作用。随着意思的递进，学生在情感上会感受到少年越来越强大，中国越来越强大，内心深处也越来越自豪。这就是排比句表达情感的作用。

刘老师组织学生进行合作学习，围绕话题展开讨论，重点关注文言文连接词"则"的替换。他引导学生用学过的关联词语调换这个"则"，如用"如果就、只要就……"替换。学生边读边品这些句子，想象：梁启超在写《少年中国说》时，少年智吗？富吗？强吗？中国智吗？富吗？强吗？学生进行合作探究，自由表达（不智、不富、不强、不独立也不自由……）。少年"智、富、强"，中国才会"智、富、强"；而少年"不智、不富、不强"，则中国也"不智、不富、不强"。

读到这一层，才真正读懂了文字的意思，才真正读明白了梁启超的心情，当然也就理清了中国少年和"少年中国"之间的联系：中国少年是"少年中国"的根本保障；"少年中国"是中国少年的奋斗目标。

理解意思，把握情感。刘老师指导学生读好课文，先低沉后高亢，通过多种形式的朗读指导，让学生从中体悟情感。

潘庆玉教授在《激发教学想象力：语文教学设计的创新策略》一文中提到，要实现语文教学内容的深层建构，就必须把精心选择的语文教学内容通过系统的问题设计转换成具有高度认识势能的学习任务。语文课要想引人入胜，就一定要在教学内容的设计上灌注、积蓄认识势能的意识，着眼于对学生思维过程的顺势引导和逆向激发，使教学过程自然圆融、水到渠成。

这里刘老师以问题为导向，巧用关联词语替换文言文"则"，引导学生学会古文今译，并想象梁启超生活时代的中国。在这个顺势性的教学设计中，学生的思维产生了连锁反应和递进效应，从而学习动能被全面释放出来。

刘老师适时地补充了当时的国内状况："其实，当时中国'不智、不富、不强'的状况，梁启超在文章里提到了很多。《少年中国说》原文有10个自然段，共3 000多个字。"他从中选择了三处，给大家看看。

《走进充满想象力的世界》

> 第3节第5句：若是者，舍幽郁之外无心事，舍悲惨之外无天地，舍颓唐之外无日月，舍叹息之外无音声，舍待死之外无事业。
> 第4节第8句：国为待死之国，一国之民为待死之民。万事付之奈何，一切凭人作弄，亦何足怪！
> 第9节第25句：西风一夜催人老，凋尽朱颜白尽头。使走无常当医生，携催命符以祝寿。嗟乎痛哉！以此为国，是安得不老且死，且吾恐其未及岁而殇也。

首先，刘老师问："从出示的文字上，同学们觉得当时国内状况怎么样？梁启超的心情怎么样？"接着，他引导学生回答：死气沉沉、悲痛、难过、愤怒。最后，指导学生用低沉、缓慢的语速来读这段话。

> 《少年中国说》是1900年梁启超流亡日本之时创作。当时，八国联军侵华，民族危机空前严重。八国联军制造舆论，污蔑中国是"老大帝国"，是"东亚病夫"，是"一盘散沙"，不能自立，只能由他们瓜分。

当时中国国内死气沉沉，国外虎视眈眈。面对这样一个忧国忧民、悲痛欲绝的梁启超，我们应该来安慰安慰他。师生共同讨论并提炼关键词"希望"——梁启超看到希望！他的希望就是少年！少年就是他的希望！人在苦难中不能没有希望，民族在苦难中更不能没有希望。刘老师引导学生发挥自己的想象力，畅谈自己的感受。

文本自身的张力会吸引我们的视线，而延展性材料的补充能让这种张力更深、更远。霍懋征老师早在20世纪七八十年代就开始了"一篇带一篇、一篇带多篇"的阅读教学研究。她当时进行的是"单元教学"的研究工作，即根据课标，根据语文教学自身的需要，把某些方面联系紧密或者有相同之处的教材组织在一起，成为一个教学单元。在教学中，有的精讲，有的略讲，有的留给学生自己阅读。她提出，教科书上课文的组织是合理的，但在具体的教学过程中，教师可以而且也应该根据当时的具体情况做适当的调整，或增加补充教材。

为了更好地引导学生体会梁启超的内心世界，更好地了解1900年的中国现状，激发学生的爱国之情，刘老师在用足、用透教材的基础上，精心挑选了重要的、经典的材料进行延展阅读。确定的内容和情感是学生发挥想象力的前提和基础。广泛地搜集与主题相关的材料，进行详尽的探讨，这正是应用了浪漫认知阶段中的"收集和爱好"的认知工具，在教材和材料的整合下，客观的文字素材越翔实、越丰富，就越有利于学生感知和想象，使学习走向更深处。

4. 感受"希望",激发情感

刘老师带领学生一起品读梁启超希望中的"少年中国",并出示课文中的第二节文字,指名学生朗读;引导学生思考"梁启超用哪些事物来赞美'少年中国'";鼓励学生在课文中画出这些关键词:红日、河出、潜龙、乳虎、鹰隼、奇花、干将,让学生说出这些事物和"少年中国"的相同之处。

```
红日(充满生机,前程光明)    河出(一泻千里,势不可当)
潜龙(腾飞而起,力量恢宏)    乳虎(百兽之王,雄视天下)
鹰隼(雄鹰展翅,气势磅礴)    奇花(含苞待放,生机勃勃)
干将(宝剑出鞘,所向披靡)
```

"红日和奇花象征生机勃勃的'少年中国',那么另外几种事物象征着什么呢?"刘老师引导学生们展开想象来回答。

学生对于语文材料的理解是多元化的,老师应该充分尊重学生在学习过程中的独特感受,让学生更好地与文本、作者产生强烈的共鸣。孩子们在学习过程中积极思考,畅所欲言,深化了对文章中心的理解。"象征"是这段文字的修辞手法,作者没有直接把"少年中国"比作具体的事物,而是运用"隐喻"引领读者体会思考。《我们赖以生存的隐喻》一书提出,隐喻的本质是根据甲事物来理解和体验乙事物。这表明,隐喻不再仅仅是一种语言上的修辞方法,而是一种能够在不同事物之间建立起意义联系的认识方式。同样,在教学过程中,我们使用"隐喻"这种认知工具,引领学生感知红日、河出、潜龙、乳虎、鹰隼、奇花、干将等具体的意象,从而体会"少年中国"的勃勃生机。

5. 课外延展,分享"辉煌"

```
1900年,梁启超《少年中国说》发表。
1905年,孙中山创立同盟会,提出"驱除鞑虏,恢复中华"。
1918年,李大钊等人组织起了"少年中国学会"。
1921年,毛泽东等人成立了中国共产党。
1937年,全民族抗战,打击外来侵略者。
1949年,中华人民共和国中央人民政府成立。
```

"正是这些中国少年制造出了这样的'少年中国'。为了把'少年中国'建设得更加强大,许许多多的中国少年砥砺前行、奋斗不止。今天,建设祖国的接力棒已经交到了你们手中,老师希望你们努力学习、不怕困难、不负年少!"刘老师激情澎湃地说。

语文教学要引发学生的深度学习,促进学生思维能力的提升和表达能力的发展,要重视推进式思维催化的运用,催化更多的需要因果性关联突出的文本资源。以课文为支撑的课后延展资料旨在让学生对梁启超的认识更清晰,对《少年中国说》的理解更深刻,成功地引发了学生的参与热情。阅读延展性资料能发掘学生的学习潜力,拓宽学生的阅读维度,对培养学生的想象力发挥重要作用。

这节课的教学设计中,刘老师认真研读教材,准确把握教材特点,根据五年级孩子的年龄特点,依据学情起点,确立本课的教学目标与内容,设计的教学过程合理,转变了孩子的学习方式,让孩子在充满想象的文本中、在充满想象的课堂上从浅层的知识学习走向深度的能力学习。在阅读欣赏、表达交流、拓展探究等语文实践活动中,孩子们的想象力得到提升,语文素养得到提高。

教师应充分利用课堂主阵地,因势利导,努力挖掘教材中的有利因素,遵循想象力发展的规律,合理应用认知工具,有意识地对学生进行想象力训练。只有把培养和发展学生的语文想象力有机地融入自己的语文教学实践中,教师才能真正达到既传授知识、培养技能,又发展学生能力的境界。

六、想象力培养语文特色教学举例

☞ **案例一:诗词学习"飞花令"**

源自中央电视台《中国诗词大会》的班级诗词飞花令活动,有很好的竞赛机制和浓郁的古典文化氛围,与想象力有天然联系。透过下面的一则活动报道,我们可以明白基本的操作要领。

我班第六届诗词大会飞花令赛结束,女生组险胜

2019年3月28日上午,经过激烈的角逐,我班第六届诗词大会飞花令赛结束,女生组三局两胜获得冠军,男生组惜败,屈居第二名。

第一局比赛飞的花是"春"字。女生组张乐其和男生组杜威进行"石头剪刀布"游戏,杜威获胜,为男生组赢得了珍贵的开局优先权。这一局比赛,男女双方旗鼓相当,飞来飞去十几个回合不分胜负,但到了关键时刻,男生组违规,被裁判判负,女生组轻松取胜。台下观众纷纷为男生组惋惜。毕竟男生组还是很有实力的。

第二局飞"雨"花。由第一局获胜的女生组开场。高诗隐出"好雨知时节，当春乃发生"。卢昌昊对"夜来风雨声，花落知多少"。林可晴出"南朝四百八十寺，多少楼台烟雨中"。鞠彦文对"寒雨连江夜入吴，平明送客楚山孤"。郭佳蕾出"青箬笠，绿蓑衣，斜风细雨不须归"。朱瀚轩对"黑云翻墨未遮山，白雨跳珠乱入船"。张乐其出"君问归期未有期，巴山夜雨涨秋池"。杜威呵呵大笑，对"何当共剪西窗烛，却话巴山夜雨时"。观众席上顿时响起了热烈的掌声。杜威才子果然名不虚传啊！他俩的诗句中都有"雨"，但难得的是合到一起居然是一首完整的诗，就是唐朝李商隐的《夜雨寄北》！

又轮到女生组了，女生们居然没想好，急得脸都红了，万般无奈请了后援团帮位，只见女生后援团的刘晓蓁不慌不忙站起来，朗声吟道："天街小雨润如酥，草色遥看近却无。"男生组有样学样，也请了后援团，就见胡世晨同学答道："昔我往矣，杨柳依依；今我来思，雨雪霏霏。"这是出自《诗经》的句子，胡世晨出手果然不凡。

诗句越来越多，也越来越少。女生组林可晴出"春潮带雨晚来急，野渡无人舟自横"的时候，男生组彻底傻了，后援团倒是有人急得直举手，可惜仅有的一次后援机会已经被他们用掉了。难耐的90秒飞快过去，裁判一声令下："女生组胜！"

连输两局，男生组没有气馁，抖擞精神再战。这一次飞的是"柳"花。

你来我往，才气乱飞，这真是一场不见硝烟的激烈战斗呀！"沾衣欲湿杏花雨，吹面不寒杨柳风"，"云淡风轻近午天，傍花随柳过前川"。"最是一年春好处，绝胜烟柳满皇都"，"杨柳青青江水平，闻郎江上唱歌声"。"此夜曲中闻折柳，何人不起故园情"，"月上柳梢头，人约黄昏后"。"今宵酒醒何处，杨柳岸，晓风残月"，"枝上柳绵吹又少，天涯何处无芳草"。当杜威大才子再次吟出了名句，观众席上又一次响起了热烈的掌声。终于，女生组才思堵塞，不得不宣告失败。

飞花令比赛模仿著名综艺节目主持人董卿主持的《中国诗词大会》，我们班每周都会举办。无论活动输赢，大家都是赢家。赢了开心，输了高兴。正像我们主持人兼裁判孙老师每次飞花令带领我们喊的口号："粗缯大布裹生涯，腹有诗书气自华。"更多精彩飞花令，敬请期待。

(文/韩泰雅)

案例二：玄幻作文

北京某老师称赞一位名叫"和和"的学生写的玄幻作文《游泳上学

记》非常有意思。《北京教育》期刊公众号专门发表这篇作文的始末记事（时间是2018年6月21日），在某种程度上对这样的教学创新是持肯定态度的。这种做法，首先我们肯定其开创性。做小学教师，不能死板地只知道抓分数，虽然分数非常重要。其次，这也许能助力破解写作教学困境。所以，玄幻作文是值得认真实践的作文样式。

《游泳上学记》中有一些细节，比如，"我"上学路上请司机师傅开车载我们，师傅潜到水下5米处，上来后无可奈何地说"车在水下，已经熄火了"；还有"我"看到自己的老师正坐在叠起来的50个游泳圈上面看书，就要大家给勤奋的老师"点赞"。一路游泳，一路嬉笑，根本没有大雨天上学的苦恼。这是一种调侃的笔调，更是一种乐观的心态。也因此，一个向他们学习，我们也要写玄幻作文的念头就萌发了。

怎么来操作这样的写作训练呢？我校教师先给大家读和和的玄幻作文，然后亲自执笔，写出两篇：一个是《两块钱的早饭》，一个是《疯狂的仙子》。不负所望，大家都很喜欢。所以就有了我们第一次举班"瞎写"，并从中诞生出了12篇三星优作，又选出了5篇精心加工润饰，供全体学生观摩。

下面发表两篇，大家可以从中揣摩出一些操作规则及实际做派。

（一）疯狂的仙子

束子尧和我玩捉迷藏。先我躲。我就躲在一棵大树后面。刚躲好，还没叫呢，就有声音从我脚底下钻出来："哎哟，好讨嫌啊，踩人家干吗！"

我一惊，啊，我踩人了？快逃。不对，踩着谁了呀？我往脚下一看，啥也没有！"见鬼了！"我嘟囔了一声。

"我才见鬼了，我是仙！是仙子！"话音刚落，一片绿油油的叶子就从地上飘到我手心里。

哇！会自己飞的叶子！

叶子一落到我手心，我眼前就一花，叶子不见了，一个亭亭玉立的小美女站在那，背上还背着一个小巧的红书包。

哇——哇！我不要命地叫起来，刚叫了两声"哇"，就叫不出来了。

"嘻嘻！还敢叫！"小美女轻轻拍拍手，"你在做什么？鬼鬼祟祟的，一看就不是好人！"

"啊，仙子饶命，仙子饶命，小的是小学生，刚才在跟同学玩捉迷藏……"我吓得快晕过去了。

"捉迷藏？就你这样，谁捉不住？傻子才跟你玩。"

"是是是，那就是一个'傻子'，可是他每次都能抓到我。"

"那是因为你比他还傻！"仙子瞪我一眼，随手扔过来一样东西，"拿着，保管那个傻小子再也找不到你！"

原来是一片绿油油的叶子。"仙子，这叶子给我干吗？"

"傻！你们孙老师没说过'一叶障目不见泰山'吗？"

仙子都知道我们孙老师，我们孙老师名气可真大呀！我说："我们孙老师当然说过，可跟这有什么关系。"

仙子像是知道我的心思，说："一片叶子能让你看不见泰山，那就是说泰山也不能看见你。对不对？"

"对啊，对的啊！我看不见你，你当然也看不见我。"

"你想啊，动动你的驴脑袋想想啊，泰山多厉害啊，我们仙人都知道那是神山，它都看不见你，可见这叶子多么厉害！"

我虽然觉得哪里不对劲，可又觉得仙子说的有道理。我正犹豫呢，就听见束子尧在喊："魏浩明，好了没？再不好我就回家睡觉啦！"

"好了，好了，你赶紧过来找吧！"我连忙回应他，边说边把仙子的那片叶子放到了眼睛前面。

不多久，就听见束子尧咚咚咚地跑过来："看我不把你揪出来，三秒钟搞定你！"

束子尧就在我身边，我都感觉到他气喘吁吁的了。可他竟然就是看不见我。

"他躲哪了，听声音明明就在这里。"

"嘿，真的有用诶！"我激动万分，叫了声"耶——"

"我的妈呀，你在哪，你别吓我啊，吓我的话，我就告诉孙老师你上课偷吃！"

我一听乐了，更大声喊："哼，束子尧，你别拿孙老师来吓我！孙老师来了我也不怕！"我发现这叶子太神奇了，孙老师再厉害，我有这叶子，还怕什么？

我这一声不要紧，可真把束子尧吓坏了："啊呀，魏浩明，你在哪呀，我听到你的声音了，怎么看不见你呀！人吓人要吓死人的呀！你快出来吧，我认输了，我认输了！"

"那你还骂我吗？"

"不骂了，不敢了，你是我们班上的'高富帅'，花见花开，人见人爱！"束子尧连连说好话。

等束子尧把我说满意了，我才把叶子从眼前拿开，突然就出现在束子尧面前。

"鬼呀——"束子尧大喊一声，眼睛一翻晕过去了。

"啊，死了？"我也吓坏了。

仙子抢过我的叶子，说："瞧你这点出息，是吓的，过一会儿就好。你们这些小傻大傻，一点儿不好玩，不过你们孙老师好像蛮有意思的，我去找他玩吧！"

仙子的话说完人就不见了。我赶紧把束子尧弄醒，两个人火急火燎往教室跑。

到了教室，孙老师正要上课呢。我左顾右看，想找出仙子。可哪里有。一想到那仙子神出鬼没的手段，我就心里发毛：天哪，这要是她真看上我们孙老师可怎么办哪！我们孙老师那么善良，那么美丽，那么善解人意，那么胆小……啊，这可怎么办啊！

我迷迷糊糊上课了。我就只看到同学们嘴巴一张一张，却什么也听不见。果然，这仙子一定是个疯子，她从天上逃学，她把我们的声音都收走了，这世界要完了。玉皇大帝啊，赶紧把你的祸害收走吧，她这是动了凡心，要害我们孙老师啊！

我正晕头晕脑，想着英雄救美呢，就感觉耳朵上一阵火辣辣。一扭头，就看见"超级女侠"崔彭瞪着一双圆眼睛朝我喷火呢！

"啊，崔彭，你可不要乱来啊，这上着课呢！"

崔彭咬牙切齿轻声说："你还知道上课啊，孙老师叫你无数声了，你理都不理！"

啊，孙老师叫我？孙老师果然被那个疯子盯上了！我啾的一声，轰隆站起来："不许动，我看谁敢碰我们孙老师！"

我也像崔彭那样，瞪圆了眼。可是眼前又一花，就看见一盏盏探照灯朝我照来。啊，这是什么情况？——我的同桌王同波推推我："你这家伙，想吓死我们啊，你做梦啊！"

我看看左右同学，又看看讲台上的孙老师，再看看课桌上的一摊口水，脑袋嗡的一声："完了，这疯子把我们全都骗了！"

(文/孙大武)

（二）我的未来是个梦

苏州山塘街上人流如潮，把我挤得东倒西歪，好不容易到了一个转角处，稍微僻静一些。刚想喘口气，咦，一个闪闪发亮的东西引起了我的注意。我低头捡起来一看，原来是个电话座机。它小巧玲珑，虽然没什么用处，但也很好看，叫我舍不得扔呢，搁家里做装饰也比扔地上当垃圾强啊。恰好我家里的电话座机坏了，呵呵，运气好，捡了个好看的便宜。

回到家里，我就把原先的电话座机换了，插上电，想给妈妈打个电话。谁知道刚按了个"1"，它就拨出去了，而且很快竟然有声音传过来："喂，您好！我是高新区实验小学校的英语教师崔彭心月，请问您哪位？"

我立刻把电话捂住了：天啦，这也太神奇啦！我竟然给未来的我打通了电话？以后的我竟然是一名英语教师？我的梦想竟然可以实现了！耶——！

"那个……这个……"我激动得结结巴巴，"您好！崔彭老师，我只是想向您请教一个英语问题……这个……这个，请问'打电话'用英语怎么说？"

"是CALL呀！"电话那头的"我"明显有点儿疑惑，但还是很礼貌地回答了我这个愚蠢的问题。哈哈，看来，未来的我蛮有教养的哦！

搁下电话，我一蹦三尺高，把自己狠狠地往沙发上一扔：哦，万岁！我很快就是崔彭老师喽！I'm an English teacher！

未来已定，大局已定！我兴奋地把作业本往天上一扔。哦——飞吧，飞吧，我亲爱的作业本！飞吧，飞吧，我亲爱的语文作业本，数学作业本，英语作业本！

哈哈，那些我每天都要翻开来合上去的作业本，一个个化成了美丽的白蝴蝶、花蝴蝶、黄蝴蝶，呼啦啦飞远了。从现在起，我崔彭彻底解放啦！亲爱的电视剧，亲爱的游戏机，亲爱的旅游……我来啦！

幸福的日子总是过得很快，一晃一个月过去了。我忽然非常想念未来的崔彭老师。唉，亲爱的崔彭，你可要好好教书，最好升职做校长。哈哈，那我就开心极了。到时候，我第一个就把我们才华横溢的孙老师请过来当校长秘书，给我写报告，写诗歌。把美丽的贾老师请过来，帮我管着金钱，谁叫她数学那么厉害。再把傅老师请过来，我出国访问的话，就让他给我当翻译。虽然我也懂英语，但既然我做了校长，有个帅气的翻译跟在身边那才气派嘛!

我美滋滋地想着,随手就拿起电话拨了个"1"。哈哈,果然,电话那边传来了崔彭老师甜美的声音——不对,这声音似乎有点嘶哑,一定是那个调皮的魏小胖把她给气的!

"喂,请问您找谁?"

不对劲啊!

"那个……这个……"我激动得结结巴巴,"您好!崔彭老师,我只是想向您请教一个英语问题……这个……这个,请问'打电话'用英语怎么说?"

"'打电话'怎么说啊?对不起,我不知道啊。"电话那头嘶哑的声音里流露出伤心。

"不知道?啊,崔彭老师,您怎么啦?您生病了吗?"

"对不起,我被学校辞退了!校长说我英语专业研究生学历造假,说我徒有虚名,误人子弟……呜呜呜……"

轰隆隆,仿佛一阵惊雷从我心里滚过去,我手一松,电话机摔到了地板上。

完了!一定是我现在的状态影响到了未来的我。孙老师早就说过,幸福是奋斗出来的,天上不会掉馅饼,掉了也不能吃。这可该怎么办啊!呜呜呜,我大哭起来。

"醒醒,月月,醒醒,你做梦了啊!快点,要迟到了!"是妈妈的喊声。我一惊,睁开眼,啊,我还睡在床上呢。

(文/崔彭心月)

第二节 我们这样学英语

一、教学要点参考

(一)小学英语教学与想象力的关系

现代教育中心理学认为,创造性思维能力的培养是素质教育的核心,创造性思维能力的培养离不开想象力。因为想象力是创造的基础,是创造的源泉。想象力是人类保持自身活力和发展动力的原始文化基因,任何学科都要为"富有想象力的教育"做出应有的贡献。《义务教育英语课程标准》(2011年版)指出,英语教学活动要"促进学生的认知能力、思维能力、想象力和创造力等素质的综合发展"。因此，在英语课堂教学中，想象力的培养始终应该是英语教学关注的核心元素。而多年的教学实践也证明，想象力在英语教学中发挥着重要作用。把想象力的培养与英语的学习结合起来，既可以指导学生借助想象来拓宽对英语的理解，也可以在英语的体验中发展学生的想象力，以求得语言、思维、创新潜能的持续发展。

（二）想象力为核心的英语教学的要点

1. 以浓浓的师爱为纽带，构建和谐的师生关系

"亲其师而信其道。"学生因为喜欢英语老师而爱上英语这门学科是很自然的事。老师对学生的爱犹如一种催化剂，能激起学生对学习的热情。

教师对学生发自内心的爱体现在尊重学生的差异，公平地对待每一位学生上。无论是对学习优异的学生还是学习困难的学生，教师说话的态度、眼神、语气等，都要保持一致，不能厚此薄彼，要以和谐的师生关系促进学生的发展；教师还应从儿童视角出发，在课堂上保护学生的好奇心、求知欲，与学生平等交流，真诚对话；教师要善于捕捉学生身上的闪光点，从学生身上寻找突破口，了解推动其前进的动因。民主和谐的师生关系在教学过程中发挥着特殊、奇妙的作用，它能有效促进学生语言、思维与能力的发展。

2. 以过硬的学科素养为基础，提升教师的课堂魅力

课堂是实施素质教育的主阵地，而有魅力的英语教师能在课堂上感染学生，调动他们的积极思维，并使他们从中受到鼓舞和鞭策，体验成功的快乐。

教师清晰、正确的英语发音，流利的英语口语，生动的肢体语言，丰富的阅历见识等，会在无形中激发学生学习英语的兴趣，使其对教师产生一种崇拜感，这种崇拜感将激励学生产生强烈的英语学习动机。因此，苦练语言基本功，提升自身的专业素养，英语教师责无旁贷。

教师在课堂教学时要全情投入，调动学生的情绪，使之思维活跃，进入积极主动的学习状态。教学中教师鼓励的眼神、脸上微笑的表情、欣赏的语气、抚摸的手势、热烈的掌声或者身体表现出来的某种善意，都可以调节和缓解学生的紧张和压力，给学生带来心理上的愉悦和舒适，增强学生学习的自信心和积极性，唤起学生对学习的兴趣和希望。

3. 以灵动的教学手段为依托，构建富有想象力的英语课堂

人的想象力是非常丰富强大的。但据心理学家估计，一般人只利用了想象力功能的15%左右，其余的处于"睡眠"状态，等待我们去开发利

用。因此，培养和发展学生的想象力，应落实到课堂教学的每个环节。以富有想象力的方式方法来释放课堂的生命活力，这是每一位英语教师的使命。富有想象力的课堂依托大量的语言实践，它具有自主性、灵活性、开放性等特征。只有开放自主的教学环境，才有利于学生想象力的培养和发展。

4. 以新鲜有趣的校本资源为辅助，推动学生想象力的发展

在教学中我们发现，仅学英语教材无法满足学生的认知和能力发展的需要。为此，我校对合理开发利用课程资源进行了实践研究，课题"基于学生兴趣与能力的小学英语课程资源的开放与利用"成为苏州市"十三五"立项课题。我们结合单元话题，将难易适度、趣味性强的绘本作为课程资源的校本化补充。绘本图文结合，极具想象力，深受学生喜爱，它能从多个维度激发儿童认知、情感和意识的发展。

在绘本学习中，预测故事内容、扩展故事情节、续编故事结尾、重构故事情节、评价故事人物等学习方式可以培养学生思维的灵活性。著名英语教育专家鲁子问教授指出，绘本可以促进学生心智发展、发展学生认知能力，尤其是观察能力、分析能力、想象力等，促进思维品质提升。

（三）基于英语教材板块特点，探究提升学生想象力的有效教学方法

译林版《牛津英语》每册教材均由八个单元组成。由 Story Time、Fun Time、Grammar Time、Sound Time、Rhyme Time、Checkout Time、Ticking Time 等板块构成每个单元的主要内容。这些板块各有侧重，有的侧重语篇，有的侧重词句、语法教学，有的侧重语感培养，有的侧重语用检测（听、说、读、写）。在小学英语课中，教师要基于英语教材板块的功能，实施有效的教学策略，让学生的想象力在课堂上驰骋，以想象促进语用能力、思维能力、创新能力的整体提升。下面结合教学实例，谈谈在各板块教学中，提升学生想象力的有效策略。

1. Story Time & Cartoon Time 板块教学

译林版小学《英语》Story Time 的功能是帮助学生学习基本的英语语言知识，发展基本的英语听、说、读技能，Cartoon Time 则侧重学生阅读能力的培养。这两个板块以对话、篇章、故事为主，属于语篇教学范畴。富有想象力的语篇教学可以从以下几个方面入手。

（1）联想导入，启发想象

联想是由一事物想起另一事物的心理过程。在文本教学中，一个富有启发性的导入能够迅速抓住学生的注意力，帮助他们学会在不同事物中寻

找联系。

例如，四下教材 Unit 5 Seasons 的 Story Time 的教学导入：

该单元由四小节关于春夏秋冬的英语小诗组成。小诗谈到了春夏秋冬四个季节的天气及各个季节人们开展的活动。

可我校教师设计的导入环节似乎与季节无关。我校教师首先呈现了一组蓝色的图片，提问学生看到这些图片后的感受。学生通过想象感知，给出答案：蓝色带给人们清凉的感受，由此引出 cool。之后分别通过红色的太阳、橙色的毛衣和大雪纷飞的冬天的图片，让学生感知：红色给人的感觉是 hot，橙色是 warm，白色是 cold。教师让学生通过联想，将颜色与人的感觉相联系，打开了学生的创意想象之门。学生很自然地联想到不同季节也可以带给人不同的感觉，从而进入课文的主题。

（2）预设问题，激发想象

在语篇教学中让学生对文本内容和细节进行预测，可以激发学生的想象力和主动探究的欲望。文本标题往往能体现文章的主旨，课文插图一般能对课文内容提供直观线索。因此，在文本教学中，教师可以指导学生利用标题、插图、上下文情境，结合平时所积累的知识和生活经验，对课文内容进行大胆的推测或预测，从而培养学生的想象力和表达能力。

例如，六下教材 Unit 8 Our dreams 的教学片段：

我校教师通过 Free talk 引出课题 Our dreams 后，请学生根据标题预测文本内容：Who are talking about their dreams? What are their dreams? What do they want to be in the future? Why? 学生的这些问题恰恰是文章所要呈现的信息内容。当学生的问题预测得到验证时，教师能从他们脸上看到满满的成就感，而学生后续主动探求问题答案的自我意识也就被激活了。

（3）文本留白，激活想象

英语教学中的留白能为学生的想象力和思维力的发展提供广阔的空间。教师在引导学生理解文本的基础上，在学生观点碰撞处、情感聚焦处、联想放飞处，让学生根据上下文或自己的生活经验进行补白，能有助于学生在想象中提升、在发散中创新。

例如，六下教材 Unit 1 The lion and the mouse 的教学片段：

故事推进到老鼠把狮子吵醒之后，狮子生气地对小老鼠大声喊叫（图4-2），可是狮子为什么之后又大笑起来呢（图4-3）？我校教师不急于让学生阅读该段文本，而是请学生两人一组想象狮子和老鼠之间的对话。学生的想象力真是丰富，有的说是小老鼠扮弱，以情打动狮子不吃它（参考对话1);有的说是狮子认为自己吃这么弱小的老鼠有失风度,主动放了老鼠(参考对话2);还有的说是小老鼠虽然害怕,但装淡定吓唬狮子(参考对话3)。学生的想象力不仅碰撞出令人惊异的思维火花,在对话过程中学生还将角色的情感演绎得淋漓尽致,课堂活跃而灵动。

图 4-2　　　　　　　　　图 4-3

对话1:Lion: I want to eat you.

Mouse: Oh, please don't eat me. I have an old mother. I should look after her.

对话2:Lion: You are so small and weak. I don't want to eat you.

Mouse: You're so kind. Thank you, Mr. Lion.

对话3:Lion: Hey! Small mouse. You are my food.

Mouse: Dear Mr. Lion, I'm very dirty. If you eat me, you will be ill.

(4) 进行创造性的语言输出,发展想象

语言学习不仅仅是习得语言,更重要的是运用语言。语言输出是英语教学的重要环节。在文本教学中,让学生复述、表演、再构、续编等都是创造性的语言输出方式,都能为培养学生的想象力、创新力和发散思维提供机会。

例如,六上教材 Unit 1 The king's new clothes 的续编环节:

The king's new clothes 是大家非常熟悉的故事。故事结尾处,皇帝穿着所谓的新衣服,在路人的一片赞美声中游走在街道上,忽然一位小男孩指着国王大声地说:"The king isn't wearing any clothes!"(图4-4)国王听到男孩说话以后的反应以及后续会发生什么,故事没有提到。"言有尽而意未尽",文本在结尾处留

图 4-4

下悬念，给学生留下想象与回味的余地。教师可以以此为契机，让学生发挥想象，对故事进行续编。（在故事续编的过程中，因为词汇量有限，学生会遇到困难，教师要及时给予帮助。）于是，便有了许多不一样的各具创意的故事结尾。

学生 A 的续编故事：

"What a shame!" The king cried. Then he ran out of the street fast.

学生 B 的续编故事：

"I'm so foolish! Why did I believe the two bad men?" Soon the king went back to his palace and he killed the two men.

学生 C 的续编故事：

"Oh, foolish boy! I'm wearing magic clothes. Clever people can see them. Foolish people can't see them." Then the king still walked through the city in his new clothes. But nobody said anything.

学生 D 的续编故事：

The king's face turned to red. "How foolish I am!" From then on, he never wore new clothes. He became a good king.

续写创编是一种情感释放，在这一过程中，学生将自己的思维与作者的思维进行交融，将自己的情感融入文本创作中。对于 *The king's new clothes* 的故事续编，在发生如此大的尴尬后，我们看到了羞愧的国王、执迷不悟的国王，还有想要痛改前非的国王。故事续编提升了学生的语用能力，富有想象力的创编还赋予了学生语言、心智与精神的同构共生。

2. Grammar Time & Fun Time 板块教学

Grammar Time & Fun Time 为教材中的词句、语法学习板块。这两个板块的功能是帮助学生操练并掌握本单元所学的主要词语、句型和日常交际用语或语法。将想象力与这两个板块的教学结合，我们可以做以下尝试。

（1）在多样化的想象情境中操练

"Practice makes perfect!" 学生对语法、句型的学习从感知、理解到运用需要大量的操练，但如果以单一的方式重复，学生一定会感到枯燥乏味。教师创建的图片、声音、文字、故事等各种情境可以激发学生的想象，提高学生的参与度，从而达到较好的教学效果。

声音情境

运用声音情境进行教学能给学生提供一种身临其境的感觉。根据教学需要，声音情境可长可短，可以是某种音效，也可以是词、句、对话或短文。如，让学生听动物的叫声来猜测动物名称或操练句型"What's on the farm? There's a/an..."；听交通工具的声音来操练"—How does she/he go to Shanghai? —By..."；听对话来判断说话人所在的位置，或听对话概括主题，等等。声音情境的运用能吸引学生的注意，从而有效培养学生通过对声音的感知进行想象、猜测和表达的能力。

图片情境

形象、直观的图片对英语学习能起到很好的辅助作用。教学中，教师如果能利用图片中一些显性或隐性信息，通过截取、凸显、遮挡、模糊、打散等策略将图片作为语言学习素材，设计语言学习活动，就可以激发学生的好奇心和挑战欲，以读图驱动语言学习，引导学生在学习过程中开展观察、想象、判断、推理等思维活动，提高学生语言输出的丰富性、灵活性和逻辑性。

例如，四下教材 Unit 8 How are you? 的教学片段：

我校教师在教学五官类的单词时用了这样的图片情境。请学生观察图片（图 4-5），想一想，找出小青蛙的五官中缺少了什么，由此引出新词 mouth。mouth 该如何拼写呢？教师给出了两个具有相同音素的词，学生就此推理、想象，得出该单词的正确拼写形式。教师鼓励学生猜测小青蛙的嘴巴是大的还是小的，学生需要用句型"His mouth is big/small."。借助图片，以想象为媒介，此部分的词汇教学做到了音、形、意的结合，并达成了词不离句的教学要求。

图 4-5

文字情境

创设文字情境，教师不需要大量的课前准备。教师可以在课堂上直接进行口述，也可以把文字打在 PPT 上，简单易操作。最佳的文字情境创设一定具有开放性，它可以激发学生的想象，满足学生求异的心理需求。为了练习一般将来时态，教师设置了以下两个文字情境让学生发散想象。

情境 1：Tomorrow is Mother's Day. What is Sally going to do?

情境 2：The boys are in the playground. What are they going to do?

明天是母亲节，Sally 将做什么？结合生活经验，学生们开始猜测：Sally is going to help her mother do housework/buy some flowers for her mother/see a film with her mother... 猜测的过程其实就是学生主动练习语言的过程。

男孩们在操场上,他们将做什么?学生们跃跃欲试:The boys are going to play games/run/draw pictures/watch birds... 忽然一位女生回答:The boys are going to dance and many girls are going to watch them. 男孩们在操场上跳舞,将引发女孩们的围观。学生们听完之后,哈哈大笑。在同一地点和时间,人们可以做不同的事,学生就此进行想象、表达,句型操练灵动有趣,课堂学习氛围轻松愉悦。

故事情境

通过故事情境进行语法句型操练,有利于学生的想象力和语用能力的提升。教师可以围绕目标语寻找或编写故事。由于学生对 Story Time 中的故事比较熟悉,因此教师也可以根据需要将教材中 Story Time 的故事通过想象进行扩充。因为语境更熟悉,更有亲近感,学生更乐于参与学习。

六下教材 Unit 7 Summer holiday plans 中的 Story Time 涉及四个孩子的暑期计划,其中 Yang Ling 要去北京,Liu Tao 要去台北。但故事中他们的假期计划信息并不完整。因此在教学 Fun Time & Grammar Time 时,我校教师以此为契机,创设故事情境。比如,学生用句型"Will you...?"与 Yang Ling 进行人机对话,想象 Yang Ling 会在北京做什么;学生根据老师补充的 Liu Tao 的信息,对 Liu Tao 的假期计划进行问答。故事情境让学生的想象更开放,操练更有意义和实效。

(2)用联想将抽象语法形象化,提升语法学习的有效性

英语语法学习比较枯燥。在语法学习中,学生还容易受相似语言规律的影响,出现遗忘或概念混淆现象。在语法教学中,教师如果借助想象,将抽象的语法形象化,就能让语法学习有趣而富有实效。

五下教材 Unit 1 Cinderella 中的 Grammar Time 的核心句型是"—Why are/can't you...? —Because..."。教学中,我校教师让学生把 Why 和 Because 想象成一对好朋友,这样学生就能很自然地把两个单词引导的句子勾连起来,在运用 Why 和 Because 进行交流时就不会顾此失彼了。

五下教材 Unit 5、Unit 6 的语法都是现在进行时态。现在进行时的结构是"主语+be+现在分词+其他",在教授这项语法内容时,我校教师同样用了联想的策略。教师让学生把现在进行时的框架想象成他们熟悉的汉堡的三个部分(图4-6)。借助想象,抽象

图 4-6

的概念一下子变得形象起来，学生学习时兴趣大增，大大提高了学习效率。

（3）头脑风暴

头脑风暴（Brainstorm）是在指定时间内，通过大脑的迅速联想，就某一个话题讲出所能想到的全部方法。将头脑风暴引入英语词汇、句型教学，可以使学生自由思考，在富有想象力的学习中发展语言，培养创新精神。

3. Sound Time，Rhyme Time & Checkout Time 板块教学

我们把教材中的 Sound Time、Rhyme Time 和 Checkout Time 板块称作综合板块。

（1）Sound Time 板块教学

Sound Time 板块通过例词和绕口令，引导学生了解字母在单词中的读音、简单的拼读规则，从而让学生逐渐习得见词能念、听词能拼的能力。语音教学相对枯燥乏味，但是如果鼓励学生用所给例词造句或编故事，就能激发学生学习该板块的兴趣。在此过程中，学生的想象力得到发展。

以下是四下教材 Unit 4 Sound Time 板块的一个教学片段。我校教师在补充了一些含有元素"［e］"的单词后，设置了具有挑战性的任务，学生选用其中的 1—5 个单词进行造句。

造句活动打开了学生的想象，培养了学生的逻辑思维，因为学生在通过想象造句时需考虑句子的逻辑性与合理性。而想象与评价结合，极大地激发了学生的好胜心和挑战欲，于是课堂就生成了学生富有创造性的句子，拓展的新词在语言运用中得到巩固。

造句任务如下所示。

The pet is in the net. ★★

The wet pet is in the net. ★★★

The pet in the jet is wet. ★★★

The vet and his wet pet are in the net. ★★★★

（2）Rhyme Time 板块教学

Rhyme Time 这个板块通过唱歌曲、诵歌谣等活动，激发学生的兴趣，帮助学生巩固所学内容，形成良好的语感，提高听说能力和思维能力。

在教学 Rhyme Time 板块时，我校教师让学生对歌曲和小诗进行二次创编，即"Make a new song/rhyme."。教师可以引导学生将歌曲或小诗中的人物、地点、活动等信息进行改编，鼓励学生创编就是鼓励学生发挥想

象,主动运用语言;此外,学生在"秀一秀"自己的新歌或诗的过程中自信心得到满足,这将激励他们在今后的学习中更为积极主动地参与课堂教学活动。

(3) Checkout Time 板块教学

Checkout Time 作为综合检测板块,其目的是发展学生的综合语言运用能力。在设计该板块教学时,教师要从单元整体教学视角进行教材分析,突出教学重难点,整体把握教学内容和教学过程,为学生提供整体语言输出的机会,发展学生的听、说、读、写的语言技能,从而实现知识的融合和能力的提升。对学生来说,"写"无疑是难度最大的。Checkout Time 板块的写作一般是围绕单元话题展开的,但是小学生在写作时容易没有思路和条理。因此,教师可以引导学生借助想象,画出思维导图。思维导图利用图示的方法表达人们头脑中的概念、思想、理论等,它能使人脑中的隐性知识显性化、可视化。它作为一种可视化支架,能够使语言信息的呈现更加直观、明晰,能够帮助学生更好地写好作文。

四下教材 Unit 5 Seasons 中的写作教学片段:

我校教师要求学生写一篇关于季节的作文。关于季节能写哪些方面?许多学生的答案就是文本中出现的天气、活动两个方面。事实上,可写的内容还有许多。在老师的引导下,学生通过想象建构出关于季节的思维导图,除了天气、活动以外,还梳理出与季节相关的景物、食物和饮料、衣物等。在此基础上,学生根据思维导图,对各项内容进行想象、发散、选择,最后输出成文。

老师在学生写完作文后以图文并茂的形式为学生呈现了另一篇关于季节的作文。这篇例文从颜色入手,以诗歌的形式来描写冬天。这种以独特视角进行写作的思路给学生带来了想象力的冲击。老师借此追问学生还可以从什么角度来写季节。学生的发散思维瞬间被打开,节日、水果、运动……这些与季节相关联的、显性的、隐性的信息从学生大脑中迸发出来。还有学生总结道:"写季节可以抓住几个点,也可以就抓住一个点;可以写成包含 head、body、ending 三部分的小短文(学生就是按此结构来练笔的),也可以写成其他形式,比如小诗。"

Winter

What colour is winter?

Winter is white. The snow is here and there.

> Winter is green. We have Christmas.
> Winter is red. We have the Spring Festival.
> Winter is colourful!

从这节写作教学实例可以看出，写作指导离不开想象。想象能激发学生的灵感，想象能开放学生的思维。当然，教师在指导写作时，不要把学生固定在某一个框框里，不能千人一面，要防止思维固化，以免导致想象力的缺失。

4. Project 板块教学

Project 单元是牛津英语教材的复习单元，由几个环环相扣、联系紧密的语言实践活动组成，旨在通过形式多样的综合语言实践活动，引导学生调查、思考、交流、讨论和合作，综合运用前几个单元所学的语言知识和语言技能完成学习任务。在完成 Project 内容教学后，教师还可以根据教学的实际情况，整合复习内容，拓展课外资源，以提升学生融会贯通、灵活运用语言的能力。Project 教学内容的开放性和活动方式的开放性决定了学生的想象能力在 Project 课堂上自由驰骋。

（1）想象力让开放性的探究活动精彩纷呈

Project 单元中编排的基于学生语言能力和认知水平的开放性探究活动，为英语教师创建富有想象力的课堂提供了很大的空间。开放的问题和活动能激活学生的想象，鼓励学生自由表达，将学习与实践充分结合起来。

例如，五上教材 Project 1 An animal school 的教学片段：

"An animal school"是一个可以引发学生无限想象的话题，如哪些动物设有动物学校，它们建在哪里？学校又有哪些室场？动物们在动物学校能做些什么？它们是否喜欢去动物学校？我校教师抓住了学生们的好奇心，请学生大胆想象用所学语言来描述他们的动物学校，并在课后用绘画的方式把它呈现出来。

学生 A 说，小鱼儿的学校建在大鱼妈妈的身上（图 4-7）；学生 B 说，鸟的学校是一幢空中楼阁（图 4-8），有五层，它们上学时不会受到地面动物的打扰；学生 C 说，蝴蝶的学校在美丽的花朵中，它们在学校开心地跳舞（图 4-9）；学生 D 说，动物学校建在森林里（图 4-10），它被五彩的树木所环抱……课堂上，学生兴奋地用英语描述着他们想象中的动物学校。学生想象无边，课堂意趣盎然。

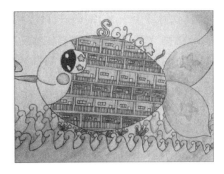

图 4-7　　　　　　　　　　　　　　图 4-8

图 4-9　　　　　　　　　　　　　　图 4-10

交流结束之后，老师告诉学生们，人类很多发明的灵感来自动物。"Animals are our friends! People learn a lot from animals!"学生在联想中彻底感悟本单元的主题要义，想象力让学生情感得到升华。

（2）想象力让知识的整合与提升无痕对接

整合提炼、培养学生的综合语言运用能力是复习课的重要目标。因此复习课要源于教材，又高于教材。教师可以选择相关主题的课外阅读材料，再根据阅读材料设计具有想象力的开放性问题。比如阅读完课外材料后，学生给短文起个合适的标题，改编、续写短文等。这样的复习课，不仅在拓展延伸中提高了学生的知识水平，还在学习任务的设计中提升了学生的想象力。

例如，三上教材 Project 1 My family and friends 的教学片段：

我校教师通过层层闯关的游戏将整堂课串联起来。最后的"Step 4 I can act"为拓展环节，教师抓住学生的兴趣点，通过自编 Bobby 和 Sam 的故事，在原有句型"This is my… / You're right."的基础上，将书中四个单元的知识点进行了整合和拓展。拓展句型有"Is this…? / Am I right? / I'm your best friend."等。学生在欣赏、跟读、模仿、表演绘本的过程中，不仅提高了语言的表达能力、知识的运用能力，也开阔了想象空间。

二、想象力为核心的英语课堂教学评价表

表4-7 想象力为核心的英语课堂教学评价表

评价项目		比例	评价要素	得分
教师素质	语言素养	10%	1. 教师声音响亮，指令清晰，语音语调标准，语言准确、流畅、有张力。	
	教态		2. 教师能较好地运用肢体语言，教态自然，具有亲和力和感染力。	
	教学技能		3. 教师板书书写规范、美观，能恰当运用现代教育技术。	
教师教学	教学目标	50%	1. 知识、技能、情感三维目标定位准确，并能使大量的语言实践活动得到有效落实。	
	教学理念		2. 教师能根据课型特点、学生年龄特点采用适切、有效的教学方法。 3. 教师能贯彻以生为本的教学理念，关注全体学生，注重方法指导和习惯养成，能给予学生足够的思考时间和空间，能培养学生主动探究和合作的精神。学生的主体性和教师的主导性得到较好体现。	
	教学过程		4. 课堂容量适度，教学内容层层递进，重难点在教学活动中得到有效突破。 5. 教学方法具有多样性、灵活性、开放性和创新性，能激发学生的英语兴趣，能培养学生在生活中运用所学语言的能力。 6. 课堂提问具有启发性、开放性，能培养学生的想象力，启迪学生的思维，培养学生的创新能力，促进语言交流与语言思维的融合。	
	课堂组织与管理		7. 课堂组织有序，教学中能兼顾不同层次的学生，师生互动、生生互动有实效。 8. 课堂节奏把控适度，时间安排合理。	
	教学评价		9. 教学评价注重及时性、具体性、针对性，能对学生起到激励作用。	

续表

评价项目		比例	评价要素	得分
学习行为及学习效果	学生学习行为	40%	1. 学生对教学内容、形式感兴趣，上课注意力集中，自主学习意识强。 2. 不同层次的学生课堂活动参与面广。 3. 学生能大胆想象，积极思考，自信表达。	
	学习效果		4. 学生能在语言实践（听、说、读、写）活动中，运用恰当的学习策略；语言知识技能目标达成度高。 5. 学生的想象力、思辨力、创新能力在认知过程、语言实践活动中得到发展和提升。 6. 学生在学习过程中能形成积极向上的人生态度、价值观。	

想象力为核心的英语课堂教学评价表（表 4-7）的使用说明：

（1）想象力为核心的英语课堂教学评价，应突出学生的主体性，注重教学过程中学生主体地位的体现；尊重学生的个性和人格，鼓励学生在教师的指导下进行探索与发现，培养学生的想象力。

（2）想象力为核心的英语课堂教学评价，应体现开放性。课堂教学过程千变万化，教师既要忠于教学设计，又要分层教学，照顾到不同的学生，根据学生的学，形成课堂生成机制，提倡创新和个性教学。

（3）想象力为核心的英语课堂教学评价，要十分关注想象力的培养及达成度，如课堂氛围是否有利于催生学生的想象力，学生的想象力能否在活动、任务中得到发展。

（4）想象力为核心的英语课堂教学评价，既要符合英语的学科特点，突出对于英语知识的有效积累，又要培养学生综合运用知识的能力，使语言和思维得到发展。

（5）想象力为核心的英语课堂教学评价，要体现公平、公正和客观，要有利于教师改进教学水平，课后要有反馈。

三、想象力培养中的学生英语学业评价

评价是英语课程的重要组成部分，科学的评价体系是实现课程目标的重要保障。

1. 充分发挥评价的积极导向作用

在英语教学中，学业评价应为教学服务，评价应有利于教师获取教学中的不足与成功之处，进而不断提升自己的教学水平；评价应有利于学生

获取学习的成就感,保持英语学习的信心与兴趣。

2. 体现学生在评价中的主体地位

以学习者为中心,不仅体现在学生的学,也体现在评价中。学生是学习的主体,也是评价的主体。在各类评价中,教师应积极让学生参与其中,做到学生自评、互评。

3. 依据课程目标要求确定评价内容与标准

在评价时,教师应当综合考虑本标准所规定的语言技能、语言知识、情感态度、学习策略和文化意识五个方面的目标要求及特点,根据当地学生的实际情况,确定评价标准,选择评价内容,采用恰当形式;应避免过分强调对知识的考查和脱离语言实际运用的倾向,以切实提高评价的有效性。

4. 注意评价方法的合理性和多样性

在设计和实施评价的过程中,教师应根据各阶段教学的特点与评价目的,充分考虑学生的年龄、心理特征及认知水平,选用合理、多样的评价方式,如自我评价、伙伴评价、家长评价、教师评价、网络评价等,实现形成性评价与终结性评价相结合。形成性评价应以激励学生为主,终结性评价要综合地考查学生的英语能力。

5. 正确处理教学与评价的关系

教学与评价都是英语课程实施的重要组成部分。评价要为教学服务,反馈教学,促进教学。任何评价只是考查学生综合运用英语的能力,不应出现考什么教什么,或者不考就不教的现象。

6. 小学英语评价应以激励学生学习为主

小学英语教学评价应以本标准和平时的教学内容为依据,以激励学生的学习兴趣和自信心为主要目的,采用符合学生认知水平的、具有多样性和可选择性的评价方式。各年段小学生英语学业评价表细则详见表4-8、表4-9。

表4-8 小学生英语学业评价表 一级目标(基于新课标)(1—3年级)

内容	学业要求
听做	1. 能根据听到的词语识别或指认图片或实物。 2. 能听懂课堂简短的指令并做出相应的反应。 3. 能根据指令做事情,如指图片、涂颜色、画图、做动作、做手工等。 4. 能在图片和动作的提示下听懂简单的小故事并做出反应。

续表

内容	学业要求
说唱	1. 能根据录音模仿说英语。 2. 能相互致以简单的问候。 3. 能相互交流简单的个人信息，如姓名、年龄等。 4. 能表达简单的情感和感觉，如喜欢和不喜欢。 5. 能够根据表演猜测意思、说词语。 6. 能唱英语儿童歌曲15—20首，说歌谣15—20首。 7. 能根据图文说出单词或短句。
玩演	1. 能用英语做游戏并在游戏中用英语进行简单的交际。 2. 能做简单的角色表演。 3. 能表演英文歌曲及简单的童话剧，如《小红帽》等。
读写	1. 能看图识字。 2. 能在指认物体的前提下认读所学词语。 3. 能在图片的帮助下读懂简单的小故事。 4. 能正确书写字母和单词。
视听	1. 能看懂语言简单的英语动画片或程度相当的教学节目。 2. 视听时间每学年不少于10小时（平均每周20—25分钟）。

表4-9　小学生英语学业评价表　二级目标（基于新课标）（4—6年级）

内容	学业要求
听	1. 能在图片、图像、手势的帮助下，听懂简单的话语或录音材料。 2. 能听懂简单的配图小故事。 3. 能听懂课堂活动中简单的提问。 4. 能听懂常用指令和要求并做出适当反应。
说	1. 能在口头表达中做到发音清楚、语调达意。 2. 能就所熟悉的个人和家庭情况进行简短对话。 3. 能运用一些日常套语，如问候、告别、致谢、致歉等。 4. 能在教师的帮助下讲述简单的小故事。
读	1. 能认读所学词语。 2. 能根据拼读的规律，读出简单的单词。 3. 能读懂教材中简短的要求或指令。 4. 能看懂贺卡等所表达的简单信息。 5. 能借助图片读懂简单的故事或小短文，并养成按意群阅读的习惯。 6. 能正确朗读所学故事或短文。
写	1. 能模仿范例写句子。 2. 能写出简单的问候语。 3. 能根据要求为图片、实物等写出简短的标题或描述。 4. 能基本正确地使用大小写字母和标点符号。

续表

内容	学业要求
玩演与视听	1. 能按要求用简单的英语做游戏。 2. 能在教师的帮助下表演小故事或童话剧。 3. 能表演歌谣或简单的诗歌30—40首（含一级要求）。 4. 能演唱英文歌曲30—40首（含一级要求）。 5. 能看懂英文动画片和程度相当的英语教学节目，每学年不少于10小时（平均每周不少于20—25分钟）。
语音	1. 知道错误的发音会影响交际。 2. 知道字母名称的读音。 3. 了解简单的拼读规律。 4. 了解单词有重音。 5. 语音清楚，语调自然。
词汇	1. 学习有关本级话题范围的600—700个单词和50个左右的习惯用语。 2. 了解单词是由字母构成的。
语法	1. 知道名词有单复数形式。 2. 知道主要人称代词的区别。 3. 知道动词在不同情况下会有形式上的变化。 4. 了解表示时间、地点和位置的介词。 5. 了解英语简单句的基本形式和表意功能。
功能	了解问候、告别、感谢、致歉、介绍、请求等交际功能的基本表达形式。
话题	能理解和表达有关下列话题的简单信息：数字、颜色、时间、天气、食品、服装、玩具、动植物、身体、个人情况、家庭、学校、朋友、文体活动、节日等。
一般学习策略	1. 积极与他人合作，共同完成学习任务。 2. 主动向老师或同学请教。 3. 制订简单的英语学习计划。 4. 对所学习内容能主动练习和实践。 5. 在词语与相应事物之间建立联想。 6. 在学习中集中注意力。 7. 尝试阅读英语故事及其他英语课外读物。 8. 积极运用所学英语进行表达和交流。 9. 注意观察生活或媒体中使用的简单英语。 10. 能初步使用简单的《英汉词典》。
文化意识	1. 知道英语中最简单的称谓语、问候语和告别语。 2. 对一般的赞扬、请求等做出适当的反应。 3. 知道国际上最重要的文娱和体育活动。 4. 知道英语国家中最常见的饮料和食品的名称。 5. 知道主要英语国家的首都和国旗。 6. 了解世界上主要国家的重要标志物，如英国的大本钟等。 7. 了解英语国家的重要节假日。

四、想象力培养的英语教学案例

（一）Story Time 板块教学案例

（我校张学萍老师执教本课获"华东杯"英语课堂教学比赛一等奖）

课题内容：译林版小学英语五年级下册 Unit 5 Helping our parents

教学内容：Story Time

译林版小学英语五年级下册 Unit 5 Helping our parents 的 Story Time 板块讲述了 Mike 和 Helen 在周末帮助家长做家务的故事，具有很好的育人价值。在本课时教学中，张老师将想象力的培养和训练贯穿教学始终，学生的语用能力、思维能力、情感态度得到有效提升。

1. 读前环节——以想象导出新词

本课中，张老师通过从家人"family"到家庭成员"family member"再到家务活"housework"的层层递进，自然引出本课主题——do housework。来自不同家庭的学生对家务活的了解程度也不一样，所以张老师通过出示图片，让学生发挥想象，来猜测家务活的类型，比如，出示毛巾，学生根据自己的生活经验和想象力，呈现出多样化的答案，有 clean the desk、clean the window、wash dishes 等。

2. 读中环节

（1）以多种情境激发学生的想象力

根据内容张老师把文本分为"In the morning"和"In the afternoon"两部分。在"In the morning"这部分，不同的家庭成员都忙碌着手头不同的家务活。为了避免直接告知学生语篇中的信息，张老师选择通过想象，让学生来猜测人物的活动。比如张老师提问"What is mother doing?"，通过播放动作的声音（水龙头放水），让学生猜测人物动作。学生通过单纯的声音，发挥自己的想象，便获得了多样的答案：washing clothes, washing dishes, washing the vegetables...但单一的教学方法会让课堂失去色彩。除了声音的播放，在不同的家庭人物中，张老师更换不同的教学方式，使学生在不同的语境条件下多维度发挥想象。张老师充分利用语篇中的图片，但是，整体的呈现明显会锁住学生的思维和想象。所以，当她提问"What is Mike's father doing?"时，将图片无限放大，学生能看见的只是部分颜色或者若隐若现的图片，根据这些，学生进行大胆猜测。经过一轮猜测后，张老师再将图片渐渐缩小，在这个过程中，学生根据图片从模糊到清晰的过程从而有了不同的见解和想法，这给学生提供了无限想象的空间。这样的声音和图片的猜测，不仅开启了学生的想象，激发了学生的兴趣，也让英语课堂充满了色彩。

在教授完"In the morning"这部分后，张老师创设了一个情境：Yang Ling 打电话来约 Mike 与 Helen 去动物园玩，但是 Mike 和 Helen 都很忙碌，Yang Ling 便产生了疑问——他们在做什么呢？根据这一情境，张老师让学生以小组为单位分别扮演 Yang Ling、Mike 和 Helen 来打一通电话。在"Make a phone call"环节中，学生将自己代入课文的情境中，既能在情境中巩固重点句型，也有了发挥想象力的空间。

（2）以问题预设拓宽学生的想象空间

语篇中，从 Saturday morning 到 afternoon 的转变，张老师通过设计门铃声，做到了环节与环节之间的无缝对接。针对门铃声的设计，她提问："What do you want to know? What questions do you want to ask?"。通过这个问题，学生打开了想象。他们的提问多元且切合文本实际：Who is coming? What does he/she want to do? Where is he/she from? 通过这样的教学环节设计，张老师自然地引出了人物 Tim。Tim 来了之后，家里又发生了什么情况？张老师给出了几个关键词：Who，Where，What。这几个关键词引发了学生对情境更多的猜测：Who is helping parents? Where is Tim/Helen/Mike? What is Helen/Mike/Tim/Father/Mother doing? 学生的想象空间得到拓展。

3. 读后环节——以想象推动语用能力的提升

在"In the afternoon"这一板块中，文本和图片仅呈现了 Mike、Mom 和 Helen，并未提及 Dad。于是张老师跳出文本的局限性，提问：Where is Dad? What is Dad doing? 大胆的提问引发了学生的思考，学生通过联系上下文，抑或是天马行空的想象，给出了各式各样的猜测：He is watering the flowers. He is shopping. He is working in the study… 为了文本的后续再编，张老师给出自己设定好的答案：He is buying a cake. It's Tim's birthday today! 环节自然过渡到读后部分"In the evening"。"What are they doing?"学生想象的翅膀再次张开，他们跃跃欲试，把自己的猜想用正确的语言表达出来。

纵观全课，想象力在读前词汇导入、读中情境理解、读后语言运用三个环节中都发挥了重要作用。学生的主体意识在想象中被激活，学生的语言表达和思维能力在想象中得到提升。

（二）Grammar Time & Fun Time 板块教学案例

（我校王莉老师执教本课获苏州市小学英语评优课一等奖）

课题内容：译林版小学英语五年级下册 Unit 6 In the kitchen 的 Period 3

教学内容：Grammar Time & Fun Time

重点句型：Are you/they V-ing...?

Is he/she V-ing...?

There is/are... in the kitchen.

本课为语法教学板块。现在进行时态的一般疑问句和 There be 结构为本课时的核心教学内容。在教学中，学生经历了从感知语法到建构语法结构再到综合巩固运用的过程。而想象力在这三个环节中始终发挥着积极且重要的作用。

1. 创设情境，在想象猜测中尝试运用

本课以大家耳熟能详的《舌尖上的中国》为开场，展现各种美食。随后王老师用"Where can we find the nice food?"引导学生展开想象，调动学生的积极性，炒热课堂氛围，从而引出本课主题——In the kitchen。王老师再追问"What food is in the kitchen?"，同时，她先以"There is some bread in the kitchen."抛砖引玉，并鼓励学生用句型"There is/are..."猜测厨房里的食物。学生的想象被打开，他们积极表达。而后，王老师通过动作，鼓励学生进行合理想象，猜猜老师在厨房里做什么。她鼓励学生尝试用"Are you cooking/washing tomatoes/cutting...?"（图 4-11）进行猜测。为了给予学生更多的表达机会，王老师出示了 Liu Tao 一家人现在也在厨房的图片（图 4-12），让学生猜猜他们在做什么。图片给了学生想象的空间，王老师鼓励学生用"Is Liu Tao/father/mother...?"这个句型，联系生活，发挥想象，起到了很好的教学效果。

图 4-11

图 4-12

2. 抽象概括，在联想中构建语法结构

王老师将学生课堂生成的句子以表格的形式呈现，让学生自己归纳出现在进行时态的一般疑问句结构——"be+主语+现在分词"。随着学习年级的增高，学生的理解能力也不断增强，教师可以给学生发现、归纳语言形式和语法规则或结构的机会，以促进他们自主探究、发现和解决问题，以及思维能力的发展。

为了帮助学生在自己的头脑里建构现在进行时态的一般疑问句的结构，王老师让学生将句型框架想象成他们喜欢的汉堡，进行时态的一般疑问句的三个组成部分be、主语、现在分词就如同是汉堡的三个部分（图4-13）。枯燥乏味的语法知识瞬间变得形象、清晰，简单明了。而后续的

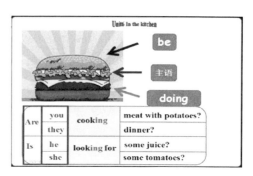

图 4-13

句型机械操练活动也被想象成了构建"句子汉堡"的过程。王老师提供了主语和动词短语，如Mike、play football，学生根据所提供的材料来完成他们的"句子汉堡"——"Is Mike playing football?"学生在一次次想象做"句子汉堡"的过程中，强化和巩固了句型结构。

3. 层层递进，在运用中提升语用能力

待学生有了语法意识后，语法教学的重点要放在对语言形式的实践和运用上，以提高语言运用的准确性。为此，王老师又安排了三个有挑战性的任务，无一例外，学生都需要借助想象力完成。

活动1：Look and guess

王老师给出图片情境，通过展现局部的图片（图4-14），引导学生猜测他们正在做什么，并且运用所学的句型"Is he/she…? Are they…?"进行操练。学生在教师引导和图片提示下开始想象：Is he playing football? /Are

图 4-14

they playing with the iPad? /Are they flying the kite? 最后王老师呈现完整图片，学生验证自己的答案。

活动2：Imagine and guess

王老师提供了两个情境。情境1：It's seven o'clock. Bobby and his

mother are at home. 情境2：It's Billy's birthday. The children are at his birthday party. 活动采用男女生比赛的方式。在比赛的激励下，学生充分联系生活，发挥想象，并积极用正确的语言说出自己的猜想。

活动3：小组活动 Make a story

这是根据漫画《父与子》改编的小故事。妈妈已经准备好晚餐，但是儿子还在房间里做什么。爸爸去儿子房间叫他吃饭，发现儿子正在看书。儿子去餐厅吃饭也在看书，爸爸出于好奇，想看看到底什么书让儿子看得如此津津有味，结果他也被吸引住了。儿子又去叫爸爸，结果父子两人一起看书。妈妈很生气："你们在做什么啊？"为了完成编故事的任务，学生需要进行小组合作，一起观察图片，想象爸爸和妈妈、爸爸和儿子、妈妈和儿子之间的对话。"Make a story"从学生感兴趣的生活场景入手，不仅培养了学生的观察能力、分析能力以及语言组织能力，而且也使他们对目标语法由抽象认识上升到具体实践，从感性认识过渡到理解使用。

从整节课的教学过程来看，教师通过各种情境和任务设置来激发学生的想象力，最终达到想象与语言的高度融合。每个孩子心中都有一颗想象力的种子。教师在教学过程中，要用心浇灌、细心呵护，让学生的学习因想象力而绽放光彩。

（三）综合板块教学案例

（我校尤静斐老师执教本课在苏州高新区中年级英语展示课中获得一致好评）

课题内容：译林版小学英语四年级下册 Unit 7 第三课时

教材内容：Unit 7 What's the matter?（Period 3，Rhyme Time & Checkout Time）

重点句型：—What's the matter? —I'm...

—Are you...? —I'm...（hungry, thirsty, hot, cold, tired, ill）

Here's/ Here are... for you.

补充句型：Would you like...? / What about...? / You can...

Can I...?

四年级的学生已具备一定解决问题、帮助别人的能力，因此本单元的主题"What's the matter?"是一个很贴近他们生活的话题，但是因为句型难度不大，且学生词汇量有限，再加上已经是第三课时，学生的积极性难免有所降低。如何通过积极有效的语言实践，让学生在本节课上保持兴趣、巩固已知、拓展新知是教学的难点。在设计本课时，尤老师以想象力助推语言运用和思维发展，较好地突破了难点，实现了本课的教学目标。

1. 细微的情境变化，让想象打开学习之门

孔子曾说过："知之者不如好知者，好知者不如乐知者。"学生只有激发起学习兴趣，才能产生学习的动机。而新奇漂亮的图片、富有表现力的声音、充满探究的学习情境、富有挑战性的任务等正是四年级学生非常感兴趣的学习方式。

在复习本单元的句型"—What's the matter? —I'm..."时，尤老师新导入的人物Bill耷拉着眉眼（图4-15），一副"Not so good"的模样，一下子就引起了学生的好奇心：他到底怎么了？然后，尤老师分别创设了声音情境和图片情境，引导学生自主提问。她创设的声音情境，如听录音"I'd like a hamburger."，学生可以推测出Bill是饿了；图片情境，如看到椅子（图4-16），学生可以推测出Bill是累了。在知道Bill出了什么问题后，尤老师从本单元的"Here's... for you."逐步引导到以前学过的"Would you like...? / You can..."等句型，让学生尽情发挥想象，调动已知，联系自己的生活经验，用各种方式来帮Bill解决问题。学生在此练习过程中，不但逐步丰富了句型，更是加上了自己身临其境的想象，在一次次的听讲、问答过程中逐步融入帮助Bill的情境中来。

学生进行了几次"热情帮助"后，尤老师见好就收。这时候，Bill的鼻子下突然出现了鼻涕。于是尤老师引出了关于Bill的最后一个问题：He's ill. 生病这个情境较之前的几个情境，无论在句型上，还是在解决方式上，都更加多样化。本单元及之前学过的相关句型得到了充分运用。在学生说出"You can have a rest. / Would you like to go to bed? / Here's some hot water for you."后（图4-17），尤老师引出新短语take this pill。

图4-15　　　　　图4-16　　　　　图4-17

这就是本堂课别具匠心的人物主线设计。Rhyme Time板块中的Bill这一人物形象贯穿整堂课的始终。尤老师引导学生复习之前学过的重点句

型，继而引出 Rhyme Time 板块的教学，然后再以 Bill 为主人公，训练新句型"If you're..."等。整堂课始终以帮助 Bill 为主线，大情境不换，小细节却逐一丰富，让学生在熟悉的情境中不断有新的体验，不断有新的挑战，学生不断思考新问题的解决方式。同一人物却有细微变化的情境，学生有兴趣，内容逐渐深入。想象力作为一种润滑剂，让新旧知识无痕对接，让语言运用举一反三。

2. 戏剧化的剧情反转，让想象与情感建立真实联系

在复习完本单元的重点句型及教授完 Rhyme Time 板块后，课堂上一开始"乐于助人"的热潮有所跌落，帮助 Bill 已接近尾声。如何让课堂掀起第二次小高潮呢？

刚才的情境中，尤老师和 Bill 的妈妈都给予过 Bill 帮助。此时镜头一转（图 4-18），画面上的 Bill 已经非常开心，但妈妈却满头大汗，一脸不舒服的样子。学生刚刚熄灭的想象力的火焰，一下子又被点燃了。妈妈怎么了？这就需要学生们一起来问一问，一起来帮帮她，顺势就把刚才所学的给予别人帮助的句型运用了一遍。这个情境中的主角仍然是

图 4-18

学生熟悉的 Bill，但妈妈也被自然而然地加了进来。练了这么多帮助别人的句子，学生会不会感到厌烦？从课堂表现来看，完全没有，因为人物细节有变化，而且是意想不到的变化，学生的积极性、好奇心始终维持在一个较好的状态上。

Bill 帮助完妈妈后，尤老师继续变换图片，追问："如果是妈妈主动说出自己热了，她会寻求什么样的帮助？"学生发挥想象，换位思考、转换角色，进一步激发自己的想象力，调动自己的语言储备。

自此，不但本单元的基础句型、拓展句型已练熟练透，学生的想象更是一刻不停，不断地跟着老师寻求解决问题的方法。在同一个大情境、不同的角色反转中，在一次次帮助别人的过程中，学生不但语言得到了提升，还学会了如何关爱他人、如何给予他人合适的帮助，真正落实了英语学科的育人功能。

3. 多层次的写作要求，以想象促进语用和思维的融合

此时，大半节课已经过去，Bill 和妈妈是不是该退场了？并没有，尤老师又用 Bill 引出了他的好朋友 Nick。Nick 也不太高兴的样子，很需要学生的帮助。介于本课是本单元的第三课时，在巩固、拓展了本单元的重点

句型后,写作需要被提上日程。四年级学生需要在写作中巩固、综合运用所学知识,教师也需要通过检查学生的"写"来评估学生几节课的所学。

在写作时,尤老师提供了三种不同难度,学生可根据自己的情况和喜好来选择一种完成。Nick觉得无聊,而"无聊"的解决方式是非常多样的。学生正好可以结合自己的生活经验,发挥丰富的想象,来帮助Nick。自此,在本单元的第三课时,学生需要掌握的"听、说、读、写"四个步骤层层推进到了"写",更加夯实了重点句型的灵活运用。而且学生的想象力也得到了进一步发挥,同时也更进一步体会到了帮助别人的喜悦感和成就感。

4. 生活化的绘本拓展,以想象推动情感升华

想象和情感密切相关,丰富的情感可以激发丰富的想象。不管英语要教什么内容,都需要以某种方式把它与学生的情感相联系。所以,在教学中教师要善于利用学生丰富的情感,善于激发他们的学习兴趣,培养他们的好奇心,遇到问题多问多思,使学生的大脑不停地运转。

解决完Nick的问题,最后用有趣的绘本Nick's story(图4-19),引导学生结合自己的生活实际,帮助解决。Nick解决问题的方式并非寻求他人帮助,而是自我调节。这对于四年级学生来说,很容易引起共鸣。他们正处在一个介于"小孩"和"少年"之间的阶段,故事中的问题也是很多人生活中感

图4-19

同身受的烦恼,至于如何解决,可能更要靠自己,这也进一步升华了本课的"帮助"主题:帮助别人的同时,要更好地提升自己。

整堂课在想象力的推动下,学生积极参与,气氛活跃。更重要的是,无论是学生的语言技能,还是他们的情感体验,都因为想象力的助推得到了升华。

总之,学生的创造力需要被培养,想象力需要被保护。在课堂上,培养学生的思维能力是一项艰巨而持久的任务,需要教师用心设计、用情引导。只有这样,学生的想象层次才能得到提高,学生的想象品质才能得到提升。

(四)复习板块教学案例

课题内容:译林版小学英语二年级上册Unit 1—4复习课

（我校李会清老师执教本课获苏州市小学英语评优课一等奖）

教材内容：Unit 1　She's my aunt

　　　　　　Unit 2　I have a rabbit

　　　　　　Unit 3　It has a short tail

　　　　　　Unit 4　Autumn

重点句型：This is my…（family member）

　　　　　　He's/ She's…（appearance）

　　　　　　Is this your…?

　　　　　　I have a/an…（animal）.

　　　　　　It's…　It can…

　　　　　　Look at the…（s）.

　　　　　　It's…　It has… / They're…　They have…

　　　　　　—What are these/ those?

　　　　　　—They're…（n.）/They're…（adj.）

复习课的特征：一是内容多而杂，二是枯燥的"炒冷饭"给不了学生新鲜感。针对这样的一堂英语课，教师必须打破传统的"满堂灌"模式。英语非母语，如果学生被动听讲，疲于记忆，那么语言的学习一定是事倍功半。单项传导式的教学方式极大地打击了学生的学习兴趣和积极性。因此，教师应该从课堂设计上来吸引学生，让学生在轻松愉悦的氛围中掌握知识，做到乐学、会学和学会。

1. 以儿童视角的情境打开想象之窗

童话作为儿童最喜爱的文学体裁，以其自身独有的幻想性为儿童打造了一个梦幻王国，深受广大儿童的青睐。童话教学对激发儿童学习兴趣、陶冶儿童情操以及培养儿童想象力和创造性思维都有重要作用。因此，创设童话教学情境成为小学英语教学的重要手段，尤其是低年级学生。通过分析本课内容和主题：既有家庭成员的介绍，又有小学生喜欢的动物，还有生活中常见的蔬菜水果，设计旨在整合内容并串成一条情境主线。大多数教师想到的便是文本主人公同家庭成员们外出一天，分别参观了动物园和农场。这样的情境创设可以囊括四个单元中的核心词汇和句型，而且贴近生活。可是，这样的创设一定不是最具吸引力的。

本课中，有一单元是动物主题。于是，李老师的设计从儿童视角出发。学生喜欢动物，喜欢动画片，喜欢童话故事，为何不通过孩子的眼睛来观察世界、感受世界呢？这堂英语课上，李老师就营造了这样一种丰富多彩的意境，踏上这样一场奇妙的旅途，与学生形成心灵上的共鸣。家庭成员可以是小动物之间的相互介绍抑或是问答，蔬菜水果也可以。这样的情境同样满足了主题知识的整合，并且将动物拟人化，表现更加生动形象，甚是打破常规，打开了学生的想象力，打破了他们固有的思维。谁说动物没有语言不会沟通呢？在这样的情境基础上，我们让动物开口说话了！

2. 以异想天开的角色塑造，激活想象之光

爱因斯坦说过："想象力远比知识更重要，因为知识是有限的，而想象力概括着世界上的一切并推动着进步。想象才是知识进化的源泉。"教师只有具有丰富的想象力，才能引导学生大胆的想象；大胆的想象往往可以激发学生的好奇心，当学生具有好奇心时，他的求知欲也就被激发了。

试想，如果我们的情境单纯是小动物和家庭成员在森林里面的见闻，那么就与最开始的小朋友们和家庭成员来到动物园和农场大同小异。这样的创设无非是将主人公拟人化了，在情境上并没有特别新颖的想法。犹记得在2015年苏州新东方童星奥斯卡小学生英语情景剧比赛中，六七成学校的情景剧演的都是森林里小动物之间的故事。相同的情境创设自然不是最具想象力和创造力的，是没有办法吸引观众眼球的。唯有匠心独具的设计，才能让人眼前一亮。

的确，森林是需要的，水果蔬菜也是不可或缺的。那么在这些固定因素下，如何脑洞大开，设计出出心裁的课堂场景呢？这就回到了最开始的那个观点——"想象力远比知识更重要"。只有插上了想象的翅膀，学生才能在广阔的天空中自由地翱翔。于是，通过大胆无边的想象，本课设计的核心主人公就是一只来自火星的"四不像"动物——Mark。它有着小猴子般大大的脑袋、长颈鹿般长长的脖子、小老虎般黑黄的皮毛纹路以及小熊般粗短的尾巴（图4-20）。Mark的形象设计完全与第三单元的4个动物（monkey, giraffe, tiger, bear）的特征相吻合，巧妙地将第三单元的动物及其独特的外貌特征结合起来。图4-21的场景渲染了神秘的色彩，也给来自火星的Mark的出场带来了不一样的震撼。那么它为什么要来地球呢？因为它有着和地球动物一样的思想情感，它此次来访地球的目的就是寻找自己的亲人。于是，在课本中4位小朋友（Su Hai, Yang Ling, Wang Bing, Liu Tao）的帮助下，Mark开启了它的"寻亲之旅"。

图 4-20　　　　　　　　图 4-21

大胆的想象和创新，打开了世界的窗户。这样可爱独特的人物呈现在孩子们面前，谁不为之好奇和兴奋呢？学生的想象也一下子被打开了，带着这样的好奇心，我们进入故事。接下来会发生什么？Mark 是否找到了自己的亲人？想必，孩子们都迫不及待地想跟随着 Mark，一起进入它的这场"寻亲之旅"。

3. 以身临其境的情境体验，推进想象之广

情境教学法是指在教学过程中，教师有目的地引入或创设具有一定情绪色彩的、以形象为主体的、生动具体的场景，以引起学生一定的体验，从而帮助学生理解教材，并使他们的心理机能得到发展的教学方法。情境教学法的核心在于激发学生的情感，潜移默化地促进学生的学习，让学生在这个过程中敢于实践，敢于探索。

孩子们随着 Mark 的脚步，一起来到了森林。当来自火星的 Mark 看到了森林里形形色色的动植物时，它感叹地球的美丽，于是便有了文本中 Su Hai 向 Mark 介绍眼前事物的情境。随着脚步的前进，学生们也急切地想要参与进来，介绍更多事物给 Mark 认识，于是便有了句型"These/Those are...及 They're...（adj.）"的操练。Mark 对新事物的好奇心导致它迫切地想知道眼前的各种事物。于是它开始提问"What are those?"。通过 Mark 的提问，李老师引出句型结构：What are these/ those? They're...(n.)/They're...(adj.)。孩子们看到图片中五颜六色的事物，争先恐后地抢着介绍给 Mark 认识。在这个情境中，孩子们随着主人公一起走进故事，仿佛自己也在森林里面。而老师的目的就是创设情境，激发学生的兴趣，让其具有身临其境的体验，从而在操练过程中潜移默化地促进了学生的学习，增长了学生的知识。

Mark 对于眼前的新鲜事物有所了解后，它不忘自己此次来访地球的

目的——寻找亲人。它看见了这么多,也听见了这么多,却自始至终未见亲人的影子。所以它的"But where are my family?"一句将故事推向高潮。李老师的设计旨在让学生们不断地运用语言,并且使其处于兴奋活跃状态,自然而然地融入英语学习的氛围中来。随着故事的发展,小动物们出场啦!那么什么样的动物才是 Mark 的亲人呢?通过句型"Look at the…(s). It's… /It has… / They're… /They have…"来描绘介绍场景中出现的 4 种动物的特征,一来用于介绍和复习已学知识,二来为接下来与 Mark 的特征对比做铺垫。学生们在李老师的引导和激发下进行深入思考,最终得出结论:凡是与 Mark 有相似点的动物都是它的亲人。通过句型"The… has/ is… /Mark has/is … too."来对比小动物和 Mark,学生们毫不费力地找出了 Mark 的亲人。动物之间温馨而有爱的拥抱画面(图 4-22),使学生产生了心灵上的共鸣。

图 4-22

紧接着,李老师以歌曲的形式总结并再一次呈现了 Mark 的 4 位亲人。运用英语歌曲不仅能渲染和烘托教学气氛,也能稳定学生的情绪,调节课堂节奏,活跃课堂气氛。李老师将学生耳熟能详的歌曲进行改编,用学生熟悉的旋律不仅有利于减少歌曲学习的难度,增加其开口跟唱的自信心,也让歌曲教学法的使用得心应手。学生在欢快的音乐声中再一次学习和运用了语言,从情感上来说也分享着 Mark 找到亲人的喜悦感和成就感。

最后,通过小猴子和长颈鹿的单独出场,引出它们的家庭成员。小猴子向 Mark 介绍自己的家庭成员,运用了句型"This is my… He's/ She's… (appearance)"。Mark 也通过句型"Is this your…?"来询问并了解长颈鹿的家庭成员。最后,展现的是其乐融融的大家庭团聚,是一幅大团圆的温馨画面。

环环相扣及步步推进的递进关系,将四个单元的知识点全部整合在了一起。但是,复习课并不是简单地呈现和罗列各单元中的知识点,因为学生对旧知识的态度是相对自信的,而这样的自信会让部分学生出现倦怠感,失去挑战性。所以,在复习旧知识的过程中,适当的拓展和拔高是很有必要的，不能将复习课单纯地看作是"炒冷饭"。

4. 以多维度的想象提升学生的综合能力

专题复习是对原有知识的重新整合，怎样帮助学生更好地整理、归纳、内化这些知识，提高复习效率，这是专题复习课面临的难题。专题复习是在原有基础上的提炼、拔高，正所谓"站得高才能看得远"。在专题复习阶段，师生不应简单重复基础知识点，而应该重在探究知识点的关联，提升解决问题的能力。

本课中，李老师将多处知识点，在原有的基础上进行了正迁移的拓展以及适当的提升。比如，课文中学生在介绍自己的宠物时用的是"I have a hamster. It's small."，而在本课中，通过"我说你猜"的游戏，学生介绍描述自己的动物朋友，让班级同学根据其特征进行猜测。在介绍动物朋友时，不仅用了"It's..."这个特征的描写句型，还添加了学生已知的句型"It can..."使内容更加丰富。除此之外，在介绍动物时，课文中用到的句型是"Look at the giraffe. It has a long neck."。因为是复习课，李老师在学生已知的基础上以层层递进的方式加深了难度。所以本课中，在介绍动物时，李老师用到的句型结构为"Look at the giraffe. It's tall. It has a long neck."。这一部分的改编将内容变得丰富，也充实了文本。转而又将介绍的动物转换成复数形式，学生在这个过程中颇有挑战感。学生不仅要注意名词的复数形式，还要注意动词的形式变化。这样的复习课就不局限于重复基础知识了，学生也在举一反三的过程中提升了自己的学习能力。

故事讲述完毕后，李老师以故事书的形式再一次复述了 Mark 的寻亲之旅。故事以第三人称的口吻进行讲述，通过挖空填词的形式，检测重难点的掌握情况，也有利于学生更深入、更好地理解整个故事。

整堂课李老师凭借大胆的想象、独具匠心的情境创设、精细入微的细节处理，赢得了满堂喝彩，也因此获得了苏州大市一等奖的佳绩。课堂上，学生随着老师的引领，插上了想象的翅膀，让英语复习课堂绽放出独特的魅力。

（五）绘本教学案例

课题内容：绘本 *Let's play together*

（我校吴丹老师执教本课在苏州市绘本教学研讨中获得一致好评）

该篇课文节选自《攀登英语》，讲述了河马和 4 只小青蛙的故事。河马帮助了一只小青蛙，小青蛙们想邀请它一起玩荡秋千等游戏，可由于河马的体积过大，都以失败告终，最后它们找到了适合双方的运动：一起游泳。在本节课中，吴老师通过游戏设计、问题预设、文本留白、故事表演等方法激发学生的想象，启迪学生的思维，层层推进绘本故事教学。

1. 游戏导入，激活想象

游戏是英语教学中常用的教学活动。吴老师通过两个游戏导入绘本，激发学生的学习兴趣和想象力。

游戏1：Non-stop talking

学生发挥自己的想象力，在规定时间内不停地描述自己的动物朋友。

游戏2：Guessing game

无论是直白还是抽象的表达，谜语都能用最简短的语言精练地描述事物的特征，引发孩子去观察和思考，从而在语言和具体事物形象之间建立联系，对孩子的语言能力、表达能力，以及想象能力都是很好的锻炼。激发孩子多角度看问题，这是谜语最大的魅力。在猜谜语的过程中，孩子能体会到，原来同一个事物可以用不同的角度去观察和表述，进而打开自己的思维。教师通过让学生猜谜语"It's small. It's green. It can jump. It can swim."，把文字转化为表象想象，引出绘本的主角青蛙。

2. 巧妙设疑，启发想象

本课通过预设多个开放性的问题，启发学生的想象力。例如，在揭示故事地点前，吴老师通过逐步出示部分景色图片的方式，引导学生猜测故事发生的地点。学生通过已有图片，对小青蛙的所在地点进行一次又一次的想象。而每当吴老师给出新的图片，学生又在不断地推翻以前的猜想。由于解读图片的角度不同，学生对插图的理解也不同。在此环节中，吴老师板书学生猜测的一些单词，如forest、pool、park等。学生猜得不亦乐乎，这些猜测性问题激发了他们的好奇心，培养了他们独立思考的能力。

3. 文本留白，拓展想象

教师不直接呈现故事内容，而是让学生进行猜测。故事教学中的留白能够培养学生的想象力。故事中因为体型差异太大，青蛙和河马似乎总是不能一起玩，不能一起荡秋千，不能一起玩跷跷板等，老师在推进故事中，鼓励学生想象河马和小青蛙的对话（图4-23）。留白部分给

图 4-23

学生提供了参与、想象的空间，学生的想象和语言在补白中得到锻炼和提升。

故事不断深入，这时吴老师引导学生想象：What can they play together? 学生的想象力完全被释放——Maybe they can sing/draw/ read... together. 最后吴老师再利用文本中的插图——池塘，引导学生：它们还可以一起做什么？（They can swim together.）吴老师引导学生借助想象理解故事。此处巧妙的转折，让人回味无穷。故事教学中，教师要鼓励学生多想、敢想，通过想象对故事做出独到的解读。

4. 故事表演，能力提升

在阅读完整篇绘本后，吴老师给学生一定的时间，五人一组进行角色扮演，一人扮演河马，四人扮演小青蛙。学生通过小组合作，充分发挥了想象力，再构文本，自编动作。在表演中，扮演者们全心投入，观众们聚精会神。课堂氛围活跃，学生参与度高。

激发学生学习英语的兴趣是首位的。小学生喜欢表演，爱看表演是他们的天性，把绘本的内容以舞台表演的形式呈现出来，学生爱看、爱学、爱演，激发了学习英语的内在动力。

五、赏析想象力生长的英语课堂：以绘本故事 *The Last Egg* 教学为例

富有想象力是孩子的天性，是一种宝贵财富，也是一个民族创新能力的源泉所在。珍惜和培养学生的想象力，是教育义不容辞的责任，也是当下英语教学的客观需要。教师借助适当的认知工具在教学过程中可以激发学生的各项潜能，帮助他们全身心地投入到探索性的行动中，并达到身心并用、想象力迸发的忘我状态。

加拿大资深教授基兰·伊根在对皮亚杰和维果茨基的研究成果进行综合反思、实践检验和重新归纳的基础上，富有创造性地提出了自己的认知发展理论。基兰·伊根的"富有想象力的教育"理论改变了人们对于非母语语言学习的传统理解，并对非母语语言的课堂教学实践产生了影响。基兰·伊根认为，在不同的社会文化环境中，学生对于非母语语言学习会产生不同的理解。在语言习得的过程中，这些不同的理解需要借助相应的思维工具。这些工具通常是个人在特定社会文化环境中和受教育的过程中开发和习得的，就像有形的手段（如铅笔和电脑）一样，帮助人类在生活中自我发展，区别在于这些手段被人的思维所内化，受思维支配。

（一）"富有想象力的教育"理论对英语教学的启示

1. 英语教学的趣味性

虽然学生对英语学习的理解层次是随着语言水平的提高而逐步深入的，并且每个理解层次所对应的认知手段都不相同，但学生在进入英语课堂前，往往已经在自学过程中经历了一种或几种认知阶段。因此，在英语教学中，"富有想象力的教育"理论能够将以学生为中心的教学法和以学习过程为中心的教学法成功衔接。在想象力教学的视角下，学生不再是一个简单的知识容器，而是一个已经掌握了多种认知手段的个体；这些认知手段可能会促进其语言学习，但在一定的文化环境下如果运用不当，也可能造成阻碍。换句话说，通过使用认知工具，语言学习者，特别是年龄大一些的学习者可以通过各种故事、比喻、对话、谜语和幽默故事来进行语言学习。

2. 英语教学的复杂性

新语言的习得过程不是"流水线式"的教学模式所能完成的。在这类教学模式中，教师只是简单地从一个较简单的教学活动推进到另一个更复杂的教学活动，而学生此时往往已经掌握了更高阶段的认知能力，所以就需要将课堂内容进行丰富，将学生可能掌握的各种认知手段利用起来，帮助学生提升不同认知阶段的语言能力。在语言习得过程中，学生的语言水平往往表现为一个线性提高的过程，但学生的语言水平（以及掌握的认知手段）与其所处的年龄段并不是严格对应的，这就需要对课程设计进行多维度的探索。教师可以借助不同学习阶段所对应的认知工具来进行课程设计，从而将学生的学习过程深入化、丰富化和生动化。

虽然"富有想象力的教育"理论认为个人的思维是社会环境所塑造的，但并不能简单地将个人视作社会的产物。个人的能力和性格特质与个人的发展阶段存在着辩证的相互作用，这一点已被建构主义理论所证明。教师在课程设计中应考虑到各个学生的个性和能力，如，应赋予具备领导力的学生在课堂上的领导地位；对于对艺术感兴趣的学生，应给予其在感兴趣领域深入探索的机会。

（二）"富有想象力的教育理论"在小学英语教学中的实际应用

以我校李会清老师设计的"丽声英语小剧场"第一级——*The Last Egg*绘本故事的教学设计为例，"丽声英语小剧场"以英语短剧为主，很好地弥补了现有小学英语教材内容局限、鲜活性不足、学生学习兴趣不高的缺憾。学生可以通过真实、生动的剧本诵读、戏剧表演和贯穿其中的互动合作，获得语言感知、语言理解、语言运用和语言鉴赏的多种体验，有效促进了其在语言、情感、思维、文化意识等多方面的整体提升。本课中，孩子们在李老师的引导下，发挥想象，了解故事内容。李老师还通过身体认知工具、神话认知工具和浪漫认知工具等多种方式来创设活动，激发孩子们的想象力。绘本故事既满足了孩子对世界的好奇心，也激发了孩子的情感体验和想象力；绘本故事教学不仅可以激发孩子的课堂热情，同时在故事情节的发展中，通过层层剥开的方式，也能打开孩子的想象之门。

1. 巧用身体感知，调动学习潜能

富有想象力的创意学习课堂就是激发知识活力、最大限度调动学生兴趣和潜能的课堂。本课中，李老师通过自然的肢体语言与丰富的面部表情与学生进行眼神交流，大大增

图 4-24

强了故事的感染力。她还充分利用实物协助教学（图 4-24），如，在学习新单词薯片 crisp、玉米 corn 等时，学生通过品尝薯片或触摸玉米等实物，大声说出 crisp 或 corn 等单词。这不但增加了趣味性，还巧妙地运用了身体感知工具。

另外，音乐不仅能使我们听到优美的旋律，更对我们充满了思想和情感的诱惑。本课中，李老师大量使用了音效和背景音乐，节奏感很强的"chant"贯穿着整节课，使学生感受到了声音的神奇力量，也让绘本故事的教学更加生动形象，给予了学生更多想象的空间。

基兰·伊根将语言学习分为几个层次，第一层次是身体语言认知，即语言学习行为集中在自己的身体上。从语言学习的角度观察，身体语言学习是学生对语言的具体化过程，学生需恰如其分地掌握在特定文化中表示特定含义的手势或肢体语言，并习得语言声调和韵律方面的语音学知识。在这一过程中，学生会调动大脑的感官能力，特别是听力，进行语义加工。这一学习阶段还处于本能的层面，目的是调动学生的情感体验。在这一层次上，情绪和情感是主要的认知工具。事实上，这些情感体验与身体体验相结合，共同促进我们对外部世界的探索。

2. 借助神秘感，吸引知识理解

在江苏省著名特级教师沈峰老师的课堂上，我们经常能看到她弯下身

子,和学生娓娓道来的情景。闲聊式的教学形式保留了日常聊天的趣味性、鲜活性和神秘性,同时又能维持核心知识的生命力。

本课中,李老师还采用了神话认知工具中的闲聊式教学形式,在轻松的氛围中传授知识。如第二只小鸡出生时,让孩子们对第一只小鸡开心欢呼的心情挖掘延伸,联想小鸡开心的原因。本课教学内容的选取题材为小剧场式,充分发挥了绘本故事的戏剧性,让学生在游戏和玩耍中学习。李老师设计表演环节,制定规则,分配角色,让学生在虚构的情境里边说边玩。正是通过戏剧游戏,学生掌握了实物和语言的象征能力。

此外,神秘感是神话认知方式的重要特征。从某种意义上讲,神秘感就意味着未知和诱惑。在李老师的这节富有想象力的课堂中,她强调了神秘感,引导学生更深入地进行思考和理解。如本课中,对于"最后一颗蛋里面到底是什么?",李老师渲染了神秘的氛围,给课堂赋予了神奇色彩。把神秘感作为认知工具,看起来可能有些怪异,但是基兰·伊根认为,我们可以发现各种方法,使人们对事物神秘感的觉识成为构成理解能力发展过程的重要组成部分。神秘感,一方面暴露了我们的无知和恐惧,另一方面又使我们感到兴奋,激励着我们的好奇心和探索精神。因此,我们可唤起和激发学生的神秘感,把学生吸引到丰富深邃的知识理解中。

3. 启发浪漫理解,唤醒精神力量

最后,我们说说富有想象力的创意学习课堂中的联想。任何事物特征几乎都可以被灌注进超越的品质。英雄主义联想是这样一种认知工具,即通过联想到那些具有英雄主义品质的人或事物,设想我们自己也具有这些品质,使我们能够获得一种自信以应对眼前的现实世界。如,学生联想到了自信、自立、坚持、聪明、强壮,或者其他任何英雄主义的品质,便能获得超越限制的胜利感。

本课中,李老师鼓励学生从故事的人物中寻找超越的品质,那就是对问题"Which animal do you like best?"的思考(图4-25)。每一个角色都可以被"英雄主义化",学生通过故事角色的特征展开积极的联想,寻找英雄的品质。

图 4-25

再说惊异感。惊异感可以让熟悉的东西变得陌生化，也可以唤醒人的审美意识。惊异是内在于知识内核的一种精神力量。如果我们想在最短的时间里抓住学生的注意力，激发他们学习与探究的兴趣，惊异感将是一个最有效的工具。本课中，Dragon 喜欢的东西是小鸡，这让学生惊异，或者说给予了学生出乎意料的结果。小鸡们热心地帮助它，而它却要吃了小鸡们。但李老师创编的故事结尾是：Dragon 说自己和小鸡们开玩笑呢。两个波澜曲折处，学生的心情也随之起伏不定。这充分挖掘了教学内容中的惊异因素，引起了学生的注意，激发了学生的探究兴趣，同时也让学生获得了情感上的极大满足。

不同年龄的学生，可能处于不同的学习和理解层次上，并掌握着不同的认知手段，这些差异都对教师的教学设计构成了挑战。教师应了解学生，并根据学生的具体情况来设计教学；可以观察学生最乐意使用的认知手段，并借助这些手段来设计多样化的、具有互动性的教学方式。同时，在教学设计中，教师也可以借用较低学习阶段的认知手段，如诗歌、歌曲、喜剧、谜语和故事等，引导学生根据汉语、英语及对应的文化背景进行深入思考，激励学生向更高的学习阶段发展，使其能更灵活地运用英语。教师只有深入了解各个学生及其成长的文化环境，才能探究学生是否拥有未发现的认知工具，并将这些新发现融入教学过程中。

第三节　我们这样学美术

一、教学要点参考

日本著名绘本大师喜多村惠有这样一个故事——《米莉的帽子变变变》。

米莉在回家的路上，经过一家卖帽子的商店。

米莉觉得一顶帽子很适合自己。她说："我要买这一顶。""真是聪明的选择。"店员说，"它的价格是 599 英镑 99 便士。"

……"嗯，我钱包里只有这些。"米莉一边说，一边把钱包给店员看，里面是空的。

"哦！我知道了……"店员嘟哝了几句。"啊哈！"店员突然说，"我想到了，有一顶帽子很适合你。"

几分钟后,店员手上拿着一个盒子,打开盒盖。"女士,这是一顶非常神奇的帽子。"店员说,"它可以变成你想要的各种尺寸、形状或颜色。"

"你唯一要做的是运用你的想象力。"

店员小心翼翼地拿出帽子,并把它戴在米莉的头上。"谢谢!"米莉拿出"所有的钱"交给店员。

"我现在必须想象它看起来是哪一种帽子。"她想,也许它像橱窗里那顶有彩色羽毛的帽子。米莉经过一家花店——她的帽子插满了美丽的花朵。走进公园里,她就戴上了一顶喷泉帽子。

突然,她发现不只是她戴着特别的帽子。每个人都有自己的帽子,而且全都不一样!

看见爸爸妈妈的时候,米莉问:"你们喜欢我的帽子吗?"

"帽子?"妈妈说,"没看到啊!"突然,妈妈停了一下,微笑着说:"哦!真是一顶神奇的帽子,我真希望自己也有这样的帽子呢!"

米莉说:"你有啊!你只要想象,它就会戴在你头上。"每个人都有自己的神奇帽子。

这个故事,给我们开启了想象之门,是的,只要有想象力,万事皆有可能!

黑格尔在《美学》中提出了"最杰出的艺术本身就是想象""通过美术教学,培养学生的观察能力、形象记忆能力、想象力和创造力"等观点。而美术学科比其他学科更具有自由性、多样性和趣味性,为想象力的培养提供了最适宜的广阔空间,进而提高了学生的创新思维能力,促进了学生个性和谐发展,为学生成为创新性人才奠定了基础。有了想象,我们的美术课堂才会精彩而充满魅力,真正成为艺术的课堂、智慧的课堂。

(一)美术教育与想象力发展

美术教育中的想象无处不在,想象虽然也是由具体事物引起的,伴随着丰富的情感体验,具有鲜明的个性差异,但是具有极大的自由性、能动性和创造性等。想象是人的创造力形成的基础,儿童的想象力是在意象基础上发展起来的,当意象中的图式积累到一定量时,想象才有可能产生。想象中的形象已不是原来的物象,它是经过加工、改造后的产物,因此,它存在于物与非物之间。儿童绘画不追求与真实一模一样,他们认为的"像"与成人眼中的"像"不是一种概念,他们大多会抽取积累在头脑中的无数意象中最有代表性的、最有特征的、最能说明问题的组合在一起，呈现出一种超然的特点。

兴趣是想象的前提，我们要善于发现每个孩子的个性、爱好、兴趣，因势利导，给予正确的引导。在美术教学中，我们可以运用猜谜、故事、游戏等多种手段激发学生的学习兴趣，丰富学生的视觉体验，鼓励和正确引导学生进行大胆的想象，开展创新思维活动，让学生通过奇思妙想体验到学习的乐趣，享受到拥有知识和思想的快乐。

我们的美术教学应遵循学生生理、心理发展规律，根据学生身心发展水平和绘画表现特征，选择和制定适应学生接受能力的美术教学内容与要求。

(二) 美术教育与儿童想象思维的发展

美术教育的任务在于对儿童从生活中发现和感受到的美，以及在绘画创作时闪现的美加以肯定，使其在认识上得到提高，培养他们创造性地运用艺术语言表达的能力，使他们萌芽状态的艺术创作像光一样得到无限延长。

儿童思维能力的发展不仅体现在环境影响下的成长规律上，也体现在教育对儿童身心发展的促进作用上，通过激发人对美的感知能力，促进儿童想象的创新思维发展。格式塔心理学家认为，人具有依靠直觉、知觉把外物形态改造为完美、简洁图形的能力，这是机体的一种能动的自我调节的倾向，是一种生理"需要"。在教学实践中，我们可以把同一种复杂的题材，如一组蔬菜水果，安排给不同年龄的儿童绘画，通过看一看、摸一摸、闻一闻、尝一尝等调动其各种感官，用画、印、做等不同的表现方法，让孩子们去观察、感知、体验，激发其创作思维的火花。

通过洞悉儿童的内心，教师观察他们感知、想象和理解等心理能力的发展，发现他们的潜能和智慧，了解到不同个性和在不同环境中成长的孩子的不同兴趣、能力和要求，找到因材施教的契机和突破口，保护孩子的独创性。想象作品的一般特点是不求科学的"真"，只求感受的"真"，并不以"像"为标准。教师在引导时，尽量提供各种线索，把思路打开，用儿童的心态启发儿童，这样他们就会进入想象的世界里去，画出真幻结合、虚实相生的动人画面来。

作为视觉传达教育的美术课程，其本质是让学生感悟美，进而创造美。小学阶段应将重心放在如何唤醒和激活学生的想象力和创造力上，让学生在各种形式丰富、多元化的美术实践活动中感受、发现、观察，调动各种感官体验来创造美。

（三）联想，是想象力发展的开始

联想是人的头脑中记忆和想象联系的纽带，所谓联想是根据一定的相关性从一个事物推想到另一个事物的思维过程。一个黑点是什么？种子、眼球、火柴头、满月、窟窿……一条线是什么？雨丝、伤口、边界、水波……一个面是什么？碎片、纸张、脸、天空……一个个答案的背后都藏着智慧，这无数的答案说明每个人都会对图形产生联想。联想可以是由一点出发向四面发散，如由圆形联想到各种具有这一特征的事物，例如，钟表、光盘、水管的断面、太阳、风扇、波纹等；也可以从一点开始层层推演至线性发现，如从圆开始，到画圆的圆规，到文具，到使用者学生，到教师，到教学楼，到建筑设计师。对于图形创意来说，这两种联想的思路都是不可少的，在想象之初通过纵横双向尽可能多地搜寻相关元素，为下一步的想象提供更多的选择。

1. 类比联想

看到圆，可以想到足球、篮球、气球、呼啦圈、肥皂泡，可以想到西瓜、苹果、橙子、鸡蛋、汤圆，可以想到桶、杯子、瓶子、罐、碗，可以想到方向盘、飞碟、车轮、光盘、灯泡，可以想到跑道、句号、禁止符号，可以想到太极图、项链、戒指、表，可以想到药片、药丸，等等。

以一年级下册《手形的联想》一课为例，我校教师通过对不同手形的表演与联想，尝试采用最基本的美术技巧，表达借助手形联想到的形象。老师以视频播放各种动态的手形表演，引发学生的好奇心，诱发想象，接着让学生学做各种不同的手形，再观察图片中的实物，寻找实物与抽象手形之间的联系，用手形模仿做一做。最后，老师引导学生寻找到手形与实际形态之间的联系，探究手形的组合。学生们的作品丰富而独具想象。

2. 发散联想

想象和联想虽然有区别，但在实际的美术教学中往往是交织在一起相辅相成的。如《图形创意与联想》一课运用的就不单单是联想。在教师的引导下，学生进行图形的联想后，仍然需要运用想象力和创造力完成图形的创意设计，使美术作品带给人耳目一新的视觉效果体验。二年级《杯子的设计》一课属于"设计·应用"领域，教师引导学生观察生活中的杯子，找出它们形状、色彩、图案的不同，并根据杯子的组成部分，引导学生发现杯子可以从杯身、杯口、杯把这几部分进行变化。我们把杯身为直线或弧线的杯子称为普通型杯子；把杯口、杯身和杯把被设计成各种奇特造型的杯子（足球杯、人形杯、米菲兔杯、海豚杯等），称为异形杯；还有一些被设计成像海底世界、宇宙飞船一样从上到下分开和组合的杯子，被称为组合型杯子。孩子的思路和想象被激发，这些独具特色、造型独特的杯子深深印在他们的脑海中，从而使他们产生更多的联想。为此，学生创造出了形态各异的杯子，有海洋杯、哆咪咪杯、胖胖兔子杯、叮咚杯等（图4-26），大大提高了自身的表现能力与发散性思维能力。

图 4-26

（四）幻想，给想象力插上翅膀

幻想的含义是以理想或愿望为依据，对还没有实现的事物有所想象。幻想是想象的一种特殊的形式。幻想有两个特点：体现想象着的愿望；远离现实，不能立即执行。富于幻想是每个人的天性，每个学生的心中都有一个接近现实而又充满幻想的神奇世界。

小学阶段肯定是充满了想象和幻想的，幻想画就是让学生根据某个主题自由幻想，并通过线条、图案、色彩等形式，将自己的理解与感受表达出来。因为具有趣味性、独特性、想象性，幻想画在小学美术教学中占据着重要位置，在不同学段的教材中都有所体现，所以教师要格外关注美术课堂中学生创新意识和创新能力的培养，要发挥儿童幻想画教学的重要价值，在实践教学中培养学生的想象力，让幻想给想象力插上翅膀。而奇思妙想是想象力的最高境界。

在《想象画游太空》一课中，我校教师引导学生创作游太空的幻想画，因为学生不可能真的去遨游太空，所以只能发挥自己的想象力，幻想着自己在太空翱翔，创作出在太空飞翔的想象画（图4-27、图4-28），这也鼓励学生立下探索人类未知领域、为人类做出贡献的志向。

儿童往往比成人更富有幻想，由于儿童单纯，心灵纯洁无瑕，不受真实的约束，因此儿童画形成了特有的稚拙、梦幻甚至荒诞的特点。儿童画中表现的艺术独创性、趣味性是儿童天性的流露，它不仅反映了浓郁的生活情趣，最重要的是反映了孩子心中理想的世界。

图 4-27

图 4-28

美术教师就应该多听听孩子是怎样给自己的作品进行语言描述、赋予作品生命的。孩子在奇思妙想中体验无穷的乐趣，教师要及时鼓励和表扬孩子的想象和创造，尊重孩子的情感体验，也许艺术之花就在孩子心中绽放了。

（五）创新，是想象的归宿

儿童的创造性是儿童画的灵魂。儿童阶段的艺术创新是儿童勇于表达思想感情的特殊视觉语言。美术教育中，培养创造性思维作为人最高形式的心理功能，其产生的创造性成果是人类成就的高峰，在人的发展中，培养儿童的创造能力对其一生的发展尤为重要。一方面，创造性思维需要有意识的努力，需要现实性，需要逻辑；另一方面，它需要幻想，需要儿童般的顽皮，需要初级思维和非理性。在艺术领域中，创造力可以说"是自发的、几乎是本能的想象与有意识的、理性的、努力的统一"[1]。

对于教学而言，想象和创新往往是联系在一起的，没有想象就没有创新。创新是艺术的灵魂。在小学美术教学活动中，学生创新思维和创新能力的培养有着得天独厚的良好氛围与环境。美术活动本身依赖学生的思维活动，而有些绘画内容的设计与表现更需要学生创新思维的参与和体现，其中儿童幻想画就是一种重要的表现内容。

儿童时期，孩子的想象和幻想比较活跃。我们经常能看到孩子们笔触下的或光怪陆离、或啼笑皆非的图画，觉得不可思议，很多都违背了常规思维模式，但这些正是孩子创新活力的表现，是创新内容的展示。可以

---

[1] 中央教育科学研究所比较教育研究室. 简明国际教育百科全书：人的发展[M]. 北京：教育科学出版社，1989：279，282.

说，没有想象力，创新无从谈起，想象力的丰富度直接决定了创新成果的高度。反过来讲，创新就是想象的归宿。

例如，《水墨改画》一课中，教师在介绍了水墨画的基本画法之后，让学生尝试发散思维，展开想象，用水墨的方式画出油画作品的内容，目的是让学生感受水墨画工具材料表现的丰富性，训练自己运用传统笔墨技巧大胆创新的画法。

二、想象力为核心的美术课堂教学评价表

表4-10 想象力为核心的美术课堂教学评价表

评价项目			比例	评价要素	点评与分析
教学理念			15%	1. 面向全体学生，通过有效的学习方式，激发学生的学习兴趣和想象力，在不同潜质上获得不同程度的发展，提高审美能力，形成基本的美术素养。 2. 在广泛的文化情境中认识美术特征、美术表现的多样性。 3. 通过综合学习和探究学习，引导学生在情境中探究与发现，帮助学生学会运用美术的方法，将创意转化为具体成果，创造性地解决问题。	
教学过程	教学行为	教学目标明确	10%	1. 符合课标和教材要求，合理开发教材，基于"知识与技能""过程与方法""情感、态度、价值观"的三维目标，设计课程与教学，重难点突出。 2. 目标设计要准确、有针对性，培养学生美术学科的核心素养。	
		教学内容精当	10%	1. 通过"造型表现""设计应用""欣赏评述""综合探究"四个领域明确课程内容，重难点突出。 2. 贴近学生不同年龄阶段的身心发展特征与美术学习的实际水平，体现学科特色，能充分体现学科与生活的融通，合理发展学生的创造力。	
		教学环节简约	20%	1. 环节清晰紧凑，简约适用。问题设计有价值、有层次、有质量，能凸显教学重难点，对发展学生的想象力有一定的帮助。 2. 教学过程流畅，结构严谨、层次清晰、环节合理，能体现"以学生为本"的课程理念。	

续表

评价项目		比例	评价要素	点评与分析
教学过程	教学行为 教学方法灵活	20%	1. 根据学科特点采用恰当的教学方法和范式。 2. 体现学习过程，突出以学生为主体，引导学生自主合作探究学习。 3. 能进行"新样态"教学方法的尝试，评价有一定的层次。	
	学生行为	15%	1. 全员参与学习，对教学内容和形式感兴趣。 2. 在教师的组织引导下，能开展友好的合作，课堂气氛和谐。 3. 善于多角度思考问题，能主动提出有价值的问题。 4. 能运用多种美术语言，选择恰当的工具、材料，探索不同的创作方法，表达自己的思想和情感。	
教师素质		10%	1. 教态自然亲切，举止大方，具有亲和力，尊重和关注每一个学生。教学的氛围平等、宽松、和谐，无拖堂现象。 2. 注重课堂教学的语言，表达规范，具备恰当使用多媒体的能力，能顺畅工整地书写板书。 3. 要注重提升学生的想象力、创造力。	

三、想象力培养中的学生美术学业评价表

美术学科成绩考核、评定办法（试行）

根据《义务教育美术课程标准》（2011年版）意见，注重学生美术学习表现的过程性评价、对学生美术学习进行成绩考核是考察和评定学生美术学习状况的依据，是激发学生发挥想象力和创造性地学习、促进和激励学生积极参与美术学习的重要举措，同时也是考察和评价教师美术教学质量状况的必要途径。

（一）美术学科成绩的呈现

根据《小学生素质发展报告书》成绩填写内容，学生的美术成绩分平时、期末、学期总评，三个成绩以"优""良""及格""不及格"四种等第的形式呈现。

（二）美术学科成绩考核、评定的细则

1. 平时成绩：满分100分

由课堂常规分（占20%）和美术作业分（占80%）组成。

（1）课堂常规：满分20分，由工具、材料准备情况分（占50%）和课堂表现分（占50%）组成。

① 工具、材料准备情况：满分10分。

一学期，任课教师至少进行10次的工具、材料准备情况检查，一次未准备好，扣1分，扣分上限为10分。未扣分即该项得分。

② 课堂表现：满分10分。

排队去美术教室上课，行进间能安静、有序；上课能遵守纪律，坐姿正确、发言积极、认真倾听、积极参与、专心创作。如有违反路队纪律和课堂纪律，且提醒无效的，视情节扣分，每次扣1分，扣分上限为10分；未扣分即该项得分；如表现特别出色，或有明显进步，奖励"珍珍章"，每个"珍珍章"加1分，计入"附加分"。

（2）美术作业：满分80分。

由教师指定若干作业的成绩，学生自选后计算，一、二年级共计10课，三、四年级共计8课，五、六年级共计5课。各等级、等第得分如下：

年级	考核作业次数（次）	每次作业满分（分）	各等级得分					
			★★★★★及以上（分）	★★★★（分）	★★★（分）	★★（分）	★（分）	△（分）
一年级上学期	10	8	8	7.5	6.8	6	5	4.5

年级	考核作业次数（次）	每次作业满分（分）	各等第得分								
			优★★★及以上（分）	优★★（分）	优★（分）	优（分）	优-（分）	良+（分）	良（分）	良-（分）	及格（分）	不及格（分）
一年级下学期及二年级	10	8	8	7.8	7.5	7.2	7.0	6.5	6	5.4	4.8	4.5
三、四年级	8	10	10	9.7	9.3	9	8.5	8.0	7.5	6.7	6	5.5
五、六年级	5	16	16	15.5	15	14.4	13.6	12.8	12	10.8	9.6	8

2. 期末成绩：满分100分

（1）期末考核由任课教师或学校教导处组织命题，统一考核。

（2）一、二年级期末考核一般由绘画、手工两项组成，各占50%；也可只抽测其中一项。

（3）三至六年级期末考核由理论知识、绘画两项组成。其中，三、四年级理论占20%，五、六年级理论占30%。

（4）科学分析。期末考核后教师都要做客观的质量分析，对考核过程中发现的问题要认真对待、恰当处理，找出存在问题的原因，提出改进措施，以提高今后的教学工作。

3. 学期总评成绩：满分110分

（1）学期总评成绩由平时成绩（50分）、期末成绩（50分）和附加分（10分）组成。得分满90分可获"优秀"等第，90分（不含90分）至75分（含75分）为"良好"，75分（不含75分）至60分（含60分）为"及格"，60分以下（不含60分）为"不及格"。

（2）附加分：满分10分。

① 美术课获"珍珍章"的，每个"珍珍章"加1分，累计上限为10分。

② 参加美术类比赛获奖或发表美术作品的学生，不论获奖、发表的等级，国家级得10分、省级8分、市级6分、区级4分、镇级3分、校级2分。

③ 以上两项累计加分上限为10分。

(三) 特别说明

1. 任课教师需公开、公平、认真地做好各项成绩的考核、评定工作，各项成绩均需要提供过程性的资料，期末随美术成绩统计表一并上交，以佐证各项成绩的真实有效。

2. 平时加强学生教育，尤其是美术学习习惯养成教育。同时，加强与家长的沟通，尤其是需要家长协助教育及配合的，避免出现"平时不沟通，期末总算账"的不负责行为。

苏州高新区实验小学校
2018年2月25日

附表说明：

美术学科学期总评成绩（110分）			
平时成绩（50分）		期末成绩（50分）	附加分（10分）
课堂常规（占20%）	美术作业（占80%）	一、二年级：绘画、手工（各50%），或只抽测其中一项	在校内外各级各类美术比赛中获奖或发表美术作品
工具、材料准备情况（占50%）	课堂表现（占50%） 一、二年级10课； 三、四年级8课； 五、六年级5课；	三、四年级：理论（20%）、绘画（80%）； 五、六年级：理论（30%）、绘画（70%）；	"珍珍章"

四、想象力培养美术教学案例

小学美术教育中的"教"，并非仅仅是传统美术学科的知识讲授、技能灌输，那如何实现育人目标呢？美术知识、技能要不要传授给孩子们？答案是"要"，给的过程、方式、方法都要转化为孩子可以接受的心灵对话；真正以人的发展为本，与孩子进行心与心的交流、面对面的对话，以全方位、多元化的教学方式，去唤醒、激励、引导、激发孩子的兴趣，从而让孩子去发现、探究、体验、自主创新。好奇心是教育的起点，是培养想象力的源泉。

艺术类课程的知识结构要有基于艺术实践的生成性体验和感悟，对表现力进行塑造，又要培植创作的激情和训练表现的技巧，使知识学习的过程成为知、情、意综合发展的过程，认知工具理论提出把故事和游戏作为上帝赐予儿童的最美好的礼物。

（一）故事讲述式教学，构想孩子们的童真童趣

故事讲述把儿童带入全神贯注的聆听与自由的想象之中。加拿大教育家基兰·伊根教授所发明的故事讲述的教学设计模式，为教师重新认识故事在教学过程中的价值打开了一扇全新的窗户。

例如，在教二年级下册课文《假如我是巨人》时，我校教师边放映PPT，边讲述故事。故事的开头，一个女孩正蜷缩在一棵高大的树底下哭泣，这引发了孩子们的注意：是谁在哭？为什么哭？老师接着引出故事的主人公——爱丽丝，原来是爱丽丝嫌自己太矮小，她想变得更高大，用自己的力量去帮助更多的人，请小朋友帮帮她！这时，孩子们都争先恐后地为爱丽丝出主意，老师拿出一根"魔法棒"，让孩子们一起说"变、变、变"。这次一个比树还高大的爱丽丝展现在孩子们的面前。大家都欢呼起

来。老师准备了大小不同的爱丽丝和大小不同的人物、景物，让学生在黑板上拼摆。这里引出了二元对立中的大与小的概念，通过爱丽丝的大与其他景物的小形成对比，凸显大的概念。接着，老师用"魔法棒"指着爱丽丝，说出咒语"爱丽丝，变"，孩子们看到PPT上爱丽丝的上半身或头、脚等局部与其他物体的整体形成强烈的对比。故事继续，"爱丽丝"说："原来变大这么有趣，为了感谢你们把我变大，我想邀请你们到我的村庄，为村民们做好事，你们愿意吗？"老师用图示意（插图1：村里的小朋友在吃力地挑水，农民伯伯辛苦地干农活；插图2：村庄有时遇到狂风把房屋吹倒；插图3：洪水淹没他们的家园，森林发生火灾……），小组讨论：假如我是巨人，我会帮助村民们做哪些好事？孩子们说出想法，老师总结："看来我们班的同学和爱丽丝一样，都是善良、乐于助人的好孩子！"接着，老师和学生一起展开想象，示范巨人的画法，他们把巨人的头画得特别大，顶在纸的最上方。巨人的手臂一定可以伸得很高，把伙伴们送到云层里去玩耍。巨人的另一只手可以帮助他们拿一些很沉的物品，比如书包、水桶、沉重的袋子……课的结尾，老师让孩子们想象："假如我是巨人"，我在爱丽丝的村庄会遇到什么有趣的事？孩子们把它画下来，用画、剪、拼贴完成作品。孩子们的作品极具想象力和童真、童趣（图4-29）。

图 4-29

（二）游戏沉浸式教学，打开孩子想象的未来

游戏能促使儿童全身心地投入到某种探索性的行为之中，同时它还伴随着同伴之间的合作互助或者比赛竞争等激励因素。

大多数孩子喜欢画画，是因为他们把画画当作游戏：一支"神奇"的笔，能流淌出颜色，能画线、画各种形状。我们经常看到一些儿童一边画画，一边摇着头唱歌，此时的孩子会全身心投入到他所做的事中去，旁若无人，无比快乐，他随着节拍变换形象，有时用一种符号做各种装饰图形。儿童用游戏的方式进行着"创作"活动，当然不会感到枯燥乏味。

游戏教学法有别于传统"教师讲,学生听"的教学法,它探讨如何利用游戏中的形式力量来组织教学内容和过程,如何根据指示或技能的规则系统组织、调节学生的学习活动,让学生在寓教于乐的轻松愉快氛围中学到教材中的内容。教师要及时关注学生的行为变化,调动学生的主体性、积极性,增强教学的趣味性,让学生在轻松愉快的环境中接受技巧和新知。

1. 游戏导入式

游戏教学法被运用在课堂的开始部分,通过引入妙趣横生的游戏,引起学生的注意力和好奇心。

例如,在教《奇妙的爬行》一课时,我校老师先用肢体语言演一演,让学生猜老师模仿的是哪个爬行动物,学生猜完,老师播放《微观世界》片段,请学生观察毛毛虫、蚱蜢、七星瓢虫等动物爬行的姿态,再请学生用动作和肢体语言来演绎。此时,学生的注意力一下子被这些微观世界里的伙伴们所吸引,孩子们一个个模仿着,有只用手的,有用四肢的,还有在地上爬的;有模仿甲虫的,有模仿毛毛虫的,也有模仿螃蟹、乌龟的,玩得热情高涨,演得生动形象。这时,老师再用启发性的语言请孩子们想一想:这些爬行动物都会爬到什么地方?会碰到什么有趣的事?孩子们的想象力一下被激发了出来,有的说爬到了树叶上、石头上、糖果的家里,等等。此时的课堂充满生机。

再如《我与昆虫》一课,老师用螳螂、蝴蝶、蜜蜂、竹节虫的图片,请学生猜猜老师都赞美了谁。老师又用添画的游戏导入,从长方形添画到"翅膀",再添画到蜻蜓,让学生了解蜻蜓的组成部分。学生将老师准备好的教具(蜻蜓的零部件),拼一拼,摆一摆,在此过程中观察了不同昆虫的特点和本领,同时也认识了昆虫的组成部分:头、胸、腹、一对触角、两对翅膀、三对足。学生在自主探究中学习了新知识。

2. 把游戏规则渗透到组成教学结构的环节中去

教师应将游戏与教学活动巧妙地融合,并贯穿教学活动的始终,从而使学生"玩"的心态升级,激发其对知识的渴求,在良好的学习氛围中培养想象力和创造力。

例如,在教一年级《多彩的拉花》一课时,老师用学生喜欢的卡通形象"美羊羊"作为主角,以闯关的游戏形式进行知识点的渗透。第一关:折叠;第二关:剪裁,要保持粗细均匀,上下交叉剪,剪到头但不能剪断;第三关:剪的方法不变,改变折的方法,可以使单个拉花变成连续重复的拉花样式。进入第三关后,"喜羊羊"宣布小组合作比赛完成,每个小组成员将自己的拉花组合起来,看哪一组的拉花既好看又多样。由"美羊羊"颁发最佳合作奖、最佳创意奖和最佳人气奖。这时的美术课堂里,学生们"你追我赶",呈现的作品多姿多彩,在自己小组里想尽办法,将自己亲手制作的拉花用卷、绕、粘、折等方法,组成了长长的、多样的、富有想象力的拉花作品。

还有很多主题式绘画,如《唱起来跳起来》《节约水资源》《箱板上的新发现》等。

游戏式教学,尤其是一些启发式、创造性的游戏,不仅能活跃课堂气氛、激发兴趣,更重要的是能促进学生能力的培养和智力的开发。教师应根据教学内容、教学要求和性质,运用互动式、比赛式等方法辅助教学。

学生作为一个自由的主体参与到集体中,游戏以互动式、合作式开展,有利于培养学生的竞争意识和合作精神。在我们的美术教学中,有一些内容需要学生合作完成,最后的作品也多是以小组为单位进行展示,学生互评。

运用游戏式教学,教师在开展游戏的时候要适度,灵活把握教学内容和游戏间的契合度,分配好游戏教学在课堂中的比重,不能只为了"玩"而忽视了"学"。游戏是为学习服务的,这就需要教师调控和把握好课堂气氛和纪律,所以,游戏教学同样也是一门艺术,是在小学美术教学中将"游戏"与"教学"相结合,"寓教于乐",在愉悦的教学环境中培养孩子的想象力、创造力和合作学习的能力。

(三)情境情感嵌入,是"天人合一"的美的世界

在人的发展中,决定人的发展的重要因素就是情感。儿童美术是儿童心灵的窗户,是儿童内心情感世界的反映。儿童画画是情感发展的需要。我国教育家蔡元培先生有段精辟的论述:"人人都有感情,而并非都有伟大而高尚的行为,这是由于感情推动力的薄弱。要转弱而为强、转薄而为厚,有待于陶养。陶养的工具,为美的对象;陶养的作用,叫作美育。"[1] 21世纪的教育将不再仅以传授知识技能为目的,而是培养在"知""情""意"诸方面全面发展的人。

在美术教学中,有培养爱国主义情怀的,有引导热爱生活、热爱大自然、爱护小动物的,那如何在课程中真正地让情感的种子落地生根,让学

---

[1] 蔡元培. 蔡元培美学文选 [M]. 北京:北京大学出版社,1983:4.

生以情促知，进入"天人合一"的美的世界呢？

1. 激发好奇心，让学生在自主探究中表达情感

好奇心是教育的起点，是激发学生想象力、促进学生表达情感的前提和必要条件。如何在美术课堂上引起学生的好奇心和吸引学生的注意力呢？随着现代信息技术的飞速发展，美术老师需要运用各种现代化的技术手段，合理高效地为学生呈现丰富生动的课堂形式，如，用视频、音效、放大转换、制作三维立体动画等先进的信息化手段激发想象的空间；可以是一句句带有神秘色彩的语言，如"瞧，老师今天请来了一位神秘嘉宾！""让我们来一场头脑风暴吧！""看，这是一次多么美妙的视觉盛宴！""听，是谁来到了我们身边！""猜猜这幅画背后有着怎样的故事呢？"等等；也可以是一次次清晰形象的步骤示范，为学生呈现出一幅幅好看的照片、一张张优秀的示范作业，抑或是有视觉冲击力的板书、新型美术材料和工具的使用等，每一处教学环节都体现了一个美术教师对美的创意表达和趣味想象。

2. 创设情境，使学生对美术学习保持良好的学习兴趣

情感嵌入式教学，把抽象、枯燥的知识置入强烈的情感联系与生动的情境之中，激发学生的求知欲和好奇心，创造良好的学习氛围和持续的驱动力。情境创设，能让学生感悟快乐或悲伤、高昂或低落、激动或平静、善与恶、美与丑等，与老师、同学进行心与心的交流与互动。情感得到了升华、融合，各种感官、肢体语言被充分调动起来，学生喜欢上美术课，愿意上美术课，沉浸于美的感染与熏陶中，使想象力在课堂中得到激发。

例如，二年级《百变团花》一课属于综合探究领域，学生要在了解中国源远流长的剪纸艺术的同时，了解什么是团花以及四折法，创造出自己喜欢的图案，动手剪出一个外形是圆的团花作品。剪纸本身具有镂空的艺术美感，而每个孩子想象出来的图形都是不同的，即使相同，只要剪的时候尺寸不同，大小也会不同，所以称为百变团花。老师运用优美的语言、悠扬的音乐、精美的画面导入："看，静静的树林，潺潺的山泉，组成了幽幽的林间小景；小舞蹈演员撑着花伞，跳着美妙的舞蹈；蝴蝶仙子展开翅膀与山雀嬉戏；甜美的女孩在静静的夜晚捧起心爱的书，这一张张剪纸作品诠释了剪纸的魅力。"

接着，老师再对剪纸的历史、发展及相关知识进行介绍。此时，学生已经被这一幅幅剪纸深深地吸引，一个个睁大了眼睛，生怕错过了什么。当讲到团花的用途时，老师把一个大大的福字贴在窗户上，配上了过新年

的音乐，如同把学生带到了春节贴窗花时欢乐祥和的幸福场景中。当老师用折、画、剪的方法当场剪出一个漂亮的团花时，学生一边惊叹一边跃跃欲试，此时，学生自发地想要学习和创造形象，艺术的学习便不再抽象和枯燥。

再如，在教一年级《花点心》一课时，老师把孩子们喜欢的卡通人物小猪佩奇请到课堂，情境是：佩奇来到了哪里？孩子们和佩奇一样被玻璃窗内各种花色好看、造型可爱诱人的点心吸引。点心是食物，同时也是一种文化，在不同的节日里有着特殊的意义。老师和孩子们一起来到"佩奇的家"，原来，佩奇正在为爷爷奶奶庆生，桌上的点心——寿桃，寓意着健康长寿的祝愿！还有中秋节、端午节，孩子们和小猪佩奇一起度过了既美好又有意义的节日，感受了中式点心的寓意和文化。通过图片，他们认识了种类繁多的中式点心，有包、饺、团、卷、条、糕等。中式点心的工艺繁杂，形态各异，造型逼真。在师生的一次次交流对话中，孩子们敞开心扉，自由想象。最后，老师播放了《舌尖上的中国·传统的点心》，中国传统的饮食文化扎根于孩子们的内心深处，情景交融，把知识学习的过程融进广阔的历史与文化中。

（四）想象力为核心的美术教学设计

以"童话城堡"为例，本课属于"造型·表现"领域里的教学内容。

城堡是童话王国里最漂亮、最神奇、具有奇幻色彩的建筑。在孩子们的想象中，童话城堡里住着神秘的人物，会发生许多有趣的故事，会带给他们无限的梦幻。因此，孩子们都喜欢城堡，也更愿意表现自己想象中的童话城堡。

本课以童话城堡为造型主题，非常符合低年级学生的兴趣和年龄特点。我校教师通过童话城堡的建筑模型或者童话故事中的童话人物展开丰富的想象，和学生一起欣赏，同时引导他们观察分析城堡的基本结构和造型特点。在学生对现实生活中建筑造型的认知基础上，教师分析童话城堡与普通建筑在造型上的区别：城堡是一个建筑群组，各部分高低错落，外部形状变化丰富。在教学环节中，教师又进行图形想象及拼摆的实践活动，让学生体验用各种图形组合城堡造型的过程，从而探究城堡建筑组合的规律和方法。在引导学生创新表现城堡造型这一环节时，教师也出示一些生活中和大自然中的不规则图形，拓展学生的思路，让他们展开想象的翅膀，选择、运用更加新颖的图形进行城堡的创作表现，从而锻炼学生的形象思维。

【教学目标】

（1）知识与技能：了解城堡的外形特征，感知城堡是一个建筑群，具有高低错落、形状各异的特点；能表现出具有形状各异、高低错落的童话城堡。

（2）过程与方法：引导学生对城堡外形、结构进行分析，培养学生养成细致观察的习惯，锻炼他们概括分析图形的能力；在运用各种图形进行组合的活动中，激发学生的想象力。

（3）情感、态度和价值观：展现童话城堡的造型，引导学生感受城堡建筑的形式美，体验创新表现城堡造型的乐趣，激发学生的想象力和创造力，使其联想到很多美好的童话故事，培养学生善于观察生活中美好事物的意识，使其乐于表达对生活的热爱之情。

【教学重点】

运用各种图形组合，出具有高低、大小等变化的城堡造型，根据想象，适当添加有趣的情景，使画面富有童话色彩。

【教学难点】

展现的城堡造型新颖、富有创意，注意细节的添加与描绘。

【教师准备】

多媒体课件、彩色卡纸、剪刀、双面胶、水彩笔、范作。

【学生准备】

油画棒、水彩笔、彩纸、剪刀、双面胶、勾线笔。

【道具解说】

我相信基本的形状大家都会剪，为了更快地完成你们的城堡，老师为你们准备了材料包，你们每组的材料都是一样的，颜色会不一样。所以当你们开始小组合作的时候要悄悄的，别让其他小组听走了你们的想法哦。

【教学过程】

（1）模型导入

师：（展示模型）同学们，瞧！老师今天带来了自己亲手做的模型（用布蒙起来）。你们知道这是什么建筑吗？

生：城堡！

师：很棒！这是俄罗斯古堡，老师还带来了一段视频，视频里可不仅仅有各式各样的城堡，看完视频请告诉老师视频里还出现了哪些你熟悉的人物，请欣赏。

（播放一段视频——童话故事里的城堡集合）

师：在这个视频里都有谁啊？

生：小美人鱼，长发公主，睡美人，王子！

师：真棒！视频里有很多童话故事里的人物，也有童话王国的城堡。在童话的世界里，万物都充满了想象力，一切皆有可能。今天，老师要跟大家共同走进童话王国，感受城堡的魅力。

老师带来了一位好朋友——米妮！米妮说城堡是童话王国里最漂亮、最神奇的建筑，她想带同学们到处转转，领略城堡的风采。

（设计意图：借助猜一猜的方式直接切入主题，并调动孩子们的学习积极性，通过观看孩子们喜欢的童话故事视频，打开他们的想象之门。）

（2）古今城堡欣赏

师：在欧洲，有着一个世界上最接近童话的地方——新天鹅城堡。它是德国的象征，每年都吸引着无数游客，被誉为"梦幻般的城堡"。（出示图4-30）

这是2005年建成的香港迪士尼乐园的城堡（图4-31），这是2016年建成的上海迪士尼乐园的城堡（图4-32），它们的原型都是新天鹅城堡，精致典雅、宏伟壮丽。

图4-30

图4-31

图4-32

（3）城堡结构展示

① 城堡的特点

师：这是俄罗斯古堡现在的照片，它的名字叫圣瓦西里大教堂。它给你

们什么样的印象?(出示图4-33)

生:色彩艳丽。

师:(板书:色彩鲜艳)嗯,它的颜色特别的鲜艳。你们再看看地上的人都特别小,这样显得这个城堡非常的……?

生:高大!

师:对啊,城堡是宏伟高大的(板书:宏伟高大)。光是看

图4-33

图片好像看不出它的立体感,同学们你们观察一下这个模型(旋转实物模型),对照图片上的普通建筑,你们觉得从正面看它的外形有什么特点?老师再把它侧过来,它又有什么特点?(旋转让学生看到每个面)

生:(学生观察、发现)正面是对称的,侧面有高有低,前后有遮挡。

师:对啊,它的塔有高有低,而且错落有致,有前后遮挡。(板书:高低错落,下宽上窄)

② 城堡的结构

师:欣赏了这么多漂亮的城堡,你们知道城堡由下至上是怎么组成的吗?

生:城墙、楼层、塔楼。

师:非常好,大部分的城堡都是由这三个部分组成的【板书:城墙、楼层、塔楼,配上相对应的剪影图片(图4-34)】当然了,门和窗户也是城堡结构的一部分,在城墙、楼层和塔楼上都会出现。

图4-34

③ 城堡的形状

师：现在米妮想考考大家，城堡有哪些基本的形状？仔细观察。

生：三角形，半圆形……

师：这里有个放大镜，同学们看一下放大后门和窗户都有哪些形状？（罗列各种各样的塔楼和门窗）

（4）城堡的装饰

师：同学们再回想一下刚刚看到的圣瓦西里大教堂，对比一下，你们觉得它还有什么特点？

生：不够丰富，需要添加图案装饰。

师：很好！这些图案有很多添加的方式，可以运用点和线条进行装饰。（图片展示各式各样的图案纹样）

（设计意图：想象力的培养不是由着学生空想，而是需要借助一定的原型，让学生欣赏城堡图片，给予学生想象力展翼的东风。）

（5）作品欣赏

师：其实城堡的造型远远不止这一种，城堡还有很多千奇百怪的样子，老师这里收集了很多小朋友的作品，请大家发挥想象，仔细看。

（图片展示1）这张画了很多人物，周围有花草围绕，正在讲述着城堡的童话故事（图4-35）。

图4-35

图4-36

（图片展示2）这张是用彩纸拼贴出来的（图4-36），你们觉得它哪里有什么问题吗？

（图片展示3）这位同学在背景上添加了很多图案，也展开了丰富的想象，把城堡装扮得非常漂亮（图4-37）。

师：（总结）它们通过改变塔尖的样子来实现城堡的造型变化，有的装饰感十足，有的活泼可爱，有的充满了想象力。

（设计意图：欣赏同龄小朋友的作品会给学生带来亲近感，不仅让学生易于接受，同时也能激发他们超越别人的意志，有助于激发学生的想象力。）

图 4-37

图 4-38

（6）教师示范

师：接下来请一位同学做小老师，用这15个彩色零件拼贴出一座童话城堡【出示黑板上事先准备好的城堡零件（图4-38）】。谁愿意？

看！大家齐心协力完成了城堡。老师也用这15个同样的零件事先拼好了一座城堡，你们看，同样的零件可以拼出不一样的城堡外形，老师还觉得这个城堡的屋顶太普通了，想让它变成更加有意思的形状，如花型、树叶型、爱心型、小动物的造型等。

（7）实践创作

师：（戴上米妮头箍）老师变身为米妮了，米妮现在有个烦恼，"我"的城堡太没意思了，要请你们帮帮忙，发挥你们的想象力，把城堡装扮得更有童话色彩。米妮有几个小要求。

① 选择你们喜欢的彩纸拼贴出城堡的基本形状，也可以自由发挥想象，剪下自己想要的形状，用水彩笔或者蜡笔加上你们喜欢的图案和花纹，以装饰屋顶为主，完成一幅完整的童话城堡作品。

② 适当添加有故事的背景和人物。

③ 音乐停止后停笔。

大家可以开始创作出你们心目中最漂亮的童话城堡啦！（放音乐，循环放映PPT）

(8) 展示与评价

师：（戴上发箍吸引学生的注意力）米妮想请一位小组长来分享一下他们的城堡的童话故事。

师：我们为这些小作者鼓鼓掌！（摘下发箍）其实，在老师的眼里，每位同学的城堡都十分耀眼夺目、光彩照人、独具特色、富有想象力。

（设计意图：调动学生的多种感官，让他们运用多种认知方式参与学习，给学生足够的自由时空进行想象创作，并通过作品展示，让学生欣赏到想象世界的美丽，感受到想象的无穷力量，享受想象成功的喜悦。）

(9) 课后拓展

师：今天我们学习了如何用彩纸拼贴、用线条绘画出美丽的城堡，下节课就要同学们自己设计、绘画出完整的城堡了哟。其实用城堡造型还能设计出很多工艺品和艺术作品。

(10) 小结

师：最后老师希望你们心中也有一座这样的城堡，带给你们无限的梦幻与惊喜，希望你们可以运用你们的想象力创造灿烂的艺术生活！

五、赏析想象力生长的美术课堂：以《画中的线条》等课为例

在美术领域，想象是利用以往的感知材料，经过改造、结合，创造新形象的心理过程。黑格尔说："如果谈到本领，最杰出的艺术家的本领就是想象。"

我们欣赏儿童画时，打动我们的往往是它的新奇天真、意想不到的构图、出奇的用色、奇妙的组合及虚与实、稚拙与率性交织成的画面。虽然孩子敢于冲破固有的束缚，但其作品往往缺乏视觉效果，作品显得单薄潦草，或缺乏视觉美感，有时比较随机、比较散。这时，教师的介入引导具有重要意义。给孩子欣赏什么、看什么、创作什么，直接影响孩子将来的审美感受及取向。教师要有意识地把这种想象力聚拢，如开展有主题的创作，画一些有故事情节的画，让孩子形成叙事想象，不拘泥于现实生活，不拘泥于具有独到见地的特别具体的景象，展开联想形成很丰富的画面，培养孩子多方向、多角度思考的综合素质。

面对学生，老师要从中发掘他们的优势，根据不同的个性特征，顺着孩子的思维方式，顺着他们千奇百怪的画面感觉去指导。孩子们的年龄差异和性格气质的不同，会导致他们对事物的感觉及认知不同，在画面中体现出豪放、柔美、拘谨、呆滞等多种特征，如头部较小时引导他们将身体画大；画面较空时，可将脚拉长……一切都在"可以""行""还可以这样""还可以那样"的回答与交流中，让孩子们表现自我的意愿及想法，师生之间是相互沟通的。孩子们在宽松愉悦的学习氛围中，逐渐学会面对各式各样的问题，并从不同角度去分析、表现、思考、解决问题。

如今的美术课堂是一个更开放、宽松、平等的自由的空间，老师不再以单一的教学模式灌输，而是成为一个俯下身段的倾听者、角色的扮演者、表达思想的引领者、思维撞击的唤醒者、寻求知识的解答者、解答问题的开拓者、寻求帮助的服务者等，与学生进行平等对话，相互切磋。教学环节的设计始终"以学生为主体"，用教学机智去搭建、去创设重要环节，使师生在情境中体验、在游戏中探究、在激励尝试中掌握知识与技能，并将原有的只依靠经验生成新的知识经验的过程，转化为能力与素养自我发展的过程，从而打开学生的眼界与想象之门；多元化的评价及分层教学，让每位学生均有所发展；弱化甄别功能，努力实施质性评价等。这样浸润的课堂上充斥着美育的魅力、感性的充盈、视觉的震撼、心灵的激荡，学生的思维即想象力之源，被一一激发出来，真正实现让孩子用美术创造未来世界。

请跟随镜头，一起来看我校老师们通过品读教材，运用学生能理解、感兴趣、易接受的贴近其认知能力与生活的教学内容，传递深入浅出的欣赏感悟，动静结合的视觉欣赏调动多种视听感官，多角度激发孩子的想象力和创造力。现以对不同年级授课造型表现中的线条为例，展现老师们的教学样态。

在执教一年级的《看谁涂得更好看》一课时，李老师用神笔马良的故事创设情境，带领着孩子们用大胆的线条跟随着优美的音乐在纸上无拘无束地涂鸦，酣畅淋漓。同时，对线条在流动时无形中或快或慢形成的图形展开丰富的想象，似进入山川、河流穿过，似进入童话里的世界，孩子们被带入到一个无限广阔的创作状态中去。这是一种从有形到无形的想象，唤起了孩子们的原创意识。孩子们的思维在跳动，手中的线条仿佛是神笔在挥舞，给这些作品赋予了最美的色彩和原始的冲动。

张老师在执教的二年级下册的《绘画游戏》课上，再一次和孩子们一起用线条在纸上漫步，开启希望与灵感的游戏之旅。此时的线条，犹如一个小精灵，在笔下跳舞，时而交叉，时而重叠，时而旋转，时而在林中散步，时而又打个滚在田野里奔跑，在花丛中跳舞。孩子们的心灵也跟着一起放飞，一起舞蹈与歌唱，自由而充满奇特的想象跃然纸上！此时，张老师将米罗的作品局部放大，让孩子们从不同角度观察，与大师对话，与米罗一起发现图形的单个联想，寻找组合图形的联想，转换角度后再次发现奇妙的图形变化。在张老师的引导、启发下，孩子们的想象力也不断地被激发，随后，张老师将手中的线稿添画、旋转，组合成了一个动人的画面，一个点、线、面组合的交响曲，一张由不同颜色组成的点彩游戏。老师用动人的故事、多样而丰富的线条、绚丽的色彩为孩子们编织了童话般的梦境，怎能不让孩子们感动呢？此时，孩子们已跃跃欲试，迫不及待地将自己对线条、图形的想象与联想发挥到了极致。这就是我们的美术课堂，它灵动且充满无穷的想象，独具魅力。

再看马老师执教的三年级的《画中的线条》一课，线条是美术创作的基本要素之一，它能表达艺术想象与情感。马老师将飘逸洒脱的《八十神仙卷》（局部）与稚拙朴实的《放牧图画像砖》做比较，抒发了作者不同的情怀与艺术感受。回到生活，观察不同湖面的水波纹，再现生活，画一画孩子眼中对水波的理解与表现，从而引出南宋画家马远的《十二水图》。马老师引导学生从12幅作品的整体性上对水波进行描绘与想象，用流水的声音、动感的画面让学生发现线条在画面中的细微变化：听，水流潺潺，近处有密密的尖小细浪，远处水波舒缓，线条形成近大远小的开口形式，如波浪层层递进；看，大幅度起伏的波浪，用粗重的颤笔画出浪谷间卷起的浪花，如汹涌澎湃、向前奔腾的巨流。这让学生对水波、浪花与线条的变化展开丰富的联想，仿佛走进了作者的画里，每一幅画在学生脑海里浮现出特有的线条，或风平浪静，或波涛汹涌，或细水长流……尽得姿态。近处浓、粗、密，远处淡、细、疏，线条的变化真丰富，深刻表现出前后的空间感。学生在感受线条多变的魅力的同时浮想联翩，是一次美的邂逅、一次心路历程，更是他们内心最深处的"心源"与"造化"。

对于不同年龄段的孩子，教师应更多地思考：给孩子们设计的美术教学基础有哪些？课程核心与教学方法、思维与想象的关联是什么？如何将感知观察、情感叙事与美术的本体——知识技能无痕对接渗透？是否传达了与时代审美相符合的审美意识？教师要重创意与想象，重多样化评价，重文化传承，重学生与学生、学生与教师之间的合作共创；张扬个性，找寻更为理想的教学探索与实践，让学生在色彩和形象的自由组合中生长，构建符合当代艺术的富于生命与灵魂的美术课堂。

六、想象力培养美术特色教学举例

（一）七彩DIY社——视觉的美感与材料的想象

绘画是儿童获得感性认知的途径，综合材料在儿童绘画创作中具有重要的艺术表现和语言价值。儿童综合身边的材料进行创作，不仅有趣，还能有效地锻炼观察能力，也能提高绘画技巧与审美认知，激发想象力和创造力。

随着新课程改革的不断推进，小学美术中用到的材料越来越多，综合材料社团就在这样的背景下诞生了。对于美术教学而言，最重要的是学生能否充分挖掘生活环境中多种材料的价值，并能将其巧妙又有创意地运用到美术活动中来。这一切是建立在综合材料的选择与准备上的，它是"创美"活动的基础。我校教师一般会在学期伊始讲一下材料的选择问题，告诉学生可以从哪几个方面去寻找材料。一是趣味生活系列，比如日常的手摇扇、穿的白T恤、买菜的帆布包，甚至是脚上穿的鞋子等，启发学生对它们进行创意绘画，从而亲身体会美与生活的联系。二是奇妙自然系列。大自然中的一切都是那么的神奇，有形态各异的花草树木、光怪陆离的动物世界，我们要大胆地观察、自由地表达。每当教师询问学生有哪些东西可以用来绘画时，一般学生给出的回答是树叶，因为学生都喜欢用不同的树叶拓印出各种各样的图案。教师可以在此基础上做一些补充，比如大自然中的石头、木片等，让学生依形而画，创作出趣味横生的作品。三是奇思妙想系列。开展该系列绘画是为了激发学生的创作灵感，不做任何限定，让他们自己找材料来绘画。学生的奇思妙想总是能让人欣喜，他们有的会找脸谱，有的会找花盆，有的会找废旧的纸盒等，在上面肆意地涂抹，收获稚拙的天趣。认识了材料后，教师一般会安排两到三周的线描与颜料绘画课程，之后，学生再根据材料设计画稿进行创作（图4-39）。短短的一年中，七彩DIY社受到了很多学生的喜爱。

图4-39

学生尝试用各种材料自由想象，进行创作，体验美术活动的乐趣，这是尤为重要的。

（二）七彩编织社——编织美丽未来

1. 七彩串珠

2011年，我校成立了七彩编织社，聘请社区退休人员陈阿姨作为校外辅导员。从亮晶晶的珠子开始串起，这开启了孩子们的手工制作生涯。一颗颗珠子在鱼线的帮助下组合在一起，三个一组、五个一组，一圈转下来就组成了一个球，一排一排地串着就成了一个盘子。起头4粒（2深2淡），回线；左穿1淡，右穿1深1淡，回线；左不动，右穿2深1淡，回线……看起来像是暗号的一串串语言配合着动作，最后竟可以制作出一个立体双色的小爱心，深浅相同色系的两种搭配温馨而好看，用吊绳穿起来可以做挂件，也可以做饰品，学生都很喜欢。凭借这个绝活，一位高年级的学生熟练后可以带上两个小徒弟，小师父一边自己做一边帮着小徒弟，一个学期下来孩子们可以串出5种不同的作品。凭借着这些作品和手上的灵活动作的训练，在"2012年花季杯传统手工艺作品展"中，我校学生获得了第一个特等奖。

2. 钩针编织

在七彩串珠获得成功后，师生们没有忘记学习，陈阿姨是个热爱学习、不断创新的人，在她的提议下，我们决定将已经不那么普及的手工传统技艺——钩针编织作为突破口再次起航。

刚开始学习钩针，辫子针比较适合练习。这是因为刚开始时，左右手的协调配合不是很好，而辫子针是最简单的针法。在练习辫子针的过程中，我们既可以练习左右手的协调配合，又可以练习持针和持线的正确姿势，为以后的钩针学习打下扎实的基础。每个活动内容的时间安排可根据实际情况适当调整。兴趣是参加活动的原动力，参加活动不是为了达到某一目标，而是缘于兴趣。在强烈的兴趣驱动下，在学习过程中学生能形成一种自觉的、能动性的积极心理状态。通过对钩针艺术活动情况的观察记录、分析和反思，教师总结了钩针艺术教育的方法和手段。由浅入深，逐步提高钩针编织的要求是循序渐进原则的重要体现，这也是由钩针艺术教育本身的特点决定的。

钩针艺术教育实践虽然以学习3个基本针法为主要内容展开，但是这3个基本针法之间存在着内在的顺序性——辫子针是短针的基础，而短针又是长针的基础。因此，在进行钩针艺术教育时应由浅入深，逐步提高钩针编织的要求，这体现在整个钩针艺术教育过程上，即先学辫子针，再学短针，最后学长针。而在涉及同一针法的具体内容时，也要遵循由浅入深的原则，如在学习辫子针和短针的结合时，要先学钩编发圈，其次学习钩编花朵，再学习钩编茶垫，最后学习钩编蛋袋。

经过实践，我们发现在探索钩针艺术教育指导模式即钩针艺术教育实施步骤、内容、方法、手段的过程中，还存在着一些缺憾，比如，在钩针艺术教育中，学生的主体性还未能很好地体现，如让学生看着步骤图进行自我尝试的方式就没有开展过。事实证明，只有手把手不停地示范才能起到比较好的效果。在2014年参加的"花季杯传统手工艺比赛"中，熟练掌握钩针技巧的孩子们以"指尖上的记忆"为主题，用传统的手工打动了一个又一个评委，再次获得了很高的评价。但是这还远远不够，一个孩子在掌握了技能之后必须要不断地练习，去发现更多别人没有的东西，只有这样，孩子才能不断地前进。

（三）制作立体绘本

立体绘本即采用三维立体制作手工艺和纯手工绘画风格，将要表达的内容按实际比例缩小，真实地呈现给读者的书籍。这种图书给学生的学习感受更加具体、更加形象，能培养学生立体的逻辑思维能力，培养他们的想象力和动手能力，吸引他们深入书本，使学习更加透彻。

我校立体绘本社团才成立2年，却受到了很多学生的喜爱。同学们在课堂上散发着思维的火花，让普通的社团活动变得更具想象力。在我校每学期的社团汇报中，立体绘本社团的作品得到了很多学生的喜爱，那些构思奇特、创意无限的作品常让人驻足欣赏。社团中，每个学生独立或者合作完成立体绘本。首先从故事入手，学生会根据自己喜欢的人物形象来设计主角，这时候老师会引导学生不要局限于人物，展开想象，一棵小草、一粒石子、一朵鲜花都可以变成绘本的主角。同学们听后立马变得兴致勃勃，每个人都希望自己的作品是独一无二的。接下来就是故事的构造，老师不得不佩服学生天马行空般的想象力。有的孩子编成了一场旅行，有的孩子编成了一段冒险，有的孩子从生活入手。然后就是立体绘本的制作，前期由老师指导学生完成基本的立体翻页结构，例如悬浮平面、弹出螺旋结构等。有了基本结构后，学生举一反三，立刻就能一页一页地完成立体结构，最后涂上颜色，再精心修改便可。

整个社团活动中老师引导学生要大胆想象，不要局限于制作上。只有丰富的想象力才可以给作品注入灵魂。

（四）陶艺——激发学生想象力的载体

对于小学生来说，做陶、玩泥巴是最惬意不过的游戏，一团团泥土在孩子们手中变换着造型，是创造也是游戏，是最能锻炼孩子动手和动脑能力的一种方式。他们通过泥土，将想象的造型带入创作中。没有想象永远不可能有创新，因而对于小学生创新意识的培养，教师需要正确地加以引导。因此，激发孩子们的想象力是我们在陶艺教学中的一个重点。

我校开展陶艺社团活动已有5年多了，在教学这门课的过程中，老师们对于如何培养孩子的创新思维也有了一些经验总结。

1. 引导中，保护学生的原生想象力

每学期开学的第一堂陶艺课除了要教给学生必要的理论知识，让学生了解陶艺的基本特征以及简单的制作方法外，同时也要教会学生明白陶艺创作的理念——"没有失败的作品，只有失败的创意"。每个孩子都有自己的个性，教学如果只强调某种技法的示范或对某种创作对象的单一模仿，往往会限制学生的形象思维、空间想象力的发挥，并会限制学生动手创造能力的发展。

日常教学时，老师每次会提出一个主题，在讲述与引导的过程中，注意给学生自由想象的空间。老师给予简单的技法示范，鼓励学生将自己的想象世界以独特的方式大胆地表现出来。作品创作过程中，老师扮演辅助者的角色，学生的想象力与创造力才是作品的灵魂。很多时候当学生求助老师或者寻求老师评价时，老师首先会问学生"想要表现的是什么？"或"想想看有什么办法表达得更巧？"等。

在教学"兵马俑"这一主题课时，每个学生的兵马俑作品在基本特征之上展现出了丰富的多样性。有的是像诸葛亮一样的拿着羽扇象征的"谋士俑"；有的是挂着大刀、戴着草帽的"侠客俑"；还有的是拥有夸张武装的"铠甲俑"。学生们通过丰富多样的作品面貌表达内心的想象。

曾经有一位王同学在"植物"这一主题课上，做了一棵枯树，上面有几只小鸟。老师问她为什么这样做，她说，现在地球环境被严重破坏，这是最后一棵树，小鸟只能停留在枯枝上，她希望大家能保护环境。这就是孩子内在想象最好的展示。

2. 合作中，发挥特长，促进想象力的发展

我们的陶艺课程经常会以小组为单位，孩子们共同来创作、完成作品。以《威武的盾牌》这一课为例，到底什么样子的盾牌才威武？学生们首先进行头脑风暴，就盾牌的大外形选择人脸还是怪兽脸、什么表情、怎么装饰画草图沟通。制作的过程中，学生们不再一遇到困难就马上举手找老师，他们会在小组内先试着解决问题。例如，盾牌上的五官做好了，但看上去不够威风，组内的成员有的想到用夸张的獠牙，有的想到把平直的眉毛改成卷曲的，等等。当小组成员之间的想象力发生碰撞时，往往会出现更加精彩的创意。有的学生擅长泥板制作，有的学生擅长泥条盘筑，有的学生擅长泥块塑型，技法特长的结合让想象力有了进一步上升的空间。课后，每个小组展示的作品完全不一样，在合作中，他们不仅发挥了各自

的长处，增进了友谊，也让想象力碰撞开花。

3. 鼓励中，展现自信，激发创新想象意识

"优秀的孩子是表扬出来的。"孩子们的作品是淳朴的，不管他们的作品从艺术的角度看是否精美，但只要是认真创造出来的都应得到赞扬和鼓励。陶艺社有一位孩子，他在班上成绩不太好，每次上课做作品，刚开始看他怎么看怎么像"捣乱"，弄得满桌都是泥，身边的工具什么都用上了，但老师给予他最大的宽容，任凭他自由发挥。到了最后，这个孩子给大家带来了惊喜，他做的作品与众不同，虽然不算精美，但富有想象力和创造性。因此，每次他创作完了，老师都会表扬他，慢慢地，他的习惯好多了，呈现的作品也越来越优秀。除了语言的鼓励外，教师有时也可以让孩子们采用投票的方式评出自己认为最优秀的作品，给予加分奖励，每学期期末还可以根据孩子们的表现评出"最具创意""最佳制作"等不同的奖，培养他们的兴趣，增强他们的自信心。

当给到学生比赛、展示的机会时，他们的想象力更是热烈地迸发出来。在"第九届苏州市中小学传统手工艺作品展"大赛备赛时，我校陶艺社团以"品味冬至，传承民俗"为主题，在创新理念的指引下，一件件艺术品"新鲜出炉"（图4-40）：精致的"菜肴"、可爱的盘子、妙趣横生的"饺子"，以及冬酿酒杯、酒壶等，不仅童趣十足，还充分体现了釉下彩的魅力。功夫不负有心人，我校陶艺社的"陶趣雅韵"作品斩获特等奖。

比赛现场，我校的陶艺作品不仅获得评委老师和观众们的一致好评，还吸引来了市电视

图 4-40

台的记者对我校参赛同学进行采访，同学们开心地和大家分享了自己的创意和心得。

我校的陶艺教学引导学生把无意识的感受、想象转化成有意识的创作，通过讨论、合作、创作、评价等方式激发学生的浓厚兴趣，继而培养学生的想象力。给学生一团陶泥，就是给学生一个展示想象力的舞台。

第四节 我们这样学音乐

一、教学要点参考

音乐是人类最古老、最具普遍性和感染力的艺术形式之一，是人类通过有组织的音响实现思想和感情的表现与交流必不可少的听觉艺术，是人类精神生活的有机组成部分；作为人类文化的一种重要形态和载体，音乐蕴含着丰富的文化和历史内涵，以其独特的艺术魅力伴随人类历史的发展，满足人们的精神文化需求。对音乐的感悟、表现与创造，是人类的一种基本素质和能力。音乐课程的价值在于：为学生提供审美体验，陶冶情操，启迪智慧；开发创造性发展潜能，提升创造力；传承民族优秀文化，增加对世界音乐文化丰富性和多样性的认识和理解；促进人际交往、情感沟通及和谐社会的构建。

音乐课程的性质主要体现在三个方面：人文性、审美性、实践性。音乐教育能培养和提高学生感受美、鉴赏美、表现美、创造美的能力，丰富和发展学生的形象思维，激发学生的创新意识，全面提升学生的素质。

音乐不具有语义的确定性和事物形态的具象性。音乐课程各领域的教学只有通过聆听、演唱、演奏、综合性艺术表演和音乐创编等多种实践形式才能得以实施。学生在亲身参与音乐实践活动的过程中，获得对音乐的直接经验和情感体验，为掌握音乐的相关知识和技能、领悟音乐的内涵、提高音乐素养打下良好的基础。例如，在歌唱教学中，为了打开口腔扩大共鸣腔，学生需想象自己的喉咙口放着一个小小的核桃，感受喉咙张开竖起的感觉；在欣赏教学中，学生需利用生活中的声音体验感受歌曲音乐形象的变化；在聆听轮唱、合唱等演唱方式带来的不同听觉效果时，学生需想象这些声音是纵横交错的，或者是多个轨道平行前进的，抑或是按照先后顺序有规律地向前迈进的，等等。

音乐课程的基本理念是以音乐审美为核心，以兴趣爱好为动力；强调音乐实践，鼓励音乐创造；突出音乐特点，关注学科综合；弘扬民族音乐，理解音乐文化多样性；面向全体学生，注重个性发展。在这五大理念中，尤其以"强调音乐实践，鼓励音乐创造"为重。音乐是一门极富创造力的艺术，音乐实践和音乐创造可以丰富学生的形象思维，在教学过程中，教师应设定生动有趣的活动内容、形式和意境，发展学生的想象力，增强学生的创造意识。

（一）凸显音乐课程的美育功能，有机整合教学领域

《义务教育音乐课程标准》（2011年版）规定，现有的音乐课程教学内容有感受与欣赏、表现、创造、音乐与相关文化。这四个教学领域相互关联、相互渗透，组成一个有机的整体。

（二）设计丰富的音乐实践活动，引导学生主动参与

音乐实践活动包含聆听、音乐表演和音乐创作等，教师应从音乐学习的特点出发，设计生动活泼的教学形式，激发学生的学习兴趣，发展形象思维，引导学生展开想象，获得对音乐的亲身体验，逐步培养和提升有利于学生终身发展的音乐能力。例如，在设计体现"音乐与相关文化"这一领域的音乐实践活动时，要求学生能够用简单的形态动作配合音乐节奏，用简明的表演动作表现音乐情绪，用色彩或线条表现对音乐的不同感受。这些教学内容的实施很大程度上依赖于学生的想象力和创造力，教师应适当引导，从音乐本体出发，充分调动学生的主动性和创造性，使其张开想象的翅膀，突出音乐学科特点，关注学科综合，加强学生对音乐的体验和感受，提高学生进行音乐欣赏、表现、创造以及艺术审美的能力。

（三）分学段设计梯度渐进的课程目标，体现创作维度的不同要求

音乐课程将义务教育阶段的9个学年分成3个学段，即小学低年级（1—2年级）、小学中高年级（3—6年级）和初中各年级（7—9年级）。3个学段不同层次的课程内容，呈现前后衔接、逐段递进、完整有序的内在联系。以"创造"这一教学领域为例，创造是发挥学生想象力和思维潜能的音乐学习领域，是学生进行音乐创作实践和发掘创造性思维能力的过程和手段，对于培养创新人才具有十分重要的意义。在创作实践中，1—2年级的要求是能运用线条、色彩、图形记录感受到的音乐；3—6年级的要求是尝试运用图谱或乐谱记录声音和音乐；7—9年级的要求是能利用教师或教材提供的材料和方法，独立或与他人合作创编4—8小节的旋律短句或短曲。众所周知，音乐是看不见的艺术，而线条、色彩、图形是视觉艺术，联系"无形"与"有形"之间的纽带就是对音乐的感知与想象，无论哪个年段，要达到相应的教学目标，都离不开音乐的想象力。

（四）给教师和学生开发地方自主教学资源留有创造和选择的空间

鉴于区域经济、文化环境和发展水平的差异，对学校音乐课程内容和标准的设计，既要有明确的规定，又要有适度的弹性和一定的可选性，使不同区域、不同学校、不同学生的音乐课程，在相同或相近的内容和水平

要求上得以普遍实施，从而推动音乐教育的普及和均衡发展。如欣赏乐曲《顽皮的小闹钟》时，乐曲中有各式钟表发出的声响，城市的孩子对各式钟表比较熟悉，在现实生活中有直接经验感受，因而能结合生活感知，想象音乐中的各种声音是由哪种钟表发出来的，从而获得音乐审美体验。基于这个现状，教师在开发教学资源时，就可以让学生利用来自现实生活的直接经验，借助艺术想象，模拟、创编各种钟表报时或走动的姿态，表现音乐内涵。再比如，欣赏《森林狂想曲》时，音乐家在乐曲中收录了大自然中的各种虫鸣鸟叫，来自农村或者山区的孩子能更直接地捕捉到音乐形象。教师在设计教学内容时，应该充分考虑到地域因素，给学生提供主动参与表现的机会，体现"以生为本"的教育理念。

（五）运用适切的认知工具使音乐教学富有想象力

认知工具的使用会使教学更加引人入胜。很多教师都会在教学中无意识地使用认知工具，而当我们有意为之时，课堂会更具魅力。

教师可以在进行聆听教学的同时给学生提供几幅动态的画面，但是又不能把他们的想象紧紧禁锢在已有的画面中，在聆听之前，就要告诉他们："如果这个画面是根据音乐所作的一个故事，那么你觉得在这幅画的后面，故事又有了怎样的发展？你脑海中浮现了怎样的场景？"这时候学生就会突破自己的想象，既能更密切地关注音乐，又能提高自己的兴趣。这里就用到了心理成像这一认知工具。

首先，低年龄段的学生喜欢听故事，而教材所选取的音乐也大多有儿童歌谣的视频，教师可以经常给孩子们讲讲歌曲背后的小插曲，也可以根据歌词内容创编一个小故事。例如，在欣赏《摇篮曲》时，给他们讲述莫扎特在冬天里创作的故事；在学唱《大树妈妈》时，编一个大树妈妈哄迷路的小鸟入睡的故事，孩子们都能听得津津有味。在听完故事后，教师还可以鼓励孩子们用自己丰富的联想能力，来当一当作词家，编一编歌曲伴奏乐器的节奏，在玩中学，在学中玩，这样既发展了孩子们的音乐能力，又提高了他们的音乐创造力和想象力。

其次，教师还可以用多样化的导入手法，吸引学生进入教师营造的情境中，例如，在教有关春天的歌曲时，就可以先播放一段带有轻柔温和纯音乐的、有关春天风光的视频，同时念一首诗歌或者一篇散文。在背景音乐的渲染下，学生很容易就能发挥想象力，让情感世界受到感染和熏陶，激发起自己对春的好奇与向往；例如，在上《小宝宝睡着了》一课时，我校周雪芳教师就会事先准备好一幅夜晚小宝宝入睡的图片，并且播放夜里安静的虫鸣声，让学生用语言来描述自己的感受。图片和声音很容易就能让学生发挥想象力，理解歌曲中要表达的情感，并能够富有感情地演唱歌曲。

最后，教师要善于开发各种音乐游戏。学生在课堂上能集中注意力的时间是短暂而宝贵的，所以教师在课堂上要让学生多动口、多动手、多动脑。例如，在教《火车开了》一课时，教师可以边唱边做"开火车"的游戏，用游戏让学生掌握"咔嚓咔嚓"两句的音高走向变化，让他们用自己的形体动作表现老师提出的问题，并让做对的同学进行示范，其余同学学习做这个动作，让学生在游戏中体验学习的快乐，体会音乐的精彩。

除了上述的学习方法，教师还要鼓励学生开发想象力，利用身边的事物制作乐器，比如，可以引导学生利用废旧物品制作打击乐器，还可以用树叶做成一个小哨子，用瓶子装入沙子做成一个沙锤，用盛满不同容量的水杯做一个能发出不同音高的小乐器。教师要鼓励学生从身边寻找不同的声音，制作简单的打击乐器，在实践中感受音乐、表现音乐，同时让音乐课堂变得更加生动，引领学生向音乐创意学习的道路迈出一大步。

二、想象力为核心的音乐课堂教学评价表

表 4-11　想象力为核心的音乐课堂教学评价表

评价项目		比例	评价要素	点评与分析
教学理念		15%	1. 以音乐审美为核心，以兴趣爱好为动力。 2. 发展形象思维，发挥音乐想象力。 3. 强调音乐实践，鼓励音乐创造。 4. 突出音乐特点，关注学科综合。 5. 面向全体学生，注重个性发展。	
教学过程	教师行为			
	教学目标明确	10%	1. 教学目标明确、具体，重点突出音乐想象力和创造力的培养。 2. 注重将个人目标和集体目标相结合，体现出目标对学生想象力发展的促进作用。	
	教学内容精当	10%	1. 要通过贴近生活的听赏、演唱、演奏、律动等形式呈现内容，注重实践性，内容深度的选择要根据学生的年龄、心理特征而定。 2. 创造性地使用教材，注重与其他学科的资源整合。 3. 注重双基教学，围绕音乐要素，引导学生展开艺术想象，挖掘音乐内涵。	

续表

评价项目		比例	评价要素	点评与分析
教学过程	教师行为 教学环节简约	20%	1. 听、唱、奏、演结合，寓教于乐，培养学生的学习兴趣、合作意识与创造能力。 2. 各环节设计以音乐为本，培养学生对音乐的体验和感受。 3. 对学生有针对性地进行指导，对课堂临时生成的问题进行妥善处理。 4. 合理运用现代化教学手段，教学计划性强，教学时间安排合理。	
	教师行为 教学方法灵活	20%	1. 根据学科特点采用恰当的教学方法和范式。 2. 评价有一定的层次。 3. 师生、生生、群体、个体交流合作，互相促进。	
	学生行为	15%	1. 会"聆听"：通过聆听提高艺术品位。 2. 会"演示"：通过学演唱、演奏、律动、乐理等将音乐技能展示出来。 3. 会"创造"：发挥音乐想象力，拓展音乐形式。	
	教师素质	10%	1. 范唱、范奏、乐理等音乐基本功扎实。 2. 教态轻松自然，语言准确、规范，正确使用音乐术语。 3. 具有一定的教学机智，能对课堂教学进行有效的组织管理和调控，并灵活处理课堂中的偶发事件。 4. 教学个性（创造性）的发挥恰到好处。 5. 教师板书合理、工整。	
	评分			

想象力为核心的音乐课堂教学评价表（表4-11）的使用说明：

课堂教学评价主要包括对学生的学习情况和对教师的教学效果进行评价。通过评价，有效促进学生发展，激励教师进取，完善教学管理，推动音乐课程的建设和发展。想象力为核心的音乐课堂教学评价着重强调：第一，师生的教学理念是否能突出想象力培养；第二，观察学生的学习行为是否能借助扎实有效的音乐实践活动提升音乐认知能力和表现能力，培养创造思维和创造能力；第三，在借助音乐想象而展开的音乐活动中，学生的学习兴趣、态度、习惯和方法是否得到有效改观或提升。

三、想象力培养中的学生音乐学业评价

在音乐课教学过程中，学生的学业评价其实是根据教学目标进行的各

种形式、程度的教学评价。每个阶段都有预设目标，教师通过评价检验教学目标，不断改进教学方法。因此评价本身不是目的，通过评价促进教学才是对学生学业评价的主要意义。

第一学段（1—2年级）

学段目标：充分掌握这一学段学生以形象思维为主以及好奇、好动、模仿力强的身心特点，善于利用儿童的自然嗓音和灵巧形体，采用歌、舞、图片、游戏等相结合的手段，进行直观教学。聆听的材料要短小有趣、形象鲜明。具体要求见表4-12。

表4-12 想象力培养中的学生音乐学业评价

内容	学业要求
感受与欣赏	1. 感受自然界和生活中的各种声音，能够用自己的声音或打击乐器模仿喜欢的音响。 2. 能够听辨歌唱中的童声、女声和男声音色。 3. 感受音乐的声音，能够听辨常见打击乐器的音色，并能用打击乐器奏出强弱、长短不同的声音。 4. 能够感受并描述音乐中力度、速度的变化，并对二拍子、三拍子的音乐做出相应的体态反应。 5. 体验不同情绪的音乐，能够自然流露出相应表情或做出体态反应。 6. 体验并说出音乐情绪的相同与不同。 7. 聆听儿童歌曲，聆听音乐形象鲜明、结构较为简短的进行曲、舞曲及其他体裁的音乐段落。 8. 能够通过模唱、打击乐器对所听音乐做出反应，能够随着进行曲、舞曲音乐走步、跳舞。 9. 聆听不同国家、地区、民族的儿歌、童谣及小型器乐曲或乐曲片段，初步感受其不同的风格。
表现	1. 学唱儿歌、童谣及其他短小的歌曲，参与演唱活动。 2. 能够用正确的姿势、自然的声音，有表情地独唱或参与齐唱。 3. 能够对指挥动作做出反应。 4. 能够采用不同的力度、速度表现歌曲的情绪。 5. 每学年能够背唱歌曲4—6首（其中中国民歌1—2首）。 6. 学习常见的课堂打击乐器，参与演奏活动。 7. 能够用打击乐器、其他声音材料合奏或为歌曲伴奏。 8. 能够参与综合性艺术表演活动。 9. 能够配合歌曲、乐曲用身体做动作。 10. 能够与他人合作，进行律动、集体舞、音乐游戏、儿童歌舞表演等活动。 11. 认识简单的节奏音符，能够用声音、语言、身体动作表现简单的节奏。 12. 能够模唱简单乐谱。

续表

内容	学业要求
创造	1. 能够运用人声、乐器声模仿自然界或生活中的声音。 2. 能够用打击乐或寻找发声材料探索声音的强弱、长短和音色。 3. 能够将儿歌、诗词短句用不同的节奏、速度、力度等加以表现。 4. 能够在唱歌或聆听音乐时即兴地做动作。 5. 能够用课堂乐器或其他声音材料即兴配合音乐故事和音乐游戏。 6. 能够运用线条、色块、图形，记录感受到的音乐。 7. 能够运用人声、乐器或其他声音材料，在教师的指导下编创1—2小节的节奏音型。
音乐与相关文化	1. 能够感受生活中的音乐，乐于与他人共同参与音乐活动。 2. 能够通过广播、影视、网络、磁带、CD等传播媒体听赏音乐。 3. 能够参与社区或乡村的音乐活动。 4. 能够用简单的形体动作配合音乐节奏。 5. 能够用简明的表演动作表现音乐情绪。 6. 能够用色彩或线条表现对音乐的不同感受。 7. 能够列举声音与日常生活现象，以及说明自然现象的联系。 8. 能够用不同节奏、节拍、情绪的音乐配合简单的韵律操动作。

第二学段（3—6年级）

学段目标：随着生活范围和认识领域进一步扩展，学生的体验感受与探索创造的活动能力增强；注意引导学生说出对音乐的整体感受，丰富教学曲目的体裁、形式，增加合唱、乐器演奏及音乐创造活动，以生动活泼的教学形式和艺术魅力吸引学生。本学段5—6年级部分学生进入变声期，应加入变声期嗓音保护知识。具体要求见表4-13、表4-14。

表4-13 想象力培养中的学生音乐学业评价（3—4年级）

内容	学业要求
感受与欣赏	1. 能够用自己的声音或乐器进行模仿。 2. 能够随着熟悉的歌曲或乐曲哼唱，或在体态上做出反应。 3. 能够听辨不同类型的女声和男声。 4. 能够感知音乐主题、乐曲和段落的变化，并能够运用体态、线条等做出相应的反应。 5. 听辨不同情绪的音乐，能够用语言进行简单描述。 6. 能够体验并简述音乐情绪的变化。 7. 聆听不同体裁和类别的歌曲，能够通过律动或打击乐对所听音乐做出反应。 8. 能够区别齐唱与合唱、齐奏与合奏。

内容	学业要求
表现	1. 认识音名、音符、休止符号及一些常用记号。 2. 能够识读简单乐谱。 3. 能够对指挥动作及前奏做出恰当反应。 4. 能用自然的声音、准确的节奏和音调有感情地独唱或参与齐唱、合唱。 5. 能够对自己和他人的演唱做出简单评价。 6. 能够了解常见中西乐器的演奏方法。 7. 能够主动参与综合性艺术表演活动,并从中享受乐趣。 8. 每学年能背唱歌曲4—6首。
创造	1. 能够用常见物品自制简单乐器。 2. 能够运用人声、乐器声及其他声源材料表现自然界或生活中的声音。 3. 能够即兴创编同歌曲情绪一致的律动或舞蹈,并参与表演。 4. 能够以各种音源及不同的音乐表现形式,即兴创编音乐故事或音乐游戏并参与表演。 5. 能够创作2—4小节的节奏短句。 6. 能够创作2—4小节旋律。
音乐与相关文化	1. 能够从喜欢的广播、电视、CD等传播媒体中收集音乐材料,并经常聆听。 2. 能够主动参加各类音乐活动,并能同他人进行音乐交流。 3. 乐于听音乐会或观看当地民俗活动中的音乐表演。 4. 能够结合所熟悉的影视片,简单描述音乐在其中的作用。 5. 能够选用合适的音乐为儿童童话故事或诗朗诵配乐。 6. 知道一些不同历史时期、不同地域和国家的代表性儿童歌曲。

表4-14 想象力培养中的学生音乐学业评价(5—6年级)

内容	学业要求
感受与欣赏	1. 能听辨歌唱中不同类型的人声音色,说出常见的演唱形式。 2. 认识常见的中国民族乐器和西洋乐器,并能听辨其音色。 3. 在感知音乐的节奏和旋律的过程中,能够初步辨别节拍的不同,体验二拍子、三拍子、四拍子的律动感。 4. 能够听辨旋律的高低、快慢、强弱,能感知音乐主题,区分音乐基本段落,并能够运用体态或线条、色彩做出相应的反应。 5. 能听辨音乐情绪的不同特点,并做简要描述。 6. 能够初步分辨小型的音乐体裁与形式,聆听音乐主题并说出曲名。 7. 聆听中国民族民间音乐,了解有代表性的地区和民族的民歌、民间歌舞、民间器乐曲和以京剧为代表的中国戏曲及曲艺音乐,体验不同的风格。 8. 聆听世界部分国家的民族民间音乐,感受不同的音乐风格。

续表

内容	学业要求
表现	1. 能够随琴声视唱简单的乐谱，具有初步的识谱能力。 2. 能用正确的姿势和呼吸方法唱歌，具有良好的唱歌习惯。 3. 能用自然的声音、准确的节奏和音调有表情地演唱，每学年应会唱歌曲4—6首（其中中国民歌1—2首），学唱京剧或地方戏曲唱腔片段。 4. 学习竖笛、口琴、口风琴或其他课堂乐器的演奏方法，参与歌曲乐曲的表演，培养良好的演奏习惯，能够对自己和他人的演奏做简单评价，每学年能够演奏乐曲1—2首。 5. 能结合所学的歌曲、乐曲进行律动，参加集体舞、音乐游戏、歌唱表演等活动。
创造	1. 能运用音乐材料进行音乐创作实践，或根据音乐进行即兴创编表演活动。 2. 能够主动参与综合性艺术表演活动，自信、有表情地进行表演。
音乐与相关文化	1. 组织参与文化艺术活动，学习优秀的民族民间艺术，欣赏高雅的文艺演出和展览等艺术实践活动。 2. 参加校园七彩社团活动。 3. 参与校园艺术节。

四、想象力培养音乐教学案例

（一）想象力下的歌曲教学

音乐是一门想象和联想的艺术。黑格尔说："艺术作品需要一种主观的创造活动，这种创造活动就是艺术的想象。"创造需要想象，想象是创造的前提。歌曲的演唱教学是小学音乐教学的基本内容，也是学生最易于接受和乐于参与的表现形式。在歌曲教学中融入这种艺术的想象，目的在于通过音乐丰富学生的形象思维，开发学生的创造潜质。歌唱技能的练习也应结合演唱实践活动进行。创设与歌曲表现力内容相适应的教学情境，设定生动有趣的创造性活动的内容，发展学生的想象力，激发学生富有感情地演唱歌曲，以情带声，声情并茂。

☞案例一：《如今家乡山连山》

歌词是经过作家艺术加工的文学语言，是构成音乐形象的"物质"基础。《如今家乡山连山》这首歌的歌词鲜明生动，具有内容美、声韵美、节奏美和意境美的特点。在这首歌曲的教学中，我校教师首先从歌词入手，在抛出问题（"如今小主人公的家乡是怎样的？""小主人公的家乡到底有没有山？是怎样的山？""远处传来了爽朗的笑声，是谁笑？"……），引导学生解决问题的过程中，培养学生对歌曲歌词美和音乐美的感知，激发学生的想象力,进一步挖掘歌曲的深层次的情感表达。

1. 情境导入,激发学生的想象力

(1) 师:夜幕降临,在美丽的月光下,一位母亲带着她的孩子们坐在高高的谷堆边。让我们走近看一看,他们在干什么呢?

(播放《听妈妈讲那过去的事情》)

(2) 师:那时的生活非常艰苦,农民没有自己的土地,吃不饱,穿不暖。挨过了艰苦岁月,妈妈终于迎来了好光景。

(设计说明:这首歌曲描写的是小主人公家乡"如今"的生活。有必要在学唱歌曲前让学生想象、了解"过去"人们的生活是怎样的,以引发学生的兴趣和感情上的共鸣。)

2. 歌曲教学

(1) 播放《如今家乡山连山》,看看如今小主人公家乡的山是什么样子的。

(2) 复听歌曲,思考歌曲表达了怎样的情绪。

(设计说明:让学生在反复聆听的过程中整体感知音乐。)

(3) 学唱歌曲第1、2乐句。

思考:第1、2乐句旋律有什么奥秘?(同头换尾)

(4) 出示第1、2乐句的旋律线条(图4-41),请学生根据提示,边唱谱边画旋律线。

思考:第1、2乐句的中各个音符串联起来像什么?(像连绵起伏的山)

(设计说明:让音乐变得可视化,调动听觉与视觉,加上想象的参与,帮助学生把握音高位置,充分理解音乐形象。)

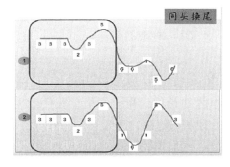

图 4-41

(5) 完整学唱歌曲前三个乐句。

思考:小主人公的家乡到底有没有山?是怎样的山?(没有山,只有一个个谷堆,像一座座山峰;有山,谷堆山。每个同学对乐曲都可以有不同的解读)

(6) 学唱第4乐句,完整聆听乐曲。

思考:远处传来了爽朗的笑声,谁笑得这么开心?为什么?(为如今

美好的生活而开心;为自己的孩子具有丰富的想象力而感到开心)

(设计说明:引导学生将音乐与情节挂钩,从而理解音乐形象。)

(7)学唱最后一个乐句。

思考:小主人公被妈妈亲吻了,应该用怎样的音量演唱?在休止符处加什么动作,可帮助唱准休止符?

(设计说明:引导学生进入歌曲角色,想象如果自己是歌曲里的小主人公,被妈妈亲吻了额头心情是怎样的?用什么样的力度记号表达这样的心情?可以创编怎样的动作?)

(8)师:同学们唱得真好,老师仿佛看到了小主人公拉着妈妈的手,高兴地走在路上。让我们一起分享他们的喜悦,完整演唱这首歌曲《如今家乡山连山》。

(9)跟伴奏音乐完整演唱。为第3乐句的空拍加入声势律动。

学生可以根据自己对歌曲的理解、对旋律的把握,创编适合的声势律动。

3. 歌曲表演

(1)师:我们还可以加入怎样的演唱形式来丰富歌曲?

(设计说明:鼓励学生在学习过程中发挥主观能动性,发挥想象力,用合适的演唱形式来表现歌曲。)

(2)轮唱教学。

4. 拓展

(1)师:从长辈讲述过去的事情到如今小主人公拉着妈妈的手看家乡丰收的景象,几十年里,我们的生活发生了翻天覆地的变化,让我们通过一段视频了解一下。

(2)播放《新中国》视频。

(3)师:请你说一说我们的生活发生了哪些变化?

5. 总结

如今,我们的生活水平提高了,人们的日子一天比一天好。今天的幸福生活来之不易,离不开老一辈人的辛勤付出,我们要加倍珍惜,努力学习。

(整体说明:音乐课堂要有想象力这一土壤,"种子"才能生根发芽。本篇教案简述了《如今家乡山连山》这节课的教学流程,在歌曲教学过程中,我校教师侧重引导学生深入想象、发展创造力。在轻松快乐的学习中,我校教师引导学生唱、听、动、想有机结合,培养学生的音乐想象力、创造力。)

(二) 想象力下的音乐欣赏教学

音乐课教学新课标理念的第一条就是以音乐审美为核心,可见音乐教育是实施美育的重要途径。而音乐欣赏教学是小学音乐教学的重要组成部分。何为音乐欣赏?音乐欣赏是对音乐进行聆听,并从中获得音乐美的享受,体验音乐带来的乐趣。在欣赏音乐时,人们必须充分调动自身的想象力,激发出审美感动,才能对音乐作品产生情感上的共鸣。小学生正处于想象力极为丰富的年龄阶段,不同学生的音乐基础、经历是不同的,对于同一件音乐作品的理解和想象也不尽相同。他们的心中充盈着想象的激情,蓄积着创造的欲望,扑棱着翻飞的诗性。当面对孩子们神奇丰富的想象、充满灵气的妙答时,音乐教师应给予热情的鼓励和赞扬。

☞案例一:《花儿与少年》

在《花儿与少年》一课中,我校教师先让学生知道这首歌曲的体裁,了解"花儿"的含义,让学生根据音乐要素的变化给音乐分段落,充分发挥想象力,感受每段音乐的情绪。学生和老师一起讨论听到每段音乐时脑海中的画面,最后根据自己对音乐的理解,发挥创造力,给音乐加入声势律动或打击乐器。

1. 从青海民歌引入课题

教师先让学生猜一猜今天要学习的民歌来自我国哪里。

青海是一个地势较高的地方,那里的平均海拔在3 000米以上。"远看似高山,近看是平川"是游客对那里的评价。

(设计说明:在这里学生会联想到青藏高原,为后面讲解《花儿与少年》是民歌体裁中的山歌做铺垫。)

2. 山歌体裁的学习

这是一首青海民歌。中国民歌体裁有三大类:山歌、小调、劳动号子。教师可以请学生再猜一猜这首《花儿与少年》是这三大类中的哪一种。

带着这个问题,学生聆听这首用竹笛演奏的乐曲,整首乐曲音调高亢,符合山歌的特点,学生在学习山歌这个体裁时便不只关注音乐本身的音调,而是在聆听时脑海里也浮现出群山连绵起伏的画面。学生在想象中理解山歌,体会山歌的魅力。

3. 课题解读:花儿是什么?

这里"花儿"语义双关,可能真的是花儿,也可能花儿指少女、美丽的姑娘，和少年相对。

说到这里，学生就开始"想入非非"了：少年和少女，这首歌曲到底表述了些什么呢？学生的兴趣也提高了不少。

4. 介绍歌曲背景

在学生兴趣非常浓厚，迫切想要更多的了解这首乐曲的时候，教师引导学生：《花儿与少年》这首歌曲是作曲家吕冰创作于 1956 年，根据青海传统民歌《四季调》改编而成的。歌曲唱的是姑娘和少年去踏青的情景。像这一类表现青年男女的山歌又被称作"花儿"。（"花儿"是山歌的一种，流行于甘肃、宁夏、青海等地，2009 年入选"世界非物质文化遗产名录"。）

（设计说明：虽说是在想象力下的欣赏教学，但毕竟小学生的音乐基础、音乐积累相对薄弱，如果在不理解乐曲表达的情感和景象的前提下，让学生"胡思乱想"的话，很可能会导致欣赏效果不佳或者课堂纪律失控，因此新课标才要求以学生为主体、以教师为主导。）

5. 为歌曲分段

分段聆听是欣赏教学中非常重要的教学方式，那么首先就要给这首歌曲分一分段落，这首歌曲的段落层次非常明显，教师只要简单引导，学生就能非常容易地给歌曲分好段落。

全曲为 ABA 三段式结构：

第一乐段（A）轻快、活泼的 2/4 拍；

第二乐段（B）流畅、如歌的 3/4（速度相对其他两部分而言较慢）；

第三乐段（A）轻快、活泼的 2/4 拍（第一部分的再现）。

6. 分段聆听，大胆想象

在第一乐段主旋律出来之前有一个引子，引子部分的乐器竹笛用自由节拍模仿垻的音响效果，把学生带进那重峦叠嶂、辽阔的高原。

学生哼唱第一乐段的主旋律，参照书中给的声势动作为乐曲伴奏，感知乐曲的情绪与节拍。这时，教师让他们大胆想象，如，你觉得这段音乐表现了什么？（风和日丽、蓝天白云、绿浪滚滚、少年和少女愉快的步伐、快乐地踏青玩耍等）

第二乐段与第一乐段形成对比，速度明显变慢，并且节拍也有了变化。这时有同学就想象了：可能他们踏青累了正坐在某个地方休息；可能某处风景太美了，他们停下来欣赏风景；可能他们停下来，在某个地方唱起了歌，跳起了舞蹈。三拍子大多适合舞蹈，教师这时让学生选择合适的乐器设计节奏为乐曲伴奏，可强化学生对四三拍的节奏感、韵律感的体验。

第三乐段是第一乐段的再现，学生想象的情景是：可能他们休息好了继续愉快踏青；可能他们准备回去了，发现又是来时的风景，所以再现第一乐段。还有的同学提出最后尾声部分出现一个舒缓乐句再结束，可给人一种流连忘返的感觉……

7. 教师总结，完整聆听
8. 课外拓展

（整体说明：欣赏不同版本的《花儿与少年》，如童声合唱版、民乐合奏版等，体会不同形式带来的不同感受。整节课老师都引导学生大胆想象，从学生的实际情况出发，以学生为主体，带着他们感受音乐、理解音乐，更进一步地表现音乐。学生主动把自己想象成其中一员，感受音乐带给自己的欢乐气氛，感受不同段落中音乐要素的变化，全面提高自身的音乐素养。）

五、赏析想象力生长的音乐课堂：以《春之歌》教学为例

唐代大诗人白居易的《琵琶行》中有一段经典的音乐描写：大弦嘈嘈如急雨，小弦切切如私语。嘈嘈切切错杂弹，大珠小珠落玉盘……诗人用一系列生动的比喻，使抽象的音乐一下子有了视觉形象，这些妙音仿佛是实体的、可以触摸的。白居易用文字把音乐视觉化，借助的正是精妙绝伦的想象力。读者透过文字产生的音乐联想和情感体验也是依赖于想象的，可见，想象力在欣赏音乐时多么重要。

课堂上，老师和学生在"教"与"学"的互动中共同探讨着音乐的美。那么，教师应当如何设计、建设充满想象力的音乐课堂呢？师生双方如何在"基于想象力的创意学习研究"教学实践中发展音乐想象力，实现教学相长呢？我们通过以下几个教学片段来探讨一下。

请看我校陆加老师设计的苏少版小学《音乐》五年级上册欣赏课《春之歌》。本课的教学内容是欣赏德国作曲家门德尔松的经典作品《春之歌》；教学目标是运用身体认知工具，在想象中感受音乐里的春天。门德尔松独创了"无词歌"这种音乐体裁，《春之歌》是无词歌的代表作。无词歌，即没有歌词，没有具体的名字，只有优美动听的旋律，《春之歌》这个名字是后人在欣赏这首作品后结合自身的体会和感受加上去的。那么，人们为什么能从这首作品中听到春天呢？门德尔松又是通过什么音乐

表现手法让人们想到了春天,看到了春天呢?这是本课需要解决的首要问题。

1. 身体理解、始于想象——听 A 乐段,遵从内心直觉,随乐而动

陆老师请学生一边听音乐,一边随着旋律发展做出直觉动作,心里怎么想的,身体就怎么做,可以是肢体动作,也可以是表情动作,表演结束后,说说为什么这样做。有的学生随着音乐的高低起伏晃动手臂;有的根据音乐的强弱变化做出不同的姿态;有的体会到了音乐中的情绪特征,时而微笑,时而兴奋。

加拿大教育家基兰·伊根教授认为,身体理解作为认知系统发展的第一阶段,具有深层隐喻的作用。身体经验和内心体验构成了认知系统的原始隐喻。身体是意义之根、隐喻之源。我们是否可以这样理解,人类对外部世界的听觉、视觉、嗅觉、触觉感知,会通过身体理解产生相应的动作反馈或情感因素,就像课堂上学生听到轻快活泼的音乐时会不由自主地和着节拍愉快点头、面露微笑;听到沉闷忧郁的旋律时会情不自禁地微微皱眉、面色沉重。陆老师正是抓住了身体理解在音乐欣赏中的重要作用,给学生最原始的音乐体验。学生在这个活动过程中发挥主体意识,调动身体感官,激发创造思维,展现表演能力,将无形有情的音乐通过想象展现出来,让学生踏出了音乐感知的第一步。

2. 认知判断、创意无限——根据体验和表现,给这段音乐取名

学生的参与相当热烈,想法也很丰富,来看看他们想的曲名:"快乐的一天""飞翔的小鸟""田间漫步""小溪与小鱼"……这些名字看似没有直接联系,但细细推敲,不难发现它们之间有共同之处——快乐、轻盈、明朗、充满生机。音乐本身并未给学生任何确切语义方面的暗示,老师也没有限制学生的思考范围,但学生的思维始终围绕着音乐作品本身。《春之歌》的旋律灵动愉悦,给人朝气蓬勃之感,学生的想法正是源于此。然后,陆老师及时引导:"你们取的这些名字有没有共同点?如果要用一个字(或一个词)来概括大家的感受,代替大家想的这些名字,这个字(或词)可以是什么?""春天"这个词逐渐在课堂上被孕育。层层推敲下,初次聆听这首《春之歌》的学生似乎感应到了作曲家门德尔松的创作初衷,理解了为什么人们给它取名"春之歌"。

尊重和激发原初认知体验后,教师引导学生探寻新认知和深层次思维,形成递进学习模式,实现深度沉浸学习。学生在课堂上积极融入想象的情境,依靠已有的认知体验和一定的知识基础,对现有的认知进行深度

思考，做出分析判断，获得新的认知和感悟。师生的双边活动达到了教有所获、学有所得的目的。

可能有人会反驳：为什么一定是《春之歌》呢？也可以说是夏之歌、秋之歌、冬之歌……或者其他的什么，只要觉得合适就行了。在基于想象力的创意学习背景下，我们确实不提倡框定想象、搞唯一答案，但是，想象不等于胡思乱想，我们不能为了想象而把悲伤的理解成欢快的。只要我们用心体会，是可以获得共同的情感体验的。为了验证这点，陆老师在课堂上询问了学生："为什么你认为是在表现春天，而不是夏天或者秋天、冬天呢？"学生回答："因为我觉得春天给我最大的感受就是朝气蓬勃，充满生机，而夏天的最大特点是热情、热烈，秋天是比较忧郁或者深沉的，冬天嘛，是寒冷的，有呼呼的冷风……我在刚才的音乐中并没有感受到夏天、秋天、冬天的样子。"

3. 找准角度、呈现细节——欣赏 A 乐段主题片段（例1），思考作曲家是如何运用音乐的表现手法描绘春天的

例1 春之歌（选段）

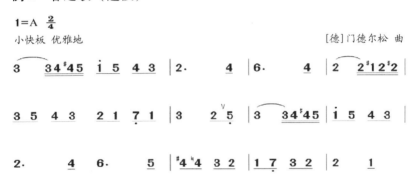

虽然音乐不具备语义的确定性和事物形态的具象性，但它有自己独特的要素和特征，比如节奏、旋律、速度、力度、调式等。人们可以通过这些音乐要素去获得音乐审美体验，捕捉音乐形象。因此，这些要素和特征就是人们观察音乐的角度。学生想要从这段旋律中找到春天的身影，必然要探究音符的高低、长短、强弱，旋律的起伏走向和速度的变化，甚至演奏乐器的音色特点及演奏技法，每一项都会影响音乐形象和情感的表达。教师在进行教学设计时不必对这些要素进行面面俱到的分析研究，只要抓住某个细节重点展开即可。陆加老师就是抓住了一串半音阶上行，暗示学生：春天在这里。

3　34♯45这种十六分音符的半音阶上行在音乐中反复出现，是这

段主题的旋律特征之一，也是最重要的观察角度、最容易把握的探究细节。这串音符快速、轻巧、升发，学生从中"看到"的是破土而出的小草、震颤翅膀的蝴蝶、一飞冲天的小鸟、逆水而上的小鱼……老师给学生呈现的只是一串音符（旋律特征细节），学生为老师呈现的却是形象生动的肢体表演（音乐形象细节）。

不断转换思考问题的角度，寻找最佳观察位置和解决方式，是教学设计的一个重要工具。这个工具很容易理解，但运用起来则需要丰富的想象力和创造力。因为观察问题与事物的角度，与其说是客观存在的，不如说是观察者凭着主观想象创造出来的。陆老师在进行教学设计时借助想象捕捉到了这个观察角度，学生在聆听这个细节时又发挥了想象力，并借助感知觉、表情、肢体、情感等身体认知工具，赋予了音符形象的美感，再现了作曲家脑海里的春天。

我国知名学者潘庆玉教授在《富有想象力的课堂教学》一书中提到，教师在传播艺术时既要有基于理性的知识性说明，又要有基于艺术实践的生成性体验和感悟；既要着眼于对创造力的激发、对表现力的塑造，又要培植创作的激情和训练表现的技巧。学生在接受艺术熏陶时必须扎根于艺术实践的土壤，关注艺术经验与体验的形成与积累，塑造艺术表现的能力，从广阔的文化历史资源中汲取创造的营养。对照我国2011年版的《义务教育音乐课程标准》中提出的音乐课程实施建议，音乐课堂教学应注意几个问题：一是要不断提高音乐教学技能，用歌声、琴声、语言、动作将音乐的美传达给学生；二是通过对音乐感受与欣赏、表现、创造及音乐与相关文化的学习，培养学生的审美感知，发展审美想象，深化审美理解，提高学生的音乐审美能力。三是重视音乐实践中的创造过程，充分发挥学生的想象力和创造力，不用"标准答案"或"统一模式"束缚学生。由此可见，我们的音乐课堂追求的是知识与技能共存、实践与创造并进，而想象力则是沟通彼此的桥梁。有了想象力，音符才有了形象之美；有了创造力，音乐课堂才充满智慧和活力。

六、想象力培养音乐特色教学举例

（一）低年级社团——奥尔夫打击乐社团想象力教学

奥尔夫打击乐器演奏是音乐教学内容之一，打击乐器演奏不仅能帮助低年段学生掌握乐器演奏的技能，培养节奏感，而且能提高他们对曲式结构、音色的敏感度，并利用学生的好奇心引导他们自主探索，培养他们的想象力与创新能力。对于低年级的小学生来说，奥尔夫打击乐器教学不像是一门课程，更像是一种游戏、一种探索。他们通过自己的方式去"做"，而怎样做、做得好不好都无关紧要，他们只要尽可能按照各自的方式、条件，主动做，愿意做，发挥想象力和独创性就行。因此，激发孩子的想象力、创造力是奥尔夫打击乐教学的重点。

我校开展奥尔夫打击乐社团活动虽然只有一年，但受到了学生们的热烈欢迎。在不断的教学摸索与反思中，对于如何更好地培养学生的想象力与创意思维，我们有以下几点建议。

1. 利用儿童好奇心，引导学生自主探索，培养想象力

想象力是一种技能，这种技能是在不断的激励、培养中提升的。要提升想象力离不开探索，而驱动儿童自主探索的正是好奇心。所以在社团活动中，教师要学会保护、引导儿童的好奇心，使之转化为想象力、创造力。

日常教学时，学生们看到奥尔夫打击乐器总是忍不住去触摸、演奏，时常发出"噪声"，一开始我校教师总是会制止，把乐器的演奏方法、选择怎样的乐器以及选择怎样的节奏型——告诉学生，学生只能按照老师的设计来。结果，效果并不好，学生仿佛变成了"机器"，更关注的是效果而不是过程。后来，老师把更多的主动权交给学生，利用他们的好奇心引导他们自我探索乐器的特点和演奏方法。比如，在演奏《土耳其进行曲》时，我校教师就让学生聆听音乐并思考音乐柔和时什么乐器合适，他们会说用碰铃、三角铁等，并且节奏要用"松"一些的；当音乐力度较强时，学生会自己选择小鼓等乐器。学生发挥自己的想象力，思考什么乐器可以模仿军人走路的声音，用什么节奏可以更好地表现出军人的形象。通过不断地思考、想象，学生初步形成一定的创新意识，激发自身的想象力。所以，教师在选材和教法上，要给学生自由想象的空间，允许不同答案的出现，在求同的基础上，培养学生的求异思维，为他们培养想象力打下基础。

2. 鼓励即兴演奏，发挥想象力

奥尔夫打击乐教学中，最突出、最重要的原则是即兴原则，以即兴活动发展学生的音乐体验与想象能力。即兴教学重视学生在"做"中主动学习、发挥想象力。学生能更加积极地参与音乐活动，表现出自己最真实的感受，在实践中自我学习、自我培养，发掘音乐乐趣与创新能力。如在练习《时间像小马车》时，我校教师出示歌谱后，让学生分为四组，每组四人，每人分别挑选不同的乐器进行演奏，分小组练习后进行展示。学生们

在即兴活动中充分发挥自己的想象力,感受到了即兴创作的快乐。

3. 想象力是实践出来的,用鼓励激发儿童想象力

儿童的想象力、创造力是在一次次的实践、一次次的尝试中提升的。作为教师,我们要鼓励儿童,给他们"做"的机会。当然,一开始孩子们的表现可能不太令我们满意,如节奏没有卡准、乐器选得不太适合,但只要不断地实践,孩子们的进步就会让我们喜出望外。所以请多给孩子发挥想象力的机会,多表扬孩子,用鼓励激发儿童想象力。

(二) 奥尔夫打击乐社团教学案例

☞**案例:《夏之夜》(片段)**

1. 基于想象力培养的教学策略

(1) 多媒体展示我国潮州市繁华的都市和灯火通明的夜景,使学生有目的地去欣赏乐曲。

(2) 学生聆听音乐,在音乐声中想象夏夜景象。

(3) 为乐曲分段,让学生体会不同情绪的特点。

(4) 分别为乐曲设计打击乐伴奏,学生自主选择打击乐器,用打击乐器探索声音的强弱、长短和音色。

2. 教学目标

(1) 感受乐曲三段不同的情绪,了解乐曲结构,掌握不同节奏的音型。

(2) 在教师指导下,设计打击乐器配器方案,根据教师指挥演奏乐器。

(3) 能和同伴进行良好的合作,与集体协调一致。

3. 关键环节及操作要求

表4-15 关键环节及操作要求

设计环节	设计原则	操作要求
目标设定	1. 如何发挥想象力,用不同的打击乐器设计适合的节奏型? 2. 不同打击乐器的演奏效果是怎样的?	1. 了解不同打击乐器的不同效果,探索声音的强弱、长短和音色,如,碰铃声音优美动听、清脆、穿透力强,适合演奏四分音符或二分音符等;双响筒、响板等乐器响亮短促,没有延音,适合演奏四分音符、八分音符节奏。

续表

设计环节	设计原则	操作要求
内容组织	1. 1—2乐句为第一部分，情绪较活泼，具有弹跳性；中间3—12乐句为第二部分，情绪上优美、热闹兼而有之，出现乐曲情绪上的高潮；13—14乐句为第三部分，是第一部分的再现段，情绪较活泼。	1. 教师为歌曲分段，请学生听一听，在认为合适的词语前打钩。 第一段：活泼（√）、安静 第二段：优美（√）、热闹（√） 第三段：活泼（√）、安静
活动创设	1. 采用情境导入的方式进入音乐，让学生想象夏夜景色，是一个很好的开始。 2. 分段聆听音乐，每段音乐再进行分句聆听，请学生发挥想象力，自主选择不同的打击乐器，设计适合的节奏型配器，并说出理由，再为音乐伴奏，通过动手实践感知合适与否，教师指导。 3. 分小组，小组根据指挥合奏，注意表情、音量。 4. 熟练后，小组交换乐器练习。	1. 不要满足于一两个优等学生的正确表达，稍微等一等。让孩子们挑选自己觉得合适的乐器，手拿乐器演奏时，讨论齐奏好不好听。每种乐器都可以尝试，逐句分析。 2. 教师指挥，学生演奏，教师点评。教师分别对不同乐器进行介绍及建议在乐曲中如何配合才好听，请学生再次尝试演奏，看看是否比之前好听。 3. 学生不仅要熟练演奏自己的乐器，在合奏中，也要多听多看，学会合作。
方法应用	1. 低年级儿童好动，对事物充满好奇、探索、表现欲强，对创新学习内容充满兴趣。 2. 音乐艺术通过开放、综合、拓展式的教学方法，让孩子在"做"中主动学习，发挥创造力、想象力。 3. 合作是有效的学习方法。让学生主动思考怎样与别人合作，在合作中培养团队意识。	1. 让学生自由地感受、触摸各种打击乐器，在玩的过程中探索这些乐器的特点和用法，遇到问题时先相互帮助，教师再进行引导，有助于学生初步形成创新精神。
教学评价	1. 教师评价要考虑到学生的个性特点，全面客观，以鼓励为主。 2. 教师评价要多样化，具有发展性。	1. 全面性是指教学评价必须全面、全员和全程，主要是为了促进学生的发展。鼓励积极正面的评价，激发学生的主动性与自觉性。 2. 在评价学生时，要考虑到学生正处于成长发展的过程中，要看到他们的进步与发展。

(三) 中年级社团——尤克里里社团想象力教学

在小学音乐教学中培养学生的想象力，能够促进小学音乐课程的高效开展。当今社会，各种艺术门类层出不穷，人们的文化生活越来越丰富多彩，很多小学生耳濡目染，也对流行音乐产生了浓厚的兴趣。作为使用最广泛的伴奏乐器，吉他得到了很多小朋友的青睐。但由于吉他体积较大，演奏技巧较多，很多中低年级小学生不容易掌握，在这种形势下，尤克里里作为吉他的同族"小兄弟"，无疑成了小朋友们初学乐器的一个很好的选择。尤克里里外形与吉他相似，但体积小巧可爱，音色清脆悦耳，因为简单易学而风靡世界。自从2011年新课标的实施开始，小乐器如口风琴、陶笛、竖笛等进课堂在小学校园中开展得有声有色，但以上举例的小乐器有一个共同的特点，它们都是吹奏乐器，学生在演奏的同时无法演唱，限制了学生童声的锻炼。而尤克里里就体现出了它的优势——解放了学生的"口"，可以边弹边唱，更加丰富了学生学习音乐的方式，增强了学生的想象力，激发了学生学习音乐的兴趣。尤克里里进入小学音乐课堂既符合了新课标的要求，同时又开拓了新课标中重点训练的性情教育部分。

我校的尤克里里社团开展已有两年时间，受到了很多学生的欢迎。在日常教学中，学生对尤克里里的兴趣十分浓厚，总是不断地去尝试演奏，尤其是对于自己喜欢的流行音乐，他们总是会很积极地询问各种有关弹唱的问题。在尤克里里社团开展过程中，我校教师不断调整教学方法，渐渐找到适合中年级学生学习尤克里里的方法，从一开始"事无巨细"的教学模式到后来将自主权充分交给学生，给学生一定的想象空间、练习空间，学生对于这门乐器的掌握有了很大的提升，对弹唱这一综合的表演模式渐渐有了新的认识与体会。对于这两年的社团活动，学生们都很积极地参与，课后也能积极练习，渐渐从不敢、不愿意到乐于表现自己。我们的社团活动中经常采用小组合作的方式来进行练习与表演，一部分同学唱，一部分同学弹奏，或者几组同学分别采用不同的演奏形式演奏同一首歌曲。在合作中，学生们各尽其能，发挥了自己的长处，增进了友谊，丰富了课堂教学。在掌握一定技能后，学生尝试用所学的知识进行创编与改编，发展了自己的想象力，体验到了弹唱的乐趣。

(四) 尤克里里社团教学案例

☞案例：《外婆的澎湖湾》（片段）

1. 教学目标

（1）在《外婆的澎湖湾》这首歌中加入尤克里里的弹奏，增强学生的音乐表现能力及用音乐来传递对童年生活的追忆情怀。

（2）尤克里里演奏的加入，给歌曲的演唱增添了色彩，通过边弹边唱，学生更能找到演唱这种校园歌曲的感觉，更准确地把握乐曲风格。

（3）在看谱弹奏的过程中，如何迅速转换和弦、调整指法是重点和难点。

2. 关键环节及操作要求

表 4-16　关键环节及操作要求

设计环节	设计原则	操作要求
目标设定	1. 如何快速认读尤克里里的和弦谱？ 2. 歌唱与弹奏同时进行，锻炼学生的快速协调能力。 3. 如何让学生运用已学的技能发挥想象力，创编不一样的和弦为歌曲伴奏？	1. 了解尤克里里弹奏的几种简单的伴奏形式，如，歌曲前半部分运用分解和弦，副歌部分运用扫弦。 2. 能有感情、保持音准完整地演唱曲目。 3. 能将切分音节奏准确地表达出来。
内容组织	1. 认识本首歌曲的尤克里里和弦谱。 2. 学习《外婆的澎湖湾》歌曲。歌曲曲式结构由 A、B 两个不同的乐段构成，A 段为叙述，是情绪的铺垫；B 段是抒情，是情绪的高潮。 3. 进行弹唱训练。 4. 学生展开想象进行自我创编。 5. 师生综合表演。	1. 歌曲导入可以从另外一首学生熟悉的歌曲《童年》展开，带领学生了解台湾民谣的创作背景。 2. 结合《外婆的澎湖湾》想想看：当年的校园民谣歌词的主要内容是什么？为什么用吉他或者尤克里里伴奏？ 3. 带领学生学习 A、B 段，感受结构特征。 4. 认识尤克里里谱，后面可以让学生进行自主学习。
活动创设	1. 教师演唱《童年》进行导入。 2. 教师制作《外婆的澎湖湾》歌曲视频，初听歌曲后学生学习。 3. 认识尤克里里和弦谱，本首歌曲里要用到的和弦有：C；G；Am；D；Em。 4. 教师演唱，激发学生学习尤克里里的兴趣，锻炼学生的表现能力。 5. 运用所学的和弦进行自主创编，为歌曲伴奏。	1. 学生思考这首歌曲表达的是怎样的情绪和心情，初步感受自弹自唱的魅力。 2. 带领学生了解歌曲的创作背景，再次感受尤克里里的音色与自弹自唱的魅力。 3. 根据和弦谱练习，一开始练习的速度一定要慢，这样才能保证和弦的准确和手指变换位置的灵活性，并保证速度。

续表

设计环节	设计原则	操作要求
方法应用	1. 小学生有很强的表现欲，对有挑战性的学习内容充满兴趣。 2. 歌曲是现实的抽象表达，学生连续在脑海中还原情景，才能有效体悟歌曲的意象，感受歌曲的意境之美。 3. 慢练是最有效的学习乐器的方法。让学生反复练习，形成积累。	1. 用多媒体技术演示各种演奏方式，特别是尤克里里指弹带来的震撼。 2. 优秀的示范，特别是同伴的优秀表现有助于激发学生的学习热情。学生的演唱或者演奏，要有好的指导，技术的、理解的都很必要。
教学评价	1. 教师评价要有内容，最好是将即时性评价和总结式评价结合起来。 2. 同伴之间的评价可能是最接近学生心灵需要的，要充分用好。	1. 即时性评价便于学生及时巩固（强化或改正），总结评价有利于在整体上给学生以激励。 2. 鼓励正面的语言表达，即使是批评也要注意委婉，保护学生的积极性。

第五节　我们这样学数学

一、教学要点参考

"宇宙之大，粒子之微，火箭之速，化工之巧，地球之变，生物之谜，日用之繁，无处不用数学。"[1] 为落实《关于全面加强基础科学研究的若干意见》要求，切实加强我国数学科学研究，2019年7月12日，科技部、教育部、中科院、自然科学基金委四部门联合制定了《关于加强数学科学研究工作方案》。统计计算、模型算法……数学不只用于星空之上，也用于社会之中。

曾经有人问一个科学家如何保持热情？科学家回答：一是数学，二是数学，三还是数学。也有人对学生做过调查：最痛恨的学科是什么？学生回答：一是数学，二是数学，三还是数学。对数学的感觉，大多数人反映是枯燥、乏味、抽象、晦涩、冰冷……这不得不引发有关数学教育的思考。

---

[1] 摘自1959年5月，数学大师华罗庚发表的《大哉数学之为用》一文。

数学是研究数量关系和空间形式的科学，是对客观现象抽象概括而逐渐形成的科学语言与工具。人们普遍把数学看作枯燥乏味、缺乏想象力的学科；看作只需要智商，不需要情感的学科；看作只需要做题训练，不需要幻想和创造的学科。"想象作为形象思维的这一教育形象，在很大程度上窄化了想象力的理智价值，忽视了它在理性思维（逻辑思维）过程中的超越逻辑局限性的整合联动功能，造成了教育观念与教学方法上的偏颇。"[1] 对想象力在数学教育中的作用有失偏颇的认识以及知识为上、应试为主的数学教学方式扼杀了学生学习数学的热情，使多数学生产生了数学学习的心理障碍。

要实现数学教育培养的目标，发展学生的想象力并以想象力促进数学学习，我们就需要对想象力有一个正确的认知。想象力不仅涉及表象能力，而且，作为更深刻的一种内部心理生成机制，它还涉及意象综合、概念创生与逻辑推理等能力。也就是说，想象力不仅参与了由外部感知向内部心理表象进行转换的过程，而且，还参与了对内部心理表象进行综合加工的意象过程，以及直观范畴与综合意象相耦合而生成概念的过程，最后在逻辑推理过程中，想象力同样不可或缺。不难想象，离开想象力，数学计算几乎寸步难行。"我们一般所谓的抽象思维，其实质也是一种想象，只不过它所使用的手段不是表象，而是抽象符号。"[2] 如果我们把想象力看成一种只专属于人类的伟大的创造力量，那么，想象力的本质就是符号思维的本质。

有了对想象力内涵的正确认知，我们可以说数学是培养学生深层次想象力的重要课程，而学生的想象力得以发展也会促进数学学习，促进数学核心素养的发展。富有想象力的数学教学，是致力于激发知识活力的教学，是奠定人类情感活动的教学，是导向深度学习的教学。

根据《义务教育数学课程标准》（2011年版）的实施建议和潘庆玉教授所著的《富有想象力的教学设计：基兰·伊根认知工具理论课堂应用研究》，结合教学实践，我们觉得想象力为核心的数学课堂教学要建立和谐共生的师生关系，形成乐教乐学的氛围，体现学生的主体地位。老师作为组织者和引导者，要创设引发学生数学学习兴趣的情境，鼓励学生多感官

---

[1] 潘庆玉. 富有想象力的教学设计：基兰·伊根认知工具理论课堂应用研究 [M]. 广州：广东教育出版社，2014：6.

[2] 潘庆玉. 富有想象力的教学设计：基兰·伊根认知工具理论课堂应用研究 [M]. 广州：广东教育出版社，2014：13.

参与，从而进行深度数学学习。

(一) 建立和谐共生的师生关系，营造想象力生长的环境

亲其师，信其道。学生只有和老师亲近，他才会敞开心灵之门，想象力的世界更需要用温情的钥匙去打开。如何才能让学生亲近？在教学中，老师和学生要建立起民主、平等、和谐的关系，亦师亦友。或许聊着聊着，问题就出来了；聊着聊着，疑问就解决了，这就是一种"润物无声"的效果。雅斯贝尔斯说过，教育的本质是一棵树摇动另一棵树，一朵云推动另一朵云，一个灵魂唤醒另一个灵魂。老师要愿意和学生平等相处，以树的摇动、云的推动、灵魂的唤醒方式对待学生。每个学生又是一个鲜活的、有个性的存在，每一个孩子都是花种子，只不过花期不同，有的花一开始就绚丽绽放，而有的花却需要漫长的等待，老师要像一个有耐心的园艺师，根据每个孩子不同的花期，静待花开。

(二) 创造性地使用教材，开拓想象力培养的土壤

学生想象力的培养也需要有适宜的土壤，贫瘠的土地终究开不出大片艳丽的想象之花。对大多数学生而言，数学往往是一个令他们望而生畏、缺乏色彩的世界，在他们的眼中，数学就是一个个冰冷的数字、晦涩的符号，一张张抽象的图表，或者是一大堆难以理解的文字。而事实是那些发现数学知识的人却具有强烈的激情和想象力，只是静态的教科书无法将数学激情和美丽的一面呈现给学生。作为主导者和组织者的老师需要发挥聪明才智，挖掘教材中的想象力因子，创造性地使用教材，使数学知识变得引人入胜、意义丰沛，寻找并开垦出适宜学生想象力培养的土壤。这是不是也就意味着老师要有教育想象力呢？譬如给"角宝宝"来一次旅游探险，让"分数弟弟"穿越一下时空……

(三) 给予学生足够自由的时空，使其张开想象力的翅膀

想象力如同一个不受约束的孩子，它的生长需要一个自由宽松的时空，在课堂上，我们应该给学生足够多的时间经历知识的产生、形成、发展的过程。诚然，很多时候老师们都被课时束缚住，被"40分钟完成教学任务"框定，我们在评价一节课时，也经常会有这样一条：完成既定的教学任务。任务的划分通常是权威且重要的，如果没有完成既定的教学任务，这节课就会被评定为不合格。为了完成既定的教学任务，老师们会拿出老师的身份，在很多即将生成的精彩之处阻碍学生的探究，打断学生的奇思妙想，折断学生想象力的翅膀。富有想象力的数学教学中，老师应该成为学生想象力的守护者，让学生有足够的时间和空间经历观察、实验、

猜测、计算、推理、验证等活动过程。比如"不规则图形的面积"是五年级上册内容，按照课时划分，教师需一节课探讨结束，一个一个地数方格计算不规则图形的面积是多数学生所能想到的。但教师若给予学生更多的研究时间，学生会联想到有的图形可以利用轴对称的特点，先数一半；有的图形可以数出外围的面积再用总面积减去外围的面积。学生的想象力翅膀已然张开，我们是不是可以跨越一下时空，在六年级学习了体积计算后，将这个内容再拿出来让学生探讨一下，如果没有小方格，怎么计算这种形状的面积呢？

（四）触发学生深度学习，提升想象力发展的高度

想象力为核心的数学教学，能直抵学生的思维深处，参与学生更深刻的内部心理活动，提升想象力发展的高度。学生在课堂里获得大量食而不化的知识，教学效率似乎提高了，但学习质量却严重下降了。教学不够彻底，学习缺乏尝试，其结果就是学生消极地接受一些没有活力的、没有联系的概念。富有想象力的数学教学应该是触发学生深度学习的教学，激励学生调用所有的认知方式参与学习，构建灵活多样的思维模式，展现知识的丰富形式，使学生彻底掌握知识细节，"使学生通过知识的学习抵达专业的洞察力和欣赏力，对概念的力量、概念的优美和概念的结构有一种亲密感"[1]。比如，所有的图形认识完后，教师既可以组织学生做一本《图形宝宝成长记》的绘本，画一幅图形世界的思维导图，也可以编写一个图形王国的童话连载。

二、想象力为核心的数学课堂教学评价表

表4-17 想象力为核心的教学课堂教学评价表

评价项目	比例	评价要素	点评与分析
教学理念	10%	1. 面向全体学生，适应学生个性发展的需要，学习过程体现以学生为主体的理念，通过想象力的培养，提升学生的数学素养。 2. 关注学生创新精神和实践能力的培养，以激发学生想象力，促进学生应用意识和创新能力的提升。 3. 有机整合学科知识，恰当运用现代教育技术。	

---

[1] 潘庆玉. 富有想象力的教学设计：基兰·伊根认知工具理论课堂应用研究[M]. 广州：广东教育出版社，2014：25.

续表

评价项目		比例	评价要素	点评与分析
教学过程	教学行为 教学目标明确	10%	1. 符合课标和教材要求，合理制定"四维目标"，体现不同学段特征，突出想象力培养。 2. 课时目标明确具体，重难点突出。 3. 目标设计中要体现想象力、创造力的特质。	
	教学内容精当	10%	1. 根据教材重难点来确定训练点，能落实"重点精讲、精练，难点突破"的方法，进行教学内容的安排。 2. 删繁就简，取舍恰当，实现学科知识的有机整合。 3. 能沟通课内外学习，能充分体现学科与生活的有机整合。 4. 能创造性使用教材，创设有效情境，有助于学生想象力的培养。	
	教学环节简约	15%	1. 环节清晰紧凑，简约适用，有创意。 2. 问题设计与整合有价值，有层次，有深度，有质量。 3. 要体现"精讲"与"训练"的有效结合，学生参与数学学习探究有一定的时间保证。	
	教学方法灵活	15%	1. 采用恰当的教学方法和教学模式，注重透过语言培养思维能力。 2. 关注学习过程，引导学生在自主合作探究中，积累数学活动经验，培养想象能力。 3. 恰当有效地运用多媒体。	
	学生行为	30%	1. 全员主动参与学习，对教学内容和形式感兴趣。 2. 积极发表见解，能用自己的语言有条理地表述，与人交流语言得体。 3. 善于多角度思考问题，能主动提出有价值的问题，乐于分享。 4. 通过观察、实验、猜测、计算、推理、验证等活动，主动探究，获取知识，形成一定的深度学习的技能。 5. 有充分的时间参与数学活动，对数学学习有兴趣，在学习过程中获得自信。	
	教师素质	10%	1. 教态自然亲切，尊重和关注每一个学生。 2. 教学设计有创意，富有想象力。 3. 营造平等、宽松、和谐的学习氛围，无拖堂现象。 4. 注重课堂教学的语言，有激情。具备恰当使用多媒体的能力，规范地书写板书。	

想象力为核心的数学课堂教学评价表（表 4-17）的设置是建立在《义务教育数学课程标准》（2011 年版）和《中国学生发展核心素养》的基础上的，体现了数学课程的基本理念和数学学科学习的特点，同时融入了我校"聚焦小学生想象力的创意学习实践研究"——以想象力促进学生素养发展的校本特色。

《基础教育课程改革纲要》提出，把育人为本作为教育工作的根本要求，要关心每个学生，促进每个学生主动地、生动活泼地发展，尊重教育规律和学生身心发展规律，为每个学生提供适合的教育。《义务教育数学课程标准》（2011 年版）提出，实现义务教育阶段的培养目标，面向全体学生，适应学生个性发展的需要，使得人人都能获得良好的数学教育，不同的人在数学上得到不同的发展。这些要求和理念是我们进行课程改革创新的纲领性文件。在数学学科教学中融入想象力的教育，正是基于学生的个性发展的需要，使发展学生核心素养落地生根。

义务教育阶段的数学教育应对每个学生进行数学启蒙和初步熏陶，使学生对数学课程产生兴趣，获得基本的数学素养。想象力为核心的数学课堂教学摒弃了以应考来衡量教师的教、学生的学的观念，追求对数学本质的理解，走进数学现实，注重对多样化的数学活动经验的体验与积累以及对学生创新精神和实践能力的关注，更重要的是它关注学生的情感态度与价值观的培养，关注学生作为一个"全人"的智力与人格的全面协调发展。

想象力为核心的数学课堂教学评价表重点关注了学生的学习行为，通过观察学生的行为，评判教学目标是否达成、教育理念是否得到践行，探究课堂教学中存在的问题，以促进教师对自我教学行为的反思和改进。

三、想象力培养中的学生数学学习评价

《义务教育数学课程标准》（2011 年版）指出：学习评价的主要目的是全面了解学生数学学习的过程和结果，激励学生学习和改进教师教学。评价的作用由"甄别"走向"发展"，这使得数学学习评价成为促进学生发展的有效方式和手段。想象力为核心的数学课堂教学在对学生数学课程的学习进行评价的同时增设了对学生想象力培养的测评。当然想象力属于一种心理能力，我们无法用一个具体的数据来评判学生想象力的好坏，但可以对学生的外部行为表现进行观察，对课堂学习中学生是否有想象力意识的参与、想象力是否有一定的发展等进行诊断性评价（表 4-18）。可以由教师对学生的行为进行观察并做出评价，也可以由学生对自己的行为做出自我评价，还可以由学习小组成员做出相互评价。因班级授课模式的存

在，教师不可能每节课对每位学生都进行行为观察，可以采用个案追踪的方式对不同思维水平、层次的学生进行阶段评价，并进行测评分析，研究学生想象力发展状态，以此调控自己的课堂教学行为。当然，数学教学和评价仍要以数学课程学习为主，不能舍本逐末，要体现数学课程的特点，在对学生进行数学学业评价时要结合数学学科的课程特点及各年段学生的认知水平、心理发展等，设置不同年段的评价指标（表 4-19、表 4-20），作为教师对学生数学学习评价的依据。

表 4-18 想象力为核心的数学课堂学生行为评价表

评价项目	评价因素	评价等级
学习内容	清楚本节课的学习任务	☆☆☆☆☆
	掌握本节课学习的内容	☆☆☆☆☆
学习过程	想到不同的方法解决问题	☆☆☆☆☆
	提出有价值的研究问题	☆☆☆☆☆
	主动观察、大胆猜测、积极思考，多种方式参与问题研究过程	☆☆☆☆☆
	与同学分享自己的想法，有条理地表达自己的思考过程	☆☆☆☆☆
学习情感	对学习的内容有兴趣，遇到困难不轻易放弃	☆☆☆☆☆
	和同学们交流很愉快	☆☆☆☆☆

表 4-19 想象力为核心的数学学习评价指标 第一学段（1—3 年级）

内容	学业要求
知识技能	1. 经历从日常生活中抽象出数的过程，理解万以内数的意义，初步认识分数和小数；理解常见的量；体会四则运算的意义，掌握必要的运算技能，能准确进行运算；在具体情境中，能选择适当的单位，进行简单的估算。 2. 经历从实际物体中抽象出简单几何体和平面图形的过程，了解一些简单几何体和常见的平面图形；感受平移、旋转、轴对称现象；认识物体的相对位置。掌握初步的测量、识图和画图的技能。 3. 经历简单的数据收集、整理、分析过程，了解简单的数据处理方法。
数学思考	1. 在运用数及适当的度量单位描述现实生活中的简单现象，以及对运算结果进行估计的过程中，发展数感；在从物体中抽象出几何图形、想象图形的运动和位置的过程中，发展空间观念。 2. 能对调查过程中获得的简单数据进行归类，体验数据中蕴含着的信息。 3. 在观察、操作等活动中，能提出一些简单的猜想。 4. 会独立思考问题，表达自己的想法。

续表

内容	学业要求
问题解决	1. 能在教师的指导下，从日常生活中发现和提出简单的数学问题，并尝试解决。 2. 了解分析问题和解决问题的一些基本方法，知道同一个问题可以有不同的解决方法。 3. 体验与他人合作交流、解决问题的过程。 4. 尝试回顾解决问题的过程。
情感态度	1. 对身边与数学有关的事物有好奇心，能参与数学活动。 2. 在他人的帮助下，感受数学活动中的成功，能尝试克服困难。 3. 了解数学可以描述生活中的一些现象，感受数学与生活的密切联系。 4. 能倾听别人的意见，尝试对别人的想法提出建议，知道应该尊重客观事实。

表 4-20　想象力为核心的数学学习评价指标　第二学段（4—6 年级）

内容	学业要求
知识技能	1. 体验从具体情境中抽象出数的过程，认识万以上的数；理解分数、小数、百分数的意义，了解负数的意义；掌握必要的运算技能；理解估算的意义；能用方程表示简单的数量关系，能解简单的方程。 2. 探索一些图形的形状、大小和位置关系，了解一些几何体和平面图形的基本特征；体验简单图形的运动过程，能在方格纸上画出简单图形运动后的图形，了解确定物体位置的一些基本方法；掌握测量、识图和画图的基本方法。 3. 经历数据的收集、整理和分析的过程，掌握一些简单的数据处理技能；了解随机事件和事件发生的等可能性。 4. 能借助计算器解决简单的应用问题。
数学思考	1. 初步形成数感和空间观念，感受符号和几何直观的作用。 2. 进一步认识到数据中蕴含着的信息，发展数据分析观念；通过实例感受简单的随机现象。 3. 在观察、实验、猜想、验证等活动中，发展合情推理能力，能进行有条理的思考，能比较清楚地表达自己的思考过程与结果。 4. 会独立思考，体会一些数学的基本思想。
问题解决	1. 尝试从日常生活中发现并提出简单的数学问题，并运用一些知识加以解决。 2. 能探索分析和解决简单问题的有效方法，了解解决问题的方法的多样性。 3. 经历与他人合作交流解决问题的过程，尝试解释自己的思考过程。 4. 能回顾解决问题的过程，初步判断结果的合理性。

续表

内容	学业要求
情感态度	1. 愿意了解社会生活中与数学相关的信息，主动参与数学学习活动。 2. 在他人的鼓励和引导下，体验克服困难、解决问题的过程，相信自己能够学好数学。 3. 在运用数学知识和方法解决问题的过程中，认识数学的价值。 4. 初步养成乐于思考、勇于质疑、言必有据等良好品质。

对基础知识和基本技能的评价，还需要以各学段的具体目标和要求为标准，考查学生对基础知识和基本技能的理解与掌握程度，以及学生在学习基础知识和基本技能过程中的表现。数学思考是学生数学素养发展的重要标志，数学思考能力的提高体现在学生抽象、推理、建模等数学思想的形成和发展过程中。问题解决是数学学习的核心，每一个学习领域都有相应的问题可以用来评价学生问题解决的能力，侧重于能力评价的问题，更具有情境性，富于思考。对情感态度的评价，更多地体现在学生的学习过程中，体现在学生参与学习活动和解决问题的表现上。以上四个维度的评价方式可以定性评价与定量评价相结合，也可以进行过程性评价。

☞**案例：**

以苏州高新区2019年义务教育阶段小学生学业质量评价与监测六年级数学最后一题为例。

38. 请认真阅读下列关于小明同学的文字、图表等资料，选择相关数学信息，尝试解决以下问题。

（1）小明今年12岁，是个不爱锻炼的孩子。上个月他又生病了，在医院输液。护士给小明设置了平均每分钟2.5ml的输液速度。你知道整个输液瓶的容积是多少吗？（2分）

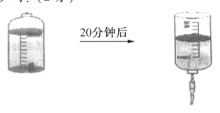

图4-42

（2）调查显示：全球超过八成青少年运动量严重不足，已影响到他们的身心健康。为此，有关国际组织呼吁加强对青少年体育锻炼的宣传与指导。下面是"增强青少年心肺耐力的FITT原则"和"小明近两周每次锻炼时间情况统计图"。

① 病愈后，小明开始加强运动。在一次运动中测得他的心率为100次每分，本次运动的强度是否达到了"FITT原则"的要求？请判断并说明理由。（2分）

② 对照"FITT原则"关于运动时间的要求，小明每次锻炼持续时间达标天数占这两周总天数的____▲____%。（百分号前保留一位小数）（2分）

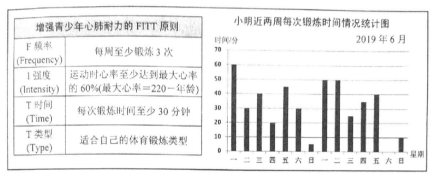

图 4-43

③ 美国《跑步者世界》杂志向人们推荐一种"10周完美跑步计划"。其中第三周的计划为"跑9分钟，走2分钟，重复进行，坚持半小时"。小明按这样的计划跑步，如果平均每分钟跑85米，那么在这半小时中他累计跑了____▲____米。（2分）

（3）小明还发动了同学小林一起参加锻炼。他们同时从相距2.8千米的A、B两地出发相向而跑，跑步的情况如下图，小林每分钟跑多少米？（2分）

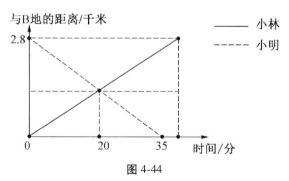

图 4-44

本题以生活情境呈现，对数学学习的四个维度进行了考核，体现了当下教育对学生发展素养的关注，改变了以往题型程式化、方法单一化的现象，加入了对学生的阅读能力、综合分析能力、数学思考、问题解决、应用意识、创新意识乃至情感态度等方面的考察。而学生在解决这一系列的问题时，形象思维与抽象逻辑思维之间发生转换，能产生一切心理活动、认知活动。

四、想象力培养数学教学案例

马克·菲特把想象力看作是一种贯穿在各种理解过程中的连续的"基础性能力"，它有助于我们去把握客观规律的隐含形式和未被意识到的可能性。在积极应对人类所面对的持续而重大的挑战过程中，我们的基础性想象力已经获得重大发展，人类文化也早已学会通过语言和行为的多元化来训练和塑造这些能力。想象力不仅有助于我们把握世界的规律，而且，它的最大优势还在于能够帮助我们去处理那些不可预期的、迅速变化的、陌生的问题和情境。马克·菲特把基础性的想象力概括为八种基本能力：掌握规律，捕捉细节，洞悉构成，洞察可能性，抓住矛盾，理解指数，把握整体，悦纳冲突。

数学课程内容分为四个部分："数与代数""图形与几何""统计与概率""综合与实践"。提升学生的想象力，我们的着力点在学习方法的变革上，而学习方法变革的主要阵地在课堂。

（一）数与代数

"数与代数"这部分内容包括数的认识、数的运算、常见的量、式与方程、正比例与反比例、探索规律，这部分内容主要让学生经历数与代数的抽象思考、运算与建模等过程，数感、符号意识的建立、几何直观与运算能力的形成都需要想象力的伴随。数的认识，由具体的物抽象成自然数，再由抽象的数联想到具体的物，这也是想象力；探寻一串有规律的算式，并用符号表示出规律，再用探寻的规律解决问题，这是想象力；在具体的情境中结合生活的经验，概括出常见的数量关系，再用常见的数量关系解决生活中的问题，这也是想象力……掌握规律、捕捉细节、洞悉构成，冰冷抽象的数世界也充满着丰富的想象。

☞**案例：三位数乘两位数（末尾有0）的笔算乘法（四年级下册）**

本节课是整数乘法的最后一节课，很容易上成一节枯燥乏味的计算练习课。一道题目如何能变得丰富生动呢？请把讲台交给学生吧，他们的表现会让教师感到惊讶。

当教师把学生推到台前时，就应尽情地把时间让给他们，只有在时间上给予充分的支持，学生才能张开想象力的翅膀，全身心浸入到学习中。当然，这时教师应充当好组织者、引导者的角色。

在学生尝试计算时，教师可以有目的地寻找有价值的生成资源，请学生将典型的做法呈现在黑板上，然后带领学生进入到美好的想象世界。

"猜一猜，这些同学计算时是怎样想的？"教师话音刚落，教室里枯燥乏味的气氛一扫而空，孩子们进入了兴奋的辨析状态。能够猜想出别人的想法，该是多么厉害，他们一个个跃跃欲试。

孩子们首先从结果上判断出图 4-45 中①号是错误的，启用知识联想功能，多角度说明①号答案有误。

生1：850 的末尾有 0，乘积的末尾也应该有 0，所以 1 275 是错误的。

图 4-45

生2：850×10＝8 500，15 比 10 大，850×15 的积肯定比 8 500 大，所以答案是错误的。

生3：800×10＝8 000，850 大于 800，15 大于 10，结果肯定比 8 000 大，答案是错误的。

生4：他是用 85 个 10 乘 15，应该是 1 275 个 10，所以答案应该是 12 750。

生5：85×15＝1 275，15 不变，把 85 乘以 10，根据积的变化规律：一个乘数不变，另一个乘数乘以 10，积也应该乘以 10，所以应该等于 12 750。

师：那么这位同学的计算过程有没有值得大家学习的地方呢？

生6：他注意到了乘数末尾有 0 的乘法，可以先把 0 前面的数对齐，先算 0 前面的数相乘的结果，最后再把 0 补上。我估计，这位同学可能是后面把 0 给忘记了。

此时①号同学立马不好意思地说："是的，忘记了。"

孩子们的潜力是不可估量的，他们不仅判断出①号答案错误，还从不同角度说出了判断的方法、错误的原因，其中蕴含了以下知识点：估算，积的变化规律，乘数末尾有 0 的乘法列竖式时是不可以简便书写的。

对于②—⑤号算法，孩子们进入了有趣的猜想世界。

②号沿袭了以前的计算方法，对于大多数同学来说，是正常的计算方法，大家一致认可，借此复习了三位数乘两位数的计算法则，但参照①号的简写形式，有同学提出了可以简写的意见。

③号答案颇有意趣，大家分持两种意见，有同意的，也有不同意的。焦点集中在计算过程中的0要不要写。大家开始张开想象力的翅膀，猜测③号做题同学当时的想法了。

赞成方A：要写的，用乘数个位上的5乘以850，5和0相乘得0，这个0要写。

反驳方B：既然用5去乘850，5和0相乘得到的0要写，那么为什么1乘850的0不写呢？也应该写下来啊。

赞成方C：中间写0其实就是直接把题目中850的0移下来，没有用到，在结果中再写一遍。

反驳方D：从书写上看是把850×15看成是85×15先算的，这个时候0是不需要写的，只需要在结果中补上就可以了。

那么到底③号同学是怎样想的呢？

③号同学：我是想到了做除法竖式时，在算了第一步后要把被除数没有除到的数位上的数移下来再除，所以我也就把这个0移下来了。

多么有意思的想法！正是因为给了学生足够多的自由，学生才将自己的世界向你敞开，虽然这种迁移联想有些不正确，但是孩子们的想象却变得丰富了，枯燥乏味、晦涩机械的计算课也变得丰富多彩、有情趣了。

④号、⑤号两种答案的区别就在于自上而下画的虚线，孩子们一致同意是⑤号更优，他们将虚线想象成是提示线，线左面的数先乘，算完后，线右面的0不能落下。

童言童真，一道小小的题目竟引发出如此多的奇思妙想！学生在猜想、联想、质疑、辨析中明晰了算理，掌握了算法。

(二) 图形与几何

"图形与几何"这部分内容包括：图形的认识与测量、图形的运动、图形与位置，学生经历图形的抽象、分类、性质探讨、运动、位置确定等过程，用自己的数学之眼将美丽多姿的大千世界抽象为简洁的几何图形，再由几何图形回归到现实生活，在观察、操作、比较、归纳、推理、应用中，想象力的作用得以彰显，想象力的发展得以提升。

☞**案例：认识三角形（四年级下册）**

图形的认识需要想象力的支撑，如果只是被动地接受概念，学生就成了盛放知识的"容器"。本节课中,高的认识是个难点,教材中对高的讲解借助的是测量人字梁的高度,对于人字梁,多数学生是不知道的,而其定义又是一段晦涩难懂的文字。如果教师灌输给学生,尽管学生能背出什么是三角形的高,但一旦动手量或画的时候就显得困难重重,对于高的认识也就会仅停留在水平位置底上的高,而变式位置上的高,常被画成一条不垂直于底的虚线。总之,学生对三角形高的生活化的理解和外在形式"虚线"的记忆印象深刻,但没有真正理解高的本质属性。如何给晦涩难懂的文字赋予灵动的生命?如何给学生创设一个他们喜欢的情境,让他们的想象力飞起来?

淘气的小圆点也来凑热闹了,要考考大家。你会画三角形吗?方格纸上有很多点,从4个点中任选3个作为顶点,都能画一个三角形吗?你有什么发现?

交流,计算机演示,证明:3个点在同一条直线上时,不能围成一个三角形。

如果老师任意给你3个点,你一定能围成一个三角形吗?先在头脑中想一想,你想的三角形和老师画出的三角形一样吗?(教师出示围成的三角形)

现在三角形(图4-46)有多高?你是怎么知道的?为什么不看AC这条边?

生:跟我们平时测量身高是一样的,身体垂直于地面,BC边就相当于脚底,AB边就相当于身体,要垂直于脚底。

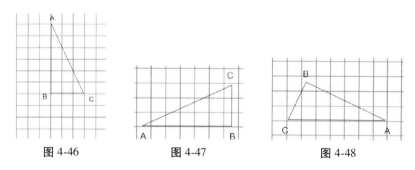

图4-46　　　　　图4-47　　　　　图4-48

在此我们不由得为学生大胆的联想点赞。是的,数学来源于生活,学生拥有强大的想象力,才能做出如此贴切的联想。当然,对于那些没有如此丰富想象力的学生来讲,这位同学的想象是不是也给了他们启发呢?对于后面的学习,他们会不会也产生这样的联想呢?

调皮的三角形 ABC 翻了个个儿（图 4-47），瞧现在三角形 ABC 多高？看的是哪条线段？为什么？（垂直）

三角形 ABC 可神气了，又翻了个个儿（图 4-48），猜猜，这次它会是什么样？如果要你测量它的高度怎么办呢？先想一想，在作业纸上画一画。

从现实生活到图形直观再到抽象的概念建立，由操作到想象再到操作技能的形成，数学学习与现实生活之间的勾连无一不需要想象力的参与，无一不在进行想象力的孕育。

（三）统计与概率

"统计与概率"这部分内容包括：简单数据统计，随机现象发生的可能性，学生经历在实际问题中收集和处理数据、利用数据分析问题、获取信息的过程，体会统计方法的意义，形成数据分析观念，感受随机现象的发生。

统计的核心是数据分析，数据是信息的载体，这个载体包括数，也包括言语、信号、图像，凡是能够承载事物信息的东西都构成数据。学生进行数据分析时需要借助想象力将这些形形色色的数据进行转换，透过数据进行预测、分析、甄别，这种数据分析能力的培养、逻辑推理能力的形成是学生在与情境进行互动与碰撞中感悟到的，并非是由教师直接告知的。

☞案例："数说淘宝"（六年级数据统计学习设计，作者：张齐华）

六年级的数据统计学习主要以扇形统计图的认识为主，但同时也安排了统计图的选择、分析等内容，让学生感受不同统计图的特点，学会选择合适的方式呈现数据、分析数据。数据主要来自"营养搭配" "身高比较" "树木种植" "生活收入" 等贴近学生生活、具有一定可操作性的情境，这些情境来源于学生的日常生活，是学生熟悉与亲身体验过的事件，在激发学生的学习兴趣、经历数据收集与整理过程方面发挥着重要的作用。但由此背景所得到的数据对于后续分析、发掘的价值并不是很大，学生难以围绕数据展开深入分析。如何找寻既具吸引力，又为后续分析提供空间的情境，使学生发挥他们的想象力，积极主动地参与学习？张齐华老师设计的"数说淘宝"给予我们很大的启发。

师：你们关心的都给你们带来了，可是盯着这屏幕，看着这两家店铺的信息（表 4-21），我琢磨了半天，难以做出抉择，想想如果你是老师，你会选择在哪家店铺买这本书？

表 4-21　店铺 A、B 的信息

	店铺 A	店铺 B
价格	40 元	36 元
运费	包邮	8 元
好评率	100%	96.4%
销量	2 本	128 本

生1：我觉得可以买店铺 B 的书，因为我们可以先算，它的价格是 36 元，加上运费总共是 44 元，和店铺 A 的价格差不了多少，然后我们再看好评率，虽然店铺 A 大，但我觉得世界上没有什么东西是可以做到完美的，所以我觉得店铺 B 比较划算点。

师：他说的有没有道理？

生：有！

师：记住数学课有的时候不光是对和错的问题，而是你能不能把自己的道理说出来。

师：真棒，但是我看到依然有很多同学在举手，你可以补充不同的观点，对不对？来挑个女生，也许淘宝更专业。

生2：我选择的是店铺 A，因为价格是 40 元，运费是 0 元，你只要付 40 元就可以了，而且好评率也是 100%，虽然销量才 2 本，但是这个店铺有没有可能是新开的？

师：这个店铺有没有可能是新开的？这个女生能够从看得见的地方想到看不见的远方，这一点是相当了不起的。

师：所以我们说在未来这个时代，有的时候，你们不能光盯着看得见的东西，还得想象一下它背后可能的真相。非常棒，还有吗？

生3：我选择店铺 B，虽然店铺 B 的价格比店铺 A 要贵，而且店铺 B 的好评率也低于店铺 A，但我们可以假设一下，如果店铺 A 售出了 32 本，这 32 本中可能只有很少一部人评论，店铺 B 虽然好评率没有那么高，但它的销量仍比店铺 A 高出几倍。就算店铺 B 真的不怎么好，那花钱买个教训不也挺好的吗？

分析切入角度不同，自然会得到不同的观点。学生对价钱、邮费等信息进行比较、权衡的过程实际是学生对数据进行分析的过程，选择本身并无对错之分，重要的是选择背后的依据。在面对纷繁复杂的信息时，学生要能够有意识地对不同信息进行比对，通过对不同类别数据的综合分析进行决策,这也是信息社会所必需的策略。与此同时,教师通过对学生发言过程中的观点进行提炼,发现信息读取中的新视角,从而使学生意识到"数学不光谈对与错,更重要的是综合考量信息并提出自己的依据"。教师借由分析商品信息以购买到心仪商品的过程,促使学生深入思考,拓展分析思路,考虑不同的可能性,逐步养成"由单一到综合"这一数据分析的策略方法,在此过程中学生的想象力得以培养。

(四)综合与实践

综合与实践是一类以问题为载体、以学生自主参与为主的学习活动。这种综合不仅表现为数学内部各分支之间的综合、数学与其他学科的综合、数学与学生日常生活实际的综合,而且还表现为解决问题过程中要求学生的各种能力、各种方法、各种工具的综合。它有别于具体知识的探索活动,更有别于课堂上老师的直接讲授。电影《银河补习班》中马皓文对儿子马飞常说的一句话:"保持脑子一直想,一直转,你就能想到办法!"只有一直想,想象力才能得以生长。因此在活动中,教师要鼓励学生独立思考,采用小组合作、实景观察、实地测量、动手操作、问卷调查等活动形式,让学生能真正"动起来",在活动中积累数学活动经验,提升数学素养。

基兰·伊根教授指出处于讽喻阶段的儿童不再把理论知识与客观世界相混淆,而是把理论知识理解为人类知觉与思维活动的产物,从而发现隐含在知识世界中的人的创造性和选择性。讽喻认知系统中,联合集结的认知工具是指"根据所面对的处境和问题而自由灵活地运用各种认知系统及其所属认知工具加以应对和解决的能力,它是在内心深处发生的各种观念的瞬间集合和聚拢"[1]。

☞**案例:校园绿地面积(五年级上册)**

这是一次操作型实践活动,主要活动是测量土地的长度,计算其面积。认识土地的形状、设计并实施测量方案是活动的重点。学校里都有草地、花坛、树林等绿地,地面的形状多种多样。在学习了多边形面积计算后,学生可以利用长方形、正方形、平行四边形、三角形和梯形的面积知识,了解校园里的绿地情况,包括种类、形状、大小等,从而进一步掌握有关的数学内容,提高解决实际问题的能力,体验数学知识的实际应用,

---

[1] 潘庆玉. 富有想象力的教学设计:基兰·伊根认知工具理论课堂应用研究[M]. 广州:广东教育出版社,2014:100.

积累学习数学的兴趣。所以说，这次实践活动是一件有意义的事情。

在整个活动中，小组内首先要先合理分工，然后根据问题进行规划，设计出活动方案，并进行活动预估，如可能会遇到什么样的困难，需要如何调整，接着根据活动方案进行实际操作，最后还需要进行活动总结与延伸。

活动过程：

（1）准备工具：

尺子、计算器、笔、记录本。

（2）小组分工：

4人测量、1人监督、1人记录，共同计算。（课前每个小组分工好并先尝试下是否合理）

（3）活动可能遇到的情况预估：

尺子长度不够时要学会做标记，皮尺要拉直、刻度要看准，对于高的量法，最好取整米数，如果是一个不规则的形状，可以采用分割的方法。

（4）汇报分析：

"校园绿化面积"活动单

第_____组，组长：_____组员：_____

（1）我们小组测量：_____的面积，是_____形。

（2）测量前我们小组估计它的面积大约是_____。

我们的估计方法：_____

（3）计算时需要测量数据是_____和_____，实际测量是_____，面积是_____。

（4）我们小组认为最不容易测的数据是_____。

我们是这样解决的：_____

（5）本次活动感受：_____

我们小组可以得_____星。（☆☆☆☆☆）

（5）拓展开放：

我们学校还要增加1 000平方米的绿化面积，请同学们帮校长设计一个有创意的花圃，并算出它的面积，比比谁的设计作品最漂亮！

整个系列的活动，学生需要调用自己的多种感官积极参与，采用多种认知方式解决问题，展现自己的合作能力、应用能力、创新能力，让想象力得以提升。

五、赏析想象力生长的数学课堂：以《确定位置》等课为例

小学阶段加强想象力的培养，不仅能激发学生的数学兴趣，而且能活跃其思维，提高其解决实际问题的能力。我校在教学中践行提升小学生想象力的创意学习，将学生的想象力培养作为一个长期的、渐进的过程，在教与学的各个环节，积极寻找培养学生想象力的有效途径，并取得了显著的成效，使学生真正成为学习的主人，使数学课堂更具活力，实现了师生共成长。

（一）教学理念更新，教学方法得到优化

1. 调动多种感官参与，引发学生想象力

任何能力的增长都来源于实践，没有生活的想象是空泛的。有人说："学生的想象在手指尖上。"教师在教学过程中，特别是教中高年级学生时，应时时刻刻创造机会让学生动手动脑，发挥想象。如在教学《确定位置》一课时，我校教师突破了传统的说教式教学，积极调动学生多感官参与。首先确定了行和列，让学生在游戏中明确数对（3，4）（4，3）（3，3）（0，3）（3，0）等的意义和位置，然后让学生在格子图中用磁扣摆一摆，比较发现各数对的不同。学生摆了3组后，就发现了规律，于是停止移动磁扣盘，转而探究和总结规律：第一个数表示第几行，第二个数表示第几列，要从下向上、从左向右数起。学生在操作中，特别明显地表现出智慧和实践的结合。信息通过两条相向而行的途径传递着——由手传到大脑和由大脑传到手，手也在"思考"，这种相互关系、相互作用的理解从整体转移到局部，从一般转移到具体，而手在这种转移中起着积极参与的作用，它极大地促进了学生想象力与创造力的发展。

2. 使用直观手段，培养学生的想象力

使用直观教学手段能将抽象的数学知识具体化、形象化，使学生能够更直观、更容易地理解和吸收。为了使学生更好地理解和掌握所学的内容，在借助直观教学手段时，把演示与讲解有机结合起来，在直观演示的同时有目的地、有条理地提出问题，让学生边观察边思考，从而培养学生的观察能力，发展学生的想象力。如我校教师在教完三角形的认识后，用磁性黑板展示一组三角形，让学生观察三角形分别是什么三角形。由于三角形都被遮住了一部分，露出的都是锐角，有的同学就认为3个三角形都是锐角三角形，有的同学说："不一定都是锐角三角形。"老师适当引导，让学生想象被遮住的另外两个角可能是什么角，结果同学们都争先恐后地

发表自己的看法。这时，老师把一个个三角形完全展示在学生面前，边演示边讲解，学生边观察边思考，使形声结合、视听结合，既加深了学生对三角形分类的认识，又提高了学生的空间想象能力，也使学生受到了看问题要全面的辩证思想教育。

我校教师能在学生无法通过想象理解知识时，恰当应用直观的教学手段，而不是像实验前那样直接使用具体直观的教具进行讲解。他们能通过各种教学手段，合理运用各种工具，充分挖掘一切可以活跃学生思维的因素，通过多种途径培养学生的想象力。

3. 结合实际问题，发挥学生的想象力

学生的数学学习内容应当是现实的、有意义的、富有挑战性的。我校教师正是遵循这一标准，结合课题研究，在小学数学教学中，将数学知识与现实生活和实际问题相结合，培养学生的想象力。例如，在教学《找规律》一课时，教师首先设计一个现实的情境问题："小轩和小哲、小函三个人合影留念，他们可以按怎样的顺序排队照相呢？"学生在思考时用数字"1、2、3"分别替代3个人进行排列。教师又引入新的思考，如果师生4人参与照相，能有多少种不同的排列方法呢？每组有1234、1243、1324、1342、1423、1432，共6种，6乘4共24组，学生通过独立观察、小组讨论、集体反馈，不断深入探讨问题。教师再引导学生：还有不同的方法可以总结出排列的规律吗？学生空间想象的思维已经打开了，他们充分发挥个人的想象力，利用已学的知识和从生活中获得的灵感，通过实际动手操作，能够更生动、深刻地理解知识。

4. 尝试质疑问难，启发学生想象力

康德曾经说过："想象力是一种创造性的认知功能。"人天生就对这个世界充满好奇心，这是"思"的开端。学起于思，思起于疑，小疑则小进，大疑则大进。如果没有疑问，就不会有新见解。想象力丰富与否，并不是天生的，在教学中可以进行开发、培养。研究表明，联想能力和想象力也服从于"用进废退"的法则。我们的实验课堂经常出现换个角度思考还会怎么样、和它相关联的问题有哪些等启发学生思考想象的问题，经常性地"强迫"并引导学生、激励并训练学生，使学生想象的翅膀能够搏击风浪，"思接千载，视通万里"。

在教学苏教版六年级上册《圆柱表面积计算》这一课时，为了让学生知道圆柱表面积如何求解，我校教师让学生动手操作，体会化曲为直的数学思想，引导他们将圆柱的侧面展开成长方形，进而很容易得出结论：圆柱的表面积=2个圆形面积+长方形的面积=$2\pi r^2+\pi dh$。面对如此复杂的公式，学生提出质疑："除了这种表达方式，还有没有简单的公式？"经过小组讨论，学生利用已学的求圆的面积公式时的分割方法，得到了圆柱表面积的另类求解法：圆的面积=1/2 底$_1$×高+1/2 底$_2$×高+…+1/2 底$_n$×高=1/2（底$_1$+底$_2$+…+底$_n$）×高=1/2×圆的周长×半径，两个圆的面积=圆的周长×半径，即圆柱的表面积=$Cr+Ch$（C即圆周长）。此时又有一个声音响起："有的圆柱只有一个底面，有的圆柱像通风管一样没有底面只有侧面，有没有公式能适用所有的情况？"一石激起千层浪，学生们最终分析出在计算圆柱的表面积时的 3 种情况：圆柱的表面积=$Cr+Ch$（两个底面），$1/2Cr+Ch$（一个底面），Ch（没有底面）。学生主动探究，教师应该鼓励学生积极思考，为学生提供自由的氛围，给他们质疑的机会。有质疑和困惑才能引导学生提出更多有价值的问题，进而培养学生的想象力和创新意识。

（二）学习方法优化，想象力得到了发展

1. 运用"类比—推理"，空间想象力得到了发展

想象力是学生多种思维能力训练的基础。一个人具有多大的想象能力，能有多大的想象空间，就会有多大的发展与创造。我校教师经常鼓励学生积极地进行对比联想及类比推理，发现数学定义之间的某种联系和区别，从而更好地揭示定义的本质内涵，发展学生的想象力。"认识公顷"是苏教版小学数学第九册第八单元的内容，"公顷"是学生学习了平方米、平方分米、平方厘米等面积单位后的又一个需要学习的新面积单位。因为"公顷"这个面积单位大，学生很难在熟悉的生活中找到同等大小的物体，因此它对于小学生来讲显得比较抽象。如何帮助小学生形成"公顷"这一面积单位的量感，是教学中必须解决的难点问题。教学中，我校教师在向学生介绍了"1 公顷=10 000 平方米"之后，围绕"1 公顷到底有多大呢？"这个问题，设计了如下教学过程。

（1）师：科学研究证明人的臂展与人的身高是相同的，现在老师想请 7 位身高 1.4 米左右的小朋友上来当小助手，手拉手站成一排。

师：一排小朋友手拉手的长度大约是多少？

生：约 10 米。

师：再请一些小朋友上来手拉手围成一个正方形。同学们，这个正方形的面积大约是多少？

生：约 100 平方米。

师：请同学们想一想，多少个这样的正方形面积大约是1公顷？

生：100个这样的正方形面积大约是1公顷。

（2）师：大家环视一下我们的教室，它的面积大约是多少平方米？

生：大约50平方米。

师：想一想，多少个这么大的教室面积大约是1公顷？

生：200个这样的上课教室面积大约是1公顷。

（3）师：（出示学生熟知的电影院图）大家看，这是电影院，我们经常在里面看电影，它的占地面积大约是1 000平方米。

师：想一想，多少个这样的电影院占地面积大约是1公顷？

生：10个这样的电影院面积大约是1公顷。

（4）师再出示学生熟悉的校园平面示意图，告诉学生蓝色部分的面积大约是1公顷。

师：请同学闭上眼睛，根据老师的提示走一下，想象一下1公顷的实际大小。

在以上的教学设计中，教师通过语言启发，依次呈现学生熟悉场地面积的100倍、40倍、10倍、1倍4个层级的实物图片，在小学生头脑中构建出一个个逐渐逼近1公顷并可以被感知的真实场景，让学生反复体会1公顷的大小。这样，借助学生的空间想象力，既帮助学生顺利建立了关于公顷的正确表象，形成了关于公顷的良好量感，又结合教学内容，进一步培养了学生的空间想象力。通过4个层次的想象，学生充分感知到了1公顷的实际大小。小学阶段培养学生空间想象力的素材很多，对于空间与图形领域的教学，只要善于挖掘就能发现大量的培养学生空间想象力的机会。

2. 运用"联结—联想"，算理想象力得到了提升

实践中我们还结合与教学内容相关的数量关系之间的"联结—联想"，使学生的算理想象力得到了进一步提升。例如，学了长方体和正方体的体积后，学生常常会碰到以下类似的题目：一个棱长为2分米的正方体玻璃容器，里面盛水5立方分米，投入一块石头后，量得容器内的水深15厘米，石头的体积是多少立方厘米？讲解本道题的关键是帮助学生理解"石头的体积就是上升了的水的体积"这一数量关系概念，在许多学生头脑中"石头的体积"与"水的深度"两者并不相干，让小学生直接理解这个数量关系比较困难。为化解难点，我校教师在课堂上一改以往直接告之的方法，首先让学生回忆《乌鸦喝水》的故事，回忆乌鸦是怎样喝到水的，然

后设计了如下问题。

（1）投入石头之后容器内的水位有何变化？（上升）为什么会变化？（因为石头需要占据容器内的一定空间）

（2）石头占据的容器空间就是石头本身的体积，如果石头形状是不规则的，无法直接计算它的体积，你能根据石头占据容器空间的大小算出石头的体积吗？（容器的水位因投入石头而上升，上升部分的水占据的空间就是石头占据的空间，也就是石头的体积）

通过两个有关联的问题，教师引导学生在观察的基础上探寻容器水深量数变化的原因，从而借助想象发现了容器内的等体积关系。

再如，对于平面图形（平行四边形、三角形、梯形、圆等）的面积推导过程，学生在三年级学习长方形、正方形的相关数量计算时，由于是初次学习关于图形与几何的计算知识，还没有掌握学习方法，那时他们主要依靠老师的指令。到了四年级学习三角形，学生已学会主动思考、研究图形的边和角，在学习方法上较三年级有了提升；到了五年级学习圆，学生能主动联系以前学过的平面图形，与圆比较，寻找圆的特征，发现圆的本质属性，更体现学生的元认知能力的提升。这些变化说明我们的学生已有了图形转化的想象力，然后进行面积计算公式的推导，即算理想象力也有了提升。这样的提升，正源于我们充分挖掘想象的因素，让形象思维的旋律智慧地灵动于我们的课堂。

3. 运用"生活—表象"，数据想象力得到了丰富

在实验研究的影响下，学生的生活表象日益丰富，想象力得到了较大的提升，数据想象力也得到了发展。在教学"认数"时，我校教师就是充分发挥学生的数据想象力，将抽象的数与生活中的具体、形象的事物相结合，帮助学生理解、记忆的，例如，"1像小棒111，2像鸭子222，3像耳朵333，4像帆船444，5像钩子555，6像哨子666，7像拐杖777，8像葫芦888，9像气球999，10是小棒加鸡蛋"。当然想象源于生活，没有生活基础的想象似空中楼阁摇摇欲坠。因为如果你从来没有感知过某类事物，那么你的头脑就不会出现把这类事物做材料的想象。

再如，在教学苏教版五年级下册《圆的认识》这一课时，教师给出生活中常见的钟面，先让学生找一找圆在哪里，学生很容易就找到了，再让学生找一找还有哪些圆，通过小组讨论，同学们发现时针、分针、秒针旋转形成的轨迹也是圆，此时圆的特征被深深地印在了学生的脑海里。有部分学生借助三个圆形轨迹得到新的发现：时针短，圆最小，秒针长，圆最

大，所以半径决定圆的大小。学生联系生活实际畅所欲言，教师通过巧妙设计教学活动，逆向联想，给学生足够的思考空间，培养学生的想象力。

4. 运用"猜测—验证"，猜想能力得到了培养

牛顿曾经说过："没有大胆的猜想，就没有伟大的发明。"猜想是对研究对象或问题进行观察、实验、分析、联想、类比、归纳等，依据已有的材料和知识做出符合一定经验与事实的推测性想象的思维方法。我校的实验教学，经常合理恰当地运用猜想，学生的学习积极性得到激发，学生的观察力、注意力、概括能力、想象能力得到更好的发展。如在探讨"变与不变"问题时，我校教师出示一组大小不等的圆，问："圆的大小变了，周长与面积有没有变化？"学生通过观察得到：圆的大小变了，周长与面积都有了变化。教师再出示3个等底等高的形状不一的平行四边形，问："这3个平行四边形看上去不一样，周长会变化吗？面积呢？请大家猜想看看。"有两种结论：一是周长与面积都没有变化；另一种是周长与面积都有变化。究竟哪种猜想是正确的呢？有的学生通过计算验证，有的学生直接分析判断，最后都得出：周长变了，面积不变。教师再问："是不是所有的平面图形的大小变化，面积与周长都会有变化？"学生再猜想、验证，经历"猜想—验证—再猜想—再验证"的思维过程，显然学生的观察力、想象力等得到了有力的培养。

当然，想象力的培养远不止以上几个方面，我们在教学中应不断丰富学生脑中的表象，有计划、有步骤地训练他们的数学想象力，放飞想象的翅膀。

六、想象力培养数学特色教学举例

数学是丰富而美丽的，它以科学简洁的语言形式，揭示了大千世界的内蕴之美，它将理性思维注入艺术世界。为了给学生提供更为广阔的想象力发展空间，丰富想象力培养形式，在国家规定的数学课程外，根据学校办学理念，我校还开展了一系列适合小学生想象力培养的特色数学教学活动。

（一）数学文化课程

所有的知识都是人的精神活动的产物，而且，越是基础知识，越代表人类精神活动的基本方式。枯燥，是由知识陈述者的表达方式造成的，与知识本身无关。数学枯燥吗？要知道，世界上最美好的东西往往都隐含着一个数字的秘密——"黄金分割点"，女神维纳斯、中国国旗、美丽的花序中都隐含着这个数学知识。"教学的核心任务应当是把书本知识还原到

【走进充满想象力的世界】

人类历史文化背景的适当位置中,借助特定情感情境的导引与支撑作用,揭示出知识、社会、文化之间的内在联系,把知识的激励作用充分释放出来。"[1]

我们给学生讲数学,数学是否仅仅是由一系列公式和算法构成的庞大体系?如果孩子在学校学习了十多年数学后,头脑中还只有这样一个简单的数学概念,那么我们的数学教育很难说是成功的。其实,数学是充满思想斗争的一个学科,它的故事性一点也不比其他学科少,甚至更丰富。

为丰富学生的想象力,激发学生学习数学的兴趣,永葆学习数学的热情,我校利用校本课时间开展数学阅读,根据某一单元或某一知识体系设计系列主题活动,从数学之史、数学之美、数学之用、数学之趣等不同视角对学生进行数学文化熏陶,开展"故事小达人""数学小作家""数学小编辑"等活动,丰富学生的数学想象世界,提升学生的数学素养。

以"因数和倍数"单元教学为例。

1. 数学文化

学完"因数和倍数"这一单元内容后,学生借助互联网、书籍进行"因数与倍数"相关的数学史实资料的搜集。他们了解了"哥德巴赫猜想",从哥德巴赫的生平到哥德巴赫猜想的提出、证明历程,到陈景润的伟大成就,乃至有了证明哥德巴赫猜想的伟大愿景。这一系列的过程不再是老师的口授相传,而是学生与数学家们之间穿越时空的对话,在了解了数学家们的伟大发现以及发现过程的曲折后,他们对数学家们的崇敬之情油然而生,激发起摘取数学王冠的豪情。

对"完美数"的寻根溯源、探索寻找,学生们感受到了只要张开想象力的翅膀,拥有发现美的眼睛,冰冷枯涩的数字就也有美丽的一面。

蝉的生命周期为什么大多为质数?为什么时间的进率选择了60?两个啮合齿轮的齿数为什么互为质数?这些自然现象、生活问题都与数学息息相关,数学是有趣又有用的。

"棋盘上的麦粒""韩信点兵""丢番图的年龄"这些数学小故事让学生们感受到:"你想变聪明吗?哈哈,学好数学吧!"

2. 数学小作家

学生的数学之眼被打开,他们学会了用数学的眼光看生活,看世界,凭借着想象力,"我手写我心",瞧,数学小作家悄然诞生了。

---

[1] 潘庆玉. 富有想象力的课堂教学[M]. 广州:广东教育出版社,2009:141.

有趣的奇偶数

苏州高新区实验小学校五（12）班　林美希　指导老师：李淑静

每年的大年初二，我都要到舅公家拜年。今年也不例外，但今年的这一天我特别开心，因为以往都是坐在大人边上一起吃喝，听他们聊家常，但今年不一样哟。

年初二是妈妈这边亲戚的大团圆日，所有的小辈都要到舅公家拜年，所以人很多，但今年人最齐全，光小朋友就有十几个。那天还出现了一个未曾见过的人物，据妈妈说这是她表妹的老公，是一位优秀的小学数学老师，是我的表姨父。表姨父穿得很整洁大方，对人也很彬彬有礼，见到我们小朋友也是笑眯眯的，但我们都躲着他，因为"怕"老师！

舅公家一直都是闹哄哄的，小朋友们一会争抢手机，一会争抢电视，一会吵架，这时表姨父出来，对着我们说："有没有想一起玩游戏的？"

吵闹的声音顿时小了很多，接着他又说："我可是很神奇的，这是个关于奇偶数的游戏，如果我猜错了我就给你们发红包，如何？"话音刚落，全场顿时鸦雀无声，然后所有小朋友都举手赞成，表示要参加，我当然也不例外，可能是红包的诱惑吧！

表姨父清了清嗓子说："首先，请每位小朋友先准备两张小纸条。"

我们立即跑到房间去找自己想要的纸，一会儿工夫所有人都准备好了纸条，就等表姨父的下一个指令。"现在开始，请每个小朋友在两张纸条上分别写一个奇数和一个偶数，写好后两手各握一张。请注意不要让边上的小朋友和我看到。"表姨父接着说道。我学过奇偶数的知识，所以知道怎么写，但有几个还不太懂，我们大一点的小朋友就先介绍哪些是奇数、哪些是偶数。不一会儿所有人都按照要求写好了，然后表姨父又说："注意听好了，请将你们右手纸条的数字乘以2，左手纸条的数字乘以3，得出的乘积最后再相加。注意不要发出声音哟，不然被我听到啦。"等所有小朋友都算好后，表姨父让结果是奇数的站成A队；结果是偶数的站成B队。我左手写的是3，右手写的是6，3乘以3加上6乘以2等于21，所以我是A队。所有人都站好队，都在想这是要干吗，都特别好奇地在想接下来他会说什么呢。

这时表姨父一字一字地慢慢说道："A队所有小朋友左手纸条里写的都是奇数，B队所有小朋友左手纸条里写的都是偶数，看看我有没有猜对？"我打开左手纸条一看，完全正确。不只是我，所有小朋友的结果都是对的,大家都很惊讶,纷纷问道:"您是怎么知道的?"

表姨父先喝了一口饮料,然后慢慢给大家讲解:

"奇数×2=偶数

奇数×3=奇数

偶数×2=偶数

偶数×3=偶数

奇数+偶数=奇数

偶数+偶数=偶数

当左手是奇数的时候,奇数×3=奇数,偶数×2=偶数,奇数+偶数=奇数,所以结果是奇数;当左手是偶数的时候,偶数×3=偶数,奇数×2=偶数,偶数+偶数=偶数,所以结果是偶数。这就是最后结果与左手中奇偶相同的原因,也是我猜测的依据。"

听完表姨父的分析,小朋友们都恍然大悟,原来这也是有套路的啊,看来学好知识是关键,虽然没拿到红包,但大家还是挺开心的,这是一个很特别的游戏。

(此文获"小数报杯·小小数学家"优秀科普小论文五年级组二等奖)

(二)数学游戏课程

游戏在生活中无处不在。数学游戏在现实情境和数学时空里处处可见。康世刚等认为,在抽象的数学王国里,游戏是满身数学细胞的"趣味精灵",高冷的数学在游戏里既风趣又平易近人。有学者认为,凡是蕴含着数学原理、运用到数学知识或数学方法的智力游戏,均可归结为数学游戏,甚至数学就是一种游戏。通过游戏,学生全身心地沉浸在发现与探索之中,趣味学习数学。

1. 巧手折纸(1—2年级)

折纸活动既能培养学生的观察能力、动手能力,还能在课间进行。巧手折纸的主要活动形式有自己准备书,每周学会折一个作品,贴在班级的展示墙上;课间给好朋友分享自己作品的折法;积累折法后,学会折系列作品;创作折纸情景画;评选"折纸巧手匠"。学生带来自己喜欢的折纸书,课间观察折纸书中的每一条虚线、实线及箭头的方向,然后进行操作,有疑难时互相请教。在家中,有的学生和家长一起研究折纸方法,享受亲子时光。每周的展示时间,是学生最自豪的时刻,他们选自己最喜欢的一件作品贴在墙上,甭提多高兴了!巧手折纸活动充实了学生的课余生活，慢慢地引领学生学会观察。看，这是"巧手匠"的折纸情景画，张张作品彰显着学生的巧手魅力；各个创意透视着学生的巧思妙想；幅幅精彩洋溢着学生的折纸热情。

2. 速解九连环（1—2年级）

九连环是中国传统的智力玩具，具有极强的趣味性。解九连环要做到思路清晰、手脑协调，懂得化难为易。孩子们先自行练习，在一个月后进行考核，考核标准为拆解九连环、安装九连环各15分钟。而在10分钟以内完成拆解九连环、安装九连环的孩子比比皆是。孩子们用自己的细心、耐心、信心完美地完成了考核（图4-49）。

图4-49

考核的过程中，孩子们坚持不懈努力的精神让我们感动，孩子们取得的成绩更令我们自豪。在游戏中，孩子们动手的能力得到了提高，专注力和耐力也得到了锻炼。这一切让我们倍感欣慰，所有的付出都是值得的。

3. 玩转七巧板（3—4年级）

七巧板是一种古老的中国传统智力玩具。为了培养学生的动手实践能力和创新能力，三、四年级开展玩转七巧板活动，举行"七巧板达人赛"。一块块小小的七巧板，在孩子们一双双灵巧之手的摆弄下，拼成了一个个形态各异的小物品。孩子们在想一想、拼一拼中，不仅感受到了组合图形的无穷奥妙，还体验到了创意七巧板的无穷乐趣和成功的喜悦。

4. 魔方速拧（3—6年级）

魔方的练习能提高学生的动手与动脑能力，培养学生的空间想象能力、反应能力、手眼协调力与手指的灵活度。魔方速拧活动是从三年级开始开展的，为了调动学生练习的热情，班级根据还原魔方6个面的时间评选了"魔方速拧中级小达人""魔方速拧高级小达人"。但是魔方还原的方法比较复杂，对于初学者，如果一段时间不练习，就会遗忘，会生疏，为此我校在学生升入高年级后继续开展魔方速拧活动，组织开展"魔方速拧争霸赛"。学生们网上自学、线下研讨，互相切磋，比赛时他们手里的魔方飞速地转动，灵活的手指演绎出一场色彩斑斓的魔方盛宴。

当然，教育探寻之路永无止境，我校还在进一步开拓更多有创意的数学课程，如数学魔术课，让孩子们学魔术、解魔术、创魔术等，努力打造出更多灵动的、富有创意的数学课程，让孩子们打开数学之眼，点燃学习数学的热情，借想象力的翅膀乘风而上，撷取美丽的数学之花。

第六节　我们这样学科学

想象力是人在已有形象的基础上，在头脑中创造出新形象的能力。因此，想象一般是在掌握一定知识的基础上完成的。想象是创新的钥匙，想象力是创造力的基础和前提。丰富的想象力有助于学生将来解决科学未解之谜。想象力参与到科学学习活动中，能使学生学得生动活泼，把"死"的知识变成"活"的知识。科学教育呼唤想象力。

现代社会也许不缺手段去实现想法，但是缺少新的想法，而新的想法需要有足够的想象力。因此，小学科学教学需要培养学生的想象力。有了丰富的想象力，创新才能成为可能。科学教师要义不容辞地承担起培养学生想象力的责任，激发学生寻找独特的视角去思考和解决问题。

一、教学要点参考

（一）科学是想象力的源泉

从科技革命到知识爆炸，从大数据到人工智能，人类社会又步入了想象力经济的时代……何谓想象力？它首先是人类原始的天赋和能力，创造新事物、创新新模式，从无到有、从零到一；更深层上，它能突破认知的边界，超越已有的极限，颠覆过去的经验。从这个意义上讲，想象力与科技是相通的。

相比人类的学习力等能力，想象力是人类最宝贵的财富，它是推动人类社会不断进步的力量，是创新能力的源泉。而想象力最重要的来源，则是人类社会不断发展的科学、艺术，以及不断沉淀的从古绵延至今的人类文化。

有人说，好奇心是推动人类发展的唯一动力。而想象力则是人类发展的基础。一个人如果没有想象力，那跟机器人无异；一个没有想象力的民族，是缺少活力、仿佛一潭死水的民族；一个国家缺乏想象力，则不会有创新，不会有科技文化的进步，那是十分可怕的！

现在我们国家已经迈入新时代。新时代呼唤新作为，新时代需要新气象。要想提高国家科技文化实力，提高创新能力是关键。因此，我们要重视在教育中培养创新人才;要建立健全创新奖励机制,对做出贡献的创新人才加大奖励;要给科研人才提供一个良好的科研环境,鼓励创新研究。唯希望也,故进取;唯进取也,故日新。让我们在科学中汲取想象力的养分,为国家科学和文化的进步贡献时代力量![1]

(二)科学对想象力的作用

想象力是人类所特有的一种天赋,是人类最伟大的特点和优势,虽说与生俱来,但也在很大程度上受外界影响。想象力的发展是需要知识的,而且它渴求更多元、更丰富、更深远的知识集群。可以说,科学和艺术对于想象力都起着非常重要的作用,它们构成了想象力的源泉。

科学是想象力保持活力的来源之一,当面对所谓科学真理时,我们是否敢于想象去质疑它、批评它、否定它呢?而这敢于想象的证伪主义正是科学精神的核心。哥白尼在科学面前充满想象,也进一步求证了"日心说"的合理性,让人类更向真理靠近了;爱因斯坦曾说想象力比知识更重要,这位伟大的科学家充满智慧,也向人类美丽的创造能动性——想象,给予了真切的赞美与认可;瓦特在水壶旁的一次不经意想象,让科技发生了一次质的飞跃;牛顿万有引力的发现也成就了一颗苹果所带来的想象。这样的例子不胜枚举,科学与想象存在着千丝万缕的联系,最重要的就是科学一直让想象保持活力。

(三)天真孩童渴求想象力

新维果茨基学派建构了一种整合了认知、动机和儿童社会性发展等心理要素的综合性理论,把儿童主导活动的变化作为儿童发展的主要成就和表现形式,形成了儿童发展的一般模式。在儿童中期(也就是小学阶段),他们通过习得书面语言,通过科学概念、程序知识和知识体系调节的认知过程,形成系统的科学概念、程序知识和学习活动。[2] 在这个阶段,学生对周围的事物充满好奇,内心充满想象,总是跃跃欲试。正是因为家长没有扼杀数星星的孩子对茫茫宇宙的探索,最后才成就了伟大的天文学家张衡,才有了浑天仪、地动仪。

在科学课学习中,学生从简单观察开始,逐步学习观察法、实验法等方法来探究科学。在这过程中,学生难免会对老师课前准备的实验器材充

---

[1] 科学艺术古文化是想象力的源泉[EB/OL]. https://www.jianshu.com/p/cea820c73f14.

[2] 潘庆玉. 富有想象力的教学设计:基兰·伊根认知工具理论课堂应用研究[M]. 广州:广东教育出版社,2014:35.

满好奇,甚至"跃跃欲试",这时老师如果立马呵斥,也许将彻底扼杀了他们的求知欲。但是如果不处理,课可能都没法上。怎么办呢?究其原因,对新奇事物好奇是每个人的天性,随意抹杀是十分不妥的。只有当他们知道这些实验器材是为了帮助我们更好地进行科学探究时,他们才不会因为好奇而做出出格的举动。在每个学生的第一节科学课上,教师可以安排学生参观科学实验准备室,让学生近距离观察、接触这些实验设备,告诉他们这些都能帮助我们更好地探究科学。为了解决个别学生因为害羞等原因,在课上不能积极参与实验的问题,教师可以在每个班开设"班级实验角"。在整堂科学课中,学生始终是学习的主体,教师只是引导者、参与者。

虽然大部分孩子将来不会成为科学家,但是我们也不希望科学教育使学生失去想象,成为背概念高手、刷题高手。

(四)科学教育呼唤想象力

套用联想电脑曾经的广告词——人类失去想象,世界将会怎样?我们的科学教育要呼唤想象力。

当孩子提出"我要发明一个可以……的机器人"的时候,也许你会莞尔一笑,说:"孩子这是瞎想,还是把手头的作业做完吧。"当你认为这是他在瞎想、在幻想时,你是否意识到你已经扼杀了孩子的想象力。你知道那些机器人在不久的将来不会实现?20年前,我们感叹人可以仅凭一台电脑、一根网线生存72小时,现在我想没人怀疑,其实这真的很容易。从积极的维度看,幻想是一种高度自由的想象力,具有超强的生成性和构造性。[1] 现代科技文明无一不是在前人想象的基础上逐步实现的,将来的科技文明也将在今人想象的基础上逐步实现。著名画家达·芬奇生前完成了万余页与科技相关的笔记、画稿,至今存世的约有6 000页。在与他同时代的人看来,精确呈现人体肌肉、骨骼、内脏的解剖图简直是魔鬼的涂鸦,而那些齿轮、杠杆组成的机械工具则是连上帝都不曾创造出来的东西,但他们依然将这位奇才的手稿珍藏了起来。数百年后,自动织布机、自行车、机器人、飞行器等"奇奇怪怪"的发明接连问世。人们这才发现,几个世纪前,达·芬奇的草图上就已经出现了这些东西。古人的想象在今天已经逐步变为现实。只有先想到,才可能去做到。从这些我们可以发现想象力对于创新多么重要。

---

[1] 潘庆玉. 富有想象力的教学设计:基兰·伊根认知工具理论课堂应用研究 [M]. 广州:广东教育出版社,2014:6.

（五）科学教育呵护、鼓励想象力

理论上现在的孩子能接触到的新鲜事物越来越多，想象力应该越来越丰富。但事实并非如此。我们一直感叹，现在的孩子被电脑、手机绑架了，越来越缺乏想象力。我们应该清醒地认识到不改变我们的教育方式，想象力将会滑落到教育的边缘。在我们的教育中，特别是科学教育中，想象力应该成为整个教育过程所关注的焦点。

小学科学教育强调教学三维目标：科学概念、过程与方法、情感态度和价值观。虽然小学科学教育更加强调的是科学的探究精神，但我们教师也不能忽视科学的想象力。现在天马行空的想象也许在若干年以后真的能实现，毕竟事实证明是如此。小学科学课程标准在能力培养方面明确提出："在指导儿童认识科学的过程中，着力培养、训练、发展他们学科学、用科学的能力。"这其中也包括想象能力。因此在科学教育中培养学生的想象力就显得尤为重要。

当前我们使用的科学教材基本上从某一科学现象开始，进行探究，发现规律。整个教学过程中，教师更强调探究过程，但对规律应用提得相对较少。事实上，这部分教学内容才是值得深挖，可以让学生充分发挥想象力的。

科学课堂是科学教育的主阵地，但科学社团也是不可忽视的。在学校里开展模型、机器人等科技社团，可以有效突破科学课堂教育的局限，拓宽学生的视野，更能发挥学生的主观能动性，发挥学生的想象力。

二、想象力为核心的小学科学课堂教学评价

表 4-22　想象力为核心的小学科学课堂教学评价

评价项目	比例	评价要素	点评与分析
教学理念	15%	1. 以发展学生理解科学知识、运用科学技能探究、树立科学情感态度价值观为核心，学习过程渗透"以学生为本"，透过想象力培养，提升科学素养。 2. 激发想象力，加强课堂训练，促进学生对科学知识的理解、科学技能的运用。 3. 鼓励学生保持与发展想要了解世界、喜欢尝试新鲜事物、乐于探究与发现周围事物奥秘的欲望。 4. 有机整合学科知识，恰当运用现代教育技术。	

续表

评价项目		比例	评价要素	点评与分析
教学过程	教学行为 教学目标明确	10%	1. 符合新课标和教材要求，合理制定"教学三维目标"，突出想象力培养。 2. 教学重点、难点突出。 3. 年段特点突出，能根据班级、学生特点制定目标。	
	教学内容精当	10%	1. 根据教材重难点来安排教学进程，学生掌握科学知识，技能训练得当，科学情感态度价值观明确。 2. 把握学生科学学习特点，因势利导，"用教材教"而不是"教教材"。 3. 充分体现学科特点，使学生充分感受到科学在生活中的魅力。	
	教学环节简约	10%	1. 教学环节清晰紧凑，简约适用，有创意。 2. 教学效率高，问题设计整合有价值、有层次、有质量，具有启发性。 3. 学生学习情绪饱满，能积极主动参与教学，思维活跃，想象力丰富。	
	教学方法灵活	10%	1. 根据教材内容采用恰当的教学方法和教学模式，注重培养学生的思维能力和创新能力。 2. 充分体现学生的主体地位，对主导与主体的关系处理得当，能及时抓住反馈信息，启发引导学生的创新性思维，灵活处理学生反映出的问题。 3. 关注学习过程，引导学生在自主合作探究中培养想象能力。	
	教学手段	5%	1. 根据教学内容，恰当运用教学媒体，做到形象思维与抽象思维相结合，启迪学生想象力，设备操作熟练规范。	
	教学效果	15%	1. 达到教学目的，全体学生理解并掌握教学内容，课堂气氛活跃而有序。 2. 学生思维活跃，具有创新性，有一定的广度和深度。	
	学生行为	15%	1. 全员参与学习，对教学内容和形式感兴趣。 2. 积极发表见解，能用自己的语言有条理地表述，与人交流语言得体。 3. 善于多角度思考问题，能主动提出有价值的问题，乐于分享。 4. 透过心理工具的掌握和熟练使用，提升想象力。	

续表

评价项目	比例	评价要素	点评与分析
教师素质	10%	1. 教态亲切自然，尊重和关注每一个学生。 2. 教学设计有创意、富有想象力。 3. 无拖堂现象。 4. 课堂教学的语言有激情。具备恰当使用多媒体的能力，规范地书写板书。	
整体印象			
总评得分			

想象力为核心的小学科学课堂教学评价表（表4-22）的使用说明：

教学评价是依据教学目标对教学过程及结果进行价值判断，并为教学决策服务的活动，是对教学活动现实的或潜在的价值做出判断的过程。教学评价是研究教师的教和学生的学的有价值的过程。教学评价对于教学活动具有诊断作用、激励作用、调节作用和教学作用。

想象力为核心的小学科学课堂教学评价，首先要符合小学科学的学科特点，突出科学知识、技能、情感态度价值观，并在整个教学过程中，培养学生的思维能力、想象能力和创新能力。

诊断作用

通过对教学效果进行评价，可以了解教学各方面的情况，特别是学生想象力方面的情况，从而判断它的质量和水平、成效和缺陷。全面客观的评价工作不仅能估计学生的成绩在多大程度上实现了教学目标，而且能用来解释成绩不良的现象，并找出主要原因。

激励作用

课堂评价对教师和学生具有监督和强化作用，能反映出教师的教学效果和学生的学习成绩。本评价体系更注重激励学生的想象力和创新能力。

调节作用

评价发出的信息可以使师生知道自己的教和学的情况，教师可以根据反馈信息修订计划，调整教学行为，从而有效地工作，以达到所设定的目标。

教学作用

评价本身也是一种教学活动。在这个活动中，学生的知识、技能将获得长进，智力和品德也有所进展。

在以想象力为核心的整个评价过程中，我们更加关注学生在学习过程中激发出的想象力和创造力。这种想象力和创造力是学生在学习过程中通过教师的教积极主动呈现出来的。教师运用丰富的教学手段和教学资源，形成和谐的课堂氛围，给学生插上想象的翅膀。

三、想象力培养中的学生科学技能评价

小学生科学技能评价是小学科学教育工作的重要组成部分，是推动小学科学教育事业持续健康发展的重要手段和保障。想象力为核心的科学技能评价既要符合学科特点，又要符合小学生的心理和思维发展规律。

（一）树立正确的评价观

教师只有树立正确的教育观念，才能改进对学生的评价。教育观念主要体现在人才观、质量观、教学观和学生观。

人才观：人才第一，人才多元。教师要充分发挥学生丰富多彩的想象力，尊重学生的差异性，将他们培养、塑造、锻炼成为祖国和人民所需要的人。

质量观：重视掌握现成知识，更注重对知识、技术创新能力的评价；强调全面发展，更注重个性发展，释放学生的想象能量。

教学观：教的目的是让学生获得未来发展的基本素质，而不在于传授知识的多少。知识是能力的基础，能力是知识的升华，素质是综合的结果。

学生观：尊重学生，承认学生的差异性。

（二）确定小学生科学技能评价的原则

《义务教育小学科学新课程标准》中的评价内容指出：将学生的发展、教师的发展与课程的发展融为一体，淡化终结性评价和评价的筛选评判功能，强化过程评价和评价的教育发展功能。

第一，在评价中教师要明确：教育要树立全面提高学生科学素养的正确观念，改革原先评价中重知识、轻技能，重概念、轻方法的传统评价方式。

第二，对学生科学技能的评价应针对不同的主体多角度进行。这还需我们充分明确评价目的，准确把握评价方法是否适用评价内容的依据，评价应体现在多元化、全面化、多样化、全程化上。

1. 评价主体的多元化原则

在教育部门的主导下，教师、学生、家长等共同参与学生的学习评价。学生参与评价，反思自己的学习状况；学生家长、教育管理部门、科技管理部门以及社区有关组织和人士被邀请参加对科学课程的组织、实

施、方法和效率等进行评价；教师在教学评价中仍发挥重要作用，但是不再充当裁判的角色，而是学生科学学习的伙伴和激励者，同时又是科学教学的调控者。

2. 评价内容的全面化原则

对学生的科学学业评价不局限在学生科学知识掌握的多少上，而是要涵盖科学素养各方面的内容，包括知识与技能、方法与过程、情感态度价值观，还包括非智力等方面的因素。

3. 评价方法的多样化原则

这主要体现为自我评价和他人评价（社会评价）相结合；直接评价与间接评价相结合；相对评价和绝对评价相结合；诊断性评价和形成性评价相结合；结合性评价和新单项性评价相结合；宏观评价和微观评价相结合。

4. 评价时机的全程化原则

教师应关注学生的全程发展。

(三) 确定小学生科学技能评价的总目标和分年级段目标

根据《义务教育小学科学新课程标准》，结合学校自身特点和学生生理、心理特点，我校制定了《苏州高新区实验小学校教育集团学生科学技能评价标准》。该标准旨在提高学生的科学技能和综合素质，不断促进学生个性发展，全面普及，形成学校特色。

具体评价时，我校遵循自我评价和他人评价（社会评价、家长评价、同学评价、教师评价）相结合的原则；直接评价（对作品的直接评价）与间接评价（对学生纵向作品的评价）相结合的原则；相对评价和绝对评价相结合的原则（我们不以一把尺子量人，根据每个学生的特点，评价的标准也是不同的）；诊断性评价和形成性评价相结合的原则（结果当然重要，但是对相当一部分学生，我们的要求是：我努力了，我尽力了，相信我会更好）；结合性评价和新单项性评价相结合的原则（每个学生的喜好不同，特长不同，我们不以一个作品作评价标准，我们的评价方式是宽松的）；宏观评价和微观评价相结合的原则（根据学生一贯的表现和某时间段的表现给予评价）。

> **苏州高新区实验小学校教育集团学生科学技能评价标准**
>
> 学生在小学期间，必须掌握：
>
> 小学一年级：种植一棵小植物。例如，根据当地地理气候和实际条件，种植大蒜。学生在种植养护期间，利用简单的图文记录植物生长情况。
>
> 小学二年级：饲养一只小动物。例如，饲养蜗牛等。学生在饲养期间，利用简单的图文记录小动物的生长情况。
>
> 小学三年级：制作一个小作品。例如，制作小模型等。在制作的同时要求学生用简单的图文写出制作过程。
>
> 小学四年级：撰写一份调查报告。例如，对学校或家庭使用水、浪费水的情况的调查等。
>
> 小学五年级：设计一个小实验。例如，根据生活或学习中的某种现象，学生设计实验以证明自己的想法。
>
> 小学六年级：撰写一篇小论文。

这些内容是学生必须掌握的，但是也是有选择的。

在种植和饲养过程中，学生会关注植物"渴"了会怎么样，小动物"渴"了或"饿"了会怎么样。学生还会发现在整个种植和饲养过程中的有趣现象，这不但培养学生的学习持久性，同时也培养了学生爱护大自然的美好情怀。

在制作过程中，学生能培养想象能力和动手能力，我校宣扬的口号是"只怕想不到，不怕做不到。只要手够巧，我就能创造"。

通过撰写调查报告，学生能培养观察、走访、分析、综合的能力，同时也能培养社会适应能力。

通过设计小实验，学生培养了"提出问题—分析问题—解决问题—实际应用"的能力。

撰写小论文，能综合培养学生的科学技能。

（四）实施评价的过程和方法

科技教育的目的不是对学生科学技能进行评价，而是运用评价这一手段更好地对学生进行科学教育。对学生科学知识的培养不仅仅是科学课教师的事。我校教师对学生科学学业的评价是建立在"促进学生科学素养的形成，提高科学技能"的基础上的。在实施评价时，我们尽量不占用学生的课余时间。

我们是在课堂上完成形成性评价的。教师评价和学生自评成绩比例各占50%。为此，我校制订了一份学生科学技能评价表（表4-23、

表4-24），要求学生在科学技能形成的同时准确客观地填写。教师利用上课巡视的时间对表现特别的学生也进行填写。

表4-23　苏州高新区实验小学校教育集团学生科学技能形成性评价表

班级_____姓名_____															时间：_____		
（注：☆☆☆表示掌握很好，☆☆表示掌握较好，☆表示掌握一般）																	
我对_____科学技能掌握情况的自我评价																	
	对问题的观察			提出的问题			实验情况			使用工具情况			和同学合作的情况				
	☆☆☆	☆☆	☆	☆☆☆	☆☆	☆	☆☆☆	☆☆	☆	☆☆☆	☆☆	☆	☆☆☆	☆☆	☆		
学生自评																	
教师评价																	

表4-24　苏州高新区实验小学校教育集团学生科学技能诊断性评价表

班级_____姓名_____													时间：_____	
（注：☆☆☆表示掌握很好，☆☆表示掌握较好，☆表示掌握一般）														
我对_____科学技能掌握情况的自我评价														
其他资源参与情况： 　　家长（　　　　　），同学（　　　　　），其他（　　　　　） 　　[注：在括号中写明参与者的姓名及与自己的关系]														
	作品完成情况			自己参与程度			遇到困难自己解决情况			使用工具情况				
	☆☆☆	☆☆	☆	☆☆☆	☆☆	☆	☆☆☆	☆☆	☆	☆☆☆	☆☆	☆		
学生自评														
家长评价														
同学互评														
教师评价														
家长签名：				同学签名：						最终成绩：				

对学生作品（指每学年学生应掌握的小种植、小饲养、小制作、小调查、小实验、小论文）的评价，我校采用学生自评、同学互评、家长评价和教师评价，各占25%。通常，学生的作品不可能在课上完成，教师对学生作品的要求是：鼓励学生运用自己能运用的资源（家庭资源、社会资源、同学资源等），但作品必须以自己参与为主，如果运用了其他资源，必须注明。

为引起学生和家长的重视，当最终成绩为☆☆时，学生可以到少先队大队部获得争章达标章中的一个科技章；当最终成绩为☆☆☆时，除了可以获得科技章外，学生更有机会角逐一年一度的"十佳科技好少年"。

学期结束，我们把学生平时的形成性评价表和诊断性评价表汇总、录入数据库，对学生一学期来掌握的科学技能做比较合理的评价，然后反馈、存档，以便给学生今后的科学技能提升提供纵向参考。

四、想象力培养科学教学案例

富有想象力的教学设计是养成良好的认知方式的重要保证。富有想象力的学习过程与知识本身的深浅无关，而是取决于教学设计的艺术性和科学性。[1]

（一）基于神话认知的科学教学案例

基兰·伊根教授认为，神话思维深刻地影响着年幼儿童理解世界的方式。对于小学中低年级学生来说，采用故事、比喻、二元对立、韵律节奏与模型、心理成像、闲话、游戏与玩耍、神秘感等神话认知工具能帮助学生与学习材料建立情感联系，所得的情感体验尤为重要。

彭加勒说，科学家不是因为有用才研究自然的。他研究自然是因为他从中得到快乐，他从中得到快乐是因为它美。若是自然不美，知识就不值得去求，生活就不值得去过了。

小学科学课程标准的总目标中提道：通过科学课程的学习，知道与周围常见事物有关的浅显的科学知识，并能应用于日常生活，逐渐养成科学的行为习惯和生活习惯；了解科学探究的过程和方法，尝试应用于科学探究活动，逐步学会科学地看问题、想问题；保持和发展对周围世界的好奇心与求知欲，形成大胆想象、尊重证据、敢于创新的科学态度和爱科学、爱家乡、爱祖国的情感；亲近自然、欣赏自然、珍爱生命，积极参与资源和环境的保护，关心科技的新发展。

---

[1] 潘庆玉. 富有想象力的课堂教学[M]. 广州：广东教育出版社，2009：110.

"亲近自然、欣赏自然……"就是应该鼓励孩子从小乐于投身自然、探究自然,用他们敏锐的感官去拥抱自然,去发现自然中的变化和奥秘,去欣赏自然的景色美、生态美、沧桑美和协调美,从而发展爱自然、爱家乡、爱祖国、爱劳动的思想感情。为此,我们要按照中低年级学生的眼光来重新审视教学主题,捕捉并唤起他们的好奇心。教科版小学科学三年级上册"动物"单元内含"寻访小动物""蜗牛""蚯蚓""蚂蚁""金鱼"等内容。这个单元的前述是这样的:

认真观察过蜗牛、蚂蚁和金鱼吗?我们身边的小动物是那么有趣和多样!

小动物们有的会飞,有的会爬,有的会游。它们的身体结构是怎样的?生活在哪里?需要什么条件才能生存下来?它们也会慢慢变老吗?

让我们仔细观察它们,比较它们,看看它们有什么相同和不同,像科学家那样进行观察和做好记录。

对于小学低年级学生来说,在学习这部分内容之前可以说对小动物的了解几乎停留在卡通画和动画片的程度。对真实的小动物往往极少关注,观察时还常带有畏惧的心理。小朋友对卡通画和动画片的喜爱,正是因为卡通动画形象更可爱,颜色更丰富,更能抓住他们的心理。但这也往往使得很多低年龄段的学生几乎生活在卡通动画的世界里,到了正式观察小动物的时候,往往会出现畏难情绪,甚至出现伤害小动物的情况。

☞**案例:寻访小动物(教科版小学科学三年级上册第二单元第一课)**

在《寻访小动物》一课中,教师让学生想象自己就是那些小动物:你希望别人来打扰你吗?你希望别人来伤害你吗?你希望别人来破坏你生活的家吗?……通过角色代入,把小动物想象成跟自己一样的一个个鲜活的、有思想的生命,可以有效地唤醒学生的真善美。

1. 课题解读:什么是寻访?

寻:就是寻找。

访:就是访问。

通过课题解读,小动物不再是生物学上的小动物概念了,而是跟我们一样的一个个鲜活的小生命,为后面怎样寻访、寻访时需要注意什么做好铺垫。

2. 活动前探讨：我们怎样寻访小动物？

如果你想去寻访你的朋友，你会怎么做？

如果有朋友来寻访你，你希望他怎么做？

很多小动物都是人类的朋友，所以我们寻访小动物时应该怎么做？

寻访小动物还要注意些什么？（不能伤害小动物；不能破坏小动物的"家"……）

你见过记者在采访时还需要做些什么？那我们在寻访小动物的时候应该怎么做呢？（做好记录）

怎样做好记录呢？我们可以用简单的文字和图画把小动物的特点记录下来。这节课的重点并不是让学生认识更多的小动物的名称，而是抓住小动物的外形特点用图和简单文字描述即可。

通过活动前的探讨，学生主动把自己想象成一个小记者，把小动物想象成跟学生一样有思想、有情感的小生命，为后续学习打下坚实的基础。

3. 学生活动

4. 汇报、总结活动过程及内容

（二）基于浪漫认知的科学教学案例

在科学教学过程中，把诸多风格各异的浪漫认知工具纳入整个教学设计中，能发挥其合力作用。我们要将科学语言内在的概括性、逻辑性联系起来，通过事物的表象，进行合理的推理，可以很好地丰富学生的想象力。

☞案例：食物在体内的旅行（教科版小学科学四年级上册第四单元第五课）

小学科学教材内容涵盖丰富，其中关于人体内部构造的内容特别有意思。教科版四年级上册第四单元《食物在体内的旅行》这一课内容在《自然》教材也有，传统的教学目标定位是学生通过这一课的学习，理解消化系统是怎么消化和吸收的，各个消化器官有什么作用。

课题解析：本课课题不是消化系统，而是食物在体内的旅行。课题用"旅行"一词本身就能激起学生丰富的想象：食物在体内旅行去了哪些地方？发生了哪些有趣的事情？……

科学教材设计了这么一个问题：我们每天都会吃各种食物，这些实物从嘴里又到哪里去了？教材还配上一副人体轮廓图，意思很明确，要学生发挥想象力，用文字和图画把食物在体内的旅行描述出来。

可有些老师却认为：直接教学人体的消化系统，让学生明白各部分的功能不就行了。却不知这样会抹杀学生的想象力。这节课设计的最经典的就是让学生想象食物会在体内怎样旅行。

"我们吃下去的食物一定是要送到身体里的,那么就一定会有一根管子连接着嘴巴。"这就是食道啊。

"我们吃下去的食物不会马上被解决掉,所以一定会有一个存放食物的像口袋一样的器官,并且这个器官一定有两个开口,一个开口让食物进来,一个让食物出去。"这就是胃啊。

"我们吃下去的食物一定会变成我们可以吸收的营养,我们肚子里一定会有这样一个可以加工食物的机器。"胃就有这样的功能哟。

"机器加工出来的营养一定会让我们人体吸收,还不大可能一下子吸收,一定是慢慢吸收,而且越慢吸收得越干净。"小肠很长,面积很大哟。

…………

学生在想象过程中不断修正自己的想法,最终掌握了知识。我们无须像医科大学里一样通过解剖人体来知道各个器官是什么样。我们需要保持点神秘,保持点美好,让学生在想象中学到科学知识。这一类解暗箱课都可以按照这个方法进行教学。

五、赏析想象力生长的科学课堂:以《它们吸水吗》教学为例

英国约克大学物理系的自然哲学教授 Tom McLeish 在《科学的诗意和韵律》(*The Poetry and Music of Science*)一书中,记录了在中学六年级(相当于国内的高三)访问的一段经历:这些十七八岁的学生告诉他,他们在学习科学的时候,看不到任何可以发挥自己想象力和创造力的空间。这种情况发生过不止一次了。失去想象力的科学教育是折翼了的百灵,失去了翱翔天际的本领,亦失去了美妙的乐音。

我们学生对事物想象的广度和深度与发达国家同龄的孩子相比存在着不小的差距,主要表现为想象的面不广且不深入,情节简单而不稳定,夸张性大而创造性不强,想象的内容常常是光怪陆离、异想天开但不合情理。这与作为科学启蒙的科学教师在日常教学中对培养学生的想象能力是否给予足够的重视有关,教材中有很多培养学生想象能力的教学资源没有被很好地挖掘,有很多让学生进行想象的机会在教室组织探究活动时却常常被忽略或被轻描淡写地带过。许多科学教师对学生的想象思维活动在科学过程中所起的作用并不十分明确,它常常被置于可有可无的位置。

教科版小学科学教材三年级上册材料单元《它们吸水吗》,这一课分三大块内容:第一块内容研究纸、木头、金属、塑料四种材料哪些能吸水；第二块内容了解造纸的历史；第三块内容用废报纸再重新造一张纸。很多教师往往把重点放在造一张纸上，因为这可以把课上得很热闹，学生也很喜欢。但是对"材料为什么吸水"往往会忽略，其实这一部分还是极其需要发挥学生的想象力的。学生通过放大镜观察，发现纸的纤维之间有很多空隙，水可以渗透到这些空隙中。事实上，只要物体有空隙，那就很容易吸水。从想象到观察，最终形成自己的内在结论这是很有必要的。

在教科版小学科学教材中有很多类似的课，比如，关于溶解、分子运动方面的很多课程，都是需要学生有极强的想象力才能更好地理解其中的科学道理。如果教学时忽略了对学生想象力的培养，那么学生是不能透彻地理解的，只能让自己的思维停留在事物的表面。

科学教材内容的安排实际上也在学生想象力方面有个循序渐进的过程。低年级不仅有可供想象的内容，同时也可以拆开让学生明白内部结构，从而掌握其中的道理；中年级开始，学生学习通过设计实验来验证想象的合理性；高年级在认知事物方面，还应该要知道事物之间的联系，而不只是事实。

一般的探究过程涉及：观察，提出问题，做出预测、猜测或假设，设计研究方案并开展工作以搜集数据，对获得的数据进行处理、分析与解释（解读数据）以验证假设，得出初步结论，考虑可能的其他解释及提出有待进一步探究的问题，将上述探究过程与结果以一定的方式陈述或表达出来，以及在这一过程中与他人合作、交流（分享）及开展评价。其中预测、猜测和假设是在学生原有知识体系基础上做出的，也是探究过程中最重要的一环，更是属于有据想象，而且是一种处在积极的萌发状态的思维过程，每一项猜想和预测都是学生进行创新思维的具体体现。猜想和预测是培养学生科学想象力的基本形式和重要途径，也是学生进行科学探究活动的一个重要环节。不管学生的预测和猜想最终与事实结果是否相符，都具有积极意义，教师在教学中要加以利用。

灵感也叫顿悟，它是一种近乎无意识或潜意识的非逻辑式的创造性思维活动，是对某一问题长期思考以后突然产生的思想火花。

灵感来自何处？它来源于对问题的潜心研究和对知识的积累。例如，为了探寻化学元素的内在规律，门捷列夫常常手拿自己做的元素卡片像玩纸牌那样摆弄。有一天，他在摆弄元素卡片的过程中突然像触了电似的跳了起来，在他面前出现了很奇特的意外现象：每一行元素的性质居然都是按照原子量的增大而逐渐变化的。根据这一突然的发现，他于 1869 年 2

月编成了第一张元素周期表。又如,相传有人向希腊国王告发工匠在制作金王冠时用银子偷换了金子,国王叫阿基米德想办法鉴定金王冠是否掺假。于是,阿基米德便冥思苦想,考虑如何解决这个难题。有一天,当躺进澡盆洗澡时,他发现自己身体越往下沉,盆里溢出的水就越多,而他则感到身体越轻。他突然领悟到可以用测定固体在水中排水量的办法来确定金王冠的比重。他兴奋地跳出澡盆,大声喊着:"找到了!找到了!"阿基米德找到的不仅是鉴定金王冠是否掺假的方法,而且是重要的科学原理——浮力定律。科学探究的最大乐趣是在于发现了什么。

我们在引导学生进行科学探究活动时,不仅要使学生获得知识,同时也要创设各种机会让学生像科学家那样进行猜想和预测,进行各种科学探究活动,激发学生学习科学的兴趣,以形成尊重事实、善于创新的科学态度,在科学探究过程中体验学习科学的乐趣。

科学教育中,培养学生的想象力是教学改革的需要,更是科学启蒙的需要。给科学教育插上想象力的翅膀,能让它飞得更高、更远。

六、想象力培养科学特色教学举例

科学课除了完成正常教学任务以外,每学期我校都会要求教师根据自己的特长留出两节课进行科学拓展教育。这两节课是所有科学课中最受师生欢迎的,老师可以自由发挥,学生更是可以脑洞大开。

(一)金钥匙社团

树叶从树上掉下来,是背面朝上的多,还是正面朝上的多?

金钥匙活动是由中国科学技术协会发起的一个全国青少年科普活动,每年定期举行比赛,比赛内容涵盖天文、地理、物理、化学、生物、现代科技等。金钥匙社团也是最受学生欢迎的一个科技社团。受到社团人数的限制,学生不能全员参与,所以老师会利用两节科学拓展课对学生进行全员科普教学。

社团会研究各种各样有意思的问题,如,树荫缝隙的光斑是什么样子的?水是无色的、透明的,为什么大海是蓝色的,雪花是白色的?人睡觉会闭眼睛,那么鱼睡觉也会闭眼睛吗?……

这里选一个比较有意思的问题:树叶从树上掉下来,是背面朝上的多,还是正面朝上的多,抑或是差不多?

探究这个问题,学生往往会根据以往丢硬币的经验,回答:差不多。但真是这样吗?教师出示图片(图4-50)。学生看了图片,极为惊讶。

现实局限与极限经验产生了碰撞,这激起了学生急切的探究欲望。

学生分析羽毛球落地的情况，得知物体落地跟重心相关，所以可以想象树叶的正面比背面重。

学生用显微镜观察树叶的正面和背面结构，发现树叶的正面结构比背面结构整齐、致密（图4-51），所以树叶的正面比背面要重一些，但是重得并不多，所以树叶落下时背面朝上的较多。

图 4-50

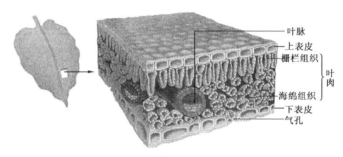

图 4-51

（二）我爱发明

侧方位停车方案

《我爱发明》是我校的一个校本教材，贯穿中高年级的科学拓展教学。学生在学习了一系列发明技法以后，更需要脑洞大开。

《电话》是《我爱发明》校本教材的第一课。对于现在的孩子来说，手机并不陌生，手机里的功能也不陌生，但是他们很少会去关注手机的前世今生和手机的未来。这一课，我们以电话为主，让学生初步认识到什么是发明、为什么要发明、发明的意义何在，让他们逐步养成随时观察、随时思考、及时记录的好习惯。

我校教师的教学从《西游记》中的"千里眼、顺风耳"导入："我们不是神仙，但我们有比神仙更神奇的智慧——手机，我们已经拥有了千里眼、顺风耳。"

现在的手机有哪些功能？你知道以前手机是怎么样的吗？

通过资料阅读，学生了解电话的发明历程，感受"敢想象"的魅力。

下面是学生周舟在上完这节课后的"敢想"：

能不能让车子平移侧方位入库呢？这是我最大的愿望，也是很多开车人侧方位停车时最大的愿望（图4-52）。

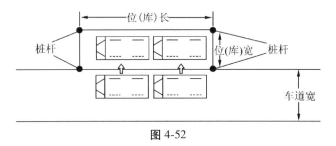

图 4-52

该研究申请了国家实用新型专利（专利号：ZL201620499142.1，专利持有人：周舟）。像这样因为学生脑洞大开而带来的发明专利，学校还有多项。

让我们一起呵护孩子们的想象之心，打开孩子们的科学之眼，千千万万个爱因斯坦也许就会从张开想象双翼的孩子们中诞生。

第七节　我们这样做综合实践

综合实践活动以学生为主体，以学生的兴趣为前提，倡导自主、探究、合作的多元学习方式，鼓励活动形式灵活多变，是一种能让学生通过社会实践积累和丰富直接经验、增强探究和创新意识的非学科性课程。综合实践课程对培养学生的想象力、创造力具有重要的作用。学生在综合实践活动中，能联系社会实际，通过自己的亲身体验进行学习，培养独立思考、创新精神和实践能力。

一、教学要点参考

（一）小学综合实践教学对想象力发展的重要性

综合实践活动是从学生的真实生活和发展需要出发，从生活情境中发现问题，并将其转化为活动主题，通过探究、服务、制作、体验等方式，培养学生的综合素质的跨学科实践性课程。

从综合实践活动的性质可以看出，这是一种实践性课程，它强调学生通过探究性学习、社会参与性学习和操作性学习等多种实践性学习活动，把学生的探究发现、大胆质疑、调查研究、实验论证、合作交流、社会参与技实践等作为重要的发展性教育活动。所以说综合实践活动课程的性质决定了它是培养学生"实践力、创新力、想象力"等核心素养的最好载体。

（二）想象力为核心的综合实践教学要点

1. 处理好学生的学与教师的教

教师要让学生成为主动参与者，更好地发挥了学生自主学习的积极性和主动性，而教师也由原本的教授状态转化为引导状态。在综合实践活动实施过程中，教师要处理好学生自主实践与教师有效指导之间的关系。教师既不能"教"综合实践活动，也不能推卸指导的责任，而应当成为学生活动的组织者、参与者和促进者。教师的指导应贯穿综合实践活动实施的全过程。

在活动准备阶段，教师要充分结合学生的经验，为学生提供活动主题选择及提出问题的机会，引导学生构思选题，鼓励学生提出感兴趣的问题，并及时捕捉活动中学生动态生成的问题，组织学生就问题展开讨论，确立活动目标及内容；要让学生积极参与活动方案的制定过程，对活动可利用的资源及活动的可行性等进行评估，增强活动的计划性，提高学生的活动规划能力；同时，引导学生对活动方案进行组内及组间讨论，吸纳合理建议，不断优化、完善方案。

在活动实施阶段，教师要创设真实的情境，为学生提供亲身经历与现场体验的机会，让学生经历多样化的活动方式，促进学生积极参与活动过程，在现场考察、设计制作、实验探究活动中发现和解决问题，体验和感受学习与生活之间的联系。教师要加强对学生活动方式与方法的指导，帮助学生找到适合自己的学习方式和实践方式。教师指导要重在激励、启迪、点拨、引导，不能对学生的活动过程包办、代替，还要指导学生做好活动过程的记录和活动资料的整理。

在活动总结阶段，教师要指导学生选择合适的结果呈现方式，如绘画、摄影、戏剧与表演等，对活动过程和活动结果进行系统梳理和总结，促进学生自我反思与表达、与同伴交流及对话。

课堂上，教师只有恰当地"教"才会有学生的积极参与、有效参与。这样有效的自主学习才能激发学生的课堂积极性，才会伴随想象力的生发。

2. 充分关注学生的个体生活和社会生活

小学综合实践课的开设就是为了打破传统应试课堂教育的限制，让学生在生活实践中进行知识探寻、思考，激发学生的创造潜力和实践探究能力，促进学生想象力、创造力的提升。

小学综合实践课的教学要打破课堂教学实践活动的限制，将课堂实践教学活动大胆延伸到课外、家庭及社会环境中。比如，利用现代网络教学资源，构建与社会实践深度融合的课程网络教育体系，利用实践案例，模拟真实的生活场景，让学生从实践活动中受到启发与体会。再如，教师采用小组合作的方式，让学生成立实践小组，以小组为单位对教学活动进行自主组织，走进实际生活，从生活中发掘自己的学习乐趣。在实践课"家乡的名胜"的教学中，教师首先要引导学生对家乡产生热爱的情感，之后，让学生走进生活，在老师及家长的指导下，组织小组对家乡的名胜进行实地考察，感受家乡的人文情怀。通过互动及分享，学生在实践中真切地感受到生活和学习的乐趣。

社会是学习活动的最终实践场所。在小学综合实践课中，教师首先要深入了解学生的实际生活，以社会生活为原型，开展丰富多样的实践教学活动。比如，教师通过组织以"小区环境问题"为主题的实践活动，让学生以小组形式对某一小区的环境问题进行亲身调查并思考问题产生的原因及解决措施。如此既能在实践活动中培养学生的实践探究能力与问题分析能力，还能够帮助学生将所学到的理论知识（环保知识、垃圾分类知识等）灵活地运用到社会实践中，从而解决问题。

学生的生活是学习的源头活水，综合实践课程的实践性决定着它比其他课程更关注学生的生活。生活会产生生活的知识，学生会在发现问题、解决问题的过程中发展想象力、提高创新能力。

3. 通过创意物化，鼓励学生充满想象力的表达

所谓的创意物化，就是指学生在教师或者家长的指导下，自己动手实践，掌握一定的手工能力或者说是创作能力。创意物化培养的是学生观察生活的能力及想象能力。创意物化体现在生活中的方方面面，例如，女生可以将自己穿小了的裙子改造为环保袋，实现废物利用，为环保贡献自己的一份力量。需要注意的是，创意物化的作品，必须是实用性强的、不断创新的。从改造身边物品入手，结合学生的生活实际，鼓励学生大胆想象、创意表达。

4. 在评价中呵护学生的探索精神和创意发展

教师要以促使学生综合素质持续发展为目的，设计与实施综合实践活动评价，在评价中呵护学生的探索精神和创意发展。教师要坚持学生成长导向，通过对学生成长过程的观察、记录、分析，促使学校及教师把握学生的成长规律，了解学生的个性与特长，不断激发学生的潜能，为更好地

促进学生成长提供依据。评价是让学生及时获得关于学习过程的反馈，改进后续活动。教师要避免评价过程中出现只重结果、不重过程的现象，要对学生作品进行深入分析和研究，挖掘其背后蕴藏的思想、创意和体验，杜绝对学生的作品进行随意打分和简单排名等功利主义做法。

二、想象力为核心的综合实践课堂教学评价表

表 4-25　想象力为核心的综合实践课堂教学评价表

评价项目			比例	评价要素	点评与分析
教学理念			15%	1. 以学生为主体，在探究的过程中渗透"想象力的创意学习"课程理念。 2. 加强探究、制作等方面的训练，从而提升学生的能力，尤其注重想象力的提升。 3. 打破学科的壁垒，以主题活动和项目研究为主要形式，丰富课堂形态。	
教学过程	教师行为	教学目标明确	10%	1. 制定合理的课时目标。 2. 课时目标明确具体，重难点突出。 3. 目标设计中要体现想象力、创造力的特质。	
		教学内容精当	10%	1. 根据课时目标的重难点来确定探究的落脚点。 2. 删繁就简，取舍恰当，实现学科知识的有机整合。 3. 能沟通课内外学习，充分体现学科与生活的融通。	
		教学环节简约	20%	1. 教学环节清晰紧凑、简约适用。 2. 课堂教学设计整合有价值、有层次、有质量。	
		教学方法灵活	20%	1. 根据综合实践活动的特点，采用恰当的教学方法和范式。 2. 体现学习过程，引导学生自主合作探究学习。 3. 能进行创意学习教学方法的尝试。	
	学生行为		15%	1. 全员参与学习，对教学内容和形式感兴趣。 2. 在教师的组织引导下，课堂气氛和谐。 3. 积极发表见解，能用儿童的语言有条理地表述。 4. 善于多角度探究问题，能主动提出有价值的问题。	

评价项目	比例	评价要素	点评与分析
教师素质	10%	1. 教态自然亲切，尊重和关注每一个学生。 2. 教学的氛围平等、宽松、和谐，无拖堂现象。 3. 能从培养学生的素养及其能力提升的角度进行针对性教学。 4. 要注重提升学生的创意想象力、创造力。	
综合评价意见		可以是课的优缺点，也可以是几点体会，还可以是建议（用关键词的表述方式）。	
评　分			

三、想象力培养的综合实践教学案例：校园环境标识设计

设计思路：

本课在教学资源安排上，以欣赏、分析环境标识为切入点和教学主线，结合学校的实际情况，贴近学生生活实际，采用卡纸制作标识的设计练习方式，激发学生学习和创作的兴趣；在教学设计上，整个设计思路体现为：设置情境导入—标识分类（贴近学生生活）—标识与环境的关系—认识标识、学会设计—动手设计、制作标识纸模型—作品展示与评价。整个教学设计思路都充分贯彻学生的自主性学习及以学生为本的教学理念，小组合作，分层递进，将课堂生成及时纳入预设，灵活应对，充分体现学生通过合作带来的积极影响。

通过本课的学习，学生能够初步掌握环境标识设计方法，培养自己的创新设计思维和动手实践操作能力。

教学环节列举：

1. 通过抢答游戏，认识标识与环境的关系

（1）第一轮抢答开始（认识四种标识）。接下来我们玩一个抢答的小游戏，老师提出问题，请你们举手抢答，哪个小组成员答对一题，该小组加一星。

- 第一题

这些环境标识，你认识它们吗？

这个环境标识告诉我们，入口在右前方。你是根据什么看出来的呢？（通过箭头）

箭头属于指示导向标识的一种，也称导向标识系统，是一种信息明确

的路标。

● 第二题

再看看这些环境标识，你认识它们吗？你又是根据什么看出它们的含义的呢？

像这样的告诉我们不能去做某事的标识属于警示规则标识，它用于引起人们的注意，规范人们的行为。

● 第三题

仍然是两块标识。看看你熟不熟悉？说出你的根据。

通过清晰的文字和图形告诉我们这是什么场所的标识属于识别系统，它通过显示不同的场所，供人们判断和选择。

● 第四题

对于最后两块标识，说说你看懂了什么。

这类标识一般具有很强的设计性，造型独特，引人注目，比如这个咖啡壶，可以用来美化和装饰环境，因此它们属于装饰标识。

（第一轮抢答结束，看一下黑板上的星星。XX组的小朋友获得了一颗星，我们给他们鼓鼓掌，其余小组还需在接下来的抢答中努力哦。）

（2）第二轮抢答开始（认识标识的要素）。这些标识都有一些共同的要素，有的也有区别，看看谁的火眼金睛最先发现。

● 文字图形

看看这两块环境标识，说说它们有什么不同，分别表示什么含义。

文字和图形是标识设计中必不可少的要素，文字可以帮我们解读一些内容复杂的标识，而一些含义简单的标识，用抽象图形表现可以更加直观、生动。

再看看这两块标牌，你觉得哪块标识更舒服、更合适呢？

当文字和图形搭配使用时，要注意到文字和图形之间主次分明。

● 外观造型

请看这两块标识，它们都属于哪一类标识呢？外观造型上又有什么不同？（都是停车场的意思，都属于识别标识，一个造型简单，一个外观造型复杂）

第二块标识更具有设计性，造型美观。因此一个独特生动的外观造型可以给整个标识加分不少。

- 材料选择

① 请你快速地说出这些标识的材质,即它们是用什么材料做的。
(卡纸、KT板、木板、不锈钢、塑料……)

② 这些材料各有什么特点呢?你能从标牌内容、制作成本、使用寿命、场地限制这四个方面说一说吗?

小结:选择材料时要考虑到这个标识的使用地方,如室内还是室外,既要环保耐用,又要节约成本,选择性价比高的材料。

(设计说明:游戏是重要的认知工具,能够激发儿童全身心地投入到探索活动中去。同伴之间的合作互助、比赛竞争,能够激发学生的积极性。这里通过抢答游戏,把学生带入一种紧张而兴奋的竞争机制中,使学生注意力高度集中,在热情高涨中积极思考、学习知识。另外,通过各种图形、图案,学生展开想象,建构意义,掌握形象与意义之间的联系,能够识别标识,进而掌握标识与环境的关系。)

2. 师生合作,设计模拟

(1) 假如现在要为我们学校的美术教室设计一块标识牌,你觉得选择哪种材料最为合适?

首先,想想外观造型上,我们可以利用哪些与美术相关的图形元素?接下来就是字体部分的设计,字体上有什么不一样的想法?主体部分完成了,你觉得还可以添加一些什么装饰呢?最后适当排布,搭配上合适的颜色,设计完成。

(2) 小组合作

为了高效地完成小组合作,明确每位成员的任务,请用一分钟的时间讨论,并在小组长的带领下填写小组分工表。特别提醒:小组长负责整体工作的统筹安排,争取做到人人有事做、人人出智谋。

(3) 实践操作

通过合作学习、实践操作,学生在做中学,在学中悟。通过设计标识,创造性地把图、文、意义相结合,在创作中体现"想象",使"想象"落地,真正提升学生的想象力。

第八节 我们这样做劳动与技术

一、教学要点参考

（一）小学劳动与技术是一门新兴而重要的课程

劳动与技术这门学科出现在小学课表上的时间不长。最早出现的时候是作为综合实践课程的子课程，占综合实践课程的一个课时。2007年，综合实践课程小学每周需安排2课时，按照要求，当时一节课安排"综合实践研究性学习"课程教学内容，另外一节安排"劳动与技术"教学内容，统称"综实课"。2015年，我校把"研究性学习"课程和"劳动与技术"课程分开后，我们有机会深入了解了这门课程的性质和要求，也有更多的老师加入到了这门课程的教学中去。

2019年6月，《中共中央国务院关于深化教育教学改革全面提高义务教育质量的意见》正式刊发，"坚持'五育'并举，全面发展素质教育"的条例第5条意见就是"加强劳动教育"，要求"充分发挥劳动综合育人功能，制定劳动教育指导纲要，加强学生生活实践、劳动技术和职业体验教育"。

我们有理由相信，劳动与技术的课程推广有了这股春风的推动，将获得长足的发展，会有更多的老师投入到这门课程中去，也会有更多的学生爱上这门课程。

（二）将认知工具引入小学劳动与技术课堂

加拿大教育学家基兰·伊根的认知工具理论使我们认识到：每个人都有想象力且是可教的；这种教授是适合教育教学的，并且这种想象力的培养是可以评价的。认知工具理论的引入将有利于提高学生的想象力，改进目前劳动与技术课堂的教育教学。

小学劳动与技术课程就是以提高学生的劳动与技术素养为总目标，重视设计、强调操作、立足实践，促进学生手脑并用与知行合一，发展学生的工程思维和创造能力。其中，特别重要的一点就是提高学生对劳动工具和劳动技术的亲近感和敏锐感，使他们对技术能有文化感悟。怎么培养课程涉及的那些重要的核心素养？如何提升小学生的想象力？我们将引入基兰·伊根所描述的富有想象力的概念和实践方案，并在课堂教学中加以运用，进行初步而有效的实验，获得令人惊喜的效果。

(三) 劳动与技术课让"想象力"飞扬

认知工具既是"富有想象力的教育"的理论核心，又是这种教育理念的具体策略和方法。认知工具在教育中作为一种工具系统协同工作。依次认识并把握这些认知工具的性质与作用，将有助于从根本上把握"富有想象力的教育"的基本思想。

根据基兰·伊根的理论，小学劳动与技术课程开设年段——3—6年级的学生，都处在"浪漫认知系统及认知工具"模块系列中，当然也不排除三年级的孩子还有一些"神话认知系统及认知工具"中的部分特性。如，在作品评价部分，"二元对立"的认知工具可能使用比较多，对自己的作品和其他同学的作品进行分类和评析中，"好或不好"评价单一。这时，教师就要让学生深入观察，说出具体的理由，如各自的好体现在哪里，哪里还有不足。

下面从三个方面来谈谈如何在小学劳动与技术课程中提升学生的想象力。

1. 自由、灵活的课堂氛围

"实践性"和"操作性"是小学劳动与技术课程的两个明显的标签，一直沉浸在书山题海中的学生特别喜欢这门课程。在他们眼里，这是一门能放飞心情、放飞想象、放飞自我的美妙的课程。在他们眼里，所有的劳技老师都是魔术师，能在一节课的时间里，带领他们进入一个前所未知的新世界。

传统的课堂教学中"教师教、学生学"的现象在劳动与技术课上很少见。更多的是，老师在做，做的是范作，学生也在做，尝试着做，正式做；自己做，合作做。整个课堂氛围是自由灵活的。做得好，自然得到更多师生的关注，但是，只要能做成，学生心中的满足感和愉悦感就足以帮助他建立良好的劳动观。"原来这么复杂的东西，我也能做出来。""这次刚做就做出来，回去还要做，做得一定要比这次好。"这是很多学生共同的心声。"正是通过这种联想作用，儿童建立了理智上的安全感，获得了自我的同一性"[1]，也符合"富有想象力的教育"理论中的"浪漫认知"的个体认知系统。

---

[1] 潘庆玉. 富有想象力的教学设计：基兰·伊根认知工具理论课堂应用研究 [M]. 广州：广东教育出版社，2014：95.

2. 立足现实，学生自主建构知识体系

劳动与技术课程结构显示，它的课堂教学内容是立足现实、运用现实、发展现实的。劳动与技术课程主要包括劳动、家政、技术和职业准备四个方面，有洗涤、纸艺、泥塑、结艺、布艺、烹饪、小木工、小金工、种植、电子小制作等。这些内容都是学生依靠自己对生活的理解能触摸到的，教师不用绞尽脑汁地进行牵制性引导，只需要简单出示课题或者范作。学生通过文字和实物，会直接反映出今天的学习内容，并发挥自己的想象力，对学习内容有一种无比热情的学习期待。

这时，老师教学就可以利用学生的个体知识主动建构知识点，在课堂教学的引导下，激发学生的学习想象力，学生的制作能力和创新能力也会得到进一步的提升。

3. 紧抓认知工具，创意无极限

基兰·伊根教授最关注的核心问题是如何借助认知工具系统开展富有想象力的教育，并提出了人类想象力发展的5种认知系统（方式）：身体认知、神话认知、浪漫认知、哲学认知和讽喻认知，每一种认知系统（方式）都有自己独特的认知"工具箱"。

在此基础上，马克·菲特博士又提出了8种基础想象力，组成"纵向认知工具"，一横一纵，让我们进入了丰富的想象力教学的天地。在课堂上，我们只要根据具体的教学内容，紧紧抓住这些认知工具，灵活使用，提升学生想象力就有了坚实的理论基础。

（1）"游戏与玩耍"和"神秘感"认知工具的运用

著名教育学家皮亚杰说过："儿童的活动在一定阶段上必然意味着要用手操纵对象，乃至要进行一定数量用手的实际物理的探索。"[1] 同时基兰·伊根在神话认知系统与认知工具部分也谈到了"游戏与玩耍""神秘感"这两种认知工具。由于这两种工具都是伊根教授放在神话认知系统中的，因此低年级的教学中使用得相对多一点，但是并不意味着高年级的学生就不适用。

如五下劳动与技术课程教材中有《心锁环》这一课。心锁环是由中国古典玩具演变而来的一种益智玩具。因为是玩具，好玩才是最重要的。授课教师在上课只要花少量的时间玩一玩，学生立马就对新事物产生好奇，内心产生冲动并想付诸行动——想知道怎么玩，想知道怎么做。这是"游

---

[1] 皮亚杰. 皮亚杰教育论著选 [M]. 卢濬选，译. 北京：人民教育出版社，2015：170.

戏与玩耍"认知工具的魅力,既吸引了学生的注意力,同时还达成意愿:学生自己有强烈需求来完成本课的教学目标——会玩;会做一个心锁环。

下面请看一段我校经典的"超级变变变"片段:

师(拿出一个超级大而且醒目的心锁环教具):请大家不要眨眼睛,见证奇迹的时刻马上要到了,请大家为我读秒。

生:(大声)1!2!

仅2秒钟,老师成功解锁。

生:(群情沸腾,纷纷议论)老师,那是什么?我也要玩。

师:请大家不要眨眼睛,再次见证奇迹的时刻马上要到了,请为我读秒。

生:(大声)1!2!

2秒钟后老师成功上锁。

师:请一位同学上来玩,哪个愿意?

一学生上台,捣鼓好久,不能解锁。

整个过程令人眼花缭乱,但是不超过2分钟,学生的积极性已经完全被调动起来。接下来,他们迫切需要老师为自己解惑:需要如何做,才能在短短的一节课时间内完成制作,并能顺利玩起来。

这里,"神秘感"认知工具也在参与这个环节。学生的读秒,老师的演示,像极了一场神秘魔术,教具夸张的大,也给学生带去了惊异感。但是再大的教具,也无法掩饰"心锁环"这个益智玩具给学生带去的"神秘感",因为它超越了学生日常生活的环境,创造了一种富有吸引力的、有待发现的、令人惊异的效果,学生就完全地被吸引到探索性学习中来了。

(2)"现实局限与极限经验"认知工具的使用

"现实局限与极限经验"是学生能够熟练地读写之后而获得的富有想象力的认知工具。它包含两方面:一是指学生已经能够意识到外部世界独立于自身之外,它不会因自己的希望或忧虑而发生任何改变,因而在这个新异的世界里学会安全生存需要积极的想象力;二是指学生常常对现实世界中具有极限性的、新异独特的事物产生好奇与着迷,利用这一点有助于探索外部世界,并从中发现自我。[1]

---

[1] 潘庆玉. 富有想象力的教学设计:基兰·伊根认知工具理论课堂应用研究[M]. 广州:广东教育出版社,2014:209.

【走进充满想象力的世界】

学生从儿童期向青少年期过渡时，将越来越关注世界中的现实因素，从童年时代对幻想世界的迷恋逐步转向对现实世界的可能性与因果性的思考上。从幻想到现实，想象力被融入了理性思维活动，所以，"现实局限与经验极限"高于幻想能力，是一种被理性化、概念化的幻想力，是一种更高级的想象力。

因此，我们的教学设计要灵活而巧妙地使用这种想象力，激发学生的学习能力。在劳动与技术教学制作过程中，我们一般都要经过几个必要的步骤：认识制作材料和工具——知道作品的构造——了解制作的步骤，然后才开始全班制作。

再以心锁环为例，学生知道了心锁环分为心环和锁环两部分，锁环又分为一字型横杆和U型弯杆（图4-53、图4-54），就会迫不及待地使用尖嘴钳弯折。这看着很简单，等学生尝试着"依葫芦画瓢"，按照步骤做起来，就会发现事情完全没有那么简单。要么就是心形环难以从锁环取下，要么就是心形环难以套进锁环。于是，有的学生开始使用蛮力，或者使用小聪明，故意把几个圆环松开一点，但是问题其实并没有从根本上得到解决。

图4-53

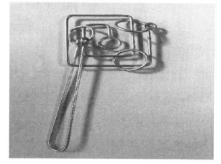
图4-54

这时，现实和经验产生断裂，学生对新异独特的事物产生了好奇，教师要及时地抓住这个时间点和受挫点，帮助学生积极探索外部世界，从中发现自我。当老师拿起范作，细致地教授玩心锁环的全过程时，学生就会恍然大悟："哦，原来是这样子！"玩心锁环的秘密其实就在一字型横杆和U型弯杆的4个圆环上——弯杆上的圆环要略大些，才能套进心形环的凸起处；一字横杆上的圆环要稍小些，才能从空隙中穿过。

鉴于铅丝的柔韧性和坚硬度，重新做4个符合要求的环，还是比较简单的。在学生的受挫点，教师适时地点拨一下，再顺势让学生举一反三，做出其他的锁环来。

这样，在劳动与技术课程教学过程中，通过对知识加以"现实局限与极限经验"化，我们可以锐化学生对事物的感受力，激发学生的想象力和推断力。

（3）"掌握规律"认知工具的使用

"教是为了不教。"对这句话，仁者见仁，智者见智。教是给学生打开一个窗口，让学生能由窗外的风景，继续往下探索。马克·菲特博士把这种认知工具叫作"掌握规律"，它在伊根教授的理论中叫"收集"和"组织"，基本意思是指完成、扩大和组织一个系列，或者连续地重组一个集合的热情。[1] 教材不是知识的容器，而是引导学生通向科学和文化世界的路标。

劳动与技术课程的作业评价，和其他课程不同，由于它每册教材模块不同，前后课有联系，但又相对独立，因此《江苏省义务教育劳动与技术课程纲要》（2017年修订）提出"建立学习结果与学习过程并重的评价机制"，文中强调，"既应关注学生实践技能的习得、学习成果的掌握情况，也应关注学生技术知识、方法、态度的发展情况"。所以作业必须在课上得到及时评价，不被留到课后或者是下一课时。这对授课教师的专业素养水平是一个很高的挑战。

要实现学生富有想象力的理解，要在教学中注重想象力教学，教师就要坚持深层性的开放思维。因此，在课堂评价中，教师不能用传统教学的标准答案来扼杀学生的个性化理解，应努力培养学生的创新意识与能力，唯其如此，学生的创造性想象力才能得到很好的展现。

好的学生作品基本是按照授课的流程做下来的，无差错。可是，有的时候，一些不是很理想的作品，却独具匠心，体现出制作者不同的思维方式。

如，五年级下册第六课《平结手链》，教师教授平结手法的时候，按照教材内容是要求第二步"左线越过轴线往下折，右线压在左线上"，第五步"右线越过轴线往下折，左线压在右线上"，依次编织，就会出现一组整齐的平结，左右对称，美观大方。

但是由于初次编织，线头众多，学生容易在课堂上走神，编织时有的

---

[1] 潘庆玉.富有想象力的教学设计：基兰·伊根认知工具理论课堂应用研究［M］.广州：广东教育出版社，2014：102.

一直走的是"左线越过轴线往下折，右线压在左线上"，而且由于他们的动作单一，编织速度又很快，一组"平结"也会诞生。考验老师变能力的时候就到了。

它是不是平结？答案是显而易见的——是。唯一不同的是：我们授课用的教程是双向平结，学生编了一顺的，那叫单项平结。此时，我们在这个知识点上可以展开，既然都是重复一种走线方法，只要得法，就都能织出好看的编织品。

本单元的鞭炮结，在授课的时候，教师一般提醒学生用2根不同颜色的线编织。学生根据书上提示的步骤，就会编织成一个圆圆的鞭炮结。结果课堂上还是会有意想不到的现象出现。因为鞭炮结是顺着一个走向编织下去的，有的同学中间走神或者中途走开，就忘记自己是逆时针走向还是顺时针走向，上交的作品，就会出现和其他同学不一样的纹路。老师在这个时候就可以点拨一下："一下'顺时针'一下'逆时针'，会是什么样子呢？"学生被老师金手指一点，马上付诸行动，一个新的编织物就此产生，它就是方形玉米结，经常被使用在手链编织上。

改一改，增一增，减一减。事实证明，学生在老师的点拨下，会对某些事物和现象产生越来越浓厚的兴趣和爱好。如，学生对编织物产生兴趣，然后开始收集自己喜欢的视频、图片及编织方法。在收集的过程中，学生对现实世界有了深入了解和认识。而且在漫长的收集和交流中，学生逐步培养起了对特定事物的稳定兴趣和爱好，学会了在期待中维持自己的兴趣，学会了利用一切可能的机会和手段而不仅仅是课堂授课来达到自己的目的。在这里，知识的内容得到了充足，知识的结构也得到了深化。

（4）"改换背景"认知工具的使用

劳动与技术课程标准要求，我们学习各种技术是为了将其运用到生活中去。"通过改变知识学习的背景可以把学生的想象力引向生动多彩的生活世界，赋予学习材料更加丰富的内涵。"[1]

如三年级学生学会了看山线和谷线的图标，就能学会看折纸的书；学会了制作树叶书签，就会有自己独一无二的书签；学会了用尖嘴钳折铅丝，在生活中就能做些简单的缠绕、捆扎，甚至自己做些简单的蒸架或者旅游衣架；等等。

---

[1] 潘庆玉.富有想象力的教学设计：基兰·伊根认知工具理论课堂应用研究[M].广州：广东教育出版社，2014：96.

继续以平结手链为例,其实平结在生活中的应用是非常多的,最常见的一种用法是项链、手链的收尾。它具有自由伸缩、自如调整项链长度的好处。还有一种是极为生活化的用法,就是用于两根绳的打结,极为牢固。

(5)"捕捉细节"认知工具的使用

2016年,纪录片《我在故宫修文物》广为流传,片中讲述的正是一群用一辈子时间修复文物的普通人,在脆弱而又珍贵的文物面前,他们用静心、细心、耐心,日复一日地描画、纺织、修补、临摹……为什么我们会被此深深打动?因为这些普通人在他们的岗位上兢兢业业,对工作专注倾心,对细节追求完美,对技艺不断磨砺。他们具有新时代的"工匠精神"!

什么是"工匠精神"?"工匠"是有工艺专长的匠人,"精神"是指人的意识、思维等,"工匠精神"即工匠对自己的产品精雕细琢、精益求精的精神。它不仅是一种工作态度,也是一种人生态度,代表着一种时代的精神气质:坚定、踏实、严谨、专注、坚持、敬业、精益求精等。

五上教材中《迷宫盘》这一课,要求学生自行设计并制作一个木制迷宫盘。学生基本上都玩过迷宫,它从起点到终点,只有一条通道。所以在设计之前,我们得向学生说明迷宫是由起点、迷道、终点这3部分构成的。为了设计起来更为便捷,教材提供了4个步骤:① 定起点和终点;② 设计通道;③ 画隔离栏;④ 擦除部分隔离栏,添加迷道。

在设计迷道前,学生内心有了初步的想象,丰富的想象力会告诉他们,自己设计的迷道究竟有无迷惑游戏者的作用。

学生制作迷宫盘的最难点,就在于木板本身也是有厚度的。那么根据先前设计的图纸,隔离栏的宽度是增加一个还是减少一个木板的厚度?这个需要精确的表述,也需要学生在设计时就要考虑到,只有这样,切割的时候才能做到精准,否则以1厘米为网线格的隔离栏将会参差不齐。由于横竖之间存在直接黏合,因此我们在黏合之前,必须要用砂纸把黏合面尽量弄得平整。

从设计迷道到通道,从精确隔离栏的数值到黏合得严丝合缝,学生都能保证自己制作的迷宫盘"精致",也是"工匠精神"在课堂上最醒目的体现。

二、想象力为核心的劳动与技术课堂教学评价表

表4-26　想象力为核心的劳动与技术课堂教学评价表

评价项目			比例	评价要素	点评与分析
教学理念			15%	1. 培养学生良好的劳动与技术素养，面向全体学生，让每个学生获得积极的劳动体验，从而达到立德树人的目的。 2. 注重科技与人文的有机融合，突出想象力、创新力、工匠精神和实践能力的培养。 3. 建立学习结果与学习过程并重的评价机制。	
教学过程	教师行为	教学目标明确	10%	1. 根据学科课程和教材要求，明确课时目标，重难点突出。 2. 学生通过学习，能获得劳动与技术学科的核心素养，对劳动技术有亲近感，体会劳动艰辛，分享劳动喜悦，掌握劳动技能，养成劳动习惯。 3. 关注学生的学习热情，激发学生的创造力和想象力。 4. 实效性强，学生出作品率高。	
		教学内容精当	10%	1. 根据教学内容确定训练点，能落实"做前重精讲、做时重操作、做后重评讲"的方法。 2. 合理安排时间，学生操作时间充裕。 3. 充分体现学科与生活的融通，能解决实际问题。	
		教学环节简约	20%	1. 环节清晰紧凑、简约适用，有创意。 2. 要体现"精讲"与"训练"的有效结合，训练要有一半的时间保证。 3. 无拖堂现象。 4. 重视课堂评价，突出技术素养和创意部分。	
		教学方法灵活	20%	1. 根据学科特点，采用恰当的教学方法和模式。 2. 体现学习过程，引导学生自主学习和合作探究学习。 3. 能进行想象力教学方法的尝试。	
	学生行为		15%	1. 全员参与学习，对教学内容和形式感兴趣。 2. 在教师的组织引导下，能独立或者合作完成一个作品。 3. 有想象力，能举一反三，有创新能力。	

续表

评价项目	比例	评价要素	点评与分析
教师素质	10%	1. 教态自然亲切,关注每一个学生及其作品。 2. 课堂教学的语言精练、准确,恰当使用多媒体。 3. 注重提升学生的想象力、创意力、创新力。	

想象力为核心的劳动与技术课堂教学评价表（表4-26）的使用说明：

这张评价表是在完成了一个具体的课堂教学后进行的，基本目的在于考察这堂课的教学是否达到了预期目标。为了客观地判断教师的教学水平，以及用不同的教学方法所产生的教学效果，尤其是能否激发学生想象力和创造力，教学评价表提供教学反馈信息，以便教师改进今后的教学，提高教学质量，让学生继续放飞想象。

以使学生富有想象力为教育目标的课堂教学评价，首先统摄课堂教学，教师要有教学"想象力"的理念。针对不同课程、不同内容，精心设计教学环节，尤其是课堂的预设和生成部分，都能很好地体现一位劳动与技术课教师在备课过程的理念，是教"一件作品"，还是教"此类作品"。

其次，实际操作过程中，教师要鼓励学生活跃思维，激发其想象力，为创新提供可能。《江苏省义务教育劳动与技术课程纲要》（2017年修订）提出，"劳动与技术教育以提高学生的劳动与技术素养为总目标，是重视设计、立足实践、注重创造、体现综合、科学与人文相统一的课程"。

再次，重视评价部分。既要有对学生实践操作能力的评价，也要有对学生作品的评价。既要有对劳动素养的评价，也要鼓励学生发挥想象力，制作创意作品。

最后，采用独特而有效的双重标准来评价学生的想象力参与程度。也就是说，无论学生在必须做的工作或学习活动中有何表现，都应该显示出它的有效性。"在这里，他们表现出了对材料的理解和掌握，但是，还应当表现出一些独特性，在某些地方应表现得很有个性，非同一般。"[1]

三、想象力培养中的学生劳动与技术学业评价

在小学劳动与技术课教学中，对学生劳动与技术作品实施评价是很有必

---

[1] 潘庆玉. 富有想象力的教学设计：基兰·伊根认知工具理论课堂应用研究 [M]. 广州：广东教育出版社，2014：247.

要的，它不仅是检验教师的教学效果、实现教育目的的根本保证，还是对学生劳动与技术学习能力的反馈，以便学生能及时总结，不断提高。只有构建多元评价模式，才能真正从源头上提高学生的劳动素养，激发学生的想象能力，培养学生的创新精神，为学生全面发展与进步打下坚实的基础。

(一) 多元评价理念在劳动与技术学业评价中的运用

"多元评价"是根据美国心理发展学家加德纳的多元智能理论提出来的，它与传统评价的区别在于：评价内容从以往注重学业成绩转向注重多方面发展的潜能；评价主体从单一的教师转向多主体；评价范围从结果转向过程，更加关注学生的个体差异；评价方法更多地采取诸如观察日记、作品展示、学生记录袋等多种方式，而不仅仅依靠最终的学业评定。通过多元评价，教师能更好地拓展学生思维，培养学生的创新意识，促使学生主动进取，找到自我发展的生长点。

评价内容：劳动与技术是一门综合性很强的课程，是一门能够充分挖掘学生潜力、启迪学生思维的课程。我们在评价学生学业情况时不能只看学生最后的学习成果如何，更应该关注学生的劳动态度和习惯、团结合作的精神、创新意识、探究精神、持之以恒的韧性等，这些都是劳动与技术课程评价的重要内容。

评价主体：《江苏省义务教育劳动与技术课程纲要》（2017年修订）指出：评价中，注意教师对学生的评价、学生对学生的评价、家长对学生的评价、社会对学生的评价等多主体评价的结合。然而，从目前的劳动与技术教学情况来看，无论是对劳动作品的评价，还是学业结束后给学生评劳技等第，整个评价过程大部分都由教师一手包揽，学生的主观能动性严重缺失。劳动与技术的教育不应仅仅局限在课堂上，还应迁移到家庭和社会生活的方方面面。评价主体的多元性对促进学生的全面发展有着积极而有效的作用。

评价范围：以往我们的评价多关注学生的劳动学习结果，学生因为家庭教育、智力水平、知识基础、能力水平之间存在着差异，有的学生动手能力很强，老师还没有教，就能自主探索，完成一件比较好的作品；而有的学生则要花费较多的时间和精力才能勉强完成任务，有的甚至不能完成任务。教师在评价中要顾及学生的个别差异，以学生已有的发展基础为评价标准，关注学生在学习过程中所表现出来的积极性、努力程度，给予学生心理上和精神上的积极鼓励、肯定，让不同层次的学生都能在原有的基础上得到发展。

评价方法：劳动与技术这门课程的特殊性决定了其评价方式的多样化。在劳动与技术课堂上，教师对学生的评价可以多采取激励性、肯定性评价，只有有效地激励学生，才可能点燃学生的创造热情，激发学生丰富的想象力。比如在上《创意时钟》一课时，学生提出要设计一个生肖时钟，我校教师大力肯定学生的创意之独特，其他学生的创作热情一下子被点燃，很快又想出要设计罗马数字的时钟、天干地支的时钟等，学生在思维碰撞中设计出了多款造型独特的时钟。学生的作品完成后如何保存是一个大问题，我们让学生为自己准备一个电子档案袋，把作品拍照上传，并做简单记录，既环保又经济。优秀作品展示也是很好的评价方式。每次劳动与技术课后都会出现比较优秀的作品，教师要创设条件和平台让学生体验成就感。我校的很多地方都会出现学生优秀的劳技作品，比如会议室墙上是学生制作的丝网花作品，卫生间里放熏香的网袋也出自学生的巧手，大厅的展览架上有学生做的黏土作品，等等。学生看到自己的作品出现在校园的每一个角落，内心会由衷地产生自豪感和愉悦感，而这样的作品展示也让学生在下一节课上投入更多的热情。

（二）想象力培养中的小学生劳动与技术学业评价表

《江苏省义务教育劳动与技术课程纲要》（2017 修订版）指出：劳动与技术学科核心素养主要包括劳动素养、技术意识、工程思维、创新设计、图样表达、物化能力等方面。我们根据纲要提出的核心素养将小学劳动与技术课的评价内容分为劳动意识、劳动技能、劳动作品和劳动创新四个部分，其中，劳动创新包括学生在制作劳动作品时呈现出来的创造性的能力和思维。学生的想象力是无穷无尽的，它需要教师正确引导、积极鼓励，这种引导、鼓励呈现在学生劳动过程中就是教师对他们的恰当评价。小学各年段劳动与技术学业评价表细则详见表 4-27、表 4-28、表 4-29。

表 4-27　小学生劳动与技术学业评价表　第一学段（1—2 年级）

内容	学业要求
劳动意识	1. 喜欢劳动与技术课，有良好的劳动习惯，在劳动与技术课上能够保持桌面整洁。 2. 在生活中能够热爱劳动，有正确的劳动观念，有安全意识。
劳动技能	1. 了解纸艺材料与纸艺作品，能够用折、剪、刻、撕、卷等方法制作简单的纸艺作品。 2. 了解泥制品的材料与作品特点，能够用捏、揉、搓等方法制作简单的黏土作品。 3. 了解常见结艺材料的特点和作品及其在生活中的应用，学会自己系鞋带。 4. 正确使用白乳胶、剪刀和打孔机等简单的劳动工具。

续表

内容	学业要求
劳动作品	1. 能够独立或合作完成手工作品。 2. 呈现的纸艺作品能够做到剪切准确、平滑；折叠整齐、平整；捆扎或粘贴牢固；卷得紧实、耐用。 3. 呈现的黏土作品能努力做到造型美观、比例协调、做工精致。
劳动创新	1. 劳技课上能够有自己独特的发现和想法。 2. 能够在和同伴分享对比中发现自己的不足，从而完善自己的作品，使其更有创意。 3. 呈现的作品创意独特、设计巧妙，并能说出这样设计的原因。

表 4-28　小学生劳动与技术学业评价表　第二学段（3—4 年级）

内容	学业要求
劳动意识	1. 对劳动与技术课有浓厚的兴趣，养成良好的劳动习惯。 2. 在生活中热爱劳动，形成"劳动光荣"的意识，体会劳动的艰辛，分享劳动的喜悦。
劳动技能	1. 了解纸艺材料与纸艺作品，能够用刻、编、插、植等方法制作复杂的纸艺作品。 2. 了解泥制品的材料与作品特点，能够用拍、刮、刻等技法制作有一定难度的泥塑作品。 3. 了解布艺制品的材料与作品及其在生活中的应用，知道布艺制品的手缝基本针法和步骤。 4. 安全规范地使用美工刀、针线等劳动工具。
劳动作品	1. 能够在规定时间内独立或合作完成手工作品。 2. 呈现的泥塑作品能够做到厚薄均匀、涂抹光滑、比例适中、牢固耐用、技术规范、造型逼真、外形美观。 3. 呈现的布艺作品能够做到画样准确、缝合牢固、美观耐用。
劳动创新	1. 在老师讲解后能提出更好的或不同的制作方法，并在实践中大胆尝试。 2. 能够根据自己的喜好，用不同的材料制作出形状、颜色、装饰、功能等各异的布艺作品。 3. 装饰美化自己制作的泥塑作品，并且有兴趣制作其他的泥塑作品。

表 4-29　小学生劳动与技术学业评价表　第三学段（5—6 年级）

内容	学业要求
劳动意识	1. 热爱劳动，养成良好的劳动习惯。 2. 有认真负责的劳动态度、精益求精的行为习惯和严谨务实的科学精神。 3. 积极参与劳动技术的学习，有用劳动技术解决实际问题的良好习惯，形成技术意识、规范意识、质量意识、经济意识、环保意识、职业意识等。
劳动技能	1. 了解常见结艺材料的特点和作品及其在生活中的应用，能够运用穿、绕、编、收等技法制作结艺作品。 2. 了解厨房设备的名称、用途、使用方法及安全事项，熟悉采购食物原料的流程，能从营养、卫生、经济、环保等角度鉴别和选购食物。掌握烹饪的基本技能，能注意烹饪过程中的安全问题，养成健康饮食的习惯。 3. 了解木制品材料的特点和作品及其在生活中的应用。熟悉简单木工工具的使用方法。掌握木制品加工的一般步骤，能设计、制作与评价简单木制品。 4. 了解金属材料的种类和特点。掌握部分金属材料的加工方法。熟悉简单金工工具的使用方法，能设计、制作与评价简单金属制品。 5. 了解种植技术在生活中的作用。熟悉常见植物对生长环境的要求，掌握部分常见植物的种植技术。 6. 了解简单电子元器件的名称和作用。知道简单的电路知识。熟悉简单工具的使用。掌握简单的电路设计与连接技术，能设计、制作与评价简单电子作品。 7. 了解家用电器的应用和发展趋势。学会阅读家用电器的使用说明书，掌握常见家用电器的使用方法，能安全规范地使用家用电器。 8. 了解社会职业的特点及分工，知道不同职业对技术的要求。通过不同方式，参与职业体验活动，培养职业兴趣。
劳动作品	1. 能够在规定时间内独立或合作完成手工作品。 2. 呈现的作品能够做到尺寸准确、表面光滑、黏合牢固、美观耐用。 3. 呈现的结艺作品能够做到盘编有序、平整服帖、收结牢固、造型美观。 4. 呈现的金工作品能够做到比例协调、捆扎牢固、做工精致。 5. 会做一两道简单菜肴或点心，调味适宜、色香味美。 6. 能够设计简单的电子作品，做到骨架牢固、线路连接正确、牢固耐用。 7. 能够在需要的时候根据所学劳动技术自行完成一件手工作品，为生活增添乐趣。
劳动创新	1. 在制作过程中能够学以致用、举一反三。 2. 能够综合运用生活中的多种材料，在作品的形状、色彩的搭配甚至装饰点缀等方面大胆创新，设计制作出多种多样、富有个性的木工或电子作品。 3. 能够把课堂上学习的劳动技术迁移到生活中去，创造出更多、更美好的劳动作品。

以发展学生想象力为宗旨的劳动与技术学业评价既是为教学服务的，也是为学生服务的，它体现了以人为本的思想，努力促进每个学生的自主发展。教师要用一种发展的、变化的、肯定的、激励的眼光去看待学生，对学生行为和思维中的闪光点给予肯定、赞赏和采纳，对学生认识不足的地方应帮助找出原因，提出改进和修补的方法。看到学生努力改善、不断探索钻研的行为要大力肯定，从而进一步激发学生的探究愿望，培养学生的创新意识，使劳动与技术课堂真正成为学生提高能力、实践探究、求异创新的舞台。

四、想象力培养劳动与技术教学案例

（一）教材蕴含的想象力元素

《树叶书签》是二年级上册劳动与技术课中的一节内容。书签是学生生活中经常用到的一样学习用品，动手制作一个树叶书签是非常吸引学生的，能够充分激发学生的学习兴趣。足够的兴趣能让学生带着极大的热情进入课堂，是学生习得制作技能的前提。

本课的制作目标是利用秋天的树叶制作树叶书签，在制作的过程中需要学生充分发挥想象力，拓展思路，完成一个创意独特、设计巧妙的作品。制作一个树叶书签需要 5 个步骤：备料、设计、修剪、粘贴、装饰。其中，设计是最能体现和培养学生想象力的环节。教材给出了设计的两种方法：可以根据树叶形状进行构思和设计；也可以先确定图案，再选择适合的树叶。不管是哪一种方式，学生都可以调动已有的经验，在大脑中建构新的形象，完成设计这一步。

教材的拓展部分还提到，可以利用干花等材料，制作更为多样的书签。这是课堂的结束，同时也是学生的想象世界被进一步打开的开始。教师在做教学设计时，一定不能忽略课后的拓展。

（二）基于想象力培养的教学策略

1. 谈话导入，引发学生兴趣，营造积极的学习氛围

课堂开始，教师可以提出问题："看书的时候，看到一半要做其他的事情，有什么方法可以在下次阅读的时候一下子找到要读的那一页呢？"这个简单的互动，既调动了学生的兴趣，又让学生明白了书签的功能。学生制作完成后，就可以将书签运用到生活中，让其发挥作品的实用性的特点。

2. 有效、合理示范，提高学生获取信息的效率

劳动与技术是一门对技术要求很高的课程，在课堂上，教师需要示范

一些制作技术要领，在做示范时，可以充分利用多媒体技术。例如，二年级的学生对白胶的使用不是很规范，可能会一下子挤出很多，既不利于快速风干，多出来的部分干了之后也会影响书签的美观。因此，教师可以利用投影放大手部动作，让学生学会利用棉签涂抹，涂抹的时候要做到少、薄、匀。学生在教师的示范中，学到了使用白胶的方法，自己涂抹白胶时就有法可循，制作效率会大大提高。

3. 精心设计范作，提高范本质量

教师制作范本时，要有针对性，不同环节展示的书签范作应该是不一样的。例如，在导入环节，可以制作一个大尺寸的书签，让学生惊艳。在教学设计环节，可以先归归类，做一些小动物、生活用品等造型的书签，尽最大的可能让学生明白要打破思维的限制，充分发挥想象力来完成作品。

4. 多元化评价方式

传统的劳动与技术课堂关注的更多是学生的作品是否实用和美观，这不免使一些对劳动技术很感兴趣但是动手能力不是很强的孩子在课堂上处于被动状态。因此，在教学过程中，教师要更多关注学生的制作过程，采用多元化的评价方式，发现学生在课堂上的闪光点，为学生营造自由、灵活的课堂氛围。可以同学评、小组评、老师评，甚至可以在班级里举办作品展览，让学生充分享受动手制作的乐趣，真正爱上劳动与技术这门课。

（三）关键环节及操作要求

表 4-30 关键环节及操作要求

设计环节	设计原则	操作要求
目标设定	1. 如何引导学生在了解制作材料特性的基础上，完成树叶书签的设计？ 2. 如何让学生学会制作树叶书签的方法？	1. 设计是完成树叶书签制作最重要的一步，是引导学生制作的重要环节。在设计之前，要让学生先看一看、摸一摸材料袋里的树叶，说一说、议一议拿到的树叶有什么特点。让学生在了解树叶特点的基础上，发挥想象，完成设计。 2. 充分利用教材，学生提取关键信息，找出制作一个树叶书签需要的步骤，教师进行板书：备料、设计、修剪、粘贴、装饰。教师请学生针对这几个环节提出问题，解决学生不懂的问题，重点讲解学生可能遇到的制作难点。

续表

设计环节	设计原则	操作要求
内容组织	1. 制作树叶书签分为5个环节：备料、设计、修剪、粘贴、装饰。哪些部分可能会成为学生学习的难点？ 2. 除了用树叶制作书签，还可以用哪些材料来制作书签？	1. 在这几个环节中，备料是最简单的。设计是制作出好作品的关键，需要学生发挥想象力、充分动脑才能完成。修剪、粘贴包含的技术要素较多，但经过前面的学习，学生对剪刀的使用已经得到了锻炼，粘贴环节教师可以提醒学生利用棉签涂抹，才能更薄、更均匀。综合来看，设计是最需要花工夫攻克的重难点。在教学设计的环节，教师可以先让学生观察范作，再根据树叶的纹理和特点来画一画、摆一摆，这样学生在自己操作的时候就有法可循了。 2. 这是学生制作完成后的一个拓展活动，也是学生发挥想象力的一个环节。在课堂上，教师可以让学生先说一说。教师出示一些其他材料制作的书签的图片，鼓励学生寻找到更多的制作材料，完成更加有创意的书签作品。
活动创设	1. 组织什么活动能激发学生的兴趣？ 2. 什么样的活动能够让学生进行可能性思考，设计出更有创意的图样？ 3. 认知工具与情感工具如何融入活动中？ 4. 什么样的资源更有利于活动的创设？	1. 谈话导入后，利用范作引发学生兴趣。上课之前，教师准备大尺寸且精美的书签。课上先展示给学生看，让学生评一评、议一议范作好在哪。学生在看到好看而又实用的范作后，自然就有了制作的动力和信心。 2. 头脑风暴法。在出示范作时，教师可以询问学生他们看到了什么样的书签，让学生给范作归归类，比如水果类、动物类等。然后教师提问学生他们想做一个什么图案的书签，并要求学生观察材料袋里的材料，根据树叶的形状来思考。再让学生分小组分享自己的初步设计，并且画一画、摆一摆，鼓励学生不要拘泥于范作，尽情发挥自己的想象力。 3. 二年级的学生处于"浪漫认知"阶段。在我们创设的各个教学活动中，我们都能感受到心理工具的把手作用。无论是头脑风暴还是范作引趣，都需要学生具备丰富的概念成像能力，会用到可能性思维及关联性思维。学生欣赏到好的范作，发出感叹，充分调动了自己的惊异感。而评价环节，学生在欣赏、点评同学作品的时候，又发挥了"重要他人"的作用，既能从师生的评价中发现好作品的完成要求，又能看到自己制作的优点和不足。 4. 在活动中，我们要积极运用各种传统资源和多媒体技术资源，清晰准确地向学生呈现制作的步骤，帮助学生突破制作的重难点，提高制作的效率。

续表

设计环节	设计原则	操作要求
方法应用	1. 什么样的教学方法能让学生充分发挥想象力，设计出更有创意的树叶书签？ 2. 什么样的教学方法能够最大限度地降低学生制作树叶书签的难度？	1. 讨论学习法。在出示一部分范作后，让学生小组讨论自己想要设计的书签样式，尽量不设限制，让学生能够想得更多、更有趣。二年级的学生思考问题时有可能会被范作或者同学的观点限制，这时教师要让学生充分讨论，并加以引导。 2. 多媒体教学法。综合运用课件、投影演示等多种媒介资源，更加直观地向学生呈现制作树叶书签的过程。在讲解重难点时，可以用视频、学生示范的方法，让学生把难点变简单，把简单的操作做完美。
教学评价	1. 我们如何对学生的作品进行评价？ 2. 我们如何知道通过制作作品，学生的规范意识和创造力得到了提升？	1. 在评价之前出示评价标准，树叶书签的制作标准是创意独特、选材得当、设计巧妙、制作精美。学生完成作品后，可以先在小组内进行评比，做得好的作品可以参加班级评比。同学互评、老师点评等多样化评价的方式既能够让学生更加清楚地知道一个好的树叶书签是什么样子的，反思自己的作品，还利于激发学生的学习兴趣，对照好作品再完善自己的作品，把课堂延伸到生活中去。 2. 通过学生的作品和制作心得来感受学生的规范意识和创造力的提高。

特别喜欢这样一个场景：一个男孩和女孩，在春暖花开的草地上奔跑。女孩子蹲下来采了一朵蒲公英。风轻轻地吹过，蒲公英的种子随风飘散，女孩子哭了。男孩子低声安慰她：

别哭，它的花已经飞走了。

但是，它的心还在你这里……

教育，有人把它说成是一门遗憾的艺术。一批批学生在教育这阵风的吹拂下，如蒲公英的种子"飘散"到各地，但是，只要教育者的心还在，教育的路就还要走下去。

只要教育还在，那学生就还在；只要学生还在，我们的想象力就一直在。

第五章
想象力拓展儿童的成长空间

火焰山上空，孙悟空奋力挥动芭蕉扇，想扇灭八百里火焰。

只听八戒嚷嚷道：猴哥，这火没有变小，和嫦娥仙子的电风扇效果差不多嘛，倒是有一股香蕉的味道。

悟空：啊？我闻闻？这儿有字——香蕉扇。

八戒：可恶（呼噜声），敢骗我们，找她们去。

…………

相信大家对这个场景是既熟悉又陌生，不错，这是《西游记》中的经典剧目《三借芭蕉扇》。Cosplay 秀正在欢笑演绎四大名著，同学们脑洞大开、发挥自己的聪明才智和想象力，利用服装、饰品、道具及自创的造型来演绎经典。憨厚可爱的猪八戒，时不时伸手摸摸浑圆的肚皮，偶尔几声"呼噜"逗得观众忍俊不禁；身材精瘦、动作敏捷的孙悟空活蹦乱跳、抓耳挠腮，活脱脱就是一个猴精；唐僧师徒谈古论今，富有趣味，一组组贴近生活的台词，逗得全场观众捧腹大笑。小演员们在不改变原著精髓的基础上，发挥各自的想象力去创作、去交流，塑造具有现代搞笑元素的人物，终获成功。

我们不难看出，成功的背后是孩子们天马行空的想象力。对于小学生来说，想象力不但影响他们的知识获取，还影响他们的智力发展。培养想象力，需要有大量的表象作为基础，学生脑中储存的表象越多、质量越高，越能促进想象的发展。除了积累课堂知识、涉猎课外书籍，我们还需要进一步拓展儿童的成长空间，让儿童多参与实践活动来丰富表象，从生活实际和专业实践中获得线索，助力自己的想象。

校本课程是对国家课程的有益补充，它为儿童的成长提供了一条有效路径。学校有意识地让学生成为校本课程的开发主体之一，从学生的需要出发，精选学生终身学习必备的基础知识与技能，结合有趣、实用的项目研究和主题学习，让学生全面、全程参与研究学习，给学生创造分享自己想法的机会。

首先，学校根据儿童不同年龄段的生理特征和心理特征，分年级提出一系列跨学科的学习项目，并设置在各学科课程及相关社团中。从低年级较为简单的小问题探究，到中高年级稍有难度的大问题、大项目的开展调查，让学生逐步养成从耳熟能详的事物中发现问题、提出问题的好习惯，在问题探究的过程中积累素材，增加学科知识储备，提升学科素养，同时让学生学会融入多学科知识，综合分析，发挥想象力和创意去解决问题。

其次，我校还开发了一系列具有时代特征和儿童情趣的主题学习活动，包括自然主题、戏剧主题、节日主题……学校有意识地把"想象力"这一元素融入丰富多彩的主题活动中，让主题活动成为学生想象力生长的沃土。在活动过程中"体味"大自然的神秘新奇、中华文化的博大精深、传统节日的独特魅力……为学生提供无限的想象空间，让学生与无处不在的大自然精灵们聚会，与遥隔千载的先人们进行超越时空的精神对话，让学生的心灵在想象的世界中自由自在地翱翔。演绎、探究经典，激发孩子们的想象力和创造力，使创意与想象在主题学习活动中相得益彰、竞相绽放。

通过参与这些有趣、实用的学习项目与主题活动，学生积累了丰富的素材。孩子们在想象的天地里遨游，想象力是智力的翅膀，他们的想象力提高了，就会变得越来越聪明、越来越好！现实的世界是有边界的，想象的世界是无涯际的。

第一节　问题袋袋裤

一、装着问题的袋袋裤

学生从生活中来，在课堂中学习，最终还将回归生活。我们在课堂上除了教授他们知识，更重要的是培养他们的思维方式。他们是否愿意并乐于用课堂上所渗透的创意学习新样态去解决学科中、生活里发现的问题就显得更为实际了。接下来，我们就会通过操作指南和案例探讨等方式展示我校学生参加的以自主发现问题和解决问题为主要内容的特色活动。

（一）敢想：让学生勇敢踏出第一步

爱因斯坦曾说过，想象力比知识更重要，因为知识是有限的，而想象力几乎概括了这个世界的一切，它推动技术进步，它甚至是知识的源泉。历史上从来不乏对想象力的讴歌和赞美，想象力几乎主宰了文学、艺术等多个领域。想象力是创新思维的重要实现形式，想象力越丰富，人们就越能把有限的知识经验充分调动起来并加以利用，就越能使学生获得别人得不到的东西，进入别人难以进入的领域。

想象力就像是我们生活的空气，通过呼吸我们能很清晰地感觉到它的真实存在及它的无所不在，但我们无法凭视觉捕捉它的踪影，无法用语言来描述它的形象。

在当前教育大背景下，学生的想象力正面临着教育功利主义的巨大威胁。学生自由发展想象力的前提之一就是拥有足够多的自由支配时间，但是从当下看来，自由支配时间很难得到保证。此外，有时我们会只顾当下，而忘记想象力的重要作用。想象力是人类保持自身活力和发展动力的原始文化基因，是我们创新、创造和生产能力的源泉。我们习焉而不察，往往忽视和遗忘了它的重要性。

所以我们认为，学生"敢想"很重要。我们希望在学习活动中，学生不是谨小慎微地徘徊在知识圣殿中的参观者，而是穿梭在知识丛林中的探险家。在遇到问题时，学生不是躲避与踌躇，而是能主动参与其中，利用所学知识开动脑筋，迎难而上，通过多种方式，主动参与解决问题的过程。

(二) 助想：为学生的想象力插上翅膀

这个层次主要针对的是教师在学生想象力培养方面的辅导、助力，以及物化的学习环境。

学生由于能力和实际操作经验有限，所以在解决问题的过程中很多时候需要教师协助、引导或为其提供相应的材料。

有时，我们靠有意识地引导学生用想象力这一认知工具解决问题，但不一定会得到满意的效果。这是因为学生在解决问题的过程中往往会放弃使用新的认知工具，退回使用原有认知工具的保守状态。此时，便需要我们的正确引导了。

一方面，我们可以为学生提供较多的活动机会，在活动中深化认识，内化思维方式。此外，我们还应为学生提供丰富的活动材料，引导学生在熟悉材料的基础上，经过新的配合，创造出新形象的认知。

另一方面，我们还应厘清现有的教育理念，重新认识想象力在抽象思维中的地位和作用；从教师内心出发，重新认识想象力的科学教育价值，探索富有想象力的科学教育途径和方法，扩展想象力的思维空间，挖掘教育潜力。我们应当激励学生调动所有的认知方式来参与学习，构建灵活多样的思维模式，将先进的教育理念转化成符合学生认知规律的教学方案，从而达到提高学生科学素养的目的。

（三）善想：驶入创意学习的快车道

在以上多个环节的基础上，学生逐渐认识到想象力的重要，并且在活动中感受到想象力的优势。

我们可以通过多层次、多样态的活动，使学生认识到他们所遇到的问题不仅是可以解决的，而且也无任何危险，从而为学生提供一种新的应对模式；让他们在尝到甜头后主动将此种方式作为解决问题的优先选择，并通过自己的思考对问题解决树立较为系统的认知。

大量的解决方案储备也是必要的。在解决问题过程中，学生累积了丰富的问题经验，此时教师可通过引导思考，为其分类归纳出不同类型问题在解决时相对应的可能解决方案。学生有了底气，就不会犯怵，从而能更好地解决问题。

（四）趣想：让创意学习成为一种享受

学生能够在学科内外运用想象力解决问题后，如何让他们爱上这种方式，又成为我们新的研究内容。爱上的原因，往往有这几个：有效性、趣味性、成就感……

当学生在实践过程中发现此种思维方式更具有普遍性，在解决问题中更具效用时，它便是他们在之后的问题解决时优先选择的方式。

趣味性很好理解，当学习者的想象力被活动内容所激发的时候，学习活动就变得既轻松又有效了。就像儿童更容易被游戏吸引一样，趣味性的活动能为儿童自由、综合地挖掘自身的各种潜能提供更有效和更易接受的形式，而这些潜能只有在受到有效的挑战和有偏好倾向时才更容易被激发出来。具有趣味性的活动能让学生全身心地投入某一个具体行动中，并在所对应的复杂情景中创造性地运用规则，凭借习得的技术和已有智慧处理那些不可预期的细节。

当然，前提是在进行最初的活动方案设计时便将这一理念纳入其中，以人为本，从学生参与的角度出发，完善和优化活动方案。

此外，成就感也是学生"趣学"的重要因素。试想一下，相较于他们枯燥地被动接受知识，学生是否更愿意做一个侦探家呢？学生可以把各种线索收集、拼凑起来，充分发挥自己的主动性，在头脑风暴中弄清事情的来龙去脉，让问题解决过程成为自己书写的破案故事。这激发了学生的求知欲，而且为学生提供了真实可靠的知识信念，奠定了科学基础。此时，这些活动材料便不是知识的容器，而是引领学生通向科学与文化世界的路标。

学生在"敢想"中出发，在"助想"中进步，在"善想"中成长，在"趣想"中获得愉悦，在创意学习的平台上促进问题解决的思维方式的提升，进而提升自身的综合素养。

二、问题袋袋裤活动案例

接下来我们来看几个实际案例。

☞ **案例（一）**

"猜一猜"有时也是好策略

苏州高新区实验小学校四（6）班　霍宇飞　指导老师：盛俊秋

在学习数学的时候，有时我们经常会遇到一些"老虎吃天，无处下爪"的问题，这个时候只要开动我们的小脑筋，使用猜一猜的方法，我们就可以既快速又准确地将它解出。

例如，有一次，爸爸给我出了这样一道有趣的题目。

题目是这样的：在2016年的巴西奥运会中，美国、英国、中国分列金牌榜前三名。如果用不同的字母来表示不同的数字，那么这三个国家获得的金牌数可以这样表示：美国（CB），英国（AD），中国（AB），并且它们有这样的数学关系：$CB+AD+AB=99$，$A+C=B$。你能算出这三个国家各获得多少枚金牌吗？

爸爸告诉我要一步一步想清楚步骤，根据条件推理或者自己先猜一猜，再验证是否正确。

我是这样做的：

第一步：仔细读题。

从题目中，我们可以得知下面两个数学关系。

（1）$CB+AD+AB=99$

（2）$A+C=B$

第二步：找出隐含条件。

从金牌排名的顺序中，我们可以得到一个隐含的数学关系。

（1）英国（AD）比中国（AB）金牌多。　　　　$D>B$

（2）美国（CB）比英国（AD）金牌多。　　　　$C>A$

（3）$A+C=B$　　　　　　　　　　　　　　　$B>C$

这样我们可以得到：$D>B>C>A$。

第三步：开动脑筋猜一猜。

我们开始猜一猜字母代表的数字，当然，猜也不是凭空乱猜的，而是根据之前的条件缩小猜测范围。

那A可能是几呢？我是这样想的：

（1）从CB+AD+AB=99中，我们可以看到A只可能是1或2，为什么呢？因为，假如A≥3，C>A，那么C最小就是4，那么CB+AD+AB的十位数之和就大于9啦！

（2）如果A=1，可能吗？

不可能。又是为什么呢？

从数学关系CB+AD+AB=99，D>B>C>A很容易看到：

① 个位数B+D+B最大只能是8+9+8=25，不会得到29。

② 十位数C+A+A与个位数B+D+B不可能同时等于9（因为C<D，A<B）。

所以只有一种可能：十位数C+A+A=8，个位数B+D+B=19。

③ 如果A=1，那么C就只能是6，从数学关系A+C=B，得出B=7，这样D只能是5，但是从D>B>C>A中可知D应该是最大的数，所以，A=1是不可能。

（3）经过推理，A只能是2。当A=2时，要满足C+A+A=8，B+D+B=19，A+C=B，那么C=4，B=6，D=7，所以美国CB=46，英国AD=27，中国AB=26。

第四步：开始检查和验证我们猜出的答案，看看是否正确。

从第一步和第二步，我们知道存在下面三个数学关系。

（1）CB+AD+AB=99

（2）A+C=B

（3）D>B>C>A

我们把猜出的答案A=2，C=4，B=6，D=7代入上面三个数学关系式来验证：

（1）46+27+26=99　　　　正确

（2）2+4=6　　　　　　　正确

（3）7>6>4>2　　　　　　正确

这样，这道看似复杂的难题，就被我"猜"出来啦！当然，爸爸告诉我其实不只是猜，在猜之前也需要通过分析条件和问题，根据题意先将范围缩小，这样"猜"起来才会更加轻松。你说呢？

☞ 案例（二）

冬日鱼缸里的"小秘密"
——寒假鱼缸水测量报告

苏州高新区实验小学校四（8）班　杨雯捷

寒假里，我养了三条小金鱼，给它们换水、喂食，并让我的机器人测量鱼缸的水温和水浊度，用试纸测量鱼缸水的酸碱度。虽然从开始到现在才进行了23天，但仍有一些收获。

1. 测量方法

（1）水温测量

首先在电脑上利用 mBlock 编写好测量水温的程序，上传给机器人，之后将测量水温传感器放入水里，耐心等待显示屏上的数据稳定后，抄录数据。

（2）水浊度测量

方法同水温测量相似，首先在电脑上利用 mBlock 编写好测量水浊度的程序，上传给机器人，之后让测量水浊度传感器前端部分小心接触水面，耐心等待显示屏上的数据稳定后，抄录数据。

（3）酸碱度测量

将试纸浸水半秒后，拿出来跟标准色板对照，把数据写在本子上。开始我将广泛试纸和精密试纸结合使用，得出一些经验后我只用精密试纸（pH5.4—7.0）测量。

（4）室温测量

直接从室内温度计上读取并记录数据。

2. 数据收集

表 5-1　鱼缸水测量数据汇总表

日期	水温（℃）	水浊度	酸碱度	室温（℃）	备　注
1.27	7.60	295	6.4		
1.28	7.25	300	6.2		喂食
1.29	7.44	301	7.0		整体换水
1.30	6.44	304	7.0		早上测量，喂食
1.31	6.63	305	7.0		晚上测量

续表

日期	水温（℃）	水浊度	酸碱度	室温（℃）	备注
2.1					不在家，没有测量
2.2					
2.3	7.06	308	6.5	10	中午12:30测量
2.4	5.88	311	6.0	10	13:39喂食每条鱼一粒食
2.5	6.44	310	6.0	11	13:15室外太阳光很强烈
2.6	6.25	312	6.0	11	13:26喂食每条鱼两粒食，天气很好
2.7	5.75	312	6.5	10	12:04
2.8	7.00	308	6.0	11	14:10喂食每条鱼一粒食，天气很好
2.9	7.06	306	6.0	11	13:05
2.10	8.63	298	6.0	12	9:34喂食每条鱼一粒食
		294	6.7	14	20:23整体换水后换精密试纸（pH5.4—7.0）测量
2.11	9.38	305	5.8	12	12:26
2.12	8.44	298	5.8	13	15:32天气很好
2.13	8.88	299	5.8	13	14:00天气很好
2.14	10.56	290	6.2	14	11:57
2.15	11.38	291	6.2	14	10:06
2.16	10.19	293	6.4	14	11:15
2.17	10.38	296	6.4	14	10:40天气很好
2.18	10.81	478	6.4	14	15:31阴天，喂食每条鱼两粒食，晚上整体换水
2.19	11.81	477	6.4	14	15:35有雨
2.20	10.13	477	6.4	13	10:20

3. 误差分析

（1）试纸颜色对比可能发生视觉误差；

（2）室温计精度不够，读取时可能有误差；

（3）鱼缸位置变化可能发生测量数据变化；

（4）传感器入水深度和位置可能影响测量数据，产生误差；

（5）每天人工测量时间不同也可能影响数据；

（6）晴雨天气变化对数据也有影响；

（7）测量方法和熟练程度上的变化可能会产生比较大的误差。

4. 数据分析

（1）鱼缸水温随室温升高而升高，但晴天时，比室温低4℃~5℃；阴雨天时，比室温低2℃~3℃。

（2）整体换水后的鱼缸水酸碱度更接近7.0，但雨天时换水后测量结果并不理想，可能因为存在误差，还需继续测量，观察长期数据。

（3）水浊度数据越高表示水越清，目前数据显示不明显，还需要继续改进测量方法，长期观察。

☞案例（三）

未来城市·你我创想

我校获2019 JA中国小学生未来城市大创想成果展
"最佳理念奖"和"最佳人气奖"两项大奖

城市起源于古代战争的需求，人们为了防御敌人的入侵，在交通要道和人口密集的地方建立了城市。经过几千年的发展，城市已经不再局限于原有的军事用途，而是发展成为集生产、生活、娱乐等方方面面于一体的"大型综合体"。那么未来的城市会是什么样子的呢？

2019年5月24日下午，在上海明捷万丽酒店举行的"JA中国小学生未来城市大创想（图5-1）成果展"就为同学们提供了一次充分发挥创造力，展示自己心中的未来城市的机会，我校受邀参

图5-1

加。本次活动旨在通过丰富的材料激发创意，通过有效的提问引导思考，通过对同学们的肯定，让他们有自信地成长。

前期准备

在我校丰富多彩的课程中，JA课程作为我校综合实践课的补充内容，已在我校全面覆盖与开展。它帮助学生了解身边的经济现象，建立起对商业社会的初步认识，通过循序渐进的互动式教学活动，帮助学生了解和掌握城市、国际贸易、可持续发展等经济和商业概念，从小培养学生的团队

合作、沟通技能。

《我们的城市》由三、四年级的小学生设计，包含了9个主题活动，从经济的视角出发，向学生介绍构成城市的主要职能部门，并通过对城市的交通设施、水资源状况和垃圾处理问题的探讨，鼓励学生模拟经营环保产品，启发他们理解环境保护和可持续发展对城市发展的重要性。

《我们的世界》由四年级到六年级的小学生设计，它包含了8个主题活动，学生们从教室里寻找其他国家的产品，了解自己身边的国际市场。在欢笑声和合作中，学生们将学会有关经济的基本知识，最后通过设计简单的商业计划来检验他们对课程的理解和他们的创造力。

除了日常的课程准备外，为了更好地展现我校学生的风采，展现我校良好精神风貌，我校通过严格的选拔，组建了最优秀的团队。来自四年级的雷曙铭、熊博文、程嘉予、王宇航、胡徐颢、孙铄涵6位同学组成的校代表队参加了展示。

前往上海参加展示前，我校担任国际青年成就（JA）课程授课的钱老师还专门为这些同学进行了多次全面的辅导和系统的培训，在同学们的心里种下了环保和绿色生态的JA未来城市理念。同学们对未来城市有了自己的想法，对本次展示活动充满了信心。

比赛全纪实

（一）主题选定

本次展示活动采用现场公布题目，由同学们自主选择的方式。经过6位同学的讨论，大家选择了"未来的公园"这个题目。

（二）命题分析，动手设计

接下来就进入了分析命题和动手设计的环节，在JA志愿者的鼓励和引导下，同学们寻找问题的解决方法，设想未来的公园。这一过程充满了合作和讨论，充满了头脑风暴，充满了学生之间的思维碰撞。同学们不仅将绿色环保的理念运用到展示设计上，还创新地将适合残疾人使用的设施加入设计元素中，充分体现了同学们的爱心。

（三）成品创作

在完成设计后，接下来就是动手搭建环节了，6位同学运用乐高积木、橡皮泥、彩色卡纸、棉签、木棒等材料，在40分钟内完成了未来公园的创作，将20年后的公园形象地展现在评委和嘉宾的面前。

（四）交流展示

在"黄金100 s展示成品"这个环节，胡徐颢、孙铄涵两位同学非常自信且流利地向来访者介绍团队对未来公园的设想和展示成果的设计理念，不断地回答关于本组未来公园设计的各种问题，受到了来访者的一致好评。

成果丰硕

在现场评委的赞叹及现场观众的肯定下，我校学生设计的"未来公园"一举拿下了"最佳理念奖"和"最佳人气奖"两项大奖，我校也成为所有参赛学校中唯一一所同时斩获两项荣誉的学校。

这次活动提高了同学们的团队合作能力、创新思考力和动手能力。今后，我校将继续为学生提供多种多样的活动，不断提高学生的综合实践能力，培养有知识、有品德、有作为的新一代建设者，为实现中华民族伟大复兴的中国梦贡献力量。

☞案例（四）

Cosplay秀欢笑演绎四大名著

cosplay是英文costume play的简写，是指利用服装、饰品、道具以及化妆来扮演动漫、游戏、影视中的某些角色，也包括原创的造型装扮。

说起"问题"，其实问题不仅存在于课堂上、存在于学习中，在实际生活中，也有着许多的问题需要孩子们利用智慧、开动脑筋，发挥自己的聪明才智和想象力去解决。

反观cosplay，由于此类活动给予学生自由的创作、展示空间，学生对此非常感兴趣，参与度极高。

基于此，我校于5月31日下午进行的六一儿童节活动方案中有一项便是Cosplay秀，旨在利用庆祝六一儿童节的契机，让孩子们获得创作与交流、塑造人物、合作展示、终获成功的体验。

活动要求

弘扬社会正能量，传递社会真精神。5月31日下午，学生可自行cosplay心中的英雄进入学校，中午自习时，将以班级为单位向全校展示。（提醒：可以体现绿色环保理念哟！）

准备菜单

（一）主题分组

临近六一，学校组织以Cosplay秀的形式来庆祝儿童节。我校某班班主任开展了以"我的六一"为主题的班会，让学生提议cosplay的对象和形式，最终全班一致决定以"四大名著"为主题。

本次活动一共分为三个小组，分别为《西游记》组、《三国演义》组、《红楼梦》组，同学们自选组别、合作伙伴、角色分配及活动方式。老师鼓励学生以表演的形式重现自己心目中的四大名著，可以根据人物特点适当改编。每组人数控制在 10—16 人，表演时间不得超过 15 分钟，自备人物服装和道具。

（二）分配角色

同学们根据自己对角色的了解和喜好进行选择，要求挑选的角色尽量不重复。比如张茗嘉同学白白胖胖，长相憨厚可爱，选择了扮演猪八戒，他穿上长衫，肩扛钉耙，颇有些天蓬元帅的架势。金煜瑾同学文静娴雅、多才多艺，选择了林黛玉的角色，她挑选的服装十分素净，手拿一方丝绢，符合人物特点。

（三）剧本创作

学生在阅读原著或观看影视作品的前提下，了解所扮演的人物角色，学生和家长共同创作剧本，并设计最符合该人物特点的招牌动作或最经典的台词，作为出场秀。

（四）排练

六一儿童节前一周，我校教师常常在班级里看到这样的场景：学生们三五成群地手拿剧本，自发地围在一起排练节目。可以看出，他们对这一次的活动十分用心。

活动开展

5 月 31 日星期五下午，全校开展"庆六一"活动。学校安排活动前一个小时为班级的 Cosplay 秀展示时间。

（一）班内展示之开场秀

每个孩子"八仙过海，各显其能"，在短短的时间内就让所有同学知道自己扮演的是谁。

如小孙悟空手拿金箍棒，和唐僧携手出场，他抓耳挠腮，抬手四望，演得犹如是孙悟空本人一般；而唐僧的出场秀则是念了一段所有人都听不明白的紧箍咒。唐僧话音刚落，只见孙悟空紧抱头部，头疼欲裂一般，引得同学们哄堂大笑。

《红楼梦》组的小演员出场则是另一番景象，个个温婉娴静，有的念一段判词，有的吟一句诗，宛如走入大观园。

（二）班内展示之大戏开场

同学们在班内进行表演，4 组同学分别为我们带来了《西游记》之

"唐僧师徒过火焰山"、《三国演义》之"草船借箭"和"三顾茅庐"、《红楼梦》之"大观园试才题对额"。剧本在原著的基础上加以改编,使得孩子们的表演更有童真、童趣。

《西游记》组的台词贴近生活,例如,"唐僧师徒过火焰山"的剧本经过改编,重点在孙悟空向几位神仙借扇的过程中,在原著的基础上还加入了现代的搞笑元素。师徒四人从古走至今,富有趣味,逗得全班同学捧腹大笑。

《三国演义》组的表演画风截然不同,他们严格按照原著,先用旁白交代故事背景,同时穿插出场人物的介绍,同学们一下子就被带入了这个情景中。《草船借箭》中最为亮眼的当属足智多谋的诸葛亮了,小演员带上胡须,拿着羽扇,说起台词来自信大方,生动地展现了诸葛亮的足智多谋。

(三)每组推选两名代表到七彩剧场参加走秀。

(四)拍摄剧照

4组表演过后,同学们依旧没有尽兴。于是,我们走出教室,拍摄剧照,用照片定格这个成长的趣事。

第二节　生活小主人

一、跨学科的项目学习

学生在日常学习过程中,由于所学的各学科知识相互割裂,因此很难理解各学科知识之间的联系,再加上对部分知识的学习在短期内看不到实际意义,随着所学的知识越来越抽象、越来越深奥,学生会感到越来越枯燥,学习的兴趣明显降低。而跨学科的项目学习打破了学科之间的界限,成为解决分科教学与探究这一矛盾冲突的突破口,打通了不同课程之间知识与能力的壁垒。教师在教授本学科知识技能的同时,关注学科之间的相互联系,借助其他学科的相关知识助力讲授、理解想象、实践操作,提高学习效率。在全新的理念面前,学校可以用多种形式促进不同学科的教师保持"空杯心态",投入精力,研究设计合作项目,让教师的能力在设计课程中发展提升,打造教师专业发展共同体,全面提高学校的综合实力。

那么,到底什么是跨学科项目学习呢?目前学界对于"跨学科"的定义较多，最权威的是艾伦·雷普克在《如何进行跨学科研究》中提出来的。他认为跨学科项目学习是在回答问题、解决问题、处理问题的进程中，由于这些问题太宽泛、太复杂，靠单门学科不足以解决，需要整合两门及两门以上的学科知识与思维模式来推动学生的认知进步，从而解决问题；它以学科为依托，以整合见解、构建更全面的认识为目的。从中我们不难看出跨学科项目学习的几大要素：跨学科项目学习要以现实问题的研究和解决为依托；跨学科项目学习要以学科为依托，但要超出单学科研究的视野，关注复杂问题或课题的全面认识；跨学科项目学习要有明确的、整合的研究方法与思维模式；跨学科项目学习还旨在推动新认知、新产品的出现，鼓励在跨学科基础上，通过合理的想象完成创新与创造。

平时的在校学习基本上都是分课时学习，一节课（40—50分钟）围绕一个具体的知识点进行探讨、学习，场所相对固定；而跨学科项目学习的时间周期相对来说比较长，短则几天，长则数月，甚至数年，且研究的问题相对来说较复杂，学习场所需要根据项目进展及时调整，相对来说不太固定。因此，学校在进行项目学习的时间安排上，要注意时间的连续性，可以每个月安排一个下午进行此项研究，或者在假期里以兴趣小组的形式开展，定期交流各自的研究成果、分享经验，确定下一步的研究方向和目标。

此外，设计发掘学生想象力的跨学科项目时，我们要注重以下几个方面。

（一）项目设计时，要注重学生高阶思维能力的培养

所谓高阶思维，是指发生在较高认知水平层次上的心智活动或认知能力，它在教学目标分类中表现为分析、综合、评价和创造。伊万尼特斯卡雅、克拉克等人在《跨学科学习：过程与结果》中提出，跨学科项目学习时，借助想象，可以帮助学生强化高阶思维技能，也可以帮助学生在不同学科领域之间建立更完善的知识体系和更有意义的研究。

（二）项目选题时，要注重现实情境下真实问题的研究与解决

跨学科项目的选题要具体，可以充分利用国家课程标准或重要知识点，联系日常生活，把关注点聚焦到校园外的社会环境，寻找各行各业中所遇到的实际问题，从中提炼、整合、生成全新的跨学科研究项目，并给出解决方案。

真实合理的情境是项目学习的重要一环，所选的项目要便于带领学生走出校园、走进社区、亲近自然，在真实的情境中发现问题，带着明晰的

目标去研究问题，发挥各自的想象力去解决问题，进而提高学习兴趣、学习效率，增强解决问题的综合能力。

（三）项目实践时，要有真正意义上的学科整合

在进行学科项目化研究时，我们不能仅仅把几门不同的学科用"胶水"粘在一起变成一个新"产品"，我们不但要旗帜鲜明地指向不同学科的关键知识、关键能力，还要指向跨学科学习与思维类素养的融合，如创造性思维、批判性思维、合作与沟通、问题解决等。大部分学科的关键知识都不是一个个孤立的点，而是相互关联的。项目学习不必拘泥于特定的、细小的知识点，要超越对知识的"点"式理解，从更高一层的"网"的角度思考这些知识在真实情景中的可能性。因为孤立的"点"更需要的是"打桩"式的反复操练、巩固强化，而相互关联的"网"则需要在不同条件下的灵活判断与决策，不是各个学科各谈各的，而是需要真正意义上的思想和方法的整合、融合，这才是真正的跨学科项目学习。

比如"雾霾"这个项目研究，在成人看来，也许就像在闹着玩似的，但是学生如果没有大量的、复杂成体系的知识做铺垫，是根本连玩也玩不起来的。围绕这个主题，学生可以研究雾霾的物理、化学性质及与生产生活的关系；雾霾与生命（动物、植物、微生物）的关系；雾霾与地球的各个系统（大气、生态、地质、气候、土壤、热力）的关系；雾霾治理（现代农业、现代工业、城市规划）；雾霾与社会、经济的相互作用（城市、运动、治霾、航行、运输）；雾霾与文化（艺术、摄影）的共生；等等。因此，为了好好"玩"，参与项目的学生们必须进行各种能力训练：费尽心思查知识——知识记忆和运用；绞尽脑汁找问题——批判性思维；通力合作拿方案——合作沟通能力；自己动手来实践——实践与创新能力等。

有了这些有趣的、实用的问题作为项目驱动，学生乐于参与研究。能给自己创造机会分享自己的想法、放飞自己的想象，哪个孩子还会抱怨学习枯燥呢？

跨学科项目学习不但能很好地诠释"科学的应用经常会对伦理、社会、经济和政治产生影响"这个大概念，还能提升学生的核心素养，让学生文理兼修、全面发展，真正成为学习的主人、生活的主人，进而成长为世界的主人。

二、跨学科项目学习案例

☞ **案例（一）**

小数学家眼中的"雾霾"项目调查

（一）项目背景

入秋以来，持续的雾霾天气给市民的生活和出行造成了很大影响，对人们的身体健康造成了极大伤害，很多重染污地区的中小学甚至都已经停课，这并不是上天额外赐予孩子们的假期，而是自然对我们所有人的警告和惩罚。不要等到失去后才懂得珍惜。对于蓝天、绿水这些我们习以为常的美好，我们若不好好珍惜，它们也许真的会离我们而去。那么到底是什么原因造成了空气污染呢？老百姓对此有什么反应呢？怎样做才能让雾霾消失，阳光普照呢？为此，我校数学兴趣小组的同学在老师的带领下，对苏州市区以及周边农村出现雾霾这一天气现象进行了专门的项目调查。

（二）项目流程

首先，针对雾霾现象，兴趣小组的同学们在老师的指导下，设计制作了一组"小数学家眼中的'雾霾'"活动单（附后），尽可能发动学校的同学参与到此项目调查中来，为"美丽苏州"贡献自己的绵薄之力；此外，教师组织有条件的同学发动亲戚朋友收集雾霾的各类资料及现场图片；同时组织学生深入工矿企业及农村，随机对1 500多名不同年龄阶段、不同职业的市民进行问卷调查，并整理生成数据，为后续的合理化建议提供有力的佐证。

（三）项目调查结果

1. 雾霾天气的成因

（1）工矿企业制造出的二次污染；

（2）大气压低，空气不流通是主要因素，由于空气不流通，空气中的微小颗粒聚集，悬浮在空气中；

（3）地面灰尘大，空气温度低，地面的人员和车流将灰尘搅动起来；

（4）近年来城市的汽车越来越多，排放的汽车尾气也是重要的污染源；

（5）焚烧秸秆、燃放烟花爆竹等活动，使污染颗粒物的排放量增加。

2. 雾霾天气的危害

（1）对呼吸系统有严重影响。

霾的组成成分十分复杂，包括数百种大气颗粒物质。其中有害健康的主要是直径小于 2.5 微米的气溶胶粒子，它能直接进入并粘附在人体呼吸道和肺泡中。尤其是亚微米粒子会分别沉积于上、下呼吸道和肺泡中，引起急性鼻炎和急性支气管炎等病症。对于患有支气管哮喘、慢性支气管炎、阻塞性肺气肿和慢性阻塞性肺疾病等慢性呼吸系统疾病的患者，雾霾天气可使其疾病急性发作或病情急性加重。

（2）影响交通安全。

出现雾霾天气时，能见度低，空气质量差，容易引起交通阻塞，发生交通事故。

（3）雾霾天气还可导致近地层紫外线减弱，使空气中传染性病菌的活性增强，传染病增多。

（4）雾霾天日照减少，儿童接受的紫外线照射不足，体内维生素 D 生成不足，对钙的吸收大大减少，严重的会引起佝偻病，导致儿童生长缓慢。

（5）影响心理健康。低气压下的雾霾天气光线较弱，容易让人精神懒散、情绪低落，遇到不顺心的事情时甚至容易失控。

3. 问卷调查及数据生成

（1）您对雾霾天气是否关心？

A. 关心（93.2%）　　B. 不关心（3%）　　C. 没想过（3.8%）

（2）您是否知道雾霾对人体的危害？

A. 非常清楚（14.3%）　　　　B. 有所了解（63.5%）

C. 不太清楚（22.2%）

（3）PM2.5 的标准中文名是？

A. 总悬浮颗粒物（21.3%）　　B. 细颗粒物（35.5%）

C. 可入肺颗粒物（39.1%）　　D. 粉尘（4.1%）

（4）您是否对本次雾霾天气采取了防御措施？

A. 未采取（9%）　　B. 已采取（72.3%）　　C. 打算采取（18.7%）

（5）雾霾天气对您有何影响？

A. 影响出行（16.7%）　　　　B. 影响健康（56.8%）

C. 影响心情（26.5%）

（6）在雾霾天，您会选择什么交通工具出行？

A. 步行（17.1%）　　　　　　B. 自行车（5.3%）

C. 私家车（23.9%）　　　　　D. 公交车（53.7%）

（7）您认为出现严重雾霾天气的原因是什么？

A. 人为因素（75.1%） B. 大气系统不稳（3.7%）

C. 氮氧化物增多（21.2%）

（8）针对近年来雾霾天气的频繁出现，您持什么态度或看法？

A. 对污染严重的企业要限期整改（65.4%）

B. 出台雾霾天气汽车限行方案（25.9%）

C. 减少燃放烟花爆竹（8.7%）

（9）针对雾霾产生的原因，您认为政府可以采取哪些措施进行治理？（多选）

A. 车辆限行（30.4%） B. 整改重点排污企业（88.5%）

C. 全范围洒水降尘（73.9%）

D. 燃煤锅炉房、电厂将配备脱硫设施（74.9%）

（10）您觉得政府针对现在的空气污染问题应该采取什么措施？（多选）

A. 制定相关政策，颁布和完善环保方面的法律法规（65.5%）

B. 加大监管力度和执法力度（69.8%）

C. 协调各职能部门，避免权责混乱（87.1%）

D. 加大公众参与、监督力度（92.7%）

E. 加大宣传力度，提高全民环保意识（93.9%）

4. 项目调查总结

我们对项目调查的结果进行了整理，从中不难看出，多数人还是关心并基本了解雾霾天气的，很多人已经开始真正采取防护措施，但也有一小部分人认为危害不大、戴口罩不方便，疏于防护，这充分说明这部分人并未真正了解雾霾给身体健康带来的危害（建议在社区、街道、村庄等人群聚集区进行一些雾霾危害的宣传）。近六成的人认为雾霾天气对自己的健康影响最大，其次是影响心情。而出行时，更多人愿意选择公交车、步行等绿色出行方式。

对于雾霾天气的成因，大多数人认为是人为因素造成的，主要还是工厂污染严重，特别是各类化工厂、发电厂等重污染企业。很多人认为政府应加大干预力度，加强对企业的管理，综合治理工矿企业排放的污染物；出台雾霾天汽车限行方案，切实减少汽车尾气排放中的污染物，或者从源头抓起，提高汽车发动机排放的生产标准（逐步限行国二标准的汽车，推广国六标准的汽车等）；在全市所有工地全面采取湿法作业、清洗覆盖等措施，坚决杜绝黄土裸露和尘土飞扬等问题；市区内禁止燃放烟花爆竹；

大范围实施公共自行车服务系统建设，鼓励大家绿色出行；家庭生活污染物的分类治理……

这些不是任何个人或者任何一家企业单独可以做好的，这是一个国家共同的责任，需要全体公民共同努力，承担起公民的职责，从自身做起，从点点滴滴做起，关注环境，保护环境，提高环保意识，为保卫蓝天做出一份贡献。

附：

小数学家眼中的"雾霾"活动单

雾霾在大城市已经是一个常见现象了，它是对大气中各种悬浮颗粒物含量超标的笼统表述。我国很多地区现在已经将它作为灾害性天气现象进行预警预报。

活动一：雾霾的时空特征

通过亲眼观察、查阅工具书或报刊、上网检索等途径，了解雾霾发生的时间及空间，完成下面的调查报告。

表 5-2　关于雾霾的时空调查表

调查人员		调查方式	
调查时间		调查地点	
调查结果			
我的想法			

根据调查结果，你认为雾霾天气的出现跟什么有关？和小组的同学讨论一下，并把小组的想法写在下面与大家一起分享。

_____

_____

_____

通常情况下，雾霾天气出现在高污染、人口密集的地区，雾霾高发期主要集中在秋冬季节，最严重的一般是在 11 月、12 月，特别是寒冷的冬季。当然雾霾的出现也不完全受季节限制，有时在春季、夏季也会出现。

活动二：雾霾成分我清楚

公开资料显示，雾和霾的区别其实是很大的。

雾是由大量悬浮在近地面空气中的微小水滴或冰晶组成的，雾会降低空气透明度，使能见度降低。而霾则是由空气中的灰尘、二氧化硫、氮氧化物及细颗粒物（PM2.5）等粒子与雾气结合组成的，它也能使大气浑浊，造成视觉障碍。

作为雾霾主要组成的"三剑客"——二氧化硫、氮氧化物以及细颗粒物，前两者为气态污染物，最后一项细颗粒物则是加重雾霾天气污染的罪魁祸首。它们与雾气结合在一起，让天空瞬间变得灰蒙蒙的。

根据国际缩写惯例，取particulate matter（颗粒物）的首写字母，缩写为PM，PM2.5是指空气中直径小于或等于2.5微米的固体颗粒，也称为可入肺颗粒物。科学家用PM2.5表示每立方米空气中这种颗粒的含量，这个值越高，就代表空气污染越严重。在这儿有一个全新的计量单位叫"微米"，微米是一个比毫米还要小得多的长度单位（1毫米＝1 000微米）。1微米到底有多长呢？让我们一起来探究一下吧！

（1）一根成年男性头发丝的直径大约是80微米，2.5微米约是这根头发丝的 $\dfrac{1}{(\quad)}$。

（2）你能想办法测量出一张A4纸的厚度吗？A4纸的厚度大约是2.5微米的_____倍。

活动三：雾霾危害大家知

把你们的调查结果写在下面：

_____

_____

雾霾中含有各种对人体有害的细小颗粒、有毒物质，PM2.5更成为各种病毒和细菌的载体，为各种呼吸道传染病的传播推波助澜，让这些有害物质直接通过呼吸系统进入人的支气管，到达肺部，造成呼吸道、脑血管、鼻腔等方面的疾病，甚至改变肺功能及人体的免疫结构等。

除了对人体的危害，雾霾天气出现时的空气质量差，能见度低，很容易引发交通事故，对人类的交通安全造成不良影响。

活动四：雾霾成因我探究

雾霾到底是怎么形成的呢？各小组"八仙过海"，各显神通，自行收集资料。

表5-3　雾霾形成原因调查表

调查人员		调查方式	
调查时间		调查地点	
调查结果			
我的想法			

根据你调查的雾霾成因，我们可以为雾霾治理做哪些力所能及的事情？和小组的同学交流一下，并把你们达成的共识与大家分享吧！

_____

_____

_____

_____

根据现有资料，汽车排放的尾气是大城市的首要污染物，是PM2.5的重要组成部分。

下面就让我们一起来了解一下吧！

以恒定速度行驶、中等排量2.0升的小汽车为例，它每分钟大约可以排放3 000升尾气。

（1）这辆小汽车每小时可以排放_____升尾气；

（2）假设苏州市区路面正常有400万辆汽车（包括过境车辆）在行驶的，每小时可以排放_____升尾气，合_____立方米（注：1 000升＝1立方米）；

（3）市区有近500万人口，平均每人每天会受到_____升汽车尾气的危害。

同学们，这还仅仅是苏州市区的汽车尾气排放量，放眼全国，每天汽车尾气的排放量是不是大得惊人呀？

想一想，你所在的城市有没有出现雾霾现象？空气质量怎么样呢？请大家调查一下所在城市汽车尾气排放的情况。

表5-4　　_____市（区）机动车尾气排放情况调查表

调查人员		调查方式	
调查时间		调查地点	
本市拥有车辆（辆）		所在城市的人口（人）	
情况分析			
我的建议			

活动五：雾霾治理我检索

据公开资料显示，雾霾天气自古有之，刀耕火种、火山喷发都可能导致出现雾霾天气，只是当人类进入工业化时代后，能源消耗迅猛、人口高度聚集、生态环境破坏，雾霾天气才真正威胁到人类的健康及生存。形成雾霾有三个要素：① 有生成颗粒性扬尘的自然环境，如我国的黄土高原，其土壤质地最易生成颗粒性扬尘微粒；② 人类生产生活造成的扬尘；③ 前两种要素聚集在一定空间范围内，加上空气流动缓慢，最易形成雾霾。

针对这三个要素，可以采取的措施包括植树造林搞绿化、工业排放要达标、工地砂土要覆盖、少要燃煤多用电、天气干燥要洒水……除了这些措施，治理雾霾的重点还要放在治理汽车尾气排放上。

同学们，你还想到了哪些方法治理雾霾？小组内的同学讨论一下，把你们的金点子记录下来吧！

_____
_____
_____

活动六：我为防霾支支招

雾霾天气对人类（特别是儿童和老人）的伤害非常大，我们要积极采取措施主动应对雾霾,有效减少雾霾对身体的伤害。

(1) 戴口罩,少出门

雾霾天气尽量减少外出,如果有要事必须出门,佩戴口罩是最主要的防护措施。任何口罩都有一定的防护作用,但建议选择防护性好的口罩。佩戴时必须完全罩住鼻、口及下巴,保证口罩与面部紧密贴合,密闭性越好,防护效果越佳。

(2) 关门窗,净空气

雾霾天不宜开窗通风,最好等雾霾散了以后再开窗透气至少15分钟以上;从外面回家时,要及时脱掉外衣,用温水洗脸、洗手、洗口鼻,减少污染;如果条件允许,可以购买对PM2.5有净化效果的空气净化器,让室内的空气保持洁净。

(3) 补充维生素D

雾霾天气出现的时候日照时间少,紫外线照射不够,人体内部的维生素D生成不足,人很可能会精神懒散、情绪低落、嗜睡等,这个时候就需要有意识地补充适量的维生素D。

(4) 宜清淡,多喝水

在雾霾天,要多选择清淡易消化且富含维生素的食物,多喝水,多吃新鲜蔬菜和水果,尽可能少吃刺激性酸辣食物,这样不仅可以补充维生素和无机盐,还有润肺除燥、祛痰止咳、健脾补肾的作用。

(5) 眼干涩,滴"泪液"

雾霾天气容易导致眼睛出现不适,如刺痛、发胀、有异物感,可到药店购买人工泪液滴入眼内,缓解不适。

(6) 少劳累,多锻炼

要注意平时的个人生活习惯,合理调节个人生活节奏,避免过度劳累,要适度休息,注意经常锻炼身体,增强机体免疫力,强化应对雾霾天气的能力,但是要避免在雾霾天气外出锻炼。

除了以上这些措施,你还有哪些"防霾"妙招?把你的想法写下来与同学们交流交流!

(本文已发表于2019年7月12日《小学生数学报》五年级版《名师大讲坛》)

第三节 角色体验

一、戏剧表演有特色

角色体验指表演者进入角色所处的背景世界，在想象中实现对角色的体会，并在一定情境内行动、表演。在角色体验的过程中，学生能自然地代入角色，体会角色之经历，投入角色之情感，从而获得自己的独特感悟。角色体验以其趣味性、生动性受到少年儿童的欢迎，同时，因为角色扮演具有实践性、可操作性，也走进了教育者研究的视野。通过亲身体验，学生能很好地掌握各方面的知识，如在科学方面，学生可以了解科普知识，学会探究，获得客观、冷静思考问题的能力；在人文方面，学生将拥有移情的能力，感受和善、正义、责任；在艺术方面，学生将拥有创作、表达的能力，感受美。

戏剧是一种集体性的综合艺术，集体性体现在戏剧有多个元素（演员、故事、舞台和观众）的配合；综合性体现在戏剧由文学剧本、绘画布景、音乐效果等多种艺术成分综合而成。在校园活动中，角色体验主要可以分为两种形式：一种是剧本表演，演员依据既定的文本进行表演；另一种是想象性表演，只提供一个开端，剩下的由学生自由发挥想象后表演。以往，学生都是坐在舞台下的观众，但在我们的特色活动中，每个学生都可以同时具备多种身份，可以是一名出色的演员，是一位提出故事构想的编剧，是一位设计舞台的布景者，是一名观看表演的观众。怎样同时实现这一切呢？让我们沿着角色体验的流程轨迹，一起去了解角色体验的每一个步骤及实施的要点吧。

（一）角色体验的活动前提——以生为本

角色体验活动最根本的原则是以学生为活动主体。教师可以给予学生一定的指导，明确绝不能以自己的想象替代学生的想象。儿童的阅历虽没有成年人丰富，但他们常常有天马行空的奇思妙想，这些想象是他们在知识经验土壤上滋养出的花朵。教师要对学生的想象予以尊重，比如，在创作剧本时，可以与学生交流探讨；在学生提出新奇的想法时，教师不要急着否定，而是听他说完，问问他这么想的缘由。

学生是活动的主体，并不代表教师可以把所有艰难的任务都直接交给学生。教师要求学生解决的问题应符合"最近发展区"原则,让学生"跳一跳,够得到"。例如,在进行《河长治水》剧本创作时,教师应当提供学习支架,给孩子讲述河道治理的知识,让学生了解神话人物河伯及现实人物河长等剧本创作背景,并且教师要带着学生一起研读剧本,让学生对表演的故事有基本了解。

(二)角色体验的准备环节——挖掘意义

角色体验活动的基本要求是本次活动主题必须有重要意义。教师不妨问自己几个问题:这个主题为什么对学生来说是重要的?这个主题对学生有怎样的吸引力?在确定主题时,教师可以引入"二元对立"的范畴。

"没有冲突就没有戏剧"是戏剧创作的一条金科玉律。事实上,在社会生活中也充满了"二元对立"的冲突,像好与坏、美与丑、正义与邪恶、自信与自卑等。由于年龄与生活环境限制,学生未必会直接接触到这些冲突,但是通过戏剧体验,学生就可以将想象世界与真实世界连接,更重要的一点是,学生能在角色体验中实现对真善美准则的恪守。换言之,角色体验是基于真实的沉浸式模拟,为学生"提供了更多的自由以及解决现实世界极限问题的新方法"。例如,《神奇的红舞鞋》关注自信心的培养,让学生知道如何拥有自信的力量;在想象性表演《农贸市场的一幕》中,学生在自由想象后,将主题确定为"乐于助人":看到老人摔倒了,我们应该帮助他。

(三)角色体验的排练环节——超越限制与体验互动

学生生活的世界是现实世界,长期以来获得的经验都是现实经验,因而,涉及"现实或经验的极限感"的事物常常更吸引学生。在戏剧中,学生可以超越时空限制,将想象融入各色人物中。在历史剧中,学生能感受岳飞、林则徐的英雄正气;在现代剧中,学生能体会钱学森的拳拳爱国心和海伦·凯勒的顽强毅力。学生在角色体验的过程中,真正看到了人物的个性与力量,"由此分享到超越限制的胜利感"。正如潘庆玉教授所言,超越性的联想可以在某种程度上使学生富有想象力地"栖居"在事物上。

角色体验是一个全方位的互动过程,演员与剧本互动,学生将文本的逻辑语言转化为内心想象的画面,并将自己脑海中所想象的通过动作呈现出来;演员与演员互动,主人公、反面角色、旁观者等人物角色间形成联系。一般来说,剧本会有几个贯穿始终的主要角色,但如果学生只能体验到一个角色,那他的想象就可能是片面的。因此,在初次排练时,教师可以把学生分成几个小组,让小组内的学生不断互换角色。通过视角的切换，学生会对故事有更全面的理解，这也是在潜移默化中让学生学会多角度思考问题。

再次排练时，学生要确定自己扮演的角色。一遍遍的排练，正是学生一次次深入体验角色的过程。反复的排练，能让学生深入角色的内心；反复的想象，会让学生想象的画面越发清晰，最终表演者能与角色融为一体。

(四) 角色体验的表演环节——真实表演

排练和表演的区别在于，表演具有正式性、公开性。当学生站在舞台上，面对观众的目光进行表演时，他们的角色体验会更加深刻。表演环节的要求是具有真实性。在表演前，舞台的布置、道具的准备都要做到尽善尽美。真实的表演是具有感染力的，当演员在舞台上表演时，他必须完全沉浸在故事中，并将心中的想象通过神态、表情、语言、动作全部呈现出来，让观众身临其境。尽管此时此刻，人们是坐在剧场里，但表演者连同观众，都应当相信这样的故事是真实的。例如，《河长治水》是一个有趣的时空穿越剧，但这不妨碍每一位演员进行真实表演，无论是精美的布景还是精湛的表演，都能让观众完全沉浸其中。

(五) 角色体验的交流环节——交流感受

很多戏剧在表演落下帷幕的那一刻，就画上了休止符。实际上，在表演后，还有一个非常重要的总结性环节，那就是让演员谈谈自己从所表演的角色身上得到的启示。交流感受，是学生提炼人物精神品质的过程，是学生判断人物行为正误的机会，更是重塑学生认知的机会。例如，在《神奇的红舞鞋》中，扮演小伙伴的同学说："在别人表现不好时，我们不能打击、嘲笑别人，而是应该帮助他们。"扮演主角欣欣的同学说："我曾经就像欣欣一样，失败了就再也不敢尝试，但是今后我知道一定要相信自己。"交流感受能帮助学生总结经验，而这些经验，毫无疑问，对学生来说是大有裨益的，这些经验将成为他们成长的养分。

雨果在《〈克伦威尔〉序》中这样写道："戏剧应该是一面集中的镜子，它不仅不减弱原来的颜色和光彩，而且把它们集中起来，凝聚起来，把微光化为光明，把光明化为火光。"正是如此，戏剧让我们超越时间与空间的限制，将一个个动人的故事化作精彩的表演于舞台上呈现出来。而每个学生的想象力之光，在这面明亮的镜子的折射下，都被无限地放大，熠熠生辉，光芒璀璨。

二、戏剧表演特色活动案例

☞ 案例（一）

河长治水

（一）活动背景

水为万物之源、万物之本，水对人们的重要性不言而喻。我国一直力求让保护水资源的意识深入人心。在水利管理上，国家设置了"河长制"，河长的职责是督办河流管理工作。为了让学生了解"河长制"，加强学生保护水资源的意识，我校编写了一个生动有趣的剧本。剧本以时空穿梭的形式，请来神话中的水神河伯，围绕"河伯苏醒，跟着河长巡河"这一条主线展开。剧本语言幽默，情节有趣，激发学生的兴趣。

（二）活动目标

（1）掌握戏剧的背景知识，知道河伯是水神，明确河长的职责，知道河道治理的基本方法。

（2）让学生深刻体会护水工作的不易，增强学生保护水资源的意识。

（三）活动过程

1. 进行排练，积极参与

在排练时，教师先和学生一起解读剧本，剧本语言浅显易懂。学生的问题多集中在"河伯是谁？""河长的职责是什么？"上。在对剧本有基本了解后，学生分小组进行排练。比起教师指定学生扮演某个角色，由学生自己选择角色更能让他们获得参与感。学生都在积极排练，不同的角色之间忙着对台词、熟悉动作。排练的过程也是学生发挥能动作用的过程。在学生的提议下，第二幕场景二中加入了人物老姚、鹅伴以《四小天鹅》的舞蹈退场的剧情，让戏剧更富有幽默感、可看性。在"虾兵蟹将"的强烈要求下，结尾加入了齐唱快板表演，学生的想象力丰富了戏剧的内容。可见在活动中，我们应发挥学生的主体作用，让学生更加积极地参与进来。

2. 想象表演，超越限制

本剧因为无法真实还原现场，在正式表演时有一定难度。剧本涉及的如"河流""生态浮岛"等是无法直接呈现在舞台上的。因此我们选择在舞台上布置道具，借助舞台 LED 屏幕播放相应图片。尽管舞台有限制，但是学生在表演时都充分发挥出自己丰富的想象力，比如"河长"表演时，他想象的就是他正在河边巡河。借助想象力，演员们的表演非常生动。

3. 交流体验，收获心得

在表演后，学生交流了自己的收获。从他们积极的反馈中，可以感受到本剧对学生产生了深远的影响。扮演养鹅者老姚的同学说："我原来以为养鹅是很小的事情，没想到也会产生养殖污水。看来保护河流，要从方方面面做起。"扮演河长的学生说："在表演的过程中，我感觉自己真的就是河长，表演结束后也觉得自己非常有责任去爱河护河。"其他学生演员也纷纷表示自己深刻体会到水资源保护的重要性。

（四）总结

剧本是在虚构与真实之间徘徊的，虽然素材是虚构的，但目的是帮助学生更好地认识真实世界。戏剧将河长的责任精神与爱水护水的观念巧妙地渗入学生的心田，这是一种润物无声的做法。本剧的剧本故事有趣，极富有想象力，还带有一定神秘感，非常好地激发了学生的兴趣。在角色体验时，所有的学生都热情高涨，学习积极性强。可见时空穿梭剧是一片值得开垦的沃土，有待我们更多地探索与耕耘。

附：

《河长治水》剧本

第一幕

场景一

人物：虾兵甲、乙

蟹将甲、乙

（虾兵蟹将们欢快齐上场。）

虾兵甲：伙伴们，有谁知道咱们的河伯大爷睡醒了没啊？

虾兵乙：哎哟，咱这河伯大爷，一觉睡得可真长啊，足足睡了三十年还没醒呢。

蟹将甲：自从三十多年前我们的河水被逐渐污染后，河伯大爷都懒得去治理了。每天就是睡大觉，也不管这河咯。

蟹将乙：咦！你们知道吗？现在外面出了个河长，听说把那河水治理得越来越好了。要不我们去把这好消息告诉河伯大爷吧，让他也精神起来。

虾兵蟹将们：（欢快活泼地齐呼）好啊好啊，快走快走！

场景二

人物：河伯

虾兵甲、乙

蟹将甲、乙

《走进充满想象力的世界》

（此时河伯正躺在床上懒懒散散地睡大觉、打呼噜。）

虾兵蟹将们：（边走边喊）河伯大爷，河伯大爷！（此时河伯翻了个身并没有醒来）

虾兵甲：河伯大爷，快醒醒啊，别睡了！（边喊边推河伯）

众：河伯大爷，醒醒！醒醒！

河伯：（边翻身边抱怨）谁啊？这么大声！吵死了，搅了我的好梦。

蟹将甲：河伯大爷，告诉您一个重大消息。

河伯：（起身，边打哈欠边伸懒腰）你们这些小东西，整天就知道叽叽喳喳的。赶紧说啥事啊？说完我还要继续做美梦呢。

蟹将乙：（激动地）河伯大爷，您知道吗？现在外面来了个河长，他也在管理河水，听说他……

（蟹将乙还未说完，河伯大跳而起，虾兵蟹将们被吓到了。）

河伯：（急躁地）你说什么？河长？我不过睡了三十年，就有人敢取代我的位置了？赶紧带我去见这河长，我倒要看看他是何方神圣，竟然抢我的风头！

（河伯说着便急匆匆地大步向前，虾兵蟹将们紧跟着，互相看对方，一句话也不敢说。）

幕落。

第二幕
场景一

人物：河伯
　　　虾兵甲、乙
　　　蟹将甲、乙

（此时虾兵蟹将们带着河伯来到了离河水不远处的一棵大树旁边。）

虾兵甲：（指着河边）河伯大爷，您看那叉着腰、指手画脚的便是河长，人们都叫他老李。

河伯：（不屑地）哼，瞧他神气的，长得也没有我威风嘛，竟敢当河长。我们先躲起来，看看他究竟想干啥。（说着众人便躲在树后准备一探究竟）

场景二

人物：河长老李
　　　老姚
　　　三只鹅

第五章 想象力拓展儿童的成长空间

（河水边有一间老姚用来养鹅的棚子，此时老姚正准备吆喝他的鹅过河，三只鹅发出一阵阵"嘎嘎嘎"的叫声。）

河长：（快步跑上前着急道）哎呀，老姚，老姚啊，咱们前两天不都说好了吗？你也答应我换个地方养鹅的啊！这都过去几天了，你咋一点儿动静都没有呢？

老姚：（固执地）动，动，动，动啥呀！你看我这些鹅，要是真把我这棚子拆了，我的鹅住哪儿？难不成都住你家去啊！

河长：（无奈地）你冲我发火不要紧，你就不怕下游那些老百姓来找你算账啊！

老姚：（不解地）哼，我养我的鹅，跟他们有啥关系。

河长：（语重心长地）老姚，你看，自从搭了这鹅棚，周围居民被这散养的鹅扰乱生活不说，养鹅的脏水都流到河里去了，这鹅整天在河里搅来搅去，到处都是粪便，污染了水源啊！

老姚：（不耐烦地）我说你不就是个小河长吗，管好你的河！别来管我的鹅！我的鹅要过河，你管得着吗？

河长：（坚持地）就因为你的鹅污染了老百姓的河，我才更要管！

老姚：（怒火稍稍平息）你想咋管？

河长：我也知道你的困难，你是我们村的养鹅大户。村那头有个大鱼塘，养鹅正合适。我让村里的大学生给你指导一下怎样处理养殖污水，你看这样行不？

老姚：（面露笑容，点点头）那好啊。你咋不早说呢？

河长：（笑道）现在说也不迟，赶紧带着你的鹅一起去吧！

老姚：（开心地）好嘞！鹅司令听令，整队出发！

（老姚、鹅伴以《四小天鹅》的舞蹈退场。）

[转场景一，树后。]

河伯：原来这河长是在治理水污染，这可帮了我的大忙啊，你们怎么不早说？

蟹将甲：您刚刚气冲冲地跑了出来，哪里给我们机会说啊！

（虾兵蟹将们互相看看，表示无奈。）

河伯：（捋了捋大胡子）哼，这河长当得是有那么点模样，但要跟我比，还差得远呢。想当年，我河伯……（众人连拉带拽地制止河伯继续说）

众：河伯大爷，我们赶紧去会会这河长吧。

[转场景二，河水边。]

河长老李正深情地观望着这片河水，此时河伯走过来。

河伯：（咳嗽了一声）咳咳，听说——你就是刚上任的河长啊？

河长：（疑惑地）我是啊，请问您是……

河伯：（得意地）我就是远近闻名的河伯，听过我的大名吧？

河长：哦，原来您就是《望洋兴叹》里的河伯啊，听说过，听说过。

（虾兵蟹将们躲在河伯身后偷笑。）

河伯：我说，你这河长是哪儿冒出来的？想管哪门子闲事啊？

河长：（笑了笑）我啊，就是负责管理河道的人，从2014年起，我们高新区就建立了"河长制"，每条河都设置了河长，河有多长，这河长就得管多长。河长每天巡河，发现问题及时治理，还要号召百姓共同护河。这不，又到我巡河的时间了，要不您跟我一道看看去？

河伯：好吧，我也好久没看看这外面的世界了，咱一块儿瞧瞧去。

幕落。

第三幕

场景一

人物：河长

　　　河伯

　　　工人小张、小王

　　　虾兵甲、乙

　　　蟹将甲、乙

（众人来到渠田河边。走着走着，听到不远处有声音。）

工人小张：（大喊）小王，你往那边挖一挖啊！

（小王正在操作挖掘机。）

河伯：（生气大叫）喂喂，你们怎么挖我的河呀！快停下！快停下！

小张：我们不是……（话还未说完）

河伯：（斥责道）什么不是，我都亲眼看到你们在挖河了！

河长：（大笑）哈哈，河伯啊，您先息怒，不是您想的这个样子，他们是在用这挖掘机清理河里的淤泥呢，这淤泥清干净了，河水不就清澈了吗？这是我们治理河水的一种措施。

河伯：是这样啊！（惭愧地）两位小兄弟，实在对不住啦，是我唐突了，你们辛苦了，请继续！

小张：好嘞！小王，咱们继续干活儿吧！

第五章 想象力拓展儿童的成长空间

场景二

河长：河伯，那咱们继续往前走吧。（河长带着河伯继续巡河）

（舞台LED背景屏幕呈现曝气设备增氧的画面。）

虾兵甲：（指向屏幕）天呐，不好了！你们快看，河里的水烧开了，冒泡了！这河里的鱼岂不是要被煮成鱼汤了！（众人停下脚步）

虾兵蟹将们：（七嘴八舌地议论）是啊是啊，这可不得了。

（河伯看着河水，也是一脸疑惑。）

河长：（笑了笑）别紧张，那是曝气设备在增氧呢。水里氧气含量提高了，你们这些虾兵蟹将才能愉快生活啊！这也是我们治河的一种措施。

虾兵乙：原来是这样啊！这设备可真高级啊！谢谢！谢谢！

（众人继续巡河。）

（舞台LED背景屏幕呈现生态浮岛的画面。）

蟹将甲：（指着屏幕）哎呀，快看那边，这么多花盆掉河里了！

河伯：老李啊，我猜这应该又是你们用来治理河水的吧！

河长：（大笑）哈哈，正是，正是。那是我们用来改善水质的生态浮岛，有了它，这渠田河里的水质是越来越好了。

河伯：（恍然大悟）我睡了三十多年，都不知道时代进步得这么快，现代科技真了不起啊！看到现在的河水被治理得这么好，我很欣慰。（拍了拍河长）老李啊，你这河长当得很称职，为百姓解决了大难题。

河长：（面向观众）我既然做了河长，就一定会尽心尽力治理好这河水。我也希望大家能和我们一起保护河水，让它变得越来越美丽！

（河伯、河长下场。）

虾兵蟹将们齐唱快板：

清淤泥，供氧气，解决垃圾大问题；

拆窝棚，除蓝藻，生态浮岛要建好；

水环境，很重要，保护意识要提高；

解决措施齐颁布，投入整治见成效；

问渠那得清如许，为有河长在作为！在作为！

（众演员齐上场，鞠躬谢幕。）

幕落。

第四节 绿野寻踪

一、探索自然主题学习活动概述

与农村相比,城市虽然有办学条件和资源上的优势,但也有自身的缺陷。农村学校更贴近自然,可以实现与大自然的零距离接触,更接近生命的本真。城市学校在这方面并没有优势,难道就只能"坐以待毙"吗?近年来,构建文明城市的理念在全国掀起热潮,随之而来的构建文明校园、生态校园的理念也逐渐引领着各中小学校将自然、生态引入校园、带进课堂。探索自然主题学习活动课程应运而生,开始进入教育者的视野。

探索自然主题学习活动可以在各个学科中得到体现,它不是某一学科的专属。探索自然主题学习活动课程没有固定的教材,它的存在是通过各科教师在教学中的创意性探索及学生健全人格的发展要求来体现的,它强调学生在课程中的亲身经历和实践体验;它是在教师的引导下,学生自主合作进行的对自然展开探索的学习活动;是基于学生的经验,密切联系学生的实际生活和社会发展实际,让学生通过亲身体验、探索自然等学习,体现对各科所学知识的重新建构和应用。

设计开展探索自然主题学习活动时要遵循以下几个原则。

(一)探索性

探索,顾名思义,是指多方寻求答案的过程,它不预测将要发现的内容,也不是死板的程序,它是一种乐学善思、勤学好问、刨根问底的习惯,它的最终目的在于发现有意义的变量来解决实际中的疑问。探索过程就是研究的过程。针对一个研究对象,教师要找到一个小的切入点来设计各类活动,引领学生分别从事物的横向和纵向展开研究。探索过程中,还有一个老生常谈但却并未得到真正落实的问题,那就是谁来探索的问题。心理学家皮亚杰指出,一个被动的观察者无法得到知识,他必须通过分析各种活动自选挖掘或建立知识。因此,学生只有主动去探索、观察、分析,才能从中获得一些新的知识,实现课程的价值。而教师需要做的就是通过设计各种形式的活动,鼓励、引导学生积极探索,使学生的主体性得到充分展现。

（二）自然性

这里的自然性是研究内容的"自然性",即回答探索什么的问题。在选择活动内容时,思维要打开,要发散,要有前瞻性,要研究大自然。比如大自然中的一花一草一木、一块石头、一种小动物、季节天气变化等皆可以成为研究内容。学生不是毫无头绪地去选,而是教师有目的、有计划地从大自然中选取一些与学生实际生活密切联系的要素或者借助一个偶然的教育契机,引导学生主动探索、学习。例如,我们开展"寻找春天"这一主题活动,就是因为"春天"这个主题与大自然及学生的实际生活联系紧密。即使是低年级学生,这对他们来说也是一个较为容易的研究方向。他们可以简单地从对大自然景色的观察和欣赏中,联系日常生活,将书本上学到的知识进行重新建构,不断地获得一个个新的认知——春天是多彩的、生机勃勃的,春天可以进行很多有趣的户外活动。

当然,这里的"自然性"还指要遵从学生成长的规律及客观事物的自然规律。学生的成长具有不平衡性、顺序性、阶段性和个体差异性的特点。在活动类的课程中,学生要占据主体地位,这就要求在设计活动时,学生的个体情况也要在考虑范围之内。例如在设计"寻找春天"主题活动时,怎样给学生分组也大有学问。"探"春组和"游"春组需要记录的内容较多,需要学生具有敏锐的观察力和做事认真细心的态度,平时思维活跃、观察认真的学生最为合适。在开展"探索蜗牛的奥秘"主题活动时,教师针对饲养蜗牛、填写观察记录这两项活动环节在选择学生时,也要关注学生发展具有个体差异性和阶段性的特征,选取一些态度认真的学生;若是让一些坐不住的小"捣蛋鬼"们来做,这对于研究活动的开展着实是个挑战。

（三）多样性

这里的多样性指的是活动形式的多样性。不同活动的主体和探究方法应该用不同的活动来呈现。因为学生具有个体差异性,而多样的活动形式能够满足不同学生的各种兴趣发展和技能培养的需要。例如,在开展"探索蜗牛的奥秘"主题活动时,各类活动让学生的技能得到训练和发展。"蜗牛住在哪?"培养了学生的观察能力和整理信息的能力;"蜗牛爬得有多慢?""蜗牛的力气有多大?"等科学实验锻炼了学生的实验操作能力;"如何饲养、观察蜗牛?"培养了学生的科学探究能力。"走进昆虫的世界"活动案例里的"昆虫知多少?"加入绘画环节,发展了学生的绘画能力;"探访林间昆虫"带学生们离开校园,深入山林间,激发了学生探索自然的欲望，开阔了他们的眼界；动手制作，如制作飞机模型、橡皮泥手工小制作等，锻炼了学生的动手能力。你看，对于多种多样、有趣的活动形式，学生怎能不爱？

(四) 安全性

这里的安全性指的是人身安全和生态安全。在学生成长的过程中，自然是他们的"无声老师"，激发他们不断地去探索、去思考。在进行探索自然的主题活动时，学生可能会离开校园进行实地考察，因此在活动设计时教师要将学生的安全问题考虑在内。没有安全，谈何研究？教师还要注重对学生进行生命教育和环保理念的渗透，要引导学生敬畏生命、善待动植物，潜移默化地对学生进行生态道德教育。例如，考察昆虫栖息地时应轻声，不破坏树林植被，爱护花草；探究活动结束后，要将昆虫放回大自然；在制作昆虫标本时，要选取已经死掉的昆虫，尽可能地减少对生命的伤害。为什么如此小心翼翼？这是因为我们所培养的是能与自然和谐共生，能够从自然中探索、学习到课本以外知识的尊重生命的文明人，而不是忽视可持续发展，热衷于索取自然、破坏自然、目光短浅的新时代"野蛮人"。

大自然是所有学科天然的教学资源，它是能够将所有学科串联在一起的桥梁，是一本容纳万物的百科全书。探索大自然主题学习活动，让学生在丰富多彩、有趣的探究活动中获得亲身体验，增强应用实践、科学探索的能力，让学生进一步亲近自然、走进自然、探索自然、感恩自然、保护自然。

二、探索自然活动案例

☞案例（一）

走进昆虫的世界

(一) 活动背景

昆虫是目前人们知道的数量最大、种类最多的动物群体，生活中常见的蝴蝶、蜻蜓、苍蝇等都是昆虫。昆虫也是学生们最容易接触到的动物群体，和人们的关系最为密切。校园里的走廊上经常会有几只瓢虫，引得学生纷纷围观，他们对昆虫的世界充满了好奇。为此我校决定开展"走进昆虫的世界"主题活动，让昆虫带领学生们走进大自然，与自然亲密接触，开始他们的神奇探索之旅。

(二) 活动目标

(1) 学生通过收集资料，实地考察，了解各种昆虫的特点，从研究活动中对昆虫形成新的认知，培养研究问题的好奇心和兴趣。

(2) 收集昆虫的资料，了解昆虫饲养的一般步骤，观察昆虫的一般形态和生活习性，并做好观察记录。

(3) 通过自己的个性化理解完成昆虫绘画作品，并学会制作模型。

(4) 通过搜集样本研究昆虫、了解昆虫，并学会用从昆虫身上学到的知识来自主创作、发明；知道有益的昆虫是人类的朋友，要维护生态平衡，保护昆虫的家，培养学生的环保意识。

(三) 活动流程

活动一：寻找身边的昆虫

活动过程：

(1) 在校园里或者居住的小区花园里寻找昆虫，昆虫类别不限；

(2) 仔细观察寻找到的昆虫，做好观察记录，填好记录表，将昆虫的样子、生活习性、生活环境等填写完整。

表5-5 身边的昆虫记录表

记录员		记录时间	
昆虫的名称			
昆虫的样子（形状、颜色、翅膀等）			
昆虫的生活习性			
昆虫的生活环境			
我的想法			

活动二：昆虫知多少？

活动准备：

(1) 全班分为4个小组，每个小组推选出组长。

(2) 每人分发一张A3大小的白纸。

活动过程：

(1) 每组组员依照表5-5上的内容将自己寻找到的昆虫画在纸上，可以适当涂色，凸显昆虫的外形特征。

(2) 教师鼓励并指导学生采用多种绘画方法表现昆虫。

①采用写实法,将现实中的昆虫放大或缩小在白纸上,画的时候要注意仔细观察昆虫的形状、结构等,可以参照图片或者具体的实物,将昆虫的外形不"添油加醋"地画出来。通过写实法画出的昆虫,往往更贴近昆虫的真实模样。

②采用拟人法,就是将实际的昆虫当作人来画,画上人类的眼睛、耳朵、嘴巴等。加上卡通效果的昆虫会显得更加可爱,这也能突出昆虫的具体特征。如画蝴蝶时,就可以加上一些微笑眨眼睛的动作表情,凸显蝴蝶的美丽。

③采用夸张法,不把昆虫的全部特征都画下来,而是将昆虫最显著的特征或者最美的地方画得突出一些,这样虽不符合昆虫实际的外形特征,但却最容易让人记住昆虫的重要特征。

(3)组内成员依照自己画的昆虫图相互介绍自己记录的昆虫,如图5-2至图5-5所示。

(4)各组讨论观察记录时产生的问题,组长负责将提出的问题记录下来,形成本组的学习表。

图 5-2

图 5-3

图 5-4

图 5-5

（5）交流展示各组的"问题表"。

表 5-6　问题表　第 1 组

问题	第＿＿1＿＿组
1. 什么是昆虫？	
2. 昆虫的基本特征是什么？	
3. 昆虫一共有多少种类？	
4. 为什么蚂蚁在夏天要搬运粮食？	
5. 蚂蚁会在什么地方安家？	

表 5-7　问题表　第 2 组

问题	第＿＿2＿＿组
1. 哪些昆虫是益虫？	
2. 哪些昆虫是害虫？	
3. 苍蝇除了喜欢吃腐烂的食物还喜欢吃什么？	
4. 昆虫是如何繁殖的？	
5. 蜻蜓和豆娘有什么区别？	

表 5-8　问题表　第 3 组

问题	第＿＿3＿＿组
1. 螳螂喜欢吃素的还是荤的？	
2. 七星瓢虫是害虫吗？	
3. 昆虫中谁的体型最大？	
4. 哪种昆虫的飞行速度最快？	
5. 昆虫是如何发出求偶信号的？	

表 5-9　问题表　第 4 组

问题	第＿＿4＿＿组
1. 如果没有昆虫世界会变成什么样子？	
2. 哪些昆虫是完全变态发育的？	
3. 哪些昆虫是不完全变态发育的？	
4. 哪些昆虫可以用来制药？	
5. 你能想到哪些办法来保护有益的昆虫？	

(6)课后通过上网和查找书籍的方式寻找问题的答案,课堂上集中汇报查找结果。

活动三:探访林间昆虫

活动准备:

(1)各组经过讨论确定探访昆虫的种类——蜻蜓和豆娘,准备好相关捕捉工具。

(2)选择探访地点,向学校提前报备。

活动过程:

(1)学校组织学生前往三山岛,拿好工具寻找蜻蜓和豆娘。

(2)探索豆娘和蜻蜓的主要特征与区别,填写观察记录表。

表 5-10 观察记录表

记录员		
昆虫的名称	豆娘	蜻蜓
眼睛的距离		
翅膀的形状		
腹部的形状		
停栖方式		
胸部		
飞行能力		
尾部特征		
稚虫		

蜻蜓和豆娘虽外形相似,但仍有区别。从眼睛上观察,蜻蜓两眼之间的距离较小,而豆娘两眼之间的距离非常大,整个头部如同哑铃;从腹部上看也能观察到不同,蜻蜓的腹部较为扁平,比较粗,稚虫腹末无尾鳃,而豆娘的腹部则很细瘦,呈圆棍棒状,稚虫的腹末有三片尾鳃;蜻蜓的胸部肌肉比较发达,而豆娘的胸部则比较狭小;多数豆娘的体型比蜻蜓要小,最小的体长 1.5 厘米,最大的才 6—7 厘米;豆娘在停栖时会将翅膀合起来直立在背上,而蜻蜓则会将翅膀平展在身体的两侧。其实蜻蜓和豆娘还可以从飞行力上来区别,一般来说,蜻蜓的飞行能力较强,豆娘较弱。

（3）探究昆虫飞行的奥秘

实验过程：

（1）先抓住一只蜻蜓，将其固定。

（2）固定后观察蜻蜓的飞行状态，填写观察表。

表 5-11　蜻蜓飞行记录表

观察员
1. 蜻蜓被固定住时，翅膀能否扇动？
2. 蜻蜓未被抓住前的飞行状态如何？
3. 蜻蜓被束缚后是如何飞行的？
4. 对于蜻蜓飞行的探究，说一说你的想法。　　　　　　　　　　

（3）填写完记录表，将蜻蜓放回大自然中。

（4）学生交流讨论蜻蜓的飞行奥秘。

和鸟类不同，昆虫的翅膀上没有肌肉，它们主要靠胸部肌肉的力量来扇动翅膀。在空中飞行时，翅膀进行的所有复杂的弯折和形状的改变都是由翅膀的根部控制遍布翅膀的一系列复杂的分层结构来实现的。

而蜻蜓在没有束缚的前提下，它们的飞行十分灵活，它们能够迅速变换方向和速度，既可以在空中悬浮，又能够倒飞、侧飞、直上直下滑翔飞行。蜻蜓之所以有这么高超的飞行技能，是因为它具有发达的翅肌和气囊。翅肌是靠近翅膀根部的胸部肌肉，这部分力量可以使翅膀快速扇动；气囊内贮有空气，可以调节体温，增加浮力。同时，蜻蜓可以根据外界的气压状况，快速转变翅膀的倾斜角度，产生向上的升力和向前、向后的推力。

活动四：模型制作

（1）制作飞机模型

根据蜻蜓飞行原理，设计制作飞机模型。各小组先准备好胶水、磨砂纸等工具，购买完整的印好飞机部件的材料板。先拿出材料板，抠出所需要的材料部件，进行拼装（图 5-6）。将飞机的主体部分拼装好后，可以在拼装的接口处塞上小纸片粘牢，再将飞机的底部安装到飞机的主体部分，最后将飞机的螺旋桨和机尾装好。飞机模型完成好后，各组进行飞机试飞活动（图 5-7）。

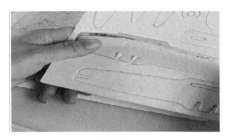 

图 5-6　　　　　　　　　　　图 5-7

（2）昆虫橡皮泥手工小制作

课件出示昆虫的图片，教师准备好橡皮泥、美工刀等，学生选择自己喜爱的昆虫进行小制作。作品完成后学生进行展示、交流。

活动五：饲养昆虫

（1）要想了解昆虫的生活，获得亲身的探索活动经验，最好的方法就是饲养昆虫。因此，本次活动将选择权交给学生，让学生自主选择一种昆虫，精心饲养，在饲养过程中关注昆虫的生活习性，并及时做好记录。

（2）大部分学生饲养的昆虫是生活中较为常见的蚂蚁，他们还建造了蚂蚁农场。

（3）农场建好后，学生细心照料蚂蚁，观察蚂蚁的外形特点、喜欢吃的食物、生活习性等。

表 5-12　蚂蚁观察记录表

记录员		记录时间	
昆虫名称	蚂蚁	观察地点	
观察目的			
材料准备			
观察内容记录			
观察结果			
我的想法			

蚂蚁是群居性的昆虫，它们通常喜欢成群结队，一起活动。根据生活常识和实验观察得知，蚂蚁喜欢吃带有甜味的食物，如苹果、面包、蜂蜜等。蚂蚁特别喜欢建设蚁巢和开凿隧道。当土壤湿度在 10%～20%，温度在 15 ℃～35 ℃ 时，蚂蚁的生活状态最好。当温度低于 10 ℃ 时，蚂蚁处于休眠状态。

(四)活动总结

这次的课程活动将研究视角转向学生们熟悉的昆虫中去,昆虫身上的许多奥秘能带给我们很多启发。比如活动中探究到的蜻蜓的飞行原理,人类就是依照昆虫的飞行原理发明、制造了飞机,推动了社会的发展。学生们通过"寻找身边的昆虫""昆虫知多少?""探访林间昆虫""模型制作""饲养昆虫"5个活动对昆虫有了一定的了解,学生解决问题的能力也在活动中得到了培养。昆虫的秘密还有很多,有待我们去发现,去研究!

第五节 我们的节日

一、节日活动有创意

拥有想象力,能把平庸变有趣。一个不喜欢考试的孩子,会把"考试"这件事人格化,盼望它穿上蜗牛的鞋子,慢一点到来。一个喜欢亲吻爸爸的孩子,认为爸爸是一块磁铁,而自己就是那一小块铁。一个4岁的小姑娘急着去游泳,所以就对喊她吃饭的妈妈争辩道:"吃饱了就没法游泳了,因为身体太重会沉到海里。"……这些孩子们写下的童言童语,无一不充满想象力。

爱因斯坦对想象力极为推崇,他曾说过,想象力比知识更重要,因为知识是有限的,而想象力概括着世界上的一切并推动着进步。那么,到底什么是想象力呢?爱因斯坦能够在头脑中做相对论实验,这是想象力;迪士尼的动画设计师能在头脑中构思出栩栩如生的动画形象,这也是想象力;同样的,孩子们在自己的头脑里能构想出奇幻世界,毫无疑问,这也是想象力。

(一)生活,丰富想象力之源

想象力虽然是新形象的形成过程,但这种新形象也是在过去已有的记忆表象基础上加工而成的,也就是说,想象的内容是否新颖、想象发展的水平如何,取决于原有的记忆表象是否丰富,而原有表象的丰富又取决于感性知识和生活经验的积累。

我校努力构建"生态课堂",强调基于儿童个性发展的需要,体现"为了每一个儿童"的理念。学生由封闭的课堂走向广阔的生活世界,将学习还原成鲜活的有生命力的活动。这些丰富多彩的校园活动在翻开生活这本大书时，不仅让学生观照到他们的真实生活，享有生活的价值，同时也在建构有想象力的生活。学生在故事、游戏、竞赛、绘画、表演等活动中，把知识内容与文化生活自然生动地连接起来，赋予静止的知识内容以生动的文化形态，把对生活世界的体验与想象融入对知识世界的想象与构建中。

"我们的节日"通过"我感知、我观察、我思考、我想象、我动手、我体验、我反思"的学习过程，让学生从对概念的感性认识逐步上升为理性认识，在特色活动中"回味"生活中父母的疼爱、老师的关怀、科技的进步、中国传统节日的魅力，感受祖国的荣耀、时代的成就……在学校特色活动所打开的生活大书中，学生重温了生活中曾经触动过他心弦的故事，更深入地感受由它们带来的幸福、快乐、满足和愉悦，枯燥的科学原理成了一个个有趣的游戏，音乐绘画唤醒了学生的生命力。在这个过程中，学生不是谨小慎微地踌躇在知识圣殿中的参观者，而是遨游于无穷知识海洋的航海家，一路领略风平浪静时的惬意、惊涛骇浪时的惊心动魄。他们不仅享有生活的幸福和快乐，同样也感受到了知识所闪现的人类智慧之光。

（二）实践，夯实想象力之本

在生活论的视域中，生活的意义来自生活本身，存在于生活中，因此，我们的教育就是要努力从学生最关注的问题入手，力求把学生自己的问题、社会生活中的问题及社会热点问题引进课堂，帮助学生打开生活这本大书，使学生从自己生活中找到生活的意义，去发现生活中的种种美好事物，去过一种美好的生活，使我们的教育真正回归本位，回归生活，回归社会。

在我们的校园生活中，各种丰富多彩的实践活动是引导学生走向生活的最好途径。我们在活动中指导孩子去感知客观世界，让他们去看，去听，去模仿，去观察，去感受，从而开阔视野，积累感性知识，丰富生活经验，增加表象内容，为想象增加素材。

"我们的节日"旨在通过形式多样的实践活动，从儿童生活的本质出发，促进儿童的成长，让他们能够充分感受童年的快乐，同时也为儿童的幸福人生和终身发展奠定基础。我校在办学过程中始终坚持国家的课程标准，国家要求的课程、地方课程的体系都融入在学校的教育理念和常规课程中。与此同时，我们也深切地知道，一所学校先进的办学理念、独特的培养人才方式是具体体现在校本课程和特色活动中的。"我们的节日"结合学校开展的科普节、艺术节、双语节、中国传统节日等活动，引导学生走进社会生活的方方面面，每一个节日都是教育新理念的体现，为学生张扬个性、展示特长提供了宽阔的平台，也孕育了我校学生善于自主学习、善于表达、善于交流合作的精神气质，最终创建了孩子们精神成长的"美好家园"。

结合学校特色文化，我校开展了丰富多彩的校园活动。本项目实施后，校园活动的开展融入了更多的创意元素：元宵节做花灯、风筝节做风筝、校园艺术节节演、开展科普运动会和创意手工竞赛等。学校有意识地制定一学年的体现"想象力"的主题活动，在学校活动中渗透"创想"主题，使创意与想象在活动中竞相绽放。围绕地球节水日，学生们大胆绘制的宣传画；结合学校环境特色教育开展的变废为宝作品展，等等，都成为学生创意生长的沃土。

二、节日创意活动案例

☞案例（一）

创意书皮，绘出缤纷世界

为丰富学生的学习形式，提升学生的想象力，使学生核心素养的培养得以落地生根，我校拟举办创意书皮设计活动，让学生通过想象，自主设计绘画出有趣的、富有创意的书皮，享受绘画创意书皮之趣，与快乐同行，展示思维风采，放飞自我想象。

（一）奇思妙想，绘创意文学书皮

时间越是久远，文学之香越是令人沉醉。当翻开经典著作《红楼梦》时，"闲静似娇花照水，行动似弱柳扶风。心较比干多一窍，病如西子胜三分"是否能够让你忆起娇滴滴的林黛玉？当你翻阅语文书时，脑海中跳跃出的是怎么样的富有童真童趣的童诗童谣？当你翻阅有趣的作文书籍时，寒来暑往、四季更迭、人情冷暖是否能让你体会人间百态？这一切的一切，可不可以从书皮开始呢？灵动美丽的黛玉从经典中轻迈碎步，落到封面上，掩面而笑（图5-8）；小女孩手捧鲜花献给护士，感恩之心溢出画面（图5-9）。学生将内心对于语文和经典的理解通过画笔展示出来，设计出自己想象中的封面，可谓是创造力十足、想象力超群！

图 5-8　　　　　　　　图 5-9

（二）天马行空，构神奇数学王国

数学王国里的奇思妙想、晦涩难题，像一株高高在上的雪莲，需要历经磨难，扫清前面阻挡的积雪，方能采撷。单调的数字和有趣的卡通相互融合，变得灵动而活泼。数学是个神秘的天地，看，一个面带微笑的男孩正坐在七彩的飞船里尽情地遨游宇宙，探索这片未知的天地（图 5-10）。"活"过来的数学书皮，就像是孩子们打开新世界的一把钥匙，有了这把钥匙，孩子就能蹦蹦跳跳进这座神奇、有趣的知识殿堂里，去感受数字不一样的美（图 5-11）。

图 5-10　　　　　　　　图 5-11

（三）废物利用，立志从小护环境

谁说书皮只能用纸来做？废旧的衣物也可以被裁剪、拼接成一张张具有复古质感的书皮。变废为宝是环保，废品回收是举手之劳。如图 5-12 所示，裁剪一块废旧的牛仔布料，经过缝纫添加一些有趣的元素，再加上三朵花点缀，顿时创意十足。再看图 5-13 所示，我们一眼便瞧见一个裤兜，想必是将牛仔裤的裤兜处进行裁剪，再缝合上一个美丽的蝴蝶结，这样独特的书皮就呈现在大家的眼前了。学生们从这样的制作过程中，能了解纺织工人的智慧和辛苦，也在无形中培养了想象力，锻炼了动手能力。

学生能将废旧的衣物变成创作的材料,将资源高效率地利用,也为自己的兴趣打开了另一扇门。变废为宝是一个永恒的话题,是时代的心声,让学生从自己做起,从小事做起,不断发散思维,创作出新的作品。

图 5-12

图 5-13

（四）绿色环保,共画分类促减量

绿色环保书皮创作活动是我校环保理念践行的重要体现。学生们根据自己对于环保的理解,分别从节水、垃圾分类、保护地球等方面入手,用画笔将自己的心愿融入创意书皮创作中（图 5-14 和图 5-15）。当我们一遍遍翻阅这一张张环保书皮时,我们的环保意识就一点点、一天天地增强。这一张张环保书皮的背后,是学生对美好生活的无限憧憬;这一张张环保书皮里,装着的一定是碧水蓝天、花开遍野的美丽景象。

图 5-14

图 5-15

☞案例（二）

奇妙数学,建构神奇空间

数学也是一种文化,源远流长,从结绳计数、量天丈地,到寻理求真、格物致知。数学伴随着人类文明的步伐,展现了理性的光芒、智慧的力量、诗意的魅力。

为丰富学生的数学学习形式，提升学生的想象力，使学生数学核心素养的培养得以落地生根，我校于2019年11月开展了数学创意节活动，让学生们在由多彩的数学符号、生动的图文影像构成的数学百花园中，感悟数学的文化底蕴，了解数学之史，欣赏数学之美，体验数学之用，享受数学之趣，与快乐同行，展示思维风采，放飞自我。

活动以年级为单位，一到六年级学生分别根据不同的主题进行创作。

（1）一年级：数字幻想画

要求：创作含有数字元素的绘画作品，画纸大小为A4或A3。

（2）二年级：智慧七巧板

要求：用一副或几副彩色硬卡纸制成的古典七巧板进行图形创作，画纸大小为A4或A3。

（3）三年级：美丽轴对称

要求：用剪纸或绘画的形式进行设计，设计的作品具有轴对称特点，剪纸需贴在画纸上上交。画纸大小为A4或A3。

（4）四年级：制作小能手

要求：动手制作一个数学学习中用到的学具，使用年级不限。

作品呈现方式：将做成的学具拍成照片，同时附上自己制作过程的照片及学具的制作方法和使用方法，将作品统一贴在规格为A4或A3的画纸上。

（5）五年级：数学小编辑

要求：制作一份数学小报，主题不限，可以是数学故事、数学童话创编，可以是数学乐园小报，也可以是对某一数学内容的思维导图等，图文并茂，版面大小为A3。

（6）六年级：奇幻的空间

要求：在格点图上创作平面或立体图形。（可以根据作品设计需要，自行改变格点纸的大小，可以对作品配以色彩）

活动由各班数学老师动员学生参加，经过层层选拔，许多富有创意的作品脱颖而出。

作品一：数字幻想画

五彩公园

苏州高新区实验小学校一（11）班　刘奕涵

从小我就非常喜欢小动物，总是会缠着爸爸妈妈带我去动物园。爸爸妈妈会一边陪我逛,一边给我讲各种各样有趣的动物故事,比如,狐假虎威、老虎拔牙、龟兔赛跑……有时候我还会把这些故事画下来,再讲给我的弟弟听,每次都能把他逗得咯咯直笑。

当妈妈告诉我学校组织了一个数字幻想画大赛时,我脑海里立刻浮现出了许多可爱的小动物。

他们摇身一变,变成了一个个跳跃着的五彩数字,正在朝我微笑招手呢!对了,我就画这些小可爱吧!

瞧!在秋季的湖边,有一只健壮的河马先生,他昂着大大的脑袋,挺着圆圆的肚子,像不像一个大大的"8"呀?湖边的斑马小姐也不示弱,她昂首挺胸,弯起细细的腰,摆出一个特别形象的"5"出来。还有小蛇宝宝,把身体蜷成了一个"4",舒舒服服地躺在草地上(图5-16)……其实啊,还有很有动物都和我们的数字很像。小朋友们,你们都找到了吗?

图 5-16

作品二:智慧七巧板

中国梦·太空梦

苏州高新区实验小学校二(17)班 金梦瑶

少年智,则国智;少年强,则国强;少年有梦,则中国有梦。

我有一个梦想,以后成为一名光荣的女航天员,驾驶着宇宙飞船遨游太空,探索无尽的太空奥秘(图5-17)。中国已经拥有神舟一号至神舟十一号,还会有神舟十二号、神舟十三号……

图 5-17

我们是中国未来的接班人,我们的"个人梦"与"中国梦"紧密相连。我们要用"个人梦"托起"中国梦",刻苦努力,执着追求,用勇气与毅力走出一条精彩的未来之路,为实现"中国梦·太空梦"而奋斗不止。

作品三：制作小能手

"纸杯加减法"学具

苏州高新区实验小学校四（15）班　徐雅嫒

数学不只是在我们的课本上出现，在生活中也很常见。比如，买文具、买食品，这些实际问题就用到了数学中的很多运算。

数学有时学起来也很枯燥无味，记得口算过关的时候，妈妈总会给我打印很多份题目，让我不停地练习。那时，我就想着有没有更好的方法让我们轻松有趣地学好数学呢。这次学校举办制作数学学具的活动，让我又萌生了当初的想法。从生活中最常见的小物品开始着手，做一个简单易学的加减法学具。

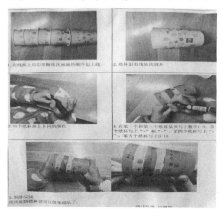

图 5-18

当我看到桌上的纸杯的时候，我脑海中灵光一闪，想到了用纸杯做加减法学具（图5-18）。旋转五彩的纸杯就能做加减法，不仅能做题，而且还能自己出题。这样我就可以跟小伙伴在游戏中学好加减法了。我做的是10以内的纸杯加减法学具，如果要增加难度，还可以在纸杯上更改数字。

作品四：奇幻的空间

神奇的"大循环"

苏州高新区实验小学校六（2）班　顾禹承

这是一个神奇的循环，中间的三角形灵感来自垃圾桶上的可循环标志和莫比乌斯环。如果沿着一个面一直向前走，你会发现，你永远走不到它的边缘。周围的三个三角形代表着可循环垃圾，通过回收再利用，不断实现它们的价值，并且减少地球资源的浪费。外面的六边形环代表着我们的世界，它也是一个无限循环的图形。做好垃圾分类，

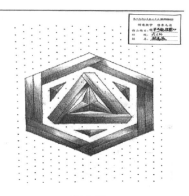

图 5-19

再利用可循环垃圾,保护地球,保护人类。全世界人民手拉手,共同保护我们的家园。

数学的发生、发现乃至应用无不展示人类神奇而伟大的想象力。当数学与创想碰撞,小学生心中的数学创意世界令人惊叹。晦涩难懂的数学竟也能开出奇妙的想象之花!

创意和创新是民族之魂。在绚丽多姿、五彩缤纷的童年生活里,有了这么多活动的相伴,孩子们收获了数不清的喜悦和快乐,他们那一双双富有想象力的翅膀在校园里自由舒展,尽情翱翔!

走进充满想象力的世界

第六章
让全世界成为孩子的实验室

我们所处的时代是一个科技高速发展的时代，全球科技创新进入空前密集活跃时期，创新成为当代世界发展、竞争的主旋律。创新离不开想象力，想象离不开物质基础，不同时间、不同地点、不同环境都会产生不同的想象结果。想象的基础是知识，物化环境可以提供知识；创新的平台是实践，物化环境可以提供给学生创新实践的平台。物化环境为孩子们的想象提供灵感和阵地。当灵感来临时，我们把它记下来、做起来、展示出来。如果学生的周围充斥着自己或他人富有想象力的创意学习作品，那会进一步激发其想象的潜能、创新的欲望。可见，建设支持想象力发展的物化环境是多么重要。

创建一个优美、舒适、宽松的物化平台，有利于提升学生的想象力。走进我们的校园，时时可见、处处可见学生充满想象力的创新成果。为了发展儿童的想象力，我校注重环境建设，搭建支持平台，充分利用社会资源，让学生走进校园就如同走进了一个充满想象力的世界。

第一节 想象创意，信手拈来时

我校就是一座美丽的大花园，绿化面积高达 35 562.5 m²，校园内树木繁多，有白杨、银杏、玉兰、樱花、桂花、蜡梅、橘子树、枇杷树……我校也是各种鸟类的天堂，如果有缘，你能在夕阳的余晖中，看见顶着美丽花冠的戴胜鸟在足球场的草地上散步、觅食。更多的时候，你会看见三三两两的孩子，或是蹲在树荫下、草丛里，找蜗牛、蚯蚓，或是看蚂蚁搬食，逗蚂蚱、蟋蟀……想象的翅膀已然张开。

一、教室内外

支持想象力发展要为学生提供活动性、实践性的环境。学校进行了物化环境建设，形成了便于学生进行创意学习的开放式空间。

我校每一个班的教室都是现代化设施齐全的多媒体教室，教室不以整齐有序为第一追求，里面摆放着学生自己动手种植的绿植。教室内外都有属于学生的涂鸦墙；透明塑料展袋里轮番展示着学生的创意作品；班级图书角中的书为学生提供了丰富的知识，是学生的精神食粮；宽大的软布黑板报、墙壁空白处贴满了学生充满想象力的绘画、手抄报（图6-1）。

图 6-1

二、走廊拐角

学校里有很多创意作品展览专区，每一面墙壁、每一条走廊，甚至楼梯的拐角处，都成为学生创意展示的阵地。音乐空间里时不时有学生来演奏，现代化视听设备随时为大家服务；屏风上有学生的诗作、书画作品；诸多立柜上满满的都是他们的科技小发明；还有手工作品陈列处、艺术沙龙，真是一步一景，形成校园内最靓丽的风景（图6-2至图6-4）。

图 6-2　　　　　　图 6-3　　　　　　图 6-4

三、专业室场

学校有很多专业室场。科学实验室共 19 间，面积达 3 330 m^2；此外还有 3 个校园气象站、8 个仪器室、科学探究室、科学工作室、STEM 创客教室；美术教室共 14 间，面积达 1 509.7 m^2，其中包括国学教室、书法室、陶艺室；劳技教室共 16 间，面积达 1 744.5 m^2，包括烘焙室、手工编织室、手工作坊、大型工具间，另外还有未来教室、机器人教室等。这些设施的建设为提升学生的想象力搭建了很好的平台。陶艺室里堆满了学生把脑海中的想象变成的看得见、摸得着的创意作品（图6-5），连教师的会议室都悬挂着学生的书法条幅（图6-6）。

图 6-5　　　　　　　　　　　　图 6-6

四、活动现场

每年我校都会举办数次校园艺术节、读书节、科普周、社团汇报演出等大型学生文体活动。在学校的七彩剧场、多功能报告厅、阶梯教室、演播室里，新编戏剧、艺术创作、变废为宝作品秀、创意服装 Cosplay 秀、百米画卷展、义卖活动……持续进行，为学生提供提升想象力、展示自我的平台。富有想象力的设计、创新性的表演使每一位参与者都经历了一次深度学习。同学们在参与中体验快乐，积极展现自己的个性和活力。

第二节　大型场馆，别有洞天处

为提升学生的想象力，使学生的创意学习、探究创新活动有更好的物化平台设施，我校已建成大型功能性场馆：七彩少年科学研究院、太湖文化研究院、科普馆等。学校还拟建设数学实验室、戏剧创编室……为学生的创意学习提供良好的室场环境。

一、七彩少年科学研究院

七彩少年科学研究院，位于我校珠江路校区，由"赤色星球""紫色星际""蓝色海洋""青色森林""黄色沙漠""绿色天地""橙色乐章"七个板块组成。我们将整个展厅布置

图 6-7

为彩虹"赤橙黄绿青蓝紫"的七色，展示了一个多姿多彩、丰富有趣的科技馆（图 6-7）。丰富的科普知识、有趣的互动体验、震撼的多媒体展项、多变的色彩视觉符号，使展馆充满科技的魅力、知识的趣味，让青少年进

发探索与求知的强烈欲望。整体空间布局疏密有致、灵动通透，力求周全、顺畅、安全。

主题墙设计以黑白灰渐变色为背景，立体艺术造型模块与服务台相融合，其中我们还设立了导向查询，整体风格由平面衍生至立体，由无色变成有色，象征着青少年无穷的思维扩散。平面与立体的对比，无色与彩色的反差，使得整个空间充满了青春的活力和无限的想象力。

（一）赤色星球

以赤色基调构筑整个空间，墙面上的多媒体和立体展板相结合，生动地叙述了地球起源、地球气象、气象万千、人类进化这 4 个主题，版面色调凸显了地球环境的演变。中岛位置的球幕投影和触摸屏的动态演示，在视觉与听觉的交融中生动地展示了地球生态系统的演变。

图 6-8

动与静的结合更能寓教于乐，生动有趣（图 6-8）。

探究问题 1：地球是怎么形成的呢？

作为太阳系中已知的唯一一个有生命存在的星球，地球是怎样形成的呢？多少个世纪以来，科学家们上下求索，力图圆满地回答这个问题。关于地球的起源，目前有以下几种学说。

假说 1：彗星碰撞说

假说 2：微星学说

假说 3：俘获说

假说 4：气体潮生说

各种说法都有一定的道理，但都缺乏确凿的证据，所以直到今天，地球究竟是怎样形成的仍是一个谜。

探究问题 2：地球是由板块组成的吗？

探究问题 3：人类起源之谜。

探究问题 4：如何保护臭氧层？

本展项由屋顶的投影球和地面的触摸屏组成，参观者可以在触摸屏上点击相对应的地球信息，顶上的球形投影便会随着参观者的互动，变换不同的内容，并模拟出一个真实的、动态的地球。

查询屏1：地球的圈层

查询屏2：保护臭氧层科普动漫

查询屏3：气象万千延伸知识

（二）紫色星际

神秘的宇宙总是引发人类无限联想，这也是青少年最为好奇的领域。在"紫色星际"展区，我们的设计以太空舱为原型，打造一个遨游在星际中的虚拟飞船场景，让参观者在真实与虚幻之间探索深不可测的宇宙奥秘。我们还运用了多项先进的高科技多媒体展项，如宇宙漫游VR（参观者坐在太空椅上通过VR眼镜，身临其境地沉浸于浩渺神秘的宇宙）、星空望远镜（内设宇宙星际的动态图），增强体验性、互动性、趣味性，让参观者在获得知识的同时感受游戏的乐趣。

1. 浩渺无际的宇宙

探究问题1：宇宙是如何形成的？

假说：宇宙学说认为，我们所观察到的宇宙，在其孕育的初期，集中于一个体积极小、温度极高、密度极大的奇点。在141亿年前，奇点发生大爆炸，从此开始了宇宙的历史。

探究问题：宇宙是什么？宇宙有多大？

2. 我们的银河系

探究问题1：什么是银河系？

探究问题2：什么是河外星系？

探究问题3：宇宙有多少个星系和恒星？

探究问题4：银河系中庞大的恒星团体是什么？

3. 人类的家园——太阳系

宇宙漫游VR：蛋椅座是VR虚拟现实的体验设备，外观极具时尚感和科技感（图6-9）。为加强体验者进入虚拟世界的多觉感官互动，蛋椅座增加了震动、推背、喷气、扫腿、喷雾、耳风等辅助体感功能。游戏者可以身临其境地去感受，如同在太空中穿梭于各个星球之间。

图6-9

星空望远镜：星空望远镜以真实天文望远镜为外形，运用星空漫游软件，来进行虚拟天文观测。青少年可以通过这个星空望远镜，观测广袤无垠的宇宙和成千上万颗星星，在感受宇宙之美的同时，学习相关的天文知识。

（三）蓝色海洋

以蓝色海底为背景的围合空间内，顶部渔船造型与立体鱼群类模型相结合，参观者可以眼看着丰富多彩的海底生物，耳听着海洋生态创作的"交响曲"，仿佛进入海底漫游。周围以波浪形的透明展面，展示出洋流的成因。投影的鱼群与跃动的海波纹，使参观者仿佛沉入蔚蓝的海底世界，充满神秘感和探索性（图6-10）。

图 6-10

探究问题1：地球是一个大水球吗？

探究问题2：海水是蓝色的吗？

探究问题3：海和洋有什么区别？

（四）青色森林

将森林与沙漠放置在一个空间内，场景化还原森林与沙漠，镂空的蜂窝状中岛将两种极端的环境巧妙融合，通过多媒体与版面结合，介绍青色森林的光合作用和森林生态链、黄色沙漠的成因和环境保护（图6-11）。本展区由郁郁葱葱的绿过渡到飞沙漫天的黄，由鸟语花香过渡到孤寂的风声，凸显人与自然的冲突、人类对环境的影响，强化青少年的环保意识。

图 6-11

探究问题1：森林有什么作用？

（五）黄色沙漠

沙漠是指沙质荒漠的土地，地球陆地的三分之一是沙漠景观。因为水很少，人们一般以为沙漠荒凉无生命，故沙漠有"荒沙"之称。和别的区域相比，沙漠中的生命并不多，但是仔细看看，就会发现沙漠中藏着很多动物，尤其是晚上才出来的动物（图6-12）。

探究问题1：沙漠化的原因。

本展区内的沙漠化游戏为一个互动游戏，开始时屏幕上显示一个郁郁葱葱的森林，参观者可以通过选择一些选项来改变这个自然环境，如伐木、

图 6-12

建工厂等，然后森林慢慢变成一片黄色的沙漠。通过这样的模式，参观者能直观地了解到自然的力量及破坏自然的后果。

（六）绿色天地

本展区运用了大自然的绿色，让参观者在自然氛围中学习和感受科学知识的乐趣。几何方块的不同形体层次排列，由"块"衍生到"面"，结合绿色色调，使整个空间灵活自然，富有节奏感（图6-13）。展区主要展现声学、

图 6-13

力学、电与磁、数学机械、光学等科学知识，参观者可通过互动项目，在玩乐中探索、研究、感悟地球上万物变化的规律。

1. 力学互动板块

龙卷风

展示原理：形成龙卷风必须具备一定的温度与湿度等气象条件，并需要侧向气旋。本展项根据龙卷风的形成机制，人工制造侧向旋转气流，由大功率烟雾发生器提供演示载体，逼真地模拟了龙卷风的形成过程。

操作说明：打开电源，附近观众停止走动，会发现上升的水雾在侧向气旋的作用下逐渐形成一条弯曲的水雾柱。

飘飘球

展示原理：小鸟、飞机能在空中飞行，为什么空气能托起它们呢？玩玩这个飘飘球，学生就能感受到空气动力学——上升气流如果遇到障碍物，就会产生一个相对低压区，周围的空气前来补充，于是对这个物体产生托力。

操作说明：按动电钮，让空气吹动小球，控制电钮力度可将小球吹入篮筐。

万有引力

展示原理：经典力学认为，宇宙中任何两个物体间都存在引力，其大小与两物体间距离的平方成反比，与两物体质量的乘积成正比。观察两个钢球在曲面上的运行状况，可以帮助学生理解由德国科学家开普勒发现的行星运动的三大定律。

操作说明：将两个钢球连续放入，球经导引轨道进入曲面区，观察两球的运动轨迹。

2. 声学互动板块

声波看得见

展示原理：我们知道，声音是一种纵波，琴弦的振动是琴音的来源，但我们无法直接从琴弦的振动看到纵波的存在。本展项利用人眼的视觉暂留效应，在琴弦下方放置一条水平运动的黑白条纹皮带，这样琴弦的振动就会以近似正弦波的形式被展示出来了。

操作说明：用手拨动吉他弦，转动滚筒，会发现琴弦在滚筒区变成了一条正弦曲线。

喊泉

当学生击掌或大喊时，它的泉眼里就会喷出一条细细的水线，听话极了！原来在泉眼的下方，安装着一个声控电阻开关，用电阻开关控制水泵，来实现泉水的喷发。在泉眼的周围击掌或喊叫，就会振动声控电阻开关启动水泵，让泉水喷发。

超声波测身高

展示原理：超声波是频率高于 20 000 Hz 的声波，它方向性好，穿透能力强，易于获得较集中的声能。本展项利用超声波的这一特性，配合单片机、数码管等数字元件，较为准确地测出体验者的身高。

3. 电与磁互动板块

电磁大舞台之怒发冲冠

展示原理：本展项展示的是电荷的同性相斥现象。人体和静电发生器带有同性电荷，当表演者站在绝缘台上手握高压静电球时，其头发上会带有与静电球相同极性的电荷，由于同性相斥，因此在近十万的高压静电下会出现"怒发冲冠"的现象。

操作说明：管理员选择一名头发长度大于 10 cm 的观众，让其站到绝缘台上，双手按在静电球表面，打开电源开关，待明显观察到受试观众的头发竖起来后，管理员关闭电源，戴绝缘手套用放电杆轻触受试观众，告知其可以走下绝缘台。

与机器人共舞

智能机器人逐渐渗透到人类生活的不同领域,接替人们手中的工作,改变人们原有生活工作方式已然成为不容回避的事实。

操作说明:编辑机器人课程,让学生与机器人一起跳舞。

雅各步天梯

展示原理:本展项的羊角形双电极在近万伏高压下,电极最近处的空气首先被击穿,产生电弧放电。空气对流加上洛伦兹力的驱使,使电弧持续向上运动。随着电弧被拉长,电弧通过的电阻加大,维持空气电离所需的电压更高、能量更大时,电弧会自行消失。

操作说明:按下电源按钮,观察电弧的产生、上升、消失的循环过程;松开电源按钮则设备停止工作。

4. 光学互动板块

隐身人

展示原理:当两块平面镜成90度放置且周围的背景伪装适当时,能够形成一种中空的伪装效果。人站在镜子的后方,会产生一种身体被隐藏的魔术效果。

操作说明:选择一名体验者从侧后方的门钻入站立区,将头伸出圆形洞口,其他观众会发现,这名体验者只有头还在,身体却消失了。

万丈深渊

展示原理:镜面反射是一种常见的光学现象,其特点是成等大等距的虚像。通过两面平面镜重复循环的镜面反射,理论上可以产生无数越来越远的虚像。本展项利用这一原理虚拟出一个看不见底的深渊。

(七)橙色乐章

橙色是充满活力、温暖与欢快的颜色,在明快的橙色乐章区,我们设置了高科技的 3D 打印与 DIY 手工场所,让青少年尽情释放他们的学习热情与想象力,感受科技设施带来的新、奇、乐(图6-14)。

本展区设置手工 DIY 区域与小型 3D 打印游戏,学生可在相关工作人员的引导下进行实验(图6-15)。

图 6-14

当今世界，科学技术已渗透到现代社会的各个领域，许多国家都把发展科技教育作为国家的头等大事来推行。可是，科技教育至今没有在青少年教育中占有一席之地。科技教育是一个抽象、理性的

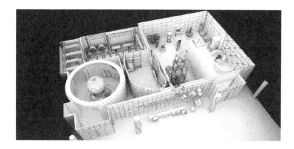

图 6-15

概念，然而青少年在学校期间接受的教育却都以传统知识的灌输为重点，书本上的知识虽然丰富，但不如青少年亲身感受后获得的知识深刻和易于理解，因此青少年在动手能力、创造力方面都相对薄弱。在这个充满科技的社会，我们需要为青少年建立一个物质化、理想化的科技大环境，让他们在这样一个环境中感知科技带来的神奇魅力，激发他们的想象力，同时提高他们的科学创造力。

我校始终秉持"为生命奠基"的办学理念，着力培养正德笃学、强健创新的"七彩少年"。依据我校的教学理念，我们通过多元化的表现手法，以科学传播为基础，寓教于乐，构建了一个异彩纷呈的充满想象力的七彩少年科学研究院。

二、太湖文化研究院

（一）布展设计方案

太湖，湖畔群山起伏，湖面一碧万顷，湖岛相映，帆影点点，渔歌互答，水天一色。太湖，作为太湖流域风俗民情和传统文化的发祥地，融汇了渔猎文化、农耕文化、刺绣文化和以太湖石为代表的石文化等文化精粹。太湖文化，源远流长，让人时而如同打开一册底蕴深厚的志书史籍，时而又有翻阅风情风物掌故的美妙感觉。我们以"保护和弘扬太湖特色文化，使其永续发展"为设计目标，将太湖文化研究院设计成一个面向社会公众，尤其是广大青少年进行科普教育的示范基地，让更多的人了解太湖文化、喜爱太湖文化，并使太湖文化继续得到传承和发展（图6-16）。

图 6-16

(二) 布展思路

以具有江南水乡地域文化的"黑、白、灰"作为展馆的主基调，融入太湖的"蓝""绿"，共同构筑本馆的整体用色。以"山、水、湖"作为展陈的形式符号，呼应本馆主题。在展陈形式上突破传统图文展示形式，提取内容中的文化符号，以场景化形式、多媒体互动等来强化展陈的视觉感及参与互动性。

凝练的视觉语言符号、形式多样的展陈形式、雅致清丽的空间用色为参观者开启了一个全新的太湖文化体验之旅。

(三) 空间规划及动线设置

本馆的布展面积约为 400 m^2，主题展陈内容较多，如何在这面积上合理规划空间，合理组织内容是空间规划中的重点。依据布展内容大纲和布展空间划分，设置顺时针、单循环参观动线，力求顺畅、安全、不走回头路。观众依次参观"序厅—形胜之地（即太湖流域水土资源板块）—纬武经文（太湖流域人文历史板块）—湖光山色（太湖流域风景名胜板块）—巧夺天工（太湖流域工艺美术板块）—遗风余俗（太湖流域风土人情板块）—古今流芳（太湖流域赏湖诗词板块）—结束寄语"。本馆设计中，设计团队充分发挥想象力，以一条辗转起伏、贯穿始终的卷轴飘带连接各独立展区，飘带同时连接了实物展柜、多媒体装置等，为原本紧凑的展面预留空间。飘逸清雅的造型活跃了展陈空间，象征着太湖文化的传承与延续。

(四) 设计亮点与效果呈现

1. 序厅

以抽象的"山、水、湖"形体勾勒，层层叠叠犹如太湖的山，蜿蜒向前又如太湖的水。蓝色的 LED 光源分色让展墙更具立体感。主题墙的核心视觉区内置了大型 LED 显示屏，参观者可在此展区通过播放的片源，对本馆及太湖文化有一个初步了解。立体辗转的卷轴之上镌刻着本馆的前言，一直延伸至地面，然后辗转起伏，拉开参观的序幕。

2. 形胜之地

主要介绍太湖流域水土资源情况，通过立体的图文展陈形式解说太湖的形成、湖泊特征、生态环境、土壤、地质等情况，由于此展区内容较多，因此设置了多媒体互动查询显示设备（图 6-17）。

3. 纬武经文

主要讲述太湖流域的人文历史，此板块以"吴地始祖"为核心文化符号，以多媒体结合场景化形式予以构筑。首先呈现在观众眼前的是白色传统建筑，上书"至德流芳"匾额，建筑以透明玻璃覆盖，内部放置吴地始祖泰伯、仲雍雕塑，玻璃上丝印人物简介（图 6-18）。通过系统控制，玻璃由透明变为不透明，同步呈现定制的动态片源，为观众讲述吴文化的起源，趣味性十足，同时形成展馆中视觉亮点。

图 6-17

图 6-18

历代名人展示，突破苏州名人馆的展陈手法，借鉴吴地名人谱的人物白描，以玻璃丝印的形式加以展示。白描的人物形态更加生动，更能激起参观者特别是广大青少年的参观热情。展示以大面积的湖蓝色作为主色调，让人物更为清雅脱俗。

此板块中除了历史名人的介绍外，还展示了太湖流域的水乡古镇、古村古宅、古寺名刹、古树古木等，设计采用中国传统"雕板"形式，以现代工艺手法加以呈现，后置的液晶屏同步呈现主题素材，以视频、动态照片等为参观者呈现太湖流域厚重的人文历史。

4. 湖光山色

主要讲述太湖流域的风景名胜，在展陈形式上同样区别于传统展项，以壁挂动态浮雕沙盘结合互动数码桌的形式予以呈现（图 6-19）。参观者可点击触摸屏，检索查询各大景区，沙盘将同步点亮，显示屏同步显示此景区的各种信息，包括地理位置、交通情况、景区宣传片及票务信息

图 6-19

等，让参观者充分了解景区资料，同时为景区的推广做出贡献。

5. 巧夺天工

在我国古代工艺美术漫长而璀璨的星河中，吴地工艺美术闪烁着十分耀眼的光芒。借鉴了苏州园林中"廊"的概念，加以现代化的形式进行演绎，廊两侧设置独立的间，通过主通道依次递进参观，各种吴地工艺通过美工立体图文、动态视频及实物展柜的形式一一呈现在参观者面前（图6-20）。

图 6-20

如此多的精品手工艺带来了吴地工艺美术的繁荣，在廊的顶部特别设置了以"姑苏繁华图"为核心的动态长卷，动静结合下，阐述展陈内容的文化传承及代表的社会意义。

6. 遗风余俗

太湖流域的民俗文化是民间文化的重要组成部分，是吴地文化的载体。尽管时代在不断变化，但太湖文化最终作为一种历史文化留在了人们的记忆里，影响着人们的思想观念及心态。展区以白色为主、灰色为辅，突出核心展陈内容（图6-21）。展陈统一连贯，注重美工形式感，以丝印、立体图文、动态视频、互动试听等多种形式表现出来。

图 6-21

7. 古今流芳

自古以来，太湖就以碧波万顷、景色秀美而著称于世，历代诗人留下较多佳句。本展区展示了100首文人骚客的赏湖诗词。如何让枯燥的文字重组演绎成动人的"诗"是历代文人骚客穷及所学探究之事，那如何让"抽象"的优美诗词"活过来"、提高参观者的参观热情就是设计团队需要重点考量之处。场景中以白居易、苏轼两位诗词大家的雕塑为核心，背景以大写意的图文、诗词及线装书等形式为视觉符号。重点放在书桌的卷轴上，书桌上铺陈的卷轴既是书写优美诗词的开篇，也是展馆序厅中卷轴飘带的结尾。同时设置互动触摸屏，配合投影显示系统让优美的诗词不再停留在展面。通过参观者的检索，墙面同步呈现动态诗词影像，配合唯美的背景音乐，力图打造一个极具人文气息、诗意盎然的展陈氛围（图 6-22）。雕塑后部旋转而上的诗词歌赋汇入浩瀚星空，为参观者提供了无限的遐想空间。

图 6-22

8. 结束寄语

太湖之水，浩浩荡荡，孕育和造就了独特的太湖文化，从自然地理到人文风情，从名人遗迹到古今诗词，千百年间源远流长，而今汇聚于太湖文化研究院展馆，使世人领略太湖文化的博大精深，并赋予其历久弥新的永恒活力。

三、科普馆

科普馆，位于我校金山路校区问道楼 5 楼，里面设有科学馆、海洋长廊、生态标本馆、天文馆、七彩苗圃。这些室场使用人员多，使用效率高，每天要使用三到四节课，同时也是学生进行课外活动的好地方，为发展学生的兴趣特长奠定了物质基础，拓展了学生的活动空间和知识视野，使学生的个性得到充分的发展，想象力得到提升。2013 年，科普馆被确立为"江苏省科普教育基地"，并面向社会进行有计划的开放。

（一）科学馆

科学馆是大家参与互动的区域，其中有好多可以动手操作的项目。学生可以在动手实践中，充分发挥自己的想象力，开发大脑，提升创新能力。

（二）海洋长廊

海洋长廊有好多海洋动物的标本，还有一些模型，右侧墙上还演示了动物的进化。

（三）生态标本馆

生态标本馆分为森林生态、湿地生态、草原生态等生态区域，参观形式为半开放式。

（四）天文馆

天文馆中的四季星座一览无余，是学生认识星空、了解人类对宇宙的探索历程的场所。

（五）七彩苗圃

一年四季七彩苗圃里始终繁花似锦、春风明媚、鸟语花香，这"世外桃源"就藏在问道楼的楼顶上。

第三节 跨出校门，遨游天地间

我校在充分利用校内资源提升学生想象力的同时，更注重拓展学生的创意学习的时空，带领学生跨出校门，走进社会，迈向自然，遨游天地间。与学校比邻的污水处理厂、苏州大阳山国家森林公园……都留下了学生的足迹。我校大力挖掘地域资源，带领学生突破学校"围墙"，在更广阔的空间学习、实践。值得一提的是，双休日、寒暑假，我校都提倡学生走进自然、走进社会。"我是小记者""小脚板走天涯""生活金点子"等形式的"作业"真正使学生的学习环境延伸到广阔的自然和社会。特别是我校拥有的1 290台计算机，让学生通过互联网和世界各地相连，随时随地就能获取所需的信息，便于学生参与市级、省级、国家级，甚至国际间的活动。我校充分利用网络资源，进行课程学习，设计月球营地模型，与欧洲宇航员进行网络研讨，使学生朝着成为时代所需要的创新型人才迈进。

一、外出参观

（一）挤牛奶：参观苏州高新区日本明治乳业株式会社

寒假还没有开始，我校的学生们就迫不及待地拉开了"我们爱科学探秘之旅"的序幕。

我校学生在科学组老师的带领下，兴致勃勃地和家长志愿者一起来到了苏州高新区日本明治乳业株式会社参观。一路上学生们兴奋不已："牛奶厂有成群的奶牛吗？每天喝的牛奶是怎么来的？……"

在负责人的带领下，学生们观看了牛奶生产加工的录像，全方位地了解了牛奶的生产过程，他们还知道了牛奶对人体有哪些益处。最有趣的莫过于他们在体验馆里亲手尝试挤牛奶，快乐无比！

（二）看星星：观测"土星冲日"

当太阳、地球、土星依次排列在一条直线上时，天文学称之为"土星冲日"，此时土星与地球距离最近，亮度也最高，是观测的最佳时机。而冲日前一夜的土星亮度极高，几乎整夜可见，是非常好的观测时机。

趁此"天时"，我校组织爱好天文的师生和家长来到位于吴中区芙蓉街的太湖苏州湾大堤观景平台，参加由苏州市青少年天文观测站、苏州市天文学会组织的科普天文观测活动。

晚上，夜色朦胧的苏州湾大堤上人头涌动，一个个有关行星的问题在清爽湖风的拂裹下回荡在澄净的星空下，孩子们借助天文望远镜观测着夜空中带有迷人光环的土星及其他行星。在璀璨的星月光辉下，每一个孩子都被茫茫宇宙中美丽而神奇的星象所折服，有关宇宙的遐想在脑海中闪现，孩子们浮想联翩，意犹未尽。

除此之外，我校还积极利用社区资源为学生的创意学习搭建平台。如参观苏州高新区污水处理厂，学生们深深体会到污水处理对人们日常生活的重要意义，纷纷表示要节约用水，要从自己做起、从身边小事做起，为创造未来的美好生活贡献一份力量。

二、脚板走天涯

（一）我们去研学

每年我校都会积极组织学生参加出国研学活动，远赴日本、新加坡、澳大利亚等国家开展"研学游"，培养更多的具有国际视野和国际竞争力的时代新人。通过了解当地的风土人情，与当地学校的学生相互交流，学生们开阔了国际视野，提升了想象力。

活动一：在澳大利亚研学

在澳大利亚进行文化交流活动期间，孩子们在有50年历史的Holmes英文学校里进行了主题英语课程的学习并顺利结业，体验了一次原汁原味的澳大利亚语言教育；从布里斯班到悉尼，孩子们深入黄金海岸，沿着美丽迷人的海岸线，领略了原生态美景，还饶有兴致地参观了悉尼歌剧院、悉尼大学、Q1大厦以及新南威尔士州美术馆等，深入了解了澳大利亚的文化、历史；在寄宿家庭，不同的文化冲击着孩子们的心灵，在短短的时间里孩子们与澳大利亚友好家庭建立了深厚的友谊，英语能力、自理能力都得到了很大的提升。

整个研学过程充实有趣，欢笑中交织着成功的喜悦。在华纳兄弟影城，孩子们畅游电影世界；在可伦宾野生动物园，孩子们观赏多种澳洲特有的动物，与考拉、袋鼠亲密接触；在冲浪者天堂沙滩上，孩子们挖沙时不忘展现自己的中国心，沙滩上大大的"China"字样抒写着他们满满的爱国情。

在本次活动中，孩子们不仅收获了丰富的知识和难忘的友谊，更锻炼了英语口语，开阔了国际视野，提升了综合素养。

活动二：在新加坡研学

新加坡是一个城市国家，环境优美，经济发达。通过研学活动，师生们对新加坡的历史、教育和科学技术的发展情况有了一定的了解，对水资源的利用和环境可持续性发展的理念有了更深的感受。师生们游览了著名地标鱼尾狮公园、有各种珍禽异兽的新加坡日间动物园，并学习了幕后导览课程，认识到了小小昆虫对森林生态系统产生的影响；欣赏了滨海湾花园的奇花异草，同时学习了能源和水的可持续性循环；参观了新加坡国家图书馆，并置身其中，体会了阅读的乐趣；在美丽的新加坡国立大学校园内留下了欢乐的集体大合影后，又走进了全球顶尖的新加坡科学馆，在学习和互动中培养了科学探索和创新能力；在双溪布洛湿地保护区，看到了红树林为候鸟提供的保护地和树根上可爱的弹涂鱼；从"牛车水""小印度""甘榜格南"感受到了新加坡的多种族文化；游览了花柏山公园和圣淘沙名胜世界海洋生物馆，学习了新加坡缆车的发展历史和工作原理，观赏了千姿百态的海洋生物。海洋探索科学课程更是深深吸引了大家，学生们不仅认真听了讲解，还做了大量笔记。晚上，大型音乐喷泉"时光之翼"的精彩表演，美轮美奂，大家赞叹不已。

为期六天的研学活动，充实而快乐，既让学生们开阔了视野，增长了见识，又增强了他们的集体意识，提高了他们的独立生活能力。

（二）与世界同行

宇宙是浩瀚的，想象是无穷的。我们为了更好地培养学生的想象力，引导学生积极参加了2019月球营地全球挑战赛。

月球上是什么样子的？孩子们不知道。营地该如何设计？没有人会告诉他们。在这里没有标准答案，只有发挥想象，才能设计出自己心目中最好的模型。活动中学生凭借不凡的想象力，创意设计月球营地，获得了组委会的充分肯定，荣获了第二名的好成绩。学生通过这次比赛平台，进行项目式学习，很好地进行了多学科知识的融合。大家在自主探究、团队合作中展开想象，进行创意学习，训练了设计思维，培养了实践创新能力，开阔了视野，增强了自信，激发了对月球的无限遐想

（图6-23）。

当今世界，科技进步日新月异，人工智能使人类发展的脚步从线性缓慢上升变成指数级飞跃，科学家预测人类在21世纪的进步将是20世纪的1 000倍。我们不应该寻找各种借口说学生缺乏想象力、没有创意、不能创新，我们应该更新人才培养理念、培养内容以及培养方式，为学生提供一个宽松的氛围、一个良好的物化环境，提高学生的创新能力。正如教育家陶行知在《创造宣言》中所说："处处是创造之地，天天是创造之时，人人是创造之人。"学校要充分利用周边的环境，让学生展开想象，发现奥妙，变无为有，变有为优；开展多层次、多角度的社会实践活动，以一种富有想象力的教育形式，来培养出富有想象力的人，从而适应这个即将显现的富有想象力的时代。

图6-23

第七章
记录孩子们的奇思妙想

我校的老师们在七彩校园把想象的种子播下，精心培育。孩子们不负老师的期望，开出了美丽的花儿，结出了丰硕的果实。在文学园地里，孩子们驰骋神思，挥舞妙笔，写出了一篇篇想象奇特的诗歌、习作，创编了一部部精彩纷呈的剧本，多次获得了市级、省级乃至国家级的荣誉；在科学社团里，孩子们认真训练模型拼搭，学习植物知识，参加江苏省金钥匙比赛取得佳绩，从生活点滴寻找灵感，进行发明创造，获得了国家专利；通过创意编程，孩子们把自己的奇思妙想展现出来，给人带来了震撼；在各类绘画比赛中，我校学子更是用七彩画笔，描绘出一幅幅想象丰富、令人赞不绝口的画卷。七彩少年们还勇于探索宇宙的奥秘，参加了全球的月球营地挑战赛，取得了令人瞩目的成绩。

第一节　驰骋文学天地，意在笔端

一、诗海拾贝

在"童心里的诗篇"——中国·江苏第二届全国少儿诗会活动中，我校朱紫匀同学凭借一首童趣盎然和充满想象力的小诗《月亮炒豆子》，从四万多位参赛者中脱颖而出，荣获一等奖（图7-1）。

图 7-1

蓝色的天湖边，
住着太阳爸爸和他的月亮女儿。
爸爸外出劳动，

女儿在家炒豆子。

豆子好滑呀,

哗——哗——哗,

哎呀,豆子跑到锅的外面来啦!

月亮心急火燎,

捉住了这颗,又跑了那颗。

她的眼泪一滴滴滚出来,

化成了满天的星星。

爸爸回来了,

请来了萤火虫,

他们仨一路走一路找,

一直找到了大天亮,

终于找到啦!

豆子在哪?

哈哈,跑到草尖儿上眨眼睛呢。

——《月亮炒豆子》

读了这首诗,著名儿童文学作家金波先生点评道:"这首诗的想象力极其丰富大胆。作者以儿童所特有的泛灵心理,认识世界,感受生活,于是便有许多惊奇的发现和大胆的创造。读这首诗,我们看到了作者把日月星辰重新创造,变成了一个家庭。在这个家里,每一个角色都蓬勃生辉、充满情趣。她赋予它们生命、个性和故事,从而上演了一场小小的喜剧,幻化如梦,有头有尾,有惊有喜,显示着爱与美。"

朱紫匀同学在接受记者采访时介绍,这首诗是从自己以前写过的一篇同题作文改编而来的,"有次语文课,孙老师布置我们写与日月星辰有关的作文,我就编了这么一个关于太阳、月亮、星星的童话故事。孙老师让我参加诗会比赛,一开始我很没有信心,后来在老师的启发和鼓励下,我试着把这个故事改编成诗。在孙老师的办公室花了一个多小时就完成了"。一个多小时就写出了一篇获奖的诗,听上去很简单,其实是朱紫匀同学厚积薄发的结果。

朱紫匀同学的语文老师、江苏省特级教师孙大武说:"这孩子很有灵气,性格独立,各方面都很优秀。她热爱阅读,不是泛泛地读,而是带着心去读,体现了她较高的语文素养。'小荷才露尖尖角',祝愿这朵'小荷'，继续发挥丰富的想象力，经历风雨，茁壮成长，焕发光彩，越开越美丽。"

这首想象丰富的小诗，经过我校小演员们天真可爱的表演，在"萌动中国梦，欢庆六一节"苏州高新区第四届校园文艺汇演（小学专场）活动现场，以9.7的高分荣获全区小学朗诵类节目第一名。

在苏州市教育局、苏州市语言文字工作委员会举办的苏州市中小学生"姑苏情·诗词歌赋"创作大赛中，我校的5名学生均获得佳绩。其中，许乐研同学的散文《苏州的四块肉》获得小学组一等奖、王子睿同学的散文《天平山的秋天》获得小学组三等奖；高诗隐同学的古体诗歌《兰陵王姑苏见》获小学组二等奖；马筱野同学的童谣《我是姑苏小娘鱼》获小学组二等奖；肖希希同学的现代诗歌《如果你来苏州》获小学组三等奖。

二、幻想城堡

我校七彩少年不仅在诗歌创作方面取得佳绩，还在各类作文大赛中脱颖而出，摘得桂冠。在第十三届"七彩语文杯"全国小学生作文大赛中，我校学子获得骄人成绩，邓润婵同学荣获全国特等奖，另外还有7位同学荣获全国一等奖，3位同学荣获全国二等奖。

获奖同学于子茗想拥有这样的超能力："如果有一天，突然拥有了一种超能力，我希望拥有一双神奇之手。我能搀扶盲人；我能救下小草；我能治愈小动物……我能把触碰到的一切都变得更加美好。"他说："朋友，要是我真的拥有这样的超能力，那么我会毫不犹豫地帮助所有需要帮助的人，我会为自己能让世界变得更美好而快乐！"胸怀天下的好少年，想象着自己拥有超能力让世界更美好！

在苏州市小学生蒲公英征文大赛中，我校浦淇钦、肖希希2名同学在现场比赛中获得特等奖，孙嘉悦获得一等奖，另有颜恩煦、张予希等38名同学获得二等奖，李玥霖、陆昕承等48名同学获得三等奖。同时我校获得优秀组织奖。

我校特级教师孙大武经常指导所带的班级学生积极在报刊、杂志上投稿，学生的作品经常被刊登在省级刊物上。周爱霞老师所带的班级也有2名学生的习作在《七彩语文》上发表，还有11个学生参与了2019年第8期《七彩语文》习作版的评论。我校许多语文老师注重指导学生把立意较高、描写生动、想象奇特的文章拿去投稿。《姑苏晚报》《苏州日报》的作文天地版面经常刊登我校学生的习作。

请欣赏习作《飘着上学》。

飘着上学

苏州高新区实验小学校五（4）班　邢馨玥

2055年，北京发生了一场千年不遇的大洪灾，打那以后，地球的地心引力就奇怪地消失了。没有了地心引力，我们的生活发生了很大的变化。汽车没有用了，飞机也不用飞了，奥运会取消了跳高、滑雪、跑步……树木一棵棵长得非常高大，普普通通的都有五十层楼那么高。连小草都变得像过去我们校园里最高的银杏树那个样子了。当然，我们最喜欢的变化是我们上学全部是飘来飘去的了。

丁零零，放学的铃声响了。曹苏园比我快，她收拾好书包，一根手指头在课桌上轻轻一点，整个人就飞了出去："嗨，邢馨玥，你快点哦。我在老地方等你。"

"哪个老地方？是五十层高的树，还是九十九层高的树？"

"九十九啦！朝南面的那片叶子哦！"曹苏园的声音传过来的时候，她已经飘得没了影子。

"臭家伙，有什么好急的。朝南面的叶子？那么多叶子，每一片都有足球场那么大，我上哪找去？都变成捉迷藏了！"我嘀嘀咕咕着，跟上去。

到了半空，我看见一个飞行员正坐在一架飞机上看夕阳。

"嗨，你好呀！"我跟他打招呼。

"小姑娘，你好呀！唉，我可一点也不好！飞机不能开，我都失业这么久了，拿什么养活老婆孩子呀！"

我听了挺可怜他的，可我一个小学生能有什么办法呢？

我继续往前飘。忽然有一个戴着墨镜的熊孩子，穿着超人服，拿着一根巨大的木棍，在手里挥来挥去："超人在此，赶快留下买路钱，回家不用做作业！"

"哼，小屁孩！待会儿我们孙老师过来，看你还怎么风光？"

说曹操，曹操到。一个熟悉的身影从我身后飘过来。孙老师骑着他的宝贝电瓶车，风驰电掣："星星月，你好呀！"

孙老师喜欢这么叫我，我也喜欢他这么叫我。"星星月"很好听，很浪漫，很有诗意呢！

"孙老师，您好！"我微笑着回应他。再转头一看，哈哈哈，那个小屁孩正火急火燎地收起他的超人棍，屁滚尿流地直往五十层大树那边躲呢。

我还没笑完，一辆自行车好像一颗炮弹直接向我砸过来。妈呀！这年

《走进充满想象力的世界》

头还能出这样的车祸吗?我赶忙从书包里掏出厚厚的数学作业本往前一挡,砰——自行车倒着飞出去,车上面又是一个熊孩子,就听他哇呀呀怪叫,还冲我做鬼脸。

这帮臭小子,越来越没人管了。幸好有我们孙老师,不然还不知道发生什么呢!这个曹苏园也算一个熊孩子,好好的,去什么朝南面的叶子。我飘到了九十九层高大树前,来到南面,找了片叶子走上去。

"曹苏园,我来啦,你在哪?"我的声音把周围的叶子震得沙沙响,满眼看去,就像是进入大草原。唉,这样的地方,迷路是经常的。

"来了,来了,邢馨玥,挺快的啊!"曹苏园从我头顶上的一片叶子上飘下来。"我俩就在这里做作业吧。"

"好哇,这里挺好,又干净,又安静。"

我们就坐下来做作业。刚做了一会儿,就刮风了。啊,叶面无风三尺浪,有风似虎狼。我和曹苏园再也坐不稳了,荡秋千似的在叶面上滚来滚去。虽然叶面足够大,可也足够滑,很快我们就被风吹到了叶子边上。我一手抓住曹苏园,另一只手抓住了近在身边的红绿灯,好不容易才把自己固定住。

我俩刚喘口气,就听大喇叭里传来市长有点发抖的声音:

"居民朋友们,先生们,女士们,小朋友们,特大消息,赶紧扩散,地心引力十秒钟后就要恢复,十秒钟后就要恢复!"

哇,那得赶紧飘到地面上!我们也不要书包了,手牵手轻轻一跃就飘起来。

可是,我们快,地心引力回来得更快。我们忽然感觉到身子再不像原来那样轻盈,而是像一块大石头轰轰轰直往下砸。

妈呀,救命!

"啪嗒!"我睁开眼睛,看见自己掉到了地上,一床被子搭在身上。我自言自语道:"这下子北京应该不会发洪水了吧!"

我校的校刊《七彩虹》设有"幻想城堡"专栏,孩子们精彩的想象作文经常发表在其中。这些作文想象奇特大胆,令读者回味无穷。

三年级的胡冯骐同学在《假如我有一家食品工厂》里提到,希望工厂墙是红色的,烟囱是黄色的,但大门是锁着的,里面没有工人,用动物和奥帕代替工人;他希望工厂只排放热气,不排放垃圾;还可以生产永远吃不完的糖,给敌人吃爆炸糖果,给有虫牙的人吃补牙软糖……

四年级的熊博文同学想象孙悟空对战拳击机器人,把双方对战的场面描写得非常精彩："首先,孙悟空一棒砸向了拳击机器人,可他长久不练习,动作就慢了。拳击机器人趁此机会,拿起雷电剑劈向孙悟空。孙悟空虽然是铜头铁脑,但也没受过雷电的威力。轰隆一声,他被震得晕头转向。还没等他反应过来,拳击机器人就把左手变成锯齿和刀刃,咔嚓一下就把金箍棒砍成了三截。孙悟空非常气愤,鲁莽地冲过去想撞倒他。但机器人对着他就是一脚,孙悟空立即飞出了三丈远。周围顿时掌声雷动。'拳击机器人真厉害,他是一位真正的武林高手。'众人纷纷称赞道……"尽管是想象作文,但它也告诉读者:人外有人,天外有天。

五年级的崔彭心月同学的想象作文《我的未来是个梦》描写在梦境中与未来的自己对话,想象自己成为英语老师,从而升职为校长,想象"到时候,第一个就把我们才华横溢的孙老师请过来当我的校长秘书,给我写报告,写诗歌。把美丽的贾老师请过来,帮我管着金钱,谁叫她数学那么厉害。再把傅老师请过来,我出国访问的话,就让他给我当翻译。虽然我也懂英语,但既然我做了校长,有个帅气的翻译跟在身边那才气派嘛"。结果自己不好好学习,被辞退了!这才如梦初醒,想起老师的话"幸福是奋斗出来的,天上不会掉馅饼,掉了也不能吃"。

六年级的封沈卓尔同学的《未来的学校》一文讲述未来的学校已经"消失"了,取而代之的是一台台半人高的学习机器。同学们只要在学习机器上预约就可以将自己的老师、同学"一网打尽"了!上课时,同学们只要坐在学习机器前,就可以与老师、同学们视频。关于作业,老师在线布置,同学们在另一头接收、完成。系统会将答案提交至云端自动核对批改,老师几乎不要再做什么。如何上体育课呢?只要站在学习机器指定位置,就可以全屏投影老师和各个同学,播放老师和同学的说话声,并随时调整站位。

像这样充满想象力的作文,在我们的《七彩虹》校刊上还有很多。七彩少年们在文学的天地里纵情驰骋,赢得了一个又一个的荣誉,相信他们会不断超越自我,走向文学殿堂。

三、戏剧创作

苏教版小学语文教材里有《公仪休拒收礼物》《祁黄羊》《负荆请罪》等剧本。我校学生通过学习,了解了剧本的体裁特点,在老师的指导下,发挥集体的想象力进行创作,取得了令人瞩目的成绩。

1.《万水千山总是情,苏州担当传文明》剧本创作展演

在以"家在苏州,美丽姑苏"为主题的第十届苏州市"普通话、苏

州方言、英语口语"比赛中,我校七彩少年创编的剧本《万水千山总是情,苏州担当传文明》以精巧的故事构思、灵动的表演形式、熟练的语言表达在竞争激烈的比赛中脱颖而出,勇夺特等奖。

《万水千山总是情,苏州担当传文明》采用我校原生态事例,以3位支教志愿者的动人事迹、图片感染全场。奔赴新疆支教的张明珠老师,在教室里与孩子们围坐一堂,喃喃着苏州和新疆的故事;远至贵州铜仁的吴歆怡老师和孩子们浅吟低唱着那首动人的歌曲——《苔》;去到美国盐湖城小学的杨春侠老师精心筹办着"中国文化周",呈现婉转的昆曲、传统民俗,虽然远在异国他乡,但还是不忘宣传苏州的文化。孩子们感情真挚、表演自然,展现出了扎实的语言功底。评委和全场观众被他们富有韵味的诵读、充满真情的演绎、饱满的感染力深深打动了。"不是每棵树都能屹立在大漠戈壁上,胡杨做到了;不是每一朵花都能盛开在雪山上,雪莲做到了;不是每一个人都能飞越万里,传播文化,有担当的苏州教育者们做到了!"表演在孩子们的声声呼唤中走向了尾声。

七彩少年结合学校支教老师的感人事迹,融入自己对古诗词的积累,表现了我校老师勇于担当、传播文化的豪情壮志。

附:

《万水千山总是情,苏州担当传文明》剧本

序幕

[幕启](舞台背景)一列火车在隆隆的轰鸣声中急速驶向远方。

人物:苏州高新区实验小学校援疆教师张明珠

旁白:火红的八月,积极响应党的号召,乘着教育改革的列车,我们义无反顾地踏上支教的漫漫征途,让祖国和世界见证改革开放中苏州人的担当!

第一幕

地点:新疆阿图什市昆山第二小学教室

人物:苏州高新区实验小学校援疆教师张明珠、新疆阿图什市昆山第二小学学生4人(身穿维吾尔族服饰)、苏州学生3人

舞台场景:新疆阿图什市昆山第二小学教室,学生课桌椅4套

张老师:同学们好,我是你们的新老师张老师。

新疆学生(齐):张老师好。

新疆学生1:张老师,您从哪里来?

张老师：老师念几句诗给大家听，念完了，你就能知道我来自哪里啦。（在学生期待的眼神中，张老师开始念白居易《登阊门闲望》中间两句）阊阎城碧铺秋草，乌鹊桥红带夕阳。处处楼前飘管吹，家家门外泊舟航。（PPT 跟进播放苏州古城区的照片）

新疆学生 1：张老师来自苏州啊。

新疆学生 2：小桥、流水、人家，苏州可真美啊！

张老师：是的，孩子们，白居易笔下的苏州古城被完好地保存着，改革开放以后，苏州飞速发展。看！这是苏州的新城区（PPT 跟进呈现苏州工业园区、苏州新区的照片），我的学校就在苏州高新区，想不想和苏州的学生们交流一下啊？

新疆学生（齐）：想想想！

张老师：那我们就来现场连线一下。

（接通视频，苏州方言交流）

苏州学生（齐）：张老师，伲牵记内。（苏州话）

张老师：伲也牵记唔笃喷。哎一腔阿勒忙点啥？（苏州话）

苏州学生 1：伲唠嗨准备金钥匙比赛。但别过还分准备好，呒不啥信心唠嗨。（苏州话）

张老师：唔笃来塞格，格个比赛对唔笃来讲，赛过三只指头子捏田螺哇。同学们，张老师请唔笃搭新疆小朋友匝来讲几句。（苏州话）

苏州学生（齐）：好啊。新疆的同学们，你们好！

新疆学生（齐）：你们好！

新疆学生 3：同学，刚才你们和张老师讲的是苏州话吧？真好听！我也想学一两句呢！

苏州学生 1：好啊，我们来教你们几句！"谢谢你"就是"谢谢侬"。（苏州话，苏州学生齐说）

新疆孩子 4：（兴奋状）真有趣！葡萄用苏州话怎么说？

苏州学生（齐）：葡萄。（苏州话）

苏州学生 1：新疆葡萄最好吃，新疆也是个好地方。

苏州学生（齐）：是啊。

新疆地方实在灵，和田玉石有美名。

羊肉葡萄呱呱叫，唱歌跳舞衣裳新。

丝绸之路新时代，民族团结一家亲。（用苏州话快板的形式）

张老师：对个，伲笃是自家人！（苏州话）

第二幕

地点：贵州铜仁小学

人物：苏州高新区实验小学校支教教师吴歆怡、贵州铜仁小学的学生6人（孩子们穿着民族服饰）

舞台场景：贵州铜仁小学的音乐教室、积木凳

［幕启］丁零零……（上课铃声响起）

孩子们纷纷围到了吴老师的身边。

吴老师：孩子们，上节课老师教了歌曲《苔》，这首歌很特别哦，它是根据一首诗创作的。有谁知道是哪首诗吗？

学生1：老师，老师，我知道，是袁枚写的《苔》。白日不到处，青春恰自来。苔花如米小，也学牡丹开。

（一个人读诗名及第一句，第二句其他同学加入。此处配乐）

吴老师：真好！那你们还记得为什么要唱《苔》吗？

学生2：因为吴老师希望我们一定要像苔花一样自强、勇敢地开放。

吴老师：是的，就像歌词唱的——梦是指路牌，为你亮起来；未来已打开，勇敢的小孩，你是拼图不可缺少的一块，要像苔花一样盛开！同时，吴老师还希望把我们传统文化的精髓——诗词，以歌唱的形式呈现给大家。现在就让我们一起来唱唱这首歌吧！

（师生同唱完整一段）

第三幕

地点：美国盐湖城小学

人物：苏州高新区实验小学校的中国汉办志愿者教师杨春侠、中国学生5人、美国学生3人

舞台场景：美国盐湖城小学正在举行中国文化周活动，今天是苏州日，活动是赶"苏州庙会——轧神仙"。校内的中国孩子在布展、叫卖。（配有苏州话的叫卖声：海棠糕、梅花糕；唱评弹的声音）

美国学生1：Hey! Come and look.

美国学生2：Wow, so many snacks.

中国学生1：Haitang Cake, Meihua cake, have a taste.

美国学生2：Emm, delicious! Thank you.

美国学生1：Hi, guys! Be here please. I hear something awesome!

美国学生3：Look at the girl. What is she doing?

中国学生2：She is singing Pingtan.

（这时杨老师走过来）

美国学生1：Hi, Miss Yang, we are all here.

杨老师：How do you feel about my hometown culture?

美国学生2：So so so amazing! But we are all wondering...（手指穿着奇怪服饰的人们）

美国学生1：What are the people doing with masks?

杨老师：（微笑）In a word, this is one of the temple fairs.

In Suzhou here is a legend about Lv Dongbin, one of the eight immortals, disguises himself as a beggar to help people at this time every year. Many people come and meet them to get good luck. So do my family.

美国学生1：Oh, Miss Yang. Do you miss your family?

杨老师：Of course. I really miss them.（杨老师眼眶里泪水充盈，陷入沉思）

（其他学生退，杨春侠老师留在舞台上）

杨老师：（独白）让世界了解中国、爱上中国，这是我，一位志愿者的信念……

［吴老师、张老师上场］

（吴老师）不是每棵树都能屹立在大漠戈壁上，胡杨做到了；（张老师）不是每一朵花都能盛开在雪山上，雪莲做到了；（杨老师）不是每一个人都能飞越万里，传播文化，有担当的苏州教育者们做到了！

同步：PPT呈现三位支教志愿者教师的支教生活图片（也可加入我区其他支教老师的典型照片，注意舞台灯光的明暗）。

结尾：（背景加声音呈现字幕）在改革开放40周年之际，谨以此剧，献给为祖国教育事业做出特别贡献、彰显苏州精神的老师们！

第二节　探索科学世界，其乐无穷

爱科学，学科学，用科学。作为江苏省科学教育特色学校，我校历来高度重视科学教育。校内的科普周活动、一年一度的科普运动会，校外的江苏省金钥匙比赛、科普创新大赛等各级各类比赛为学生提供了展示自我的舞台。

【走进充满想象力的世界】

孩子们带着一如既往的好奇心从科学的本质出发，向神奇的秘境前进。在这里，兴趣成了最好的老师。小小科学家的动手能力、认知能力得到了锻炼，梦想在我校科学社团里闪闪发光。近年来，我校学生共获得6项国家知识产权局认证的发明专利，有数十名学生获得国家级科技竞赛、科创竞赛一等奖。在江苏省金钥匙比赛中，我校有数十名学生获得特等奖，并连续两届代表苏州市组队参加江苏省团体赛。

一、发明创造我能行

1. 小发明，大智慧

我校冯琦同学的小发明"安全救生背包"申请专利，获得了国家知识产权局颁发的发明专利证书。

我们一起来听听她的故事——

暑假的时候，我参加金钥匙的集训，其中有一道作文题，它让我们选择一件物品，指出它的特点，提出改进的思路。我正在想题材，突然想到电风扇可以自己转，削笔机为什么不可以呢？这样，我就不用每天都那么卖力地削笔。当我把这个想法告诉爸爸的时候，爸爸却觉得这个成本高，不好推广。我觉得爸爸说得有道理，只好再想一样东西。

正当我一筹莫展的时候，无意中发现一本金钥匙杂志的封面上有一只棕熊背着一个大书包。我突然想到：如果有一种比空气轻很多的气体，用它做一个气囊，就可以托起整个书包，这样就再也不怕书包重了。一开始我想到氢气，爸爸说氢气遇到明火就会爆炸，我实在想不出来，只好上网查。我发现既比空气轻，又不易爆炸的气体只有氦气和氮气，而氮气占空气的78%，比空气轻不了多少。于是最原始的氦气书包就这样诞生了。

后来想到氦气比空气轻，肯定比水更轻，这样它遇到水就能浮起来了，人背着它自然也能浮起来了，这样它就是一个名副其实的安全救生背包了。

现在都市一出门就是马路，但并不是所有的司机都能遵守交通规则，而在背包内设置气囊，能在发生车祸时有效减缓学生受到的冲击力；在面对自然灾害时，可以将背包顶在头上，从而减少对身体的损伤；学生走散后，可以将气囊放出以便家人尽快找到自己（包里预留长线，一头系在书包上，一头系住气囊）。气囊表面用荧光材料书写的"SOS"，可以在晚上或者天气较暗时起到很好的指向作用。

听完了她的故事，你是不是也觉得创意的灵感来源于生活中的点点滴滴？

2. 爱观察，勤思考

我校张书悦同学设计的"台球瞄准装置、台球杆及台球架杆"获得了国家知识产权局认可的使用新型专利。

张书悦同学是一个善于观察、善于动脑，又十分有爱心的小女孩。她的爸爸是一个台球爱好者，她在陪爸爸玩台球的时候发现台球瞄准和击打对于初学者来说是十分困难的。她就思考能不能有一个辅助器材帮助初学者更容易学习台球技术。

一开始，她在击球杆上安装了一个瞄准装置，这能帮助初学者瞄准击球点，但是瞄准是一回事，击打又是另一回事，初学者往往能瞄准但是无法准确击打。后来她又仔细思考，反复实践，发明出一种台球瞄准装置（图7-2）。这个装置能有效瞄准，还能准确引导出杆击球。

图7-2

3. 有爱心，敢创造

我校丁奕成同学的"安全帽及多功能安全帽"获得了国家知识产权局认可的使用新型专利。

丁奕成的爸爸是工程师，他经常在工地上工作。丁奕成同学感受到了工人叔叔在工地上的辛苦，他一直想给工人叔叔发明一个既安全又实用的安全帽。在学习了物联网以后，他结合自己所学，把物联网技术应用到了安全帽上，发明了多功能安全帽（图7-3）。

图7-3

该安全帽具有以下优点：

（1）当光线暗时，自动启动LED头灯。

（2）当遇到浓烟时，自动启动报警，并提醒使用者佩戴口罩。

（3）当监测到使用者的头皮温度达到37℃时，自动启动风扇降温。

（4）最妙的是，该安全帽还能主动提醒使用者后方是否有危险。

发明其实并不难，关键是要善于观察、勤于思考、乐于动手，相信每一个人都能成为小小发明家。

4. 大胆想，做研究

周舟同学从生活中爸爸妈妈难停车的问题入手，大胆想象能不能让车子平移入车位，并在老师的指导下深入研究，写出了高质量的研究论文。

新型侧方位停车系统方案

苏州高新区实验小学校　周舟　指导老师：周红惠

家里买了车以后，我才知道原来开车容易停车难，听爸爸妈妈说最头疼的是到市里去，真的很难停车。在马路边停车也是很让人头疼的一件事，爸爸告诉我这叫侧方位停车，是考驾照时学员最头疼的，也是实际开车时用得最多的。

传统的侧方位停车（图7-4）至少需要一个半车身的车位，车子才能比较顺利地被倒进去，这还是对熟练的驾驶员而言。对不熟练的驾驶员来说要一遍一遍倒入，往往后面的车子等得不耐烦，不停按喇叭，停车人急得满头大汗。倒车时由于观察不仔细，出事故的不在少数。我爸爸妈妈都有这样的经历，我发现很多驾驶员也都有这样的经历。

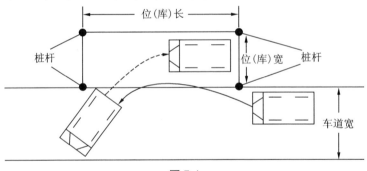

图 7-4

为什么车子一定要这样才能停入车位呢？经过仔细观察，我发现这跟车本身的转向系统是有密切关系的：车只有前轮能转向，而且只能左右各转向45度的样子，后轮是不会转向的。

能不能让车子平移侧方位入库（图7-5）呢？这是我最大的愿望，也是很多停车人最大的愿望。如果能实现车子平移侧方位入库，那么它将带来许多优点。首先，可以有效降低停车位置占有率，提高车位使用效率。原先的2个车位至少可以停入3辆车。同时因为没有了倒车这个麻烦，有效减少了事故出现的可能性。另外，可以大大提高停车的时间效率，提高马路上车辆的通过率。

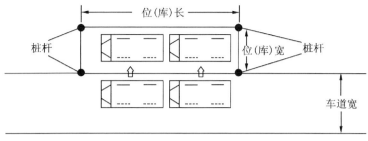

图 7-5

实现平移侧方位入库的方法构想：

（1）让车子的 4 个轮子同时实现 90 度转向是不太现实的，这个方案被否定。

（2）那能不能在车上加装一些装置呢？经过思考，我提出了这样的设想步骤（图 7-6）。

（图示：正常行驶时，轮子收起，不影响车辆行驶）

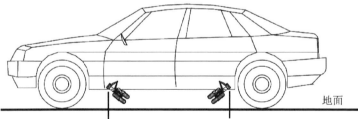

（图示：准备停车时，在伺服电机驱动下轮子慢慢转出来）

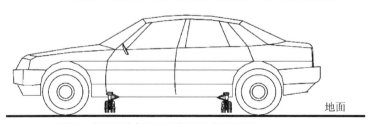

（图示：在伺服电机驱动下轮子跟地面垂直）

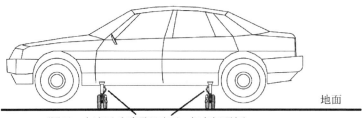

(图示：在液压千斤顶驱动下，把车辆顶起)

图 7-6

在车的底盘上装上 4 个小轮子，如图 7-6 所示，这四个小轮子的方向正好跟车身形成 90 度角。平时这 4 个小轮子缩进去，并不影响车子行驶，等需要停车时，小轮子伸出把车子顶起，这样车子就能实现平移侧方位停车了。我用我的想法制作了一个新型侧方位停车系统方案的模型。

局部细节如图 7-7 所示。

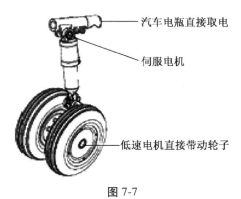

图 7-7

控制设计如图 7-8 所示。

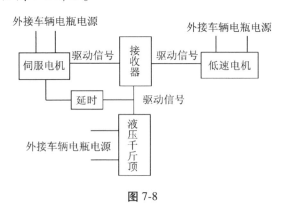

图 7-8

（3）以我目前的水平，我只能使用模型来呈现我的想法，但我相信这在现在的工业上很容易实现。

4个小轮的伸缩可以使用液压千斤顶来实现。我在网上已经查到有可以遥控的电动液压千斤顶。小轮装的位置正好在车辆A柱和C柱的位置，有空间，这个位置车子底盘的强度最大，也是实现我想法的重要保证。

4个小轮（直径100 mm）加装上低速大扭力电机（每秒最高速度1圈），可以使用电机驱动车子侧方位平稳平移停入。这样的电机也很容易找到。

最后，我想所有的这些都可以通过一个小遥控器（图7-9）来实现，这也是很容易的。这个遥控器不需要安装在车上，驾驶员可以离开车后进行遥控，大大提高了安全性。

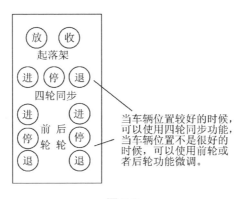

图 7-9

所有这些如果实现的话大概也只要两千多块，但是会带来极大的效益。

名称及规格	单价（元）	数量	总价（元）
电动液压可倒立式千斤顶	220	4	880
大扭力伺服电机	130	4	520
大扭力低速电机	200	4	800
三通道遥控设备	200	1	200
合计			2 400

我查了中国专利网、中国知识产权网等很多网站，这个想法目前还没有人想到，之后，我想把我的想法申请专利。希望我的这个创意能真正实现。

周舟同学大胆设想，在今天新研发出来的汽车中可以通过遥控来实现侧方位停车，非常便捷。

5. 金点子，放光芒

我校学生利用寒假时间认真思考，想出了一个个充满创意的"金点子"。科学组周红惠老师和戈心瑜老师在数百份申报表中层层筛选，挑选出了6份向市里申报。最终，王星宇和严立涵等学生的作品从全市300多份优秀作品中脱颖而出，荣获市一等奖。他们的作品也被编写到《我也会发明》（第二辑）中。

国家知识产权局专利审查协作中心副主任诸敏刚、苏州市知识产权局副局长施卫兵、苏州市教育局德育处处长徐洁、苏州市知识产权局政策法规处处长於亚萍等领导为"金点子"获奖作品颁奖，同时也对未来"金点子"之路做出了进一步规划。

王星宇作品：带毛毛刺的羽毛球拍和羽毛球

在羽毛球和羽毛球拍上都粘上一个轻小的魔术贴，这样人在打球时可以直接粘取羽毛球，不用一直弯腰了。

严立涵作品：便携式外挂晾衣架

便携式外挂晾衣架可以在需要时挂在阳台或窗外，让衣服得到充分的阳光。用完后可以轻松拆卸或折叠收纳，既方便又不占用空间。

"金点子"就在我们的身边，只要我们用心去发现、去思考，每个一闪而过的念头都有可能绽放光芒！

"发明改变命运，智慧创造财富。"这些发明都是从生活中来，与我们的生活息息相关，具有创意精巧、实用方便、易于推广、价值巨大等特点。在我校的校园里，七彩少年个个都是小小发明家。

二、金钥匙比赛获佳绩

我校金钥匙社团的辅导老师是"万事通"周红惠老师。每次社团课，周老师都带领学生们畅游在知识的海洋中。渐渐地，学生们一个个都能独当一面了，在各类比赛中均取得了佳绩。

在由江苏省教育厅、江苏省科技厅和江苏省科学技术协会主办的第28届"国际科学与和平周"全国中小学生（江苏地区）金钥匙科技竞赛活动中，我校获得了"省先进学校"的荣誉称号，周红惠老师获得了省优秀科技辅导员奖。我校学生瞿子轩、黄浩铖、金子贺、瞿骊儒、王弋航、张怿尧、瞿依涵、王丝忆、丁奕成、陆致远获得了省特等奖；郁奕涵、祝彬皓获得了省一等奖。由我校瞿子轩和阳山中学的高晟、实验高中的土子彦组成的苏州队获得省团体赛二等奖。

2018年11月30日—12月2日，第30届"国际科学与和平周"全国中小学生（江苏地区）金钥匙科技竞赛团体赛在南京科技馆举行。苏州高新区代表队由我校五（6）班张师畅同学、阳山实验初中吴宇衡同学和苏州实验中学王开睿组成。赛前我校周红惠老师、苏州实验中学李慈老师等针对比赛进行了广泛的资料收集，研究最新科技材料、编制试题，利用周末时间对参赛选手进行了选拔和集训。此次团体赛分为才艺展示环节和竞赛环节。才艺展示环节中，高新区代表队的3位同学利用焰色反应、酸碱指示剂性质等科学知识编了一个科学童话舞台剧，获得了一致好评。在竞赛环节中，3位选手沉着应战、处变不惊，完美展现出自己的科学积累与科学素养，最终获得了江苏省金钥匙科技竞赛团体赛二等奖。

2019年11月22日—11月23日，在第31届"国际科学与和平周"全国中小学生（江苏地区）金钥匙科技竞赛中，我校被评为青少年科技教育先进学校（集体），陆伟同志被评为优秀青少年科技教育校长，周红惠、戈心瑜、戴文娟、刘贝贝4位教师被评为优秀青少年科技教育辅导员，王脉融、明朗、董小可3位同学荣获个人特等奖，张笑妍、接梓越等8位同学荣获个人一等奖，孙可煊、朱绎霏等4位同学荣获个人二等奖。

近年来我校学生参加各级各类比赛屡屡获奖，以2019年为例，参加苏州市青少年电子制作比赛——太空探测器制作赛、探测赛的就有8人获一等奖，智能寻轨器制作、行驶比赛有24人获一等奖；苏州市第8届青少年电子技师比赛、苏州市级模拟机器人系列比赛、寻宝机器人系列比赛、青少年无人机"小飞手"比赛、"七彩暑假"青少年无人机比赛、机器人比赛IRM 1V1擂台、IRM冰壶、IRM足球、MakeX守护家园、VEXIQ天圆地方、超级轨迹、创意编程等赛事捷报频传，大批小选手纷纷获奖。王钦雅同学的《美国与中国的道路交通标志观察报告》更是获得了由中国科学技术协会、教育部、国家发展和改革委员会、中央精神文明建设指导委员会办公室、共青团中央举办的2019年青少年科学调查体验活动的优秀学生调查实验报告奖。

三、创新设计崭露头角

1. 书香传承

在由共青团苏州市委员会、苏州市教育局、苏州市科学技术协会、少先队苏州市工作委员会联合举办的首届"集体的力量"苏州市青少年创新设计现场赛中，我校张书悦、郁奕涵、黄晟轩、杨澍、蒋炜晔5名同学现场搭建的作品《书香传承》获得了"一到无穷"一等奖。

我校学生的作品以木板和木屑为原材料，创设了一个有绿地繁花、流水小溪的大地基底；其上，用小木棒搭设小型亭台楼阁，正如江南水乡风貌。而当下的苏州既有让人沉醉的古韵，如小桥流水、亭台楼阁，更有繁华尚趣的、彰显古韵今风的现代建筑，既是传承，又是有机融合。在同一空间融古合今，相映成趣，造就好一副古韵今风共融共存的美好景象。

作品中的拱桥与"东方之门"以书本为原材料，利用力的原理搭构了江南随处可见的典型建筑"桥"与代表着时尚、现代化的典型建筑"东方之门"。一块砖虽小，但高楼大厦便是由这千千万万块砖砌筑的；一本书虽微，但一本本书籍却能给人们带来无穷的知识与无形的力量。

此次大赛引起了国内外主要媒体的广泛关注，新华网、光明网、中华人民共和国中央人民政府网、《人民日报》（海外版）与各地方媒体均对赛事进行了报道。我校作品《书香传承》也多次出现在新闻中。

2. 小小生命科学家

在由苏州市教育局、苏州市科学技术协会主办的小小生命科学家终评活动中，我校四（6）班学生范刘轩、张师畅和五（4）班学生王弋航经过层层选拔、半年培训和一个月的精心准备后，带着各自的实验课题，参加院士评委团答辩，对公众演讲。此外，我校四年级学生祝彬皓、五年级学生陆致远也经过初选获得此次活动的二等奖。

我校3名学生虽是参赛年纪最小的，但都已经能独立设计课题，面对专家提问，各个胸有成竹。对公众演讲展示、面对专业评委的提问丝毫不怯场，应对自如，让评委们频频点头。

最终，他们清晰的实验思路、完善的实验过程、流畅的演讲与自如的答辩赢得了在座院士与观众们的赞赏与肯定。三人均获得苏州市首届小小生命科学家终评活动的特等奖，获苏州市首批10位"小小生命科学家"称号，实在不易！

值得一提的是我校王弋航同学出色的口才、生动的实验表述也获得了苏州电视台《苏州新闻》栏目的关注，成为其报道的主要人物。

第三节　无限创意编程，对话未来

随着时代的变迁，编程正向我们迎面走来，编程教育在未来将逐渐发展成为互联网的基础教育。创意编程注重锻炼学生的创造力、想象力，帮助学生提升逻辑思维能力,使其掌握与未来世界对话的钥匙,更好地迎接人工智能时代的到来。学习编程语言对于孩子的未来非常重要,我校在2001年左右引入了计算机编程的相关课程。在编程的世界里,学生可以自己挑选喜欢的角色,根据自己的爱好,让他们的角色去走迷宫,去踢足球,去乘坐飞机大战天外来客,去变成飞翔的小鸟上蹿下跳……我校学生在历届省、市中小学生信息技术应用竞赛中屡创佳绩。

一、耳听为虚,眼见为实

由中央电化教育馆主办的"中国移动'和教育'杯"第十八届全国中小学电脑制作活动在浙江省嘉兴市嘉善信息技术工程学校举行。本次活动的主题是实践、探索与创新。活动设置了"评选项目""创客项目"和"竞赛项目"。学生们须在短短的2天时间里做出作品,录制视频,制作教程PPT,并在第3天进行答辩。我校六年级倪凡景同学创作的《耳听为虚 眼见为实 这是真的吗》经过专家评审、现场技术测试、现场答辩3个环节,荣获小学组计算机程序设计(创意编程)全国一等奖。这是本次大赛江苏省唯一的一个小学组计算机编程全国一等奖。在颁奖典礼上,倪凡景同学还作为江苏省获奖代表登台接受了专家的颁奖。这是我校历史上第一次获得这样的殊荣。

我们一起来看一看倪凡景同学的创意吧。

俗话说:"耳听为虚,眼见为实。"这是真的吗?请看我来变3个小魔术。

第一个魔术,把图中的8条直线变得不平行。

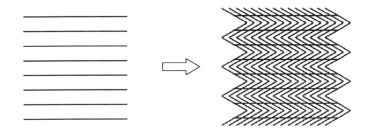

第二个魔术,把在一条直线上的两根线段变得看上去不在一条直线上。

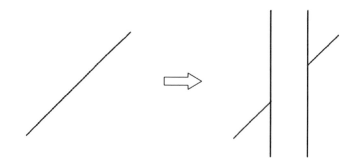

第三个魔术,把一个正方形的四条边变弯。

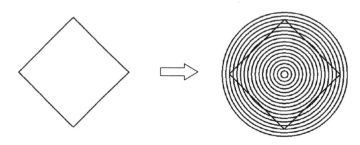

为什么我们看见的和真实情况不一样呢?这是我们人类的错觉,是对事物的一种不正确的反应。早在2 000多年前,人们就知道了错觉的存在,可人为什么会产生错觉呢?迄今为止,还没有一种理论能解释所有的错觉现象,有兴趣的同学可以去研究研究。

二、十年赛事,完美收官

在苏州市第十五届小学生信息技术技能竞赛上,我校伍昱丞和解放两位同学在logo程序设计中发挥出色,双双荣获一等奖;王弋航同学在Scratch比赛中获得二等奖。

logo程序设计这一项目自首次开赛以来,至今已连续比了十届,十年中共产生一等奖55个。我校学生荣获了其中的12个,在所有参赛学校中成绩名列前茅。我校培养的一批编程高手,很多在后来的初中、高中江苏省信息学奥林匹克竞赛中获得了一等奖的好成绩。本次logo程序设计竞赛共设有6个一等奖,伍昱丞和解放两位同学为我校画上了完美的句号。

三、信息领航,脱颖而出

在"领航杯"第三届江苏省青少年网络信息安全知识竞赛总决赛中,我校六(4)班王弋航同学荣获小学组一等奖。

王弋航同学在紧张的毕业班学习和竞选大队委员的压力下，放弃了许多休息时间，积极准备、潜心钻研，在高新区初赛和苏州市复赛中，均以第一名的成绩脱颖而出。他又和兄弟学校的另外3名学生，组成了苏州队，出征小学组总决赛，这是我校学生首次登上总决赛的舞台，展示了我校七彩少年的风采。

四、以梦为马，不负韶华

由中国科学技术协会青少年科技中心和中国青少年科技辅导员协会共同主办的"2018年全国青少年创意编程与智能设计大赛"进行了最后的角逐。我校王钦雅同学进入决赛。"人间四月芳菲尽，山寺桃花始盛开"的客观题目，考察了选手如何用编程语言表现出这句古诗中的科学原理，这既是技巧，也是创意。王钦雅同学根据要求，从吟诵古诗入手，设计人物对话，发现古诗中的问题，带着问题去探究，操作表示海拔高度的杠杆，生动形象地用对话显示"海拔越高，气温越低"的道理，再拓展延伸到其他古诗中的科学小秘密，顺利完成了名为《古诗中的科学小秘密》的作品。她收集素材、搭建脚本、调试运行程序、拍摄阐述视频，直到比赛结束前的最后一分钟，完成作品提交和视频上传。正是基于这样的坚持不懈、奋勇争先，王钦雅同学最终获得了"2018年全国青少年创意编程与智能设计大赛"一等奖，成为苏州大市中小学生中唯一获此殊荣的选手。

王钦雅同学创作的作品《厉害了，我的国》，将掷骰子、玩游戏模式引入Scratch创意编程中，让玩家在玩中学，从而对我国改革开放40周年发生的21件大事有更进一步的了解，更加热爱我们的祖国。在技术层面上，王钦雅同学使用3D one软件制作骰子模型，增强画面的立体效果；使用链表，给每个格子定位，使棋子能沿着格子前行；因为骰子投出的是1到6之间的随机数，所以棋子一旦超过终点，就需要后退，这增加了编程的难度。在答辩现场，王钦雅同学向评委展示自己的作品，通过流程图讲清解决难点的方法，机智地回答评委的提问，最终获得了一等奖。

2019年12月22日上午，经江苏省教育厅批准，由江苏省青少年科技教育协会举办的第二十六届江苏省青少年科技模型大赛苏州市选拔赛在木渎中心小学分赛点拉开帷幕。来自苏州市各中小学校的47支代表队的选手展开了角逐。在MakeX机器人挑战赛（守护家园）竞赛中，我校齐浩然、张晋煊、云若熙、林冠勋等14位同学在辅导老师刘贝贝的带领下，充分发挥聪明才智，相互交流、相互促进，有 4 人获得一等奖，4 人获得二等奖，6 人获得三等奖，人人获奖，比赛成绩再创辉煌，实现了走进科技、热爱科学、在实践中成长的目标。

五、动手实践，创造未来

在苏州市工业园区跨塘实验小学虹桥校区的体育馆内，来自苏州市各所学校的中小学选手们汇集于此，参加了 2019 年苏州市中小学电脑制作活动创客竞赛。

我校 4 位学生王弋航、祝彬皓、蔡韦丞、许一川参加了本次比赛，他们在规定时间内使用组委会提供的器材，通过电脑编程、硬件搭建、造型设计等创作智能实物作品。

从报名参赛到踏进赛场，虽然只有短短的几天，但大家都在竭尽全力，迅速成长，熟悉器材，学习编程，赛场上和队友配合默契、施展才华，做出了很多优秀的作品，如智慧交通、音乐盒、智能小屋、智能帽。瞧，把帽子戴在头上，只要你的读写姿势不正确，帽子就会发出报警声，是不是很有创意呢？

第四节　描绘七彩画卷，天马行空

想象力是艺术的源泉。对于儿童绘画学习而言，想象力不仅是儿童开始学习的起点，更能为儿童以后的学习打下良好的基础。想象力是每个孩子必须具备的最基本的素质。我校七彩少年在美术老师的指导下，自由想象，大胆创造，一次又一次地在各类绘画比赛中获奖，画出了一片真正属于自己的天空。

一、爱乒乓，绘苏州

为迎接第 53 届苏州世乒赛，世乒赛组委会大型活动部、新闻宣传部面向全市中小学生，联合组织开展"爱乒乓，绘苏州"全市中小学生乒乓球拍创意绘画大赛。

我校学生接到通知后，积极参加，使用主办方特制的乒乓球拍同比例画纸开始进行创作。设计的主题包含苏州、乒乓球，这让很多学生产生了极大兴趣，他们利用双休日走出家门到处搜集苏州城市风貌的资料，在设计的过程中不断发掘自己的想象力，充分展示丰富创意和艺术风采。

我校老师也竞相参加投票评选活动,为世乒赛的成功举办营造良好氛围。活动评选出的一部分优秀作品进入第二轮的评选,最后入围作品将在世乒赛上展示。我校张又天等同学的作品脱颖而出,获得较高的支持率(图 7-10 和图 7-11)。

图 7-10

图 7-11

二、绘中国美,展国粹韵

苏州"绘中国美,展国粹韵"百人脸谱绘制大赛在苏州市工业园区李公堤三期广场举行。我校四、五、六年级组派出了 8 位绘画小能手,在大赛上来了一场高手间的比拼。

我校七彩少年在比赛开始前积极准备工具材料,为正式比赛做好充分准备。比赛开始,考官分发空白脸谱,每位同学提笔作画。京剧脸谱种类繁多。首先,学生们确定好自己所要绘制脸谱的人物及主题内容,然后发挥创意,在空白脸谱上将自己的想法用铅笔勾勒出来,打好基础。接着,学生们拿出事先准备好的勾线笔,将正确的框架画出来,确定整张脸谱的样子。在比赛过程中,孩子们认真作画,投入创作中,清晰地展现出自己的想法。最后,他们用丰富多彩的颜色完成脸谱。

艺术来源于生活,生活因艺术而丰富多彩。这次百人脸谱绘制大赛,我校学生不仅积极主动参加,还表现出了自己的个性风采和魅力,让老师和学校都引以为傲。

三、"我和小水滴"创意绘画比赛

在由《中国水利报》和《中国少年报》主办的"我和小水滴——全国小学生节水创意绘画比赛"中,北京、广东、江苏、福建等 20 个省市的学生热情参与。我校也开展了相应主题的绘画比赛,收到了许许多多有创意的绘画作品，孩子们用一幅幅生动形象的画作告诉人们要珍惜水资源。我校选送了27件优秀作品参加全国大赛，其中，董怿澄荣获一等奖，任晓天、王睿之、赵韵涵荣获三等奖，卜一涵、刘芯言、单欣然、陈儒仪荣获优秀奖。

四、七彩足球画报，展示运动的快乐

草长莺飞、春意盎然的季节里，七彩校园足球文化节在我校开展。有的同学用手中的画笔记录下绿茵场上校队球员飒爽的身姿，你瞧，颠球、运球、射门……黑白的精灵在草地上飞滚，快乐的表情洋溢在小球员的脸上；有的同学用手抄报的形式向我们介绍了丰富的足球文化知识，如足球起源、比赛规则、明星球队、足球相关的英语介绍等，向同学们呈现出丰富的足球文化；还有的同学运用综合材料进行了足球宣传制作，既丰富多彩，又有创意。

这些作品被贴在一块块精致的足球文化墙上，展现在我校4个校区的大厅里。一下课，它们就吸引了同学们的目光，大家纷纷讨论、学习足球知识，浓浓的足球文化氛围洋溢在七彩校园中。

五、关爱心灵，你我同行

为激发童真世界的奇思妙想，共筑美好七彩童年，我校开展了丰富多彩的"心理健康教育周"活动。金山路校区三年级开展了"关爱心灵，你我同行"绘画涂鸦活动，反响热烈，受到了师生的一致欢迎。

图 7-12

在活动中，学生积极参与，热情高涨，一幅幅童趣十足的图片映入眼帘，妙趣横生的画面跃然纸上，十分有趣可爱（图7-12）。活动展示了孩子们单纯奇妙的内心世界，促进了师生之间的心灵沟通。

学校选取了一些优秀作品进行展示，老师和家长在欣赏一幅幅美丽画作时贴近一颗颗淳朴灵动的稚子之心，携手呵护孩子的美好心灵世界。

六、传承民俗，任重道远

在第九届苏州市中小学传统手工艺作品展大赛和苏州市中小学花灯作品展现场大赛中，我校选送的"陶趣雅韵"陶艺作品展和花灯作品均获特等奖，再摘桂冠！

活动现场，一件件艺术品"新鲜出炉"。精致的"菜肴"、可爱的盘子、妙趣横生的"饺子"，以及冬酿酒杯、酒壶等作品童趣十足，充分体现了釉下彩的魅力，彰显了艺术作品的璀璨与美丽。我校的"陶趣雅韵"传统手工艺参赛展位以"品味冬至，传承民俗"为主题，体现出冬至时节温馨的餐桌文化。

在现场PK环节，我校包卜予、毛勖曦同学的花灯设计精巧，以龙的造型为特色，运用综合材料彰显中国传统文化元素，让其作品充满了浓浓的中国味。经过专家组评审、现场打分和评委点评，"龙灯"斩获特等奖。此外，张艺武同学制作的花灯也荣获了一等奖。

我校已经多次在市青少年国粹文化系列活动中获得特等奖。

七、"印象@苏博"画信活动

苏州博物馆联合苏州市关心下一代工作委员会、苏州市教育局、苏州市文化广电和旅游局，在全市各中小学校开展第十二届"印象@苏博"画信活动，活动以"博物馆的传统与未来——绘忆苏式闲趣，品味雅致生活"为主题，旨在发挥博物馆第二课堂的美育教育功能，倡导未成年人走进博物馆，熟悉吴地历史文化习俗，培养他们从小热爱家乡的思想情感。此活动还契合了"作为文化中枢的博物馆：传统的未来"的国际博物馆日主题。

我校在"印象@苏博"画信活动中获得优秀组织奖，二（15）班陆沈亦获得儿童组一等奖，六（1）班周淇获得二等奖，六（2）班梁恒玮和张意盎获得三等奖。其中，梁恒玮同学的作品入选"令人印象深刻的画信"名录。

梁恒玮同学就他的获奖作品《枕河人家》，在颁奖礼上做了创作分享。他说，他从小就跟随爸爸妈妈来到苏州这座具有2 500多年历史的文化名城。近几年，每逢闲暇时光，他和家人经常会去山塘街、平江路、葑门横街走走看看，去茶馆喝喝茶、听听评弹。在他眼里，这些苏州的老街、河道、小巷人家就像是另一座博物馆，这里有小桥、流水、人家，走进去才能发现最寻常的水乡人家生活（图7-13）。

【走│进│充│满│想│象│力│的│世│界】

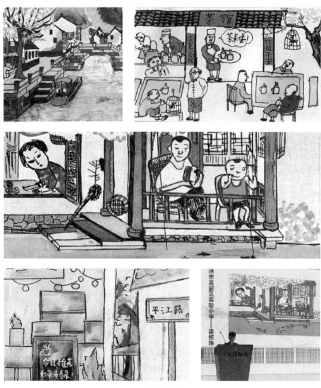

图 7-13

第五节　挑战月球营地，任我翱翔

"少年智则国智，少年富则国富，少年强则国强，少年独立则国独立，少年自由则国自由，少年进步则国进步，少年胜于欧洲，则国胜于欧洲，少年雄于地球，则国雄于地球。"苍穹宇宙，星罗棋布，"上天揽月，下海捉鳖"，曾是中国人的梦想。现如今，天上有"嫦娥"和"玉兔"，海底有"蛟龙"。我校学子亦向全球交上了一份满意的"宇宙"答卷，积极推动苏州高新区"国际理解"教育的发展。

一、乘着想象的翅膀，翱翔在月亮之上
　　我校两支队伍成功入围 2019 月球营地全球挑战大赛决赛

4 月 10 日晚上 7 点半左右，我校收到了两封来自遥远国度——荷兰的电子邮件。信的开头用英文这样写着：

Congratulations, your team is a finalist in the Moon Camp Challenge!
（恭喜你，你的队伍进入了月球营地挑战赛的决赛！）

这是我校首次组织学生参加的信息技术方面的国际比赛，在13岁以下小组中，全球一共120多支队伍提交了作品，只有17支队伍入围最后的决赛，我校就有其中的两支，这是我校历史上第一次获得这样的殊荣。

本次国际比赛是由空中客车基金会、欧洲航天局、欧特克共同举办的月球营地（Moon Camp）全球挑战赛。为了探究月球及宇宙的奥秘，在月球上做更多的实验和研究，本次比赛要求小伙伴们必须帮助宇航员们建设他们的营地，使他们有更多的空间来更好地完成工作。

此次比赛是团队赛，一个团队必须由2—4人组成，比赛中学生要设计一个能维持至少2名宇航员的生命的三维月球营地，能够利用月球资源，如土壤、水冰、太阳能等，设计能提供宇航员生存所需要的氧气、水、食物、能源等的技术方案，并保护宇航员免受陨石的袭击、辐射的伤害。学生还可以设计回收系统、食品生长室等，并在月球上进行各种科学研究。学生利用欧特克的在线数字设计软件完成3D概念模型制作并提交，由来自欧洲航天局、空中客车与欧特克的科学家、宇航员、产品经理与专业设计师、工程师组成的评审委员会评审。

我校竹园路校区的学生黄浩铖、徐意超、陆轩宸在纪宋焘老师的带领下组成了沧海明月队（Sea & Bright Moon）；金山路校区的学生王钦雅、王弋航、范刘轩、许一川在刘志红老师的组织下，成立了梦月之星队（The Little Star of Dream Moon）。两支队伍在老师的指导下，利用寒假查找了大量有关月球的资料，画思维导图，研究如何让宇航员在月球营地中生存下来，设计营地样稿、学习软件、分工制作3D模型（图7-14），最后合成作品提交组委会，接受评审委员会的严格评审。

这次比赛学生通过项目式学习，很好地进行了多门学科知识的融合。大家在自主探究、

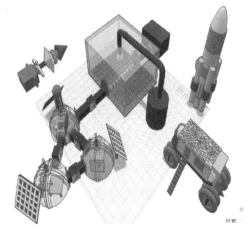

图 7-14

团队合作中，训练了设计思维，培养了实践创新能力，开阔了视野，增强了自信，激发了对月球的无限遐想。

二、明月何时任我游
我校学子在2019月球营地全球挑战赛中摘得银牌

2019年5月14日晚上8点半左右，我校又一次收到来自荷兰的邮件。信的开头用英文这样写着：

Congratulations! You have won 2nd place in the Moon Camp Challenge.

（祝贺您！您赢得了月球营地挑战赛的第二名。）

亲爱的梦月之星队：

我们很高兴地通知您，经过对所有参赛作品的仔细评估，您的团队在2018—2019年月球营地挑战赛中获得第二名。祝贺您！

来自欧洲航天局、空中客车基金会和欧特克的专家对所有参赛作品印象深刻。全体评委向您的团队致以最诚挚的问候，感谢您的出色工作！

由我校学生王钦雅、王弋航、范刘轩、许一川成立的梦月之星队，在刘志红老师的指导下，最终获得13岁以下组别非欧洲航天局成员国组第二名。

我校学生黄浩铖、徐意超、陆轩宸组成的另一支参赛队——沧海明月队，也在这次比赛中获得了决赛认证证书。

第二名参赛队获得的奖品是：

（1）一台3D打印机。

（2）与欧洲航天局宇航员进行一次网络研讨会（约30分钟）。

（3）空间专家的一次学校指导会议。

（4）来自欧洲航天局、空中客车基金会、欧特克的礼物。

（5）设计作品在获胜者的画廊中展出。

除此之外，获奖的学校还能与欧洲航天局、空中客车基金会、欧特克开展后续的太空探索及数字设计课程，获奖学生还有机会被邀请参观欧洲航天局。

5月29日当天，获奖队员与欧洲航天局/NASA宇航员进行了30分钟的在线对话（图7-15）。虽然对话时间有限，但是对于10

图 7-15

岁左右的孩子们来说，这是一次特殊的体验。王弋航同学代表提问，与NASA宇航员面对面交流。"你在国际空间站上看到过太空碎片吗？空间站是如何避免被撞击的？如何解决空间碎片问题？""你在国际空间站的日常生活中最大的问题是什么？你是如何解决的?"一个接一个的问题，表达了孩子们渴望了解空间站、了解神秘太空的心愿。

梦月之星队指导老师刘志红说："在以后的探索征途上还有很长的路要走，我们的孩子们既要仰望星空，更要脚踏实地，希望他们能够走得更远，飞得更高！"

苏州高新区实验小学校教育集团，是一座七彩校园。这里是七彩少年茁壮成长的摇篮，是为他们生命奠基的殿堂，也是他们远大理想的起点。莘莘学子在这里写诗、习文、创编，在这里想象、发明、创造，在这里描绘美好未来……本章所述我校学生获奖的一部分，只是撷取了浪花朵朵。更多的孩子，他们的想象力表现在平时的学习和生活中。瞧，她在布置板报中的一个小小装饰与拼搭，他在体育课上新编花样跳绳，她在劳技课上做别出心裁的手工，他在音乐课上自创歌曲……他们没有证书与奖杯，可想象已是他们的习惯，是他们学习生活的元素，是他们的童年印记。"问渠那得清如许？为有源头活水来。"相信孩子们的想象力会像活水一样源源不断，创造出更多优秀的作品。

第八章
每个教师心中都住着一个儿童

每个教师心中都住着一个儿童,这不是指一个人幼稚,常常做出儿童才会做的事,而是指他对世界充满好奇、兴趣和尊重,没有成见、没有功利心地对待周围的人和事。它们是课间与孩子们打成一片的童心,是在繁忙的工作中也能立刻发现孩子点滴进步的慧心,是为孩子的快乐成长撑起一片天空,用孩子的眼光来看待世界的赤子之心。

有人说:"我爱少女,因为少女的故事最短。"另有人说:"我更爱儿童,因为儿童还没有故事。"童年的无忧无虑令人怀念。为什么无忧无虑?因为"还没有故事"。有了"故事",就变得"世故"起来。教师几乎都是童心未泯的人,要么内心还是一个单纯好奇的孩子,要么能很快切换到儿童的心灵状态。所谓"恢复童心""重拾赤子之心",这并不是要摒弃一切知识和经验,变得无知、幼稚,而是能像儿童一样"无分别取舍之心",用儿童的眼光去看待成人世界,从而更加清醒、敏锐和真切地感受生活。

第一节 教师充满想象力地舞动文学之笔

一、童心写童话

我校的孙大武老师,是江苏省特级教师、江苏省"333高层次人才"、江苏省叶圣陶教育思想研究所兼职研究员、苏州市姑苏教育人才、苏州市优秀阅读推广人。他是《小学语文教学》和《班主任之友》的优秀作者、封面人物,著有《小学语文行思录》。

孙老师是一个会讲故事的人,更是一个会教孩子讲故事的人,褪去成人的固化与平庸,用天马行空的想象力带着孩子们进行创作。

童心写童话：好狗杰克的秋天
上作文课了

上课的铃声响了，语文老师走进教室："同学们好，我们今天上什么课？"

同学们一起喊："老师——您好！今天应该上作文课。"

"对啊，今天上作文课，今天的作文是——"语文老师在黑板上写下：童心写童话。"我们一起读一读。"

于是，五（1）班的同学们就一起读："童心写童话！"

聊聊我们喜欢的童话

老师问："喜欢童话吗？"

大家说："喜欢！"

"昨天老师请同学们做好准备，要聊聊我们喜欢的童话，准备好了吗？"

大家好兴奋啊，一起喊："准备好啦！"

老师说："很好！待会儿交流的时候，不要讲得太多，说一个小节就可以了，两三句也行。开始吧！"

胡加伟第一个站起来，说："我说《我应该感到自豪才对》吧。沙漠旅行结束了，小骆驼默默地想：我们的驼峰、脚掌和睫毛在沙漠里有那么大的用处，我应该感到自豪才对呀！"

机灵的孙小敏笑眯眯地说："我来说《豌豆公主》吧。公主不高兴地说：'这一夜，我简直无法入眠，我觉得床上好像有一个什么东西硌着我，使我身上又痛又痒呢！'听完公主的话，王后一阵惊喜，她想，这回王子可以如愿以偿了。因为只有真正的公主才能感觉到压在20张床垫、20床鸭绒被褥下的那粒小小的豌豆。不然，谁能有那么娇嫩的肌肤呢？王子最高兴，他终于找到了一位真正的公主做妻子。"

大家听了都嘻嘻地笑，孙沁接着讲起来："《选妻》，只有小女儿很斯文地吃着面包和苹果。自己把苹果削了皮，切成小块儿放在嘴里。饭吃完了，母亲问牧童，他该娶谁。牧童说，'妈妈，小女儿最斯文可爱，我愿意娶她'。"大家又笑了起来，有的小女生就有些不自在了。

葛雅雯、谢俊玉像是约好的一样，她们说："我俩给大家讲讲《狼和小羊》吧……羊妈妈就用拿来的剪刀剪开了狼的肚皮，小羊们先后跳了出来。羊妈妈看见自己的孩子还活着，非常高兴，于是就叫孩子们拿来几块石头放到狼的肚子里,然后用针线把狼的肚皮缝上。"

她们俩声音低低的,大家不由得都张开了嘴巴听,文乾、杨泽和唐华峰竟然哇的一声叫起来。

轮到孙梦龙了,他大大方方地站起来,不慌不忙地说:"《小红帽》,小红帽看到祖母好起来了,心里的一块石头落了地。同时她想:'如果我听妈妈的话,光走大路,不东张西望,不到森林里去,也许就不会发生这么大的危险。下次我一定记着,我再也不被狼骗了。'"

孙梦龙刚讲完,性急的沈炜程就抢着站起来,说:"我给大家讲讲《小露珠》吧。霞光中,小露珠光彩熠熠,把所有的植物都装点得格外精神。金黄的向日葵,碧绿的白杨树,紫红的喇叭花,还有数不尽的鲜花嫩草,都像俊俏的小姑娘戴上了美丽的珠宝,显得更加生机勃勃。"

⋯⋯

好美的童话啊,大家坐得歪歪扭扭的,脸上全都荡漾着惬意的笑。

谈谈我们今天的作文

"好吧,童话就先讲到这儿。"语文老师转过身子又在黑板上写下:好狗杰克的秋天。"我们一起读一读。"

同学们就读起来:"好狗杰克的秋天。"

语文老师又说:"我们连起来再读一读。"

大家就起劲地读:"童心写童话:好狗杰克的秋天!"

老师又把"秋天"两个字圈出来,说:"看到这两个字,你想到了什么?"

赵陈鑫说:"我想到了金黄的稻子。"老师就把一张稻海的图片展示出来。

丁志刚说:"我想到了火红的枫树,霜叶红于二月花。"如火似霞的枫林图片立刻出现在大屏幕上。

吴若梅说:"我想到了清清的小河,白白的芦苇在风中摇。"

许佳文说:"我想到了菊花,五颜六色的菊花——秋丛绕舍似陶家。"

桂冬卿说:"我想到了天高云淡,望断南飞雁。"

王羽说:"我想到了落叶缤纷——无边落木萧萧下。"

语文老师一边把准备好的图片点出来,一边说:"大家想得很好。刚才桂冬卿同学提到了南飞的大雁,我们换一个角度谈谈秋天吧。"

征刘鑫说:"苍蝇、蚊子、蚂蚁,还有蛇,它们都躲起来睡觉了。"

老师插话道："能不能说得优雅一点哟？我们这是作文课哟！"

王子奇说："小燕子恋恋不舍地跟小蜜蜂、小蝴蝶告别了。"

陈家健说："小麻雀穿上了棉衣，它们的身子变得胖起来了。"

孙浩东说："小鱼们只在中午太阳好的时候到河边玩了。"

征业华说："狗儿们变得懒了，喜欢晒太阳、伸懒腰。"

语文老师笑起来，说："大家观察得真仔细。我们还可以怎么谈秋天呢？比如，苏东坡的《水调歌头·明月几时有》。"

同学们都恍然大悟，一起背起来："丙辰中秋，欢饮达旦。大醉，作此篇，兼怀子由。明月几时有？把酒问青天。……"

王子濠说："夕阳西下，断肠人在天涯。秋天是一个思念的季节。"

冯仕灿说："秋季有一个中秋节，秋天是团圆的好时候。"

朱淦淦说："国庆节也在秋天，放好多天的假，秋天还是自由自在的。"

徐春钰笑着说："秋天可以吃螃蟹、赏菊花，老师还会带我们去秋游，秋天是一个令人神往的季节。"

大家就拍着桌子笑起来，眼睛亮亮地看着语文老师。

语文老师也笑，说："不许闹，把秋的作文写好了再说。"

课代表樊晓燕说："老师，该谈谈好狗杰克了。"

语文老师说："不错，是该谈谈杰克了。"想一想，她又说："不对，杰克不能谈了。一谈大家就写不好了，要不就都一样了。现在就写，题目就是'好狗杰克的秋天'。大家动笔吧！"然后，语文老师就不再说话，从图书柜里找出一本书，坐得舒舒服服地看起来。

大家开始咬笔头，挠脑袋了，教室里一片安静。

品品我们的佳作

过了好一会儿，安静的教室里开始有窃窃私语了。又等了一会儿，语文老师把书合起来，放回图书柜，说："大家歇一歇，我们来请几位同学跟大家交流一下自己写的作文，就像刚开始交流童话故事那样说三言两语吧。"

吴建鑫说："好狗杰克下到水里面捉鱼，把身上弄得水淋淋的，上了岸来，就'阿嚏阿嚏'地直叫，结果，医生就叫他躺到床上，一连躺了两个月。杰克的秋天是在床上度过的。——他想捉了鱼去看望生病的花猫老师呢！"

《走进充满想象力的世界》

同学们就笑起来，语文老师也笑，说："我好好的，不要你们的鱼。"

刘珣珣说："好狗杰克把自己的衣服都送给了挨冻的小动物们，他自己也冷得不行，好不容易走到一座大房子前面，恰巧是一个富人的家。那个富人就收留了杰克，把杰克当作他的亲儿子看。从此，好狗杰克过上了幸福的生活。"

成鹏说："杰克想，夕阳都回家了，我的爸妈怎么还不回来呢？他的心就像那飘零的树叶慌慌张张的没有着落。"

班长刘畅举手说："老师，看一篇完整的吧，总是读片段，我们快成福尔摩斯了——总是猜！"

语文老师看看时间，说："好吧，下面就请王瑶同学分享她的作品吧！"

好狗杰克的秋天（王瑶）

秋天到了，稻子成熟了，地里一片金黄。这是个双休日，好狗杰克跟着爸妈到地里劳动——割稻子。

太阳暖烘烘的，照得大家懒洋洋的，稻子们都散发出了喷香喷香的味道。

刚刚割了一点，一只打扮得光彩夺目的花蝴蝶飞了过来。好狗杰克就叫起来："爸，妈，你们看啊，多美的蝴蝶啊！"

爸爸说："儿子，喜欢吗？老爸帮你捉过来！"

好狗杰克摇摇头，说："不要不要，还是让它自己玩吧，说不定它正要走亲戚呢！"

他们继续干活。这时候，一条青青的小蛇游过来。好狗杰克又叫起来："爸，妈，你们看啊，多好玩的小青蛇啊！"

妈妈说："孩子，小青蛇是有毒的，妈妈把它打死吧！"

好狗杰克摇摇头，说："不要不要，我们不惹它，它肯定不会咬我们的。"

他们继续干活。天气更暖和了，爸爸、妈妈和杰克都把衣服脱下来，他们看看周围丰收的美景，一起说："秋天真美啊！"

王瑶同学的作文分享完了，大家就鼓起掌来。征高钒说："杰克真善良！"

王聪说："王瑶写得真好，写出了一个美好的世界。"

陈雅说:"老师,你刚刚不是也写了吗?给我们看看吧!"

语文老师有些不好意思,说:"老师写了一点点,没有你们的好,还是不要看了吧。"

征海欣说:"那怎么行啊!平时你老是看我们的作文,这一次还真得给我们看看了!"

大家就一起嚷嚷起来:"看,看,我们要看!"

语文老师没有办法,只好说:"好吧。写得不好,请大家多提意见!"

好狗杰克的秋天(孙大武)

好狗杰克把画纸铺开,又用笔在画纸的一边工工整整地写上"秋天"两个字。这是美术老师布置的双休作业。

好狗杰克歪着头想了半天,也没在纸上画出一点东西。真是好烦啊!他决定把画桌搬到院子里去。"也许在那儿能让我知道画些什么。"好狗杰克这样想。

杰克把画桌放在院子里的一棵苹果树下面。刚放好,就有两片叶子掉下来,正好掉在杰克的画纸上。"嘿,秋天自己跑过来了!"杰克这样想着,就照着叶子的样子画起来。他画得很好,跟真的叶子一个样。有小鸟从他的头顶上飞,杰克也把它画下来。渐渐地,杰克的画纸上东西多起来了:天蓝蓝的,云白白的,树叶红红的,小鸟绿绿的。

杰克晃晃他的小脑袋,又画上了他的爸爸和妈妈,爸爸妈妈在城里面打工,都好久没有回家了。奶奶来叫他吃午饭,他又画上了奶奶。想一想,他又添上了自己。再想一想,他又画了一张桌子,桌子上摆了一大盆热气腾腾的肉骨头。杰克看看自己的画满意地笑了。

吃饭的时候,桌上果然有肉骨头。杰克就挑了一根大大的,用手拿着在画上仔仔细细地涂了个遍。

第二天上学,好狗杰克的这幅"秋天"受到了老师的表扬。老师说:"杰克的画最好,味道一级棒!"

语文老师读完了自己的作文,教室里一片安静。过了好一会儿,徐安文赞叹道:"真是好文章啊!"

王毅说:"老师,我都要哭了,可我又想笑。我的爸爸妈妈也好久没有回来了,我就是那个杰克!"

陈康说:"老师,杰克画画的想法真是太绝了,你真是太聪明了。"

朱茗敏说:"不对,杰克拿肉骨头涂画的那个细节才叫绝呢!我们老师有童心啊!"

征千民说:"那个美术老师最搞笑,本来是叫人哭的,看到这里,就想笑了。"

王锦说:"这个美术老师跟我们语文老师一样,特聪明!他就知道要安慰杰克啊!"

孙老师说:"童话说到底还是'人话',文章里面的狗性终究也还是'人性'。今天的作文课就到这里,下课。"

第二节　教师的想象力照亮了课堂

一、那是一位妈妈

近日,一组3岁到13岁的孩子写下的诗在网上热传。"灯把黑夜/烫了一个洞。""我开心时开花/我不开心时落叶。""纸币在飘的时候/我们知道风在算钱。""要是笑过了头/你就会飞到天上去,要想回到地面/你必须做一件伤心事。"……诗句间飞扬着成人难以企及的想象力,语言自然流畅、不着痕迹,却在不经意间给人的内心以最真实的触动。

孩子往往被认为是最接近诗的。因为孩子保有童心,童心就是初心,是与世界头一回相见的那种直觉和想象力。

毕加索说:"每个孩子都是艺术家,问题在于你长大成人之后如何能够继续保持艺术家的灵性。"不是每个孩子长大后都需要成为艺术家,但每一个孩子童年时代的想象力,都应该得到我们的保护与鼓励,唯有这样,他们才能成长为一个个真实灵动的、个性鲜明的人,给世界带来更多的创造和希望。

记得一次上拼音课,我校一位老师让孩子们观察书上的插图,说说图片中的事物。图中有一位年轻的阿姨,由此可引出单韵母"a"的教学,可是有一位小朋友说那是一位妈妈,虽然并不是预设的回答,但这位老师没有反驳她,因为找不到反驳的理由。试想,一位年轻的女子,拉着一个小女孩在河边看风景,谁都有可能以为是妈妈和女儿,更何况是天天粘着母亲的七岁孩童,所以这个小孩的理解也是合情合理的。课后这位老师告诉我："如果当时我反驳了那个回答的小孩，那她以后还敢不敢一有想法就积极举手了呢？长此以往，她对语文课的兴趣又会剩下多少呢？甚至，以后她再次看到一幅画，还会不会浮想联翩？当然，也许这只是我的夸大之词，但我不愿冒这个险，如果因为自己的一次死板而葬送一个孩子的想象力，那么这个代价就实在太大了！"

所以，在孩子小学阶段的学习中，我们不能弃想象力不顾。特别是在语文这个充满人文气息的学科教学中，教师更要注重对孩子想象力的培养。我们应该在语文课堂上，尽我们所能，去尊重不同孩子对同一事物的不同理解。

不要用我们的眼光，禁锢孩子们的想象，不能让他们失去对画画、阅读、写作的兴趣，让未来的世界错失伟大的画家、灵动的诗人！

二、大约可以倒多少个

小学数学让孩子最早系统地接触数学，想象力在小学数学的实际教学过程中，不仅涉及数字计算、图形识记，还涉及空间想象等，覆盖范围非常广。

例如，马邹英老师在教学"认识升和毫升"一课时，提出：如果把1升水倒入这些比1升小的容器中，大约可以倒多少个呢？下面我们分组来实验一下。开始前，马老师提出几个实验要求。

（1）估一估：每位组员分别估一估1升水能倒几个容器这样的？

（2）倒一倒：组长负责倒，组员负责观察。

（3）比一比：谁估准了？

通过刚才的实验，学生又知道了哪些关于1升的知识？为什么同样是1升水，有的容器所需的数量多，有的少呢？再将1升水倒入大于1升的容器中，又会是怎样的呢？水面大概在哪个位置？他比画的准不准呢？观察这两个容器中1升水所在的高度，学生又发现了什么？通过在实践体验中发挥自己的想象力，学生不断提高对数学的兴趣。

三、猜测故事情节

对于学生想象力的培养，我们可以不走寻常路。在我校吴老师的英语课堂上，我们经常看到吴老师不按常理出牌，她强调的不是"do"，而是"to do"。这就要求学生在学习前学会预测课文内容。记得在教学五年级下册"Seeing the doctor"一课时，讲课文之前，吴老师让学生不看课文内容，根据图片猜测故事情节。我们明显发现，学生能用英语很好地表达自己的想法，而且学生对该课文的记忆非常牢固。

因此，教师可以结合自己平时所积累的经验或关于人物、体育、历史、电影等方面的知识，充分利用课文的配图，指导学生对课文内容进行推断或猜测，或适当提醒学生注意图片的解读，让学生充分发挥其想象力。即使学生想象的内容与课文大相径庭，也没有关系，重要的是在这个过程中，学生的想象力得到了充分的锻炼。

四、怎么画都可以

一个一年级的小男孩第一次上美术课，老师让他画花儿，没等老师说完小男孩就拿着各种颜色的蜡笔在画纸上画了各种颜色的花朵。可就在他画得正起劲时，老师却提出要教他们怎么画花，"红红的花朵，绿色的茎……"。小男孩比较喜欢自己画的花，可迫于无奈，只能在纸的背面画上那"红红的花，绿色的茎……"。渐渐地，他习惯了等，学会了看，学会了效仿老师。有一天，他转学到另一座城市，同样的还是一节美术课，只是换了完全不同的老师。老师是短发，穿一身运动服，她让同学们画一幅心中最美的图画，别的小朋友都在动手，只有小男孩在等啊等，老师走到他身边问他："你不想画吗？"小男孩说："我很喜欢，可您还没说画什么呢？"老师说："画什么都可以，你不画出来，老师怎么知道你心中最美的图画是什么呢？""怎么画都可以吗？""怎么画都可以。"说完，小男孩拿着各种颜色的蜡笔画着那些五颜六色的花朵，花丛中还有这位美丽的女老师……

孩子是自由的，他们的思想是自由的，他们的绘画也应当是自由的、不受拘束的。我们不应该凭一己之见就"手把手"地教他们画画。儿童是天生的画家，他们未经雕琢的作品也是独一无二的，我们所谓的刻意的"教"看似是在让他们有步骤、有系统地画，但有时候会扼杀他们的想象力，摧毁他们的创作。因此，请解放我们的头脑，也解放孩子们的头脑吧。

五、提供一些支撑

我们常常听说："想象力是人类创新的源泉。"正因为有想象力，我们现在才能用到各种各样让生活更便利的高科技工具。而现实中儿童的想象力培养还是需要老师的帮扶、引导与支撑的。

我校教信息技术的刘志红老师说："我常常在信息课堂中进行观察，比如我在教授 Scratch 这个软件时，每节课我会预留一些时间，让学生使用本节课所学的控件进行脚本编写，并能试着创造出一个与课文案例完全不同的表演。我发现有很大一部分同学，在这个教学环节，他们的创造力、想象力是缺乏的，有些同学甚至盯着脚本控件无从下手。每当此时，我会适当地给些提示。比如哪两个控件结合，可能会产生怎样令人惊喜的结果。或者，我会在下台巡视的同时，将看到的比较有想象力、有创意的作品分享给全班同学。我在信息课堂上的观察结果是：极大部分同学在进行想象、创造时需要执教者提供一些支架，或者需要其他同学给予一些思路。而这些帮助在某种程度上，其实也局限了学生的思维创造能力。因此，研究如何让学生发散思维、提高想象力是非常重要与必要的。但研究的过程必然需要反复的思考、反复的实验。我将在日常的信息课堂中进一步展开思考，进行实践，将观察与实验相结合，来促进学生想象力的发展。"

六、一份奇怪的秋游通知

周五下午第二节课是同学们最期待的作文课，我校周老师像往常一样春风满面地走进教室，教室里鸦雀无声。

周老师走上讲台，说："自古逢秋悲寂寥，我言秋日胜春朝……同学们，在这秋高气爽的大好时节，一年一度的秋游活动马上就要开始了，今年的活动与往年不同，秋游的时间自己定，想玩几天就玩几天，想去哪里就去哪里，想什么时间去就什么时间去，想和谁一组就和谁一组……"没等周老师说完，教室里就炸开了锅。大家七嘴八舌，讨论着要去哪里、和谁一组。只见周老师做了个"停"的动作，教室里立刻安静下来，同学们的目光集中在老师的手上。周老师从口袋里拿出小纸条，分发给每个同学，大家觉得很奇怪，纸条上只写着"通知"两字，剩下的全是空白。

周老师继续讲下去："今天这节课主要是完成这份通知。大家可以按照自己的意愿来补充。我来问问大家，如果给你一次免费旅行的机会，你最想去哪里？在那里待几天？想法越大胆越好，越奇特越妙。"

"老师，我想去沙漠看看夕阳、驼队，听听驼铃的声音。"最爱读书的毛毛第一个发言。

"想法不错，可是，沙漠地区干旱、炎热，你要带什么装备、做什么准备，你想好了吗？"

"老师，我想去海底世界，看看海豚、鲨鱼和色彩瑰丽的珊瑚。"最喜欢科技的李伟接着说。

"同学们的想法可以再大胆点，可以穿越时空到其他星球，也可以走进梦中的'世外桃源'……"

…………

周老师接着说:"同学们,这次习作的题材是应用文,是让大家用通知的格式,来写一篇充满奇思妙想的想象文。要求:① 学习写应用文'通知'的方法,大胆想象,写出有创意的、幽默的通知书。② 格式正确,条理清晰。"

周老师走到李铭谦面前,说:"你来说说通知的格式。"

李铭谦站起来响亮地回答:"将'通知'两字写在中间,称呼顶格写,正文空两格,写清楚通知内容和注意事项。最后,在右下角写清楚发通知的单位和时间。"

下节课,交上来的习作可谓精彩纷呈。

一份奇怪的秋游通知 (周禹烨)

各位家长:

您好!

本周星期十我校将举办秋游活动。地点在土豆时空城堡,请您在当天下午九十九时将您的孩子送到学校大门口。我们会与您的孩子乘坐哆啦A梦的时光机飞向土豆时空城堡,飞行时间为0.01秒。

温馨提示:请准备好十把又大又厚的伞,因为土豆时空城堡时时刻刻都会下土豆雨,我们要打伞,否则会把您的孩子砸成脑震荡!半个月后到学校门口准时来接,时间为:5019年13月34日99分。

如果您的孩子提前回来了,有可能是被土豆雨吓跑了,也可能是被土豆砸到得了脑震荡,不得已回来的。请家长每天到学校来看看您的孩子有没有提前回来!

感谢您的配合!

皮皮学校
5019年13月19日

一份危险的秋游通知 (李铭谦)

尊敬的家长:

您好!

15月32日星期八晚上25点80分,我们将举行秋游活动。这次秋游,我们要去的地方是原始森林。我们将会穿越到几亿年前的侏罗纪时代,在那里会遇到令人惊恐的恐龙,胆小的孩子请不要参加。到了那边,我们一无所有,只能靠自己的智慧生存。

决定去的话,请家长帮孩子们带好这几样东西:

1. 干粮。如果您的孩子没有午餐,那么他就可能变成恐龙的晚餐。

2. 钉子。如果恐龙快追上我们,就往它们的脚边撒一把钉子,这样就能拖住它们一段时间。

请各位家长于 15 月 45 日星期十二晚上 29 点 98 分在学校西北角的榕树下等候,我们将会从那棵树的树洞里穿越回来。如果您发现您的孩子不见了,那就可能在原始森林迷路了,也有可能是被恐龙留下做客人了。

各位家长,这次的秋游与众不同,相信你们的孩子也都很想去。那就不多说了,15 月 32 日星期八晚上 25 点 80 分学校见!

探险学校
15 月 20 日

一份奇葩的秋游通知(毛勖曦)

亲爱的家长:

您好!

我校将于一年前的昨天去太阳系秋游,请您为孩子准备好他的生活必需品,买好人身保险,于一年前的前天参加体检,体检不通过的不能去,恋家和胆小的不能去。本次活动将持续一年半,游程是:从地球到月球,在月球上停留 2 周,从月球再到火星,在火星上玩 3 周,返回月球待 2 周,返回地球。

有些孩子可能会提前回家,请谅解。回来的时间是,六个月后的今天的 26 时 68 分 82 秒,于酒泉发射基地软着陆,再乘坐高铁返回学校。您来接的时间另行通知。

本活动全程由 100 名宇航员看护,请您放心!

这次活动会让您的孩子终身受益,增强自信!

最后,祝孩子们旅途愉快!

乱七八糟区奇葩小学校
2919 年 21 月 122 日的 100 年后

我们一直重视学生想象力的培养,其间发生了许多有趣的故事,这里只是截取几个片段和大家分享。相信插上了想象力这对翅膀的孩子们,未来一定会走得更远、飞得更高。

第三节　看见想象力的生长，让孩子遇见最美未来

曾经有一位农夫请来工程师、物理学家、数学家和武术家，让他们用最少的篱笆圈出最大的面积。工程师用篱笆围出一个圈，宣称这是最优秀的设计。物理学家将篱笆拉开，变成一条长长的直线轨迹，假设篱笆有无限长，他认为能隔出半个地球。数学家面带微笑，用很少的篱笆把自己圈起来，然后说："我现在是在篱笆的外面。"武术家则一声不吭，拿一根篱笆柱，来了一招"单柱挂金钩"式的漂亮倒立，并宣称："我撑起了整个地球。"这个有趣的故事告诉我们：一个人想要有创意，就要插上想象的翅膀，不断调整思维角度，优化思维方式。想象出才子，想象出诗人，想象孕育了数以万计的发明创造。有了想象，人类才有所发现，有所发明，有所创造，有所进步。

人的一生中最具想象力的阶段是儿童时期，小学阶段是求知欲比较旺盛、好奇心比较强的阶段，是想象力发展的重要时期。想象力与其他每一项学习能力都有关系，想象力对思维力、记忆力等都起到很大的支持作用。

自课题研究以来，我校教师从"学习力"到"想象力"，一脉相承地致力于学生的科学发展，进行关于"如何培养学生想象力"的实践探索。我们力图在课程建设、学习方式、物态环境开发、评价模式等诸多方面进行创新，实现创意学习，提升小学生的想象力，让想象力发生在课堂，让想象力生长于学校教育的每一个层面，让国家课程的学科教学、校本课程中各种形式的学习和活动都成为想象力教育的组成部分。我们通过创意学习，变革了学生的学习方式，为学生插上了想象的翅膀，进而提升了整个学校的教育教学品质，实现了可持续发展。

一、人人都充满想象力

想象力是人类能力的试金石。创造学专家奥斯本提到了一个根本性问题，即"人人都具有想象力"，不仅仅是少数精英拥有想象力，人人都拥有想象力；不仅仅是少数人具有想象的权利，人人都具有想象的权利。[1]

---

[1] 奥斯本.创造性想象[M].王明利,盖莲香,汪亚秋,译.广州：广东人民出版社,1987：1.

这使我们"聚焦小学生想象力的创意学习实践研究"有了有力的理论依据，使想象力教育成为可能。三年来，我们在实践的基础上探索出了多种学习方式的有效范式，走进了学生学习生活的主阵地，在各学科学习的课堂上做了有益的尝试，让想象力教育遍布在学校教育教学的每一个时空中、每一个角落里，让人人都充满想象力。

（一）复制性想象更具活力

按照哲学家康德的定义，复制性想象是指把先前的感性认识带到头脑中的想象，通俗地说就是对原认知的复制。其表现是把一个先前已有的感性带回心灵中来，即派生地表现对象的能力。[1]

复制性想象正由我们的学生生动地展现出来。比如数学课堂，学生正是有了对现实生活的复制想象，课堂活动才显得灵动而充满情趣。在问题解决中，学生运用复制性想象让数学问题活灵活现，学习起来兴趣盎然，收效显著；有了对几何图形的充分认识，学生解决相关问题时才能生动地再现。再如语文课堂，正是有了对古诗词的不断积累，才会有"飞花令"活动课上的精彩纷呈；正是有了丰厚的文化底蕴，才有了作文中的文思泉涌、妙语连珠……有了复制性想象，学生可以理解课本当中的古代文明与科技，想象古人的情感、伦理与审美，可以生动再造、还原那些最初的"知识场景"，体会知识背后人类的欲望、恐惧与希望，而不仅仅是机械地记忆那些"呆滞的知识"。

值得一提的是，学生的复制性想象不仅可以还原过去，而且还能指向未来。比如，"反事实思维"就和复制性想象密切相关。"反事实思维"是指对过去已经发生过的事件进行判断和决策的一种心理模拟。所谓的"反事实"，指的是对过去发生的事实，进行其他可能性的替代性虚拟。它本质上也是可能性思维，但是尤指过去未发生的可能性思维。[2] 我们通过复制性想象，把知识场景通过原型模拟带回到脑海中，进行假设性的"反事实"的可能性想象。同样是在数学课上，学生在学习统计时，能根据统计图表，模拟未来的走势与发展情况，分析得有模有样。这样灵动的、有深度的学习，不断促进学生复制性想象的发展，学生的学习也变得更有深度、更加多彩。

---

[1] 张晓阳. 想象教育论纲 [D]. 上海：华东师范大学，2016：110.
[2] 张晓阳. 大数据迷潮下的教育研究及其想象力 [J]. 基础教育，2015（4）：49-55.

(二) 再造性想象日益丰富

再造性想象，是根据语言的表述或非语言的描绘在头脑中形成有关事物形象的想象。再造性想象的形成要求有充分的记忆表象做基础，表象越丰富，再造性想象的内容也就越丰富，同时，再造性想象也离不开词语思维的组织作用。它实际上是在词语的指导下进行形象思维的过程。

研究中，首先我们结合学校特色文化，开展了丰富多彩的教学研究活动和校园活动。以各学科教研组为单位，我们根据学科特点梳理本学科中学生想象力发展的具体目标，把具体目标融合到学科教学的整体目标中。如数学学科除了要实现数学运算、数学思维、问题解决等目标外，还要加上"数学想象力"，各年段的数学想象力培养，是根据学生的年龄特点学习具体的内容。如三年级数学的想象力培养具体要求"会画数字创想画，会用简单的图形进行拼搭，形成一定的空间想象能力、由抽象到具体的想象能力、由文字到关系的想象能力"等。除了教学目标做方向性指引外，各学科还要在教学内容上精准分析、梳理：哪些教学内容更适合培养小学生的想象力？各教学内容培养学生想象力的侧重点是什么？从而形成教师教学的指导性建议，并配合课例加以说明。

其次，我们融入了更多的创意元素，如元宵节做花灯、风筝节做风筝、校园艺术节展演，举行科普运动会、创意手工竞赛等。围绕地球节水日，学生们大胆绘制宣传画；结合学校环境特色教育，我们举办变废为宝作品展……这些场景和活动都是学生创意生长的沃土。我们还有意识地组织一学年的体现想象力的主题活动，在学校活动中渗透"创想"主题，使创意与想象在活动中竞相绽放。一系列课程活动的开展，为学生提供了丰富的记忆表象，为学生的再造想象提供了丰富的资源，让学生的再造想象力得到有效提升。如，我校朱紫匀同学的诗歌《月亮炒豆子》就是源自语文学习的一次再造性想象，这首诗歌还获得了"全国少儿诗会活动"一等奖。

再造性想象在人类实践活动中必不可少。在学科教学中，我们让学生借助模型、图表和说明展开再造性想象，有助于学生形成正确的概念，理解和掌握所学的知识。学生能超越个人狭隘的经验范围和时空限制，获得更多的知识，更好地理解抽象的知识。为了形成正确的再造性想象，学生首先要正确理解词与实物标志的意义，其次要积累丰富的表象储备。再造性想象依赖于头脑中已有表象的数量和质量，正确反映客观现实的表象愈丰富，再造性想象的内容就愈生动、准确。我们内抓课堂，外强活动开展，学生们能依据生物科技活动和有关资料想象出远古时期地球上的情景；在对各种文学艺术作品的欣赏中，穿越时空，感受到作者当时的心境与情感……可见，再造性想象有助于扩大知识经验的范围，丰富精神生活的内容。

（三）创造性想象更趋灵动

创造性想象是想象的高级形式，它是不依据现成的描述而独立创造新形象的过程。创造性想象是一种有意想象，它是根据一定的目的、任务，在脑海中创造出新形象的心理过程。创造性想象是用已积累的知觉材料作为基础，使用许多形象材料，并对它们深入地分析、综合、加工和再造，通过组合，创造出新的形象。

现代社会的发展不断地向人们提出创造新事物、解决新问题的要求。当这种要求被接受时，人们就会有进行创造性活动的需求和愿望。实践研究中，我们从激发小学生的好奇心入手，把建设好的课程资源作为媒介，聚焦想象力的课程开发，紧紧围绕"国家课程校本化、校本课程立体化"这一原则，大力开发课程资源，以国家课程的各学科教学为主要阵地，以国家主导的教科书为具体的实施抓手，以课程标准为实施和评价的依据。除了对国家课程分学科从想象力角度区分内容、制定目标外，我们还注重在校本课程中开发立体化课程，使创意学习有更肥沃的土壤，使想象力得以生长。

儿童创意学习活动的开展，为学生建立起丰富的表象储备，使积累必要的知识经验，逐步产生强烈的创造愿望，激发自己的灵感。学生的创造性想象日益丰富，日趋灵动。

二、想象力与教育共提升

想象力教育的总体目标是要把想象力引入教育，因为教育质量的高低主要取决于教育中想象力的参与程度。同时，在提高教育质量的过程中，我们也需要进一步提升学生与教师的想象力。

（一）着陆学科，想象发展

学科想象力指的是以学科为根基的开放型思维方式，它着眼的是学科自身的可持续发展。[1]学科想象力利用学科内和学科外的一切资源，既能省察学科自身，又能观照学科外的纷繁万象，它反映的是学生的一种独

---

［1］米尔斯. 社会学的想象力［M］. 陈强，张永强，译. 上海：生活·读书·新知三联书店，2005：3.

特心智品质和视角转换能力。

实践中，我们确立学科教育的首要任务是让学生逐步认识学科的各种结构化工具，形成富有特色的"学科视角"，即学科想象力。我们围绕着各学科课程标准的要求，聚焦学生发挥想象力的创意学习，从国家课程、校本课程等各个方面展开学科想象力培养研究。每个学科都有相应的教学要点参考，让教师明确做什么、怎样做才能有效提升学生的学科想象力。

我们还建立了基于想象力发展的评估体系，形成了初步的、符合不同年段学生想象力特征的评估方法。如对低年级学生采取侧重勇敢精神和好奇心的评估，低年级学生的想象力特征具体表现为：有较强的好奇心；爱寻根问底，弄清事物的来龙去脉；细致地观察事物；非常希望把自己的发现告诉别人；等等。建构想象力发展的评估体系，以促进学生想象力发展，促进教师教学指导的高效进行，促进项目的科学、规范、有效运作为目的。

学科的魅力在于让学生体会到学科本身的独特的想象力。借助学科想象力，我们可以实现学科的知识逻辑与学生的心理逻辑之间的有效沟通，而这同时也是我们教学艺术的核心。学生学科想象力的发展已成为我校学科发展的源泉与持续动力。

(二) 学科延展，想象驰骋

知识和想象力是人类社会不断前进的一对翅膀，两者相辅相成，缺一不可。甚至从某种程度上来说，知识是凝固了的想象力，想象力是流动的或能动的知识。知识代表了以往人们通过想象及在想象指导下的实践而获得的经验，而想象则代表了人们通过知识面向未来的无限可能。

因此，学生的想象力培养不能仅仅建立在学科教学之上。如果只有学科想象力，那这样的想象力是不健全的，它只是被禁锢在本学科的小圈子内，缺乏多元的知识结构支撑。只有跳出学科，在多学科教学、学科活动以及学科与学科之间的联系的基础上，进行以想象力培养为核心目标的学科探寻，着眼扩展学生的想象力空间，形成学科背景下的想象力，进而反过来对学科教育产生积极的影响，这样才能最大限度地实现学科教学与想象力培养的双赢。

项目建设中，我校围绕想象力部分建设了学科创意课程群，作为国家课程学科教学的补充和拓展，可以在学科教学中实施，也可以作为社团课程供学生选修。如语文与人文类有玄幻作文、诗歌创编、创意英语游戏、英语剧表演等；数学与科创类有数学魔术、数学童话、神奇百拼、有趣的机器人等；艺术与审美类有陶艺造型、七彩小巧手、综合材料绘画、旋律古筝、小小模特等。一系列课程活动的开展，为学生提供了极大的空间，让想象力发展与提升成为现实。学生能运用自身的想象力从多学科视角不断审视学科本身的结构化特征，以寻求学科之间、学科与主体心理之间的内在关联，促进学习效率的提高。

创意学习下的学习新样态的呈现，使我校教师的教学理念、学生的学习方式、课程实施环境等诸多方面实现了多元改变。"聚焦小学生想象力的创意学习"实现了我校教育教学质量的整体提升，促进了学校的可持续发展。

三、垫高学生想象的基石

（一）想象在兴趣中萌芽

孔子曰："知之者不如乐之者，乐之者不如好之者。"惊异感、情感都是创意学习所倡导的认知工具。学生的学习兴趣若被充分激发，那他的学习过程将充满动力和快乐。

实践中，我们坚持学生立场，解放学生，发展学生，使创意学习成为可能。我们关注学生学习兴趣的激发，比如欣赏视频、讲故事、唱歌、猜谜语、动手做等。美术老师在《字谜画》课上，给学生讲了一个《唐伯虎卖画》的故事。有一次，唐伯虎挂出一幅水墨画来，上面画着一只黑狗。他对围观的人说，这是一幅字谜画，谁猜对了，就把这幅画送给他，可是很久都没有人猜中。突然，人群中走出一个少年，他说："我猜中了！"说完就一声不响地把画取走了。唐伯虎望着少年的背影哈哈一笑，说："多聪明的小家伙！"故事讲完了，有不少学生也猜出来是个"默"字。一个小故事就能激起学生想象的兴趣，拓宽他们想象的思路。我们将这样一幅幅含有字谜的作品呈现在课堂中，设计巧妙，立意新颖。再如在教平行四边形的面积一课时，顾老师从长方形的面积入手，通过让学生动手拉一拉长方形框架使其变成平行四边形的活动，建立起两种图形的联系。学生的想象之门一下子被打开了，他们对平行四边形的面积计算方法进行了大胆的猜测，进而想象出验证方法，出色地完成了学习任务。

在这样的课堂里，学习不再是枯燥、乏味的过程。我校教师践行创意学习理念，设计出趣味盎然、引人入胜的学习情境，让学习变得充满挑战和想象。

（二）想象在积累中生发

俗话说，"巧妇难为无米之炊"。学生的想象能力不是自然产生的，它与学生日常生活中经验的积累有着密切的联系，多看多听、多经历多感受，见多了，头脑中的表象也就储备多了。

教学中，我们应鼓励学生从图书、电视、电影、网络等各种媒介，大量接收和储备信息。多读书，读好书，书可以为学生的想象提供广泛的知识基础。学生通过读书，从书中获取大量的信息，增加感性认识，为想象创造条件。安徒生的《皇帝的新装》《丑小鸭》等童话，李白的"长风破浪会有时，直挂云帆济沧海"、伟人毛泽东的"山舞银蛇，原驰蜡象"等名句，都源于作者博览群书，并由此产生的大胆想象。

我们也可以充分利用和挖掘身边的教学资源，根据教学内容，经常带学生走进大自然，去观察事物；与社会接触，让学生有机会丰富生活经验，为想象力的发展打下基础。近年来，我校学生的习作能在全国及省市区级发表与获奖，就是厚积薄发的结果。

（三）想象在质疑中焕发生机

提出质疑是求异思维的体现，是创造的开端。哥白尼创立"日心说"，就是在大胆怀疑一千多年来一直占统治地位的亚里士多德的"地心说"的基础上建立起来的。

陆老师在教学《登鹳雀楼》时，让学生先借助课文中的插图，再结合自己的生活经验理解"白日依山尽"这句话。突然有学生说："老师，我认为这句诗这么写更好——'红日依山尽'！您看，傍晚时分太阳通红通红的，用红日不是更准确、形象吗？"学生说得多有道理呀！二年级的学生就敢于挑战古代的大诗人，这就是初生牛犊不怕虎，就是想象力的起步。

教师对学生的质疑要实事求是、认真地加以解答。例如前面提到的"红日依山尽"一句，教师可以肯定学生的善于观察、善于发现，还可以向学生介绍其他一些鉴赏大家对"白日"的看法，如作者描绘的不是我们平原的日落景象，而是山区的落日，山区太阳落得早，落山时，阳光还较强烈，所以太阳是白的。这样，向学生讲清后，学生既学到了知识，又被激发出勇于探索的精神。

我校教师已经形成共识：努力遵循学生的学习规律，凸显主体性，呵护学生的质疑精神，把学生学习过程中的新想法、新做法、新经验、新成果上升到创意的高度来赞赏和总结；包容失败，包容暂时的落后，有耐心、有恒心，不以成败论英雄，只要认真思考、敢于质疑、积极参与就都值得表扬；教学中，善于根据教材的内容、特点，精巧地设下一些"悬疑",让学生想象的种子发芽生长。

(四)想象力在体验中蓬勃发展

丰富的想象来源于生活,来源于对生活的深刻理解和感受。因此,要培养学生的想象力,就应该让学生体验生活。无论想象的内容如何荒诞,都应该有其客观基础;如果离开了这一客观基础,想象便成了无源之水。

实践中,我校关注学生体验,建设了支持想象力发展的物化环境,为学生提供活动性、实践性场所,形成便于学生开展创意学习的开放式时空。我校还建成功能性场馆,如太湖文化研究院、天文馆、少年科学研究院等,还拟建设数学实验室、戏剧创编室等,为学生的创意学习提供良好的空间环境;我校的涂鸦墙、教学楼内的廊道都可以成为学生展示创意的阵地;我校还打造了创意作品展示专区,展示区中间的屏风上有学生的诗作、书画作品,边上的立柜上有学生的科技、手工作品;我校还建设了网络专题平台,提供创意学习教程,展示学生创意作品:机器人设计、新编戏剧、艺术创作、变废为宝作品、创意服装等。结合学校特色文化,我校亦开展了丰富多彩的校园活动。学校有意识地组织体现想象力的年度主题活动,使创意与想象在活动中竞相绽放。

我们在"聚焦小学生想象力的创意学习实践"的思想指导下,还着力围绕学生的"学习力"和"想象力",开发丰富多彩的校本课程。如,引进了"小学动物保护"课程、国际青年成就(JA)课程和ECO环保学院课程,自主开发了天文课程、科技课程、艺术课程等。

另外,学校还拓展了学生学习的时空,与学校比邻的苏州高新区科技馆、苏州大阳山植物园、苏州轨道交通公司等都留下了学生的足迹。学校大力挖掘地域资源富矿,带领学生突破学校"围墙",在更广阔的空间学习、实践。值得一提的是,在双休日和寒暑假学校都提倡学生走进自然、走进社会。"我是小记者""小脚板走天涯""生活金点子"等形式的作业真正使学习环境延伸到广阔的自然和社会。

想象是心灵的翅膀,没有想象的心灵无疑是不完整的。想象,使嫦娥奔月的美丽神话终于载入不朽史册;想象,使荷塘上光与影和谐的旋律犹如梵婀铃上奏响的名曲;想象,使海底两万里成为潜艇变革的里程碑……然而,培养学生的想象力,是一个长期不懈、循序渐进的训练过程。精诚所至,金石为开。只要我们多措并举、锲而不舍,有朝一日,学生就会达到"思接千载,视通万里"的境界,学生也定会张开想象的翅膀,翱翔在成长的万里长空。

《走进充满想象力的世界》

后 记

走进苏州高新区实验小学校教育集团的每一个校区,都感觉像是走进了创意的殿堂、想象的世界、儿童的天地,这是一所充满着灵气的校园,一草一木,一字一画,一师一生,在想象力的滋养下,焕发着蓬勃的生机。

教育应站在儿童的立场。童心是儿童发展的密码,也应是教育的密码。想象力对儿童来说无比宝贵。

通过本书,我们可以看到,一群怀揣教育梦想的教育人在试图寻找、解读儿童发展的密码,从发人深省的叩问"儿童的想象力去哪儿了?"到静心思考"想象力教育的再认识",在探寻儿童想象力提升之路——提升想象力的创意学习上,"富有想象力的教育"发生在课堂,发生在学生学习、活动的每一个时空,我们踏踏实实地走出了打开儿童想象力大门的每一步。

什么样的教学能够提升无可名状、难以捉摸的想象力?"认知工具"是怎么回事?对于课堂教学到底有怎样的意义?如何使抽象的"想象力"具象化、可操作?我们以富有想象力的文字向大家阐释了抽象晦涩的概念。

"提升想象力的学科创意学习"——不同学科有不同的特点,但对于创意学习来说,扎实的基础知识让它不再空洞。和谐的师生关系解放学生的思想,民主平等的教学氛围让想象力有飞翔的可能,宽裕的闲暇时光让学生有生长个性的愉快天空。才情激荡、妙语连珠的语文课堂,有了奇幻作文和飞花令;数学课堂上,数字也会说话,每个孩子在数学游戏中都漾出兴奋的笑容;绘本课堂、情景表演丰富了英语教学的想象力;天马行空的想象力在美术课堂中自由地生长,一幅幅创意作品应时而生;音乐课上,凭借着想象力孩子们在古典与现代的潮流中穿梭……学科要点、评价要素、实践方法、特色案例,一一书写着我们的实践之路。

"想象力拓展儿童的成长空间"——培养想象力,需要有大量的表象作为基础,学生头脑中储存的表象越多、质量越高,越能促进想象的发

后　　记

展。除了让学生积累课堂知识、涉猎课外阅读，我们还需要进一步拓展儿童的成长空间，让儿童多参与实践活动来丰富表象，从生活实际和专业实践中获得想象线索。我校开展的"问题袋袋裤""生活小主人""角色体验""绿野寻踪""我们的节日"等具有时代特征和儿童情趣的主题学习活动，让学生从中"体味"大自然的神秘新奇、中华文化的博大精深、传统节日的独特魅力，与无处不在的大自然精灵们聚会，与遥隔千载的先人们进行超越时空的精神对话，学生的心灵在另一个想象的世界中自由自在地翱翔。

"让全世界成为孩子的实验室"——想象的基础是知识，物化环境可以提供知识；创新的平台是实践，物化环境可以提供给学生创新实践、展示自我的平台。灵感来临时，可能只是一瞬间，但我们把它记下来、做起来、展示出来了。如果学生的周围到处都是自己或他人富有想象力的创意学习作品，那会进一步激发其他学生想象的潜能、创新的欲望。大厅里散落着一些科技模型、现代化视听设备；美术教室内外都有涂鸦墙，通道的屏风上有学生的诗作，不经意的拐角处有学生的书画、科技、手工作品。校园里的一草一木，一树一花，一粒土一颗石，都会是孩子们创意的来源。正如教育家陶行知在《创造宣言》中所说："处处是创造之地，天天是创造之时，人人是创造之人。"

"记录孩子们的奇思妙想"——老师们在七彩校园把想象的种子播下，精心培育，很欣喜地看到孩子们不负期望，开出了美丽的花儿，结出了丰硕的果实。他们驰骋文学天地，探求科学世界，用无限创意编程对话未来，挑战月球营地任翱翔。

"每个教师心中都住着一个儿童"——创造力使童心不灭。成人的创造性是儿童品性的延续。我们永葆童心，就会永葆创造力。它们是课间与孩子们打成一片的童心，是繁忙的工作中也能立刻发现孩子点滴进步的慧心，是为孩子的快乐成长撑起一片天空，用孩子的眼光来看待世界的赤子之心。

回顾这本书的成书过程，想表达的太多。回首走过的路程，一个个时间节点清晰可辨，一幅幅画面鲜活地再现在眼前。

2016年年底，随着"十二五"课题"提升儿童学习力的学校课程生态研究"的顺利结题，我校教师就"十三五"课题的选题开展了广泛的讨论。学生学习力提升的同时，也唤醒了沉睡的想象力。生机勃勃的课堂、充满创意的作品启发了我们——何不承接提升学习力的课题成果，进而研究想象力，把核心素养中的实践创新落到实处，为回应"钱学森之问"做些基础性探索？

在那个冬天，江苏省教育发展研究中心的张晓东主任来我校指导，肯定了我们的想法，并一锤定音，确定了把"提升小学生想象力的创意学习研究"作为我校"十三五"课题的主题。2016年，课题被确定为江苏省教育科学"十三五"立项课题，立项编号为：D/2016/02/153。随后，我们的课题又被确定为江苏省精品课题培育对象，在2017年10月举办的江苏省"十三五"精品课题培育对象培训会上，我做了题为《想象无边，创意无界》的主题汇报。2019年8月，我校成功申报江苏省基础教育前瞻性教学改革实验项目，项目主题是"聚焦于学生想象力的创意学习实践探索"。我们一边深入做课题，一边扎实推进前瞻性教学改革实验项目。

2017年起，学校以创意学习为途径培养学生的想象力。我们在不断的摸索中逐步形成了创意学习的范式。这是一个艰辛的过程，现成的关于想象力教育的经验不多，所幸在华东师范大学张晓阳博士的论文《想象力教育论纲》中，我们读到了国内外很多关于想象力教育研究的最新成果。一路找寻，我们又了解了走在国际想象力研究最前沿的认知工具理论。我们又转而梳理了传统教学扼制想象力的负面清单，在理论指导下，结合我国教育现状，构建了创意学习的样态。

犹记得课题组为创意学习的范式建立而击掌欢呼；犹记得作为课题组组长的我热情洋溢地写了《关于创意学习给全体教师的一封信》，立刻招募到第一批50多位实验教师；犹记得两年来实验教师群的队伍逐渐壮大，每周我们都按计划分享学习内容和研究新动态；犹记得每月一次的课堂教学研讨会上，大家积极磨课，为教学设计、学生学习具体环节的处理"争吵"不休……

为将创意学习落到实处，结合学科特点，我们进行充分的建设。每学期一次的创意学习教学设计评比、活动方案征集，参与面广，作品质量不断得到提升。学生的学习方式也在发生静悄悄的"革命"。

这两年多里，"想象力"成为我校师生口中和文章中的高频词。创意数学节、创意科技节、风筝节……多少作品让师生惊叹其中的想象力！学校的微信公众号中有孩子们的专利发明，有"月球营地"的神奇创作，"想象无限　创意世界"系列作品之美术篇、数学篇、作文篇引起了广泛的社会反响。当然，我们的实践远不止这些，如书中所说，改变的是教与学，改变在课程、在环境、在学生的发展、在教师的提升……

后　　记

　　初见成果的我们想通过一本书讲述两年多的探索实践，讲述我们这群教育者和学生们的故事。我们用心书写自己的思考、实践。我们期待用这本书带你走进我们的校园，走进我们的工作和生活。

　　在本书付梓之际，我必须要表达我们的谢意和敬意。特别感谢国家督学、江苏省教科所原所长、全国知名教育家成尚荣先生多次来我校指导我们的课题研究和项目实践，感谢成老对书稿提出恰中肯綮的修改建议，并亲自为本书作序。感谢江苏省教育发展研究中心张晓东主任就书名和目录框架给我们诸多建议和指导。我也非常感谢江苏省教育学会名誉会长、江苏省教科院原院长杨九俊先生，江苏省教育科学规划办原主任彭钢先生，南京师范大学吴永军教授、谭顶良教授，苏州市教师发展学院唐爱民院长、苏州市教科院朱开群副院长、孙朝仁教授，苏州高新区教研室陈平主任等专家的多轮指导。感谢本书的责任编辑杨柳为本书的顺利出版付出的艰辛劳动。尤其要感谢沈慧、汪明峰、孙大武、王剑锋、杨洁、周雪芳、李淑静、周红惠、曹林男、张建芳、盛俊秋、连恒良、高芸、王东芳、陆雯君、刘志红、张琳琳、张晓青等教科研骨干和专家型教师提供的高质量的课题研究及前瞻性教学改革实验项目推进的专题论文、实践课例和独特感悟。另外，莫枚娟、王建刚、吴艳丽、张庆芳、张西兰、丁妍、吴歆怡、王皆怡、徐秀、杨一、陆加、陈雨婷、丁梦、鲁家轩、周爱霞、马邹英、王希桐、马俊、陆叶菲、郑涵尹、纪宋焘、钱思越、陆晴晴、薛静涵、李会清、尤静斐、冉金凤、孙曦静等老师也提供了非常有价值且丰富生动的教科研课题实验及前瞻性教学改革实验项目推进的专题教学案例、活动方案、学科实验体会，在此一并致谢！这里还要特别感谢沈慧、汪明峰、连恒良、李淑静、王东芳五位老师，他们用近三周的时间，对书稿进行审阅和核对，为本书的出版付出了大量的心血。

　　我们梦想着通过创意学习帮助儿童找回失落的想象力，通过富有想象力的教育全面提升育人品质。我们也期望自己的探索能够为更多的教育者提供想象力教育的蓝本，给更多的孩子插上想象的翅膀，让他们遇见最美的未来。如果说这本书还有一点价值和借鉴意义的话，那只能说明本书是集体智慧的结晶。

李志清

2020 年 6 月 28 日